Gottesdienst neu denken und feiern

gemeinsam gottesdienst gestalten (ggg) 35

Jochen Arnold | Marianne Gorka | Lars Hillebold
Jan Meyer | Elisabeth Rabe-Winnen (Hrsg.)

Gottesdienst neu denken und feiern

Aufbrüche in die Zukunft

EVANGELISCHE VERLAGSANSTALT
Leipzig

Bibliographische Information der Deutschen Nationalbibliothek
Die Deutsche Nationalbibliothek verzeichnet diese Publikation in der
Deutschen Nationalbibliographie; detaillierte bibliographische Daten
sind im Internet über http://dnb.dnb.de abrufbar.

© 2023 by Evangelische Verlagsanstalt GmbH · Leipzig
Printed in Germany

Das Werk einschließlich aller seiner Teile ist urheberrechtlich geschützt.
Jede Verwertung außerhalb der Grenzen des Urheberrechtsgesetzes ist
ohne Zustimmung des Verlags unzulässig und strafbar. Das gilt insbesondere für Vervielfältigungen, Übersetzungen, Mikroverfilmungen und die
Einspeicherung und Verarbeitung in elektronischen Systemen.

Das Buch wurde auf alterungsbeständigem Papier gedruckt.

Gesamtgestaltung: makena plangrafik, Leipzig/Zwenkau
Druck und Binden: CPI books GmbH

ISBN 978-3-374-07181-4 // eISBN (PDF) 978-3-374-07182-1
www.eva-leipzig.de

Inhalt

Einleitung — **9**

TEIL I GOTTESDIENST NEU DENKEN – REFLEXIONEN — **11**

1. Quo vadis, Gottesdienst? – Wohin bewegt sich die Feier des Glaubens? *(Lars Hillebold, Elisabeth Rabe-Winnen)* — **13**

2. Neue Fluidität in Predigt und Liturgie *(Alexander Deeg)* — **25**

3. »Jetzt erst recht!« – Abendmahl feiern in angespannten Zeiten und darüber hinaus *(Jochen Arnold)* — **49**

4. Kirchenmusik in dreifacher Gestalt – Reflexion und Ausblick *(Jan Meyer)* — **63**

5. Raus aus der Kirche und hin zu den Kindern – Kindergottesdienst in Coronazeiten *(Hanna Dallmeier)* — **73**

6. »The Voice of Prayer is Never Silent« – Durch die pandemischen Erfahrungen neu über das Gebet nachgedacht *(Marianne Gorka, Elisabeth Rabe-Winnen)* — **79**

7. »Der Kunde ist König« – Transformationen der gegenwärtigen Kasualkultur *(Emilia Handke)* — **85**

8. »Wenn Eltern ihre Kinder taufen« – Unbedingtes coronabedingt *(Lars Hillebold)* — **93**

9. Streaming-Gottesdienste im Team gestalten – Grundsätzliches neu beleuchtet *(Michael Held)* — **99**

10. Vom Gießkannenprinzip zur Themenorientierung – Kirchliche Kommunikation heute *(Benjamin Simon-Hinkelmann)* — **107**

TEIL II GOTTESDIENST NEU FEIERN – KONRETIONEN — 113

1. **Digitale Formate – Neu entwickelt** — 115

1.1 Brot & Liebe – Zoomgottesdienst mit Storytelling und Abendmahl samt Gedanken zum Format *(Andrea Kuhla, Theresa Brückner)* — 115

1.2 Klagezeit. Hören, Schweigen, Beten in Zeiten der Pandemie – Ein Format öffentlicher Seelsorge in Leipzig *(Kerstin Menzel)* — 123

1.3 Zoom-Gottesdienste in Pforzheim – Tauferinnerung *(Ruth Nakatenus, Esther Philipps)* — 135

1.4 Von der Kachel an den Küchentisch – Kindergottesdienst per Zoom *(Susanne Paetzold)* — 141

2. **Gottesdienste draußen** — 151

2.1 Auf dem Weg zum Stall – Begegnungen an der Outdoor-Krippe (*Susanne Paetzold*) — 151

2.2 Und sie folgten dem Stern – Gott auf der Spur (*Susanne Paetzold*) — 158

2.3 Gott lässt wachsen – Ein Kindergottesdienst auf dem Feld *(Susanne Paetzold)* — 162

2.4 Haustürgottesdienst im Advent – Alternative Gottesdienstformate im ländlichen Raum (*Michael Greßler*) — 169

2.5 Mit allen segnen – Liturgie einer partizipativen Outdoor-Taufe (*Lars Hillebold*) — 177

2.6 Gartenkonfirmation *(Laura Pauka-Koch, Harald Schmidt)* — 185

2.7 Was uns stark macht – Gottesdienst für Kinder rund um die Kirche *(Hanna Dallmeier)* — 195

3. **»Vermischte Formate« – Liturgien für zuhause, Spaziergänge, offene Kirchen, Podcasts — 205**

3.1 Wenn eine:r fehlt! – Ritual zu Weihnachten *(Susanne Paetzold)* — **205**

3.2 Augmented (Xmas-)Reality – Ein Virtueller Weihnachtsspaziergang (*Valentin Winnen*) — **212**

3.3 Emmaus to go – Ein Gottesdienst mit Osterspaziergang *(Birgit Mattausch, Jochen Arnold, Bettina Gilbert)* — **215**

3.4 #wirsehenpfingstrot *(Hanna Jacobs, Julia Koll, Birgit Mattausch, Elisabeth Rabe-Winnen)* — **223**

3.5 Teppich der Erinnerung – Installationen im Kirchenraum zum Ewigkeitssonntag *(Steffen Paar)* — **226**

3.6 Das Oeser Abendgebet – Ein Podcastformat *(Marco Müller)* — **233**

4. **Gottesdienst zeitgleich – Zuhause feiern und etwas tun — 239**

4.1 Wo die Idee entstand und was davon bleibt *(Elisabeth Rabe-Winnen)* — **239**

4.2 Die erste Staffel: Frühjahr 2020 – Palmsonntag – Gründonnerstag – Karfreitag – Hirtensonntag – Jubilate — **242**

4.3 Die zweite Staffel: Winter 2020/21 – Volkstrauertag – Ewigkeitssonntag – Vierter Advent – Erster Weihnachtstag – Zweiter Weihnachtstag — **279**

4.4 Die dritte Staffel: Passion und Reformation 2021 – Laetare – Gründonnerstag – Abendgebet am Küchentisch – Reformationsfest — **310**

(Jochen Arnold, Christine Behler, Bettina Gilbert, Marianne Gorka, Andreas Hülsemann, Birgit Mattausch, Susanne Paetzold, Elisabeth Rabe-Winnen, Dorothea Wöller)

5. (Gem)Einsam singen? – Offenes Singen online und hybrid *(Jan Meyer)* — **337**

6. **Großes Fest – Konkrete Aktionen** — **345**

6.1 Jesus kommt nach Sievershausen – Ein Krippenspielfilm *(Hanna Dallmeier)* — **345**

6.2 Nichts als Hirten – Ein Kirchenkreis-Krippenspiel *(Sabine Preuschoff, Ann-Marie Reimann, Valentin Winnen)* — **350**

7. **Ich brauche Segen – www.segen.jetzt** *(Simone Enthöfer* mit einem Beitrag von *Tina Willms)* — **355**

8. **Klassische Gottesdienste 2.0** — **365**

8.1 Da fällt das Licht hinein – ZDF-Fernsehgottesdienst zum Ewigkeitssonntag 2021 *(Marianne Gorka, Ralf Meister)* — **365**

8.2 Diakonische Einsätze mit Bläserandachten *(Christian Fuchs, Marianne Gorka, Moritz Schilling)* — **377**

Verzeichnis der Beitragenden — **383**

Einleitung

Wohin bewegt sich die gottesdienstliche Feier?

Dieser Band unserer Buchreihe *gemeinsam gottesdienst gestalten* erscheint drei Jahre nach dem ersten Corona-Lockdown. Dazwischen ist viel passiert. Die Pandemie war wie ein Brennglas. Energien wurden verdichtet. Was nicht gut beleuchtet war oder bisher im Verborgenen oder Kleinen existierte, wurde größer. Diese Beobachtung machten wir in vielen Bereichen des Lebens. So auch im Gottesdienst. Schon brennende Fragen der Zukunft von Gottesdienst haben sich verstärkt und vervielfältigt.

Zum Zeitpunkt des Erscheinens dieses Buches ist zu spüren: Bewegte Zeiten prägen auch die Feier des Gottesdienstes. Die Welt dreht sich und scheint aus den Fugen, Klimawandel, Kriege und Flucht sind präsent und in aller Munde. Einige fragen: Brauchen wir den Gottesdienst überhaupt noch? Andere halten dagegen und sagen: Die Not der Welt lehrt uns auch, neu zu beten und die Stimme des »ganz Anderen« zu hören inmitten von allem, was sich so dreht. Anders gesagt: Einerseits ist zu erleben, dass weniger Menschen in die Kirchen kommen. Andererseits ist eine neue Sehnsucht nach Spiritualität da. So sind auch die in Corona entwickelten neuen Gottesdienstformen bleibend lebendig. Das war sicher auch schon früher so. Aber vieles hat einen Digitalitäts- und Kreativschub erlebt, der bis jetzt nachwirkt.

Wohin bewegt sich die gottesdienstliche Feier? Darauf gibt es keine einfachen und schnellen Antworten. So schauen wir auf die Realitäten seither, ohne beim Rückblick stehenzubleiben. Bewusst proklamieren wir Aufbrüche in die Zukunft – Ausrufezeichen. Was wurde sichtbar in dieser Zeit? Welche neuen Gedanken und anderen Formen der Feier wurden entwickelt – und tragen für die Zukunft des Gottesdienstes Potenzial in sich?

Manches war temporär oder ist (fast) in Vergessenheit geraten, anderes wirkt noch kräftig nach. Das vorliegende Buch will würdigen, was entstand und nach vorne wirkt.

Dieses Buch benennt liturgietheologische und praktische Fragen und profiliert die dazugehörigen Herausforderungen, die durch die Krise noch deutlicher wurden. Zugleich würdigt es die vielfältig entstandene Kreativität und beschreibt Chancen für den Gottesdienst der Zukunft. Dabei richtet sich unser Blick nach grundsätzlichen Betrachtungen im ersten Teil des Buches auf unterschiedliche zukunftsträchtige Formate, die im zweiten (materialen) Teil ausführlich dargestellt sind.

Dieses Buch ist ein Buch unterwegs. Der Gottesdienst bewegt sich innerhalb der Veränderungen von Kirche und den wechselnden Vorzeichen der Welt. Das sind die spezifischen Vorzeichen dieser Zeit. Aber schon immer war Wandel. Und jede Veränderung birgt Chancen.

Wir wünschen Ihnen viel Freude beim Lesen und Sammeln von neuen Inspirationen und Gottes Segen für das Gestalten und Feiern von Gottesdiensten, die in die Zukunft aufbrechen.

Jochen Arnold mit den Herausgeber:innen

TEIL I
GOTTESDIENST NEU DENKEN
REFLEXIONEN

1. Quo vadis, Gottesdienst? Wohin bewegt sich die Feier des Glaubens?

Lars Hillebold, Elisabeth Rabe-Winnen

Die Pandemie hat uns 2020 alle in unsere Wohnräume gedrängt. Und je wärmer es wurde, desto mehr wurden auch die Gärten eine Option. Wir entdeckten Räume – auch spirituell – neu. Gottesdienste auf dem Sofa, mit den Kindern auf dem Boden, am Küchentisch wurden zeitgleich gefeiert. Im Garten hörten wir an Ostern die Posaunen und Trompeten des Ortes. Bei Spaziergängen fanden wir Botschaften mit Kreide gemalt und vom Pfingstgeist beseelt. Und der Heilige Geist wehte und erschuf neue Gottesdienstgemeinschaften digital, die Brot und Liebe teilten. Der Gottesdienst bewegt sich. Das hat er schon vor 2020 getan. Die Frage »Quo vadis, Gottesdienst?« wurde durch die Pandemie aber schneller drängend und spülte Manches aus Nischen an die Oberfläche. An vielen Stellen ließ die Pandemie auch Neues anders als erwartet zu.

Der Gottesdienst ist unterwegs. Er ist an vielen Orten und in zahlreichen Räumen zu Gast, jedenfalls in mehr als nur den schon immer für das Gebet geschaffenen Steinen: Er findet auch Heimat an Ufern, auf Parkhausdächern und auf der Bettkante. Oft schlägt der Gottesdienst nun den Pfad ein, der »less traveled by« ist. Aber macht das »all the difference«?[1]

Wir fragen nach der Richtung, die Gottesdienst einschlägt und schauen dafür zunächst zurück (vgl. 1). Wir betrachten das, was durch den Ausbruch der Pandemie bei der Feier des Glaubens an ganz neuen oder bereits wartenden Neuerungen aufgebrochen ist (2). Dann reflektieren wir, wo wir jetzt stehen und blicken schließlich nach vorn: Was mag ausgehend von den gottesdienstlichen Veränderungen durch die Pandemie bleiben beim Weg in die Zukunft (3)?

---

[1] Aus: Robert Frost, The Road Not Taken: »[...] Two roads diverged in a wood, and I – I took the one less traveled by, And that has made all the difference.«

1.1 »Vertraut den neuen Wegen«

Ausbruch und Aufbruch

Kaum ein Bereich in der Kirche hat mit dem Ausbruch der Corona-Phase so parallele – fast symbiotische – Erfahrungen gemacht bzw. machen müssen wie der Gottesdienst und das gottesdienstliche Leben. Das ist wenig überraschend, weil es schlicht um die gleichen Menschen ging: Die, die potentiell erkranken sind keine anderen als die, die möglicherweise Gottesdienste besuchen. Und besonders umgekehrt war die Frage, ob Gottesdienste zu Spreaderevents werden und wie man das verhindert. Deutlich überraschender aber war die vielerorts schnelle Reaktion auf die ausgebrochene pandemische Situation, die den Normalfall Gottesdienst hat ausfallen lassen.

Die Studien CONTOC1[2] und CONTOC2[3] zeigen detailreicher, was hier als Aufbruch nach dem Ausbruch gemeint ist: örtliche

---

[2] »Die Pandemie hat im ersten Lockdown dazu geführt, dass das Handlungsfeld Gottesdienst sowohl intern in Kirchengemeinden – nicht zuletzt aufgrund des teilweise gänzlich angeordneten oder eingeschränkten Versammlungsverbots – als auch extern in der journalistischen Öffentlichkeit hohe Bedeutung erhielt. Hier wurden viele Ressourcen der Befragten eingesetzt. Dabei ergibt sich ein dynamisches Bild der Gottesdienstpraxis, das einerseits den öffentlichen Diskursen der Pandemiezeit zu einem großen Teil widerspricht, und andererseits mit seinen ausgeprägt partizipativen Elementen und Praktiken die klassischen Gemeindegottesdienste in der Zeit vor der Pandemie übersteigt. So gibt es im Umgang mit digitalen Gottesdiensten einen aufmerksamen Blick darauf, dabei Menschen zu erreichen, zu denen es sonst keinen Kontakt gibt (stärker bei evangelischen Befragten) oder die immobil sind (stärker bei katholischen Befragten). Der Faktor familiäre Frömmigkeit im häuslichen Kontext und die Begleitung der Hauskirche wird in der Pandemie wieder entdeckt.« https://contoc.org/wp-content/uploads/2021/04/Ergebnisse-zur-CONTOC-Deutschland-Tagung-13.04.2021-1.pdf, Seite 11. (31.1. 2022).

[3] »Die CONTOC2-Ergebnisse zeigen in den verschiedenen kirchlichen Arbeitsbereichen ein differenziertes Bild. Erkennbar wird ein unterschiedlich starkes Aktivitäts- und Kreativitätsniveau gottesdienstlicher, seelsorgerlicher und bildungsbezogener Online-Kommunikation. Digitale Gottesdienste werden in Deutschland von 40 % der Befragten regelmäßig angeboten, in der Schweiz von immerhin knapp über 30 %. Die Vielfalt von auch kürzeren Gottesdienstformen, die schon CONTOC1 bereits sichtbar machen konnte, weist darauf hin, dass sich viele der Befragten auf digitale Nutzungslogiken eingelassen haben.« Vgl. https://contoc2.org/de/contoc2-digitalisierung-in-der-kirche-aktivitaeten-potenziale-chancen-und-was-jetzt-fehlt/ (31.12.2022). Vgl. außerdem CONTOC1. Insbesondere in den Bereichen von Seelsorge und Bildung ist die Weiterentwicklung von digitalen und hybriden Angebotsformaten allerdings nur teilweise zu konstatieren.

Kreativität, schnelle Vernetzungen von z.B. Arbeitshilfen von Arbeitsstellen Gottesdienst oder die vernetzten Materialbörsen, z.B. bei Facebookgruppen. Mit diesem gottesdienstlichen Aufbruch entstand zugleich ein gottesdienstlicher Ausbruch.

Die Muster landeskirchlicher Agenden wurden durchbrochen. Es wurde oft auf den Psalm, auf Bittruf/Lobpreis und/oder auf das Glaubensbekenntnis verzichtet. Das konnte zeitlich begründet werden, weil der Gottesdienst kurz sein sollte. Daneben war mitunter die Kategorie der »Verständlichkeit« leitend. Nun änderte sich etwas, was vielleicht schon vor Corona gedacht, angesichts eines bestimmten Agendenbildes aber noch nicht umgesetzt worden war. Die »Notsituation« wurde somit produktiv genutzt.

Letztere war eine Frageperspektive, unter der die Diskussion um das Abendmahl fiel. Dieses erlebte angesichts der hygienischen Erfordernisse einen Abbruch. Damit erfuhr eine sich schon länger andeutende Entwicklung seines Relevanzverlustes eine zusätzliche Schwächung. Gleichzeitig wurde im Verlust deutlich, wem einerseits das Abendmahl fehlte und andererseits, wie notwendig ein Abendmahlsgespräch über Akzeptanz, Deutung und Gestalt der Feier ist. Schließlich erlebten wir zwischen Feiern oder Fasten die Verstärkung und Verbreitung der Idee, digital vernetzt Abendmahl zu feiern, unter anderem in der Weite spezifischer Präsenzvorstellungen, in der Kommunikation auf Augenhöhe, mit der Frage nach dem »sich-selber-nehmen« statt »gegeben«. Somit lagen beim Abendmahl Abbruch des Gewohnten, Aufbruch ins Digitale und damit der Ausbruch des Widerstands nah beieinander. Der landeskirchliche Föderalismus zeigte sich. Die einen versuchten, mit institutionellen und analogen Logiken, den digitalen Ausbruch zu stoppen. Die anderen blieben zurückhaltend. Und gefeiert wurde Abendmahl mit digitaler Logik und Teilnahmemöglichkeiten für die, die es suchten. Und sie fanden es auch: oft berührend, sinnlich, persönlich, wirksam und theologisch gut begründet.

Inmitten von Corona hat sich auch »der« Gottesdienst, und was damit in aller Vielfalt gemeint ist, angesteckt. Corona hat sich ereignet und komplexe Auswirkungen gehabt. Das zeigt sich in konzentrischen Kreisen: pandemisch für die Welt, epidemisch für Länder, Gesellschaften, Institutionen und familial-individuell. Dazu gehört, was Menschen und Systeme passiv erleiden mussten und was sie aktiv passiv hingenommen haben; und sei es mit Widerstand. Dazu gehört aber auch das, was sich durch Corona für den Gottesdienst nicht ursächlich ereignet hat, sondern vermutlich ohnehin geschehen wäre, vielleicht nur später. Das können katalysatorisch-auflösende, transformierende oder neuschöpferische Wirkungen sein und alle haben fast immer einen beschleunigenden und oft gar exponentiellen Faktor.

Infektion und Innovation

Die Wahrnehmungen, wo wir stehen, sind unterschiedlich: Ist es vorbei? Sind wir schon danach? Was aber ist jetzt eigentlich? Sind wir im Übergang, und wenn ja, wohin? Sich auf einer Schwelle zu wissen, zwischen Räumen, bei Zeitenwenden und auf Grenzen, ist das eine. Das andere ist die Vermutung, dass dieser Ort und damit auch ein Lebensgefühl als Kirche dauerhaft kein angenehmer Ort ist.

Jede passagere Situation orientiert sich nach Ankunft, nach Entscheidungen und bleibenden Verortungen. Insofern ist der Wunsch zu wissen, wo man steht und wohin die Reise geht, verständlich. Unsichere Schwellensituation lösen Druck aus. Die einen gehen schon in die eine Richtung, die anderen vielleicht zurück und wieder andere warten noch, wo die nächsten schon längst auf dem Weg sind. Eine sich in einer Dauerreformschleife bewegende Kirche erschöpft sich mitunter im Hamsterrad. Das *semper* zwischen *ecclesia* und *reformanda* scheint momentan Leitbild und Leidbild in einem. Die Immer-Haltung einer *ecclesia reformanda* ist eine einprägsame Formel, aber grammatikalisch auch eine Verdoppelung. Insofern ist die Situation einer Erschöpfung insbesondere nach einer Infektion ernst zu nehmen, bevor ein zu frühes Aufstehen sich als kontraproduktiv erweist.

Die Verläufe und Zukunftswege nach einer Ansteckung sind selten einfach vorhersehbar. Sie sind in der Regel risikoreich. Sie funktionieren abduktiv, also *in the long run* bis besseres Wissen zu anderen Entscheidungen drängt. Infektion und Innovation sind kontextuell; in einem System wie »Kirche« als Chiffre für Orte, Menschen, Organisation, Geschichte, Transzendenz, Glauben und vieles mehr. Schwellen zwischen Infektion und Innovation oder auch Restauration stehen – wie alle Entscheidungs- oder Krisensituationen – vor der Herausforderung, beide Seiten zu sehen: Stärken und Schwächen, Ermutigendes und Entmutigendes, Erschöpfung und Neuschöpfung.

Die Kompetenz und Methodik, zwei sich auf den ersten Blick ausschließende Bewegungen zu integrieren, ist eine ambidextrische Fähigkeit. Wörtlich gesagt: Die linke und die rechte Hand nehmen die Krise akzeptierend entgegen und in das Intergral einer Verantwortung. Sie spüren die überfordernden, erschöpfenden Aspekte, und sie entdecken die motivierenden, innovativen Faktoren. Eine lösungsorientierte Haltung wird davon ausgehen, dass Corona sich ereignet hat, bewusst und deutlich benennbar mit ermüdenden und mit erweckenden Auswirkungen. Die Versuche, zu einer Kirche »vor Corona« zurückzukehren, können akzeptiert werden, denn eine »Innovation mit beiden Händen« kann die Tradition integrieren und insofern etwas im optimistischen Sinne bewahren, ohne am Alten zu kleben. Für Haltung einer Akzeptanz der Situation, vor allem bei schwindender Relevanz, scheint eine Investition in auf sich bezogene Selbstreflexion sinnvoll.

1.2 »Herr, wohin? Wohin sollen wir gehen?« – Ambidextrie als Handlungsvorschlag

Wo auch immer man »Gottesdienst« anfasst, ihn reflektiert oder verändern will, bewegt sich das gesamte System. Dazu gehört der Mensch, die Kirche und die Gesellschaft.

Vor allem im Blick auf pastorales gottesdienstbezogenes Handeln zeigt sich die Ambidextrie, also die Notwendigkeit beide Handlungslogiken zu sehen und zu integrieren. Die eine Seite nimmt die Tendenzen zur Erschöpfung und den Druck von Veränderungen wahr, und die andere sieht die Kompetenzen für Neuschöpfung sowie die Entlastung im Verzicht auf gleichmachende Patentrezepte für »den« Gottesdienst. Während zum Beispiel die absoluten Taufzahlen deutlich zurückgehen, entstehen für Gestaltungen wie zum Beispiel bei Tauffesten von Garten bis Fluss oft ein neuer und mehr Gestaltungsaufwand, der interkollegial(er), mit höherem Partizipationsanspruch und -aufwand und mit mehr Öffentlichkeitsarbeit verbunden sein kann. Neben diesem Beispiel zeigt vor allem auch die pastorale Präsenz in Social-Media-Kanälen mit ihrer eher personen- statt institutionenorientierten Logik, die Notwendigkeit und die Herausforderung eines neuen Integrals für die vielfältigen pastoralen Aufgaben, die letztlich zwischen Abbruch und Aufbruch pendeln.

Eine *institutionsorientierte* Logik und entsprechende Arbeitszusammenhänge fordern pastorales Handeln heraus. Zeitressourcen, Präsenzen und Absprachen sind notwendig. Theologisch-inhaltliche und -strukturelle Fragen stehen vermutlich erst am Anfang im Gespräch mit dem, was nach der Moderne kommt und was seit wenigen Jahren als metamodernes Integral angedacht wird. Es wird trotz sinkender Ressourcen versucht, die ambidextrischen Ideen, die hier angedeutet sind, im Sinne eines »Sowohl-als-auch« vielfältig zu gestalten. Neue Theorien und neue Praxis sind allenthalben sichtbar. Es ist nicht nur im Diskurs, sondern auch in der Praxis eine große Bereitschaft wahrzunehmen, dass Kirche im Großen reformiert werden soll. Je größer die Zustimmung zum »dass« ist, desto größer dürfte auch die Uneinigkeit zum »was« sein. Obwohl die Kirche, wie oben gesagt, sich als *semper reformanda* versteht, hat sie erstaunlicherweise nur bedingt die Instrumentarien und Strukturen dafür eingerichtet, dass das methodisch »immer«, also im laufenden Prozess und damit agil agierend geschehen kann. Das mag uns vielleicht institutionell demnächst besser gelingen. Dennoch ist auf der emotionalen Ebene für unsere kirchliche Selbstreflexion mindestens bemerkenswert, vielleicht aber auch naheliegend, dass die theologische »*Semper-reformanda*-Haltung« nicht in der Lage ist, einem gefühlten und strukturellen Erschöpfungszustand von Kirche energetisierend zu begegnen.

Insofern brauchen wir wieder eine doppelhändige Haltung:

Wir brauchen die eine Hand der gelassenen Veränderung und die zweite Hand mit einem resilient-bewussten Veränderungstempo. Denn bis wir als Kirche die Dinge morgen an Bedürfnisse von heute angepasst haben, hat das Morgen schon wieder ganz andere Sorgen.

Resilienz und Audienz – Erschöpfung und Neuschöpfung

Die kommende Aufgabe wäre, den Kreislauf der Verzweiflung und Erschöpfung zu sehen, zu integrieren und zu durchbrechen. Dafür sei an vorhandene Kompetenzen, wie z. B. Resilienzkräfte erinnert, die im Phänomen Gottesdienst selbst erlebbar sind und die grundsätzliche Kompetenz und gottesdienstliche Praxis oder auch Performanz zugleich sein könnten.

Die grundlegende Problematik ist, dass Erschöpfungs- und Neuschöpfungsphänomene gleichzeitig geschehen. Sie bewegen sich jedoch in gegensätzliche Richtung und erhöhen damit die Spannungsfelder: Die Ressourcen beim Personal, in den Finanzen und in der Relevanz nehmen gegenüber dem Status quo deutlich ab, während Kreativität und Professionalität vielfältiger, die Kasualsituationen dienstleistender und die Begründungs-, Sprach- und Argumentationszusammenhänge aufwändiger werden. In dem hiermit entstandenen Spannungsfeld öffnet sich der Raum für kreativ »Noch-nicht-Gedachtes« wie auch für institutionell »Lange-nicht-Gesagtes«. Es entsteht eine neue Mitteilungsbedürftigkeit. Zum einen, was Gottesdienst alles sein kann. Zum anderen wie hoch die Belastungskombinationen faktisch und gefühlt sind, wie die Unzufriedenheit zunimmt; auch weil berufsbezogene Selbstverständlichkeiten bröckeln.[4] Dazu gehört, dass die generationalen Differenzen zum Beispiel bei Pfarrer:innen deutlicher als zuvor zu Tage treten. Während die einen mit Verlustgefühlen vom »weniger« sprechen, unter dem Stichwort »Trauerarbeit« ekklesiologisch arbeiten oder gar von Abgesang und Tod der Kirche sprechen, kann die jüngere Generation auch gelassener formulieren: Was heißt denn kleiner werden? Was meint ihr mit Gottesdiensten, in die immer weniger kommen? Wir kennen unsere Kirche nicht anders. Sie ist eine kleine Gemeinschaft. Sie ist in der Minderheit. Wir feiern Gottesdienste schon lange mit wenigen. Wir kommen nicht aus den fetten Jahren, wir feiern in den dürren.

Eine resiliente Fähigkeit, zwei Dinge gleichzeitig zu tun und zu sehen, könnte helfen mit und nach Corona zurück und nach vorne zu sehen. Es könnte die Wahrnehmung des Gottesdienstes verstärken, unter der Fragestellung, welche Formen und Inhalte sich künftig ereignen, damit Gottesdienste Orte sind, in denen alte Distinktionen von »entweder-oder«, innen und außen durchbrochen werden hin zu einem Integral eines »sowohl-als-auch«. Wir feiern bewusst als erschöpfte Kirche, wie es die Menschen und die Gesellschaft momentan auch in großen Teilen zu sein scheinen. Wir feiern im bekennenden Wissen darum, dass wir von der Kraftquelle Gottesdienst Wirkung erhoffen. Wir bitten um etwas, über das letztlich niemand verfügt. Insofern schöpfen

---

[4] Vgl. dazu »Pfarrwandel – Podcast über Kirche und Gesellschaft« unter https://podcast-pfarrwandel.podigee.io (31.12.2022).

wir als Kirche mit unseren Gottesdiensten tauf-frisch, kindlich vertrauend neu. Das ist die Feier des »Schon-jetzt-und-noch-nicht« und des »Habens-als-hätten-wir-nicht« im Sinne eines »Nicht-Sehens-und-doch-Glaubens.« Es ist also eine Grundfrage kirchlicher Kultur, zu bedenken, wohin sich »Gottesdienst« bewegt. Was bewegt uns mit ihm und durch ihn? Was sind heute im Angesicht Jesu und im Blick auf die Weltkrisen, für und mit den Menschen die theologisch-liturgisch qualitativ angemessenen Gottesdienstkulturen? Was ist vorbei und was geht an den Menschen vorbei? Was ist erstarrt oder zu monokulturell? Wo kommt eine gelähmte Situation des Gottesdienstes mit der Frage, »Was willst du, das wir dir tun?« wieder in Bewegung?

Dabei ist uns nochmal wichtig zu betonen, dass Resilienz Ambivalenz aushält. Das lateinische *inficere* »hineintun« lässt noch offen, ob Entstehendes gut oder schlecht ist. Erschöpfung ist nicht *per se* ein schlechtes Gefühl oder eine bedrohliche Situation. Eine Krise ist im Wortsinn ein Prüf- und Wendepunkt, und je nach den spezifischen Auswirkungen folgt eine neue Bewertung. Insofern kennt eine Infektion das zweihändige »sowohl-als-auch«: Sie bringt einen Organismus an Grenzen, aber ebenso ein System dazu, sich neu justieren zu müssen. Das System kann die Infektion nicht einfach ignorieren. Es wird versuchen, die Infektion in welcher Form auch immer zu integrieren. Schon vor jeder bewussten Steuerung von außen, wird das System selbst agieren. Insofern kann Gelassenheit ebenso walten wie aktives Gestalten. Das wiederum lässt zumindest vermuten, dass Gottesdienst sich und andere bewegen wird.

1.3 »*We are marching in the light of God*« – Ausblick konkret: Gottesdienst unterwegs ...

Wie müssen wir unsere Gottesdienste neu aufstellen und ihren Sinn ausloten, um zum einen den Menschen gerecht zu werden und zugleich als Kirche erkennbar zu bleiben und Gemeinschaft zu sein? Vieles, was in der Notsituation auftauchte, gab es auch schon vorher – aber es wurde nun hoch gespült. Manche reagierten darauf kreativ, manche erstarrten. Das ist bleibend: Manche brauchen Freiheit, manche das Geländer. Und für die gottesdienstliche Landschaft braucht es beides.

Wenn noch immer stimmt, was Luther definierte »[...] daß unser lieber Herr selbst mit uns rede durch sein heiliges Wort und wir wiederum mit ihm reden in Gebet und Lobgesang [...]«[5] und Gottesdienst Kommunikationsgeschehen ist, nämlich Wort und Antwort zwischen Gott und Mensch, sind dann die Formen, die entstanden sind, bleiben und sich weiterentwickeln, in diesem Sinn »Gottesdienst«? Letztlich geben nicht wir selbst Antwort darauf, aber wir umkreisen eine Antwort, indem wir auf veränderte Koordinaten schauen: Der Gottesdienst entgrenzt sich selbst.

Wird nun diese Veränderung immer weiter gehen, und Gottesdienst sich weiter entgrenzen? Wie wird die gottesdienstliche Welt 2040 aussehen? Sind die Kirchgebäude wie bereits in anderen Ländern dann mehr museale als für die Glaubensfeier genutzte Räume? Wird der Gottesdienst weiter und weiter in die Reaktion auf das individuelle Bedürfnis hineingewachsen sein? Aus unserer Sicht lehren uns die Erfahrungen, die wir in den letzten Jahren machen – beschleunigt durch die in der Pandemie entstandene Formen – folgendes:

a) dahin, wo die Menschen sind

Wenn die Menschen nicht mehr zur Kirche kommen, kommt die Kirche zu ihnen. Das geschah schon, als Ernst Lange die Ladenkirche aus New York nach Berlin brachte. Das geschah schon, als Kolleg:innen an heißen Sommersonntagen auf die Schützenzelte gingen und vor dem Königsfrühstück auf den Dörfern predigten, während die Junggesellen sich zuprosteten. Das geschieht bei Tauffesten. Das passiert dort, wo Kolleg:innen Pop-Up-Formate entwickeln, Gründonnerstag auf dem Kiez Füße waschen oder am Totensonntag im Talar auf der Straße fragen: Was ist deine Bucketlist? Das wird dort weiter passieren, wo das Mindset sich umstellt auf prinzipiell offene Türen und Niedrigschwelligkeit. Wir sind überzeugt: Dies alles geschieht nicht aus Aktionismus, sondern mit festem Anker in der Liebe zur Tradition und zu den Formen, die sich schon immer über die Zeiten weiterentwickelten im Beziehungsgespräch zwischen Gott und Mensch. Der Gottesdienst in den durchbeteten Kirchenräumen bleibt, aber er hat seine Ausschließlichkeit verloren.

---

[5]   Predigt zur Einweihung der Torgauer Schlosskirche 1544 (vgl. WA 49,588). Es handelt sich dabei um eine eher beiläufig hingeworfene Sentenz, die gleichsam »Definitionsstatus« gewonnen hat und auch auf römisch-katholischer Seite (Liturgiekonstitution des letzten Konzils SC 33) gebraucht wird.

b) ... Gastgeber:in sein

Diejenigen, die Gottesdienst gestalten, sind Gastgeber:innen im Namen Gottes. Sie öffnen Kirchentüren und verschicken Zoomlinks. Heben zum Segen die Hände oder leiten den Segen mit Schnüren von Kachel zu Kachel an. Sie teilen Brot und Liebe. Mit sich veränderndem Mindset sowohl der Gestaltenden als auch der Feiernden (und auch diese Trennung changiert) schwingen natürlich auch Ebenen von Verbindlichkeit und Mitgliedschaft mit; auch hier kommt Bewegung ins Spiel und viele Formen werden nebeneinander existieren.

Das Eigene zu lieben und das Fremde wertzuschätzen ist Aufgabe der Gastgeber:innen, die nicht selbst jede Form lieben, aber Wege suchen müssen: Wege der theologischen Deutung unserer Situation und der Neugewinnung des Auftrags. Wege der liturgischen Transformation. Wege der strukturellen Veränderung und der kirchenrechtlichen Verankerung.

c) sich entgrenzen und vervielfältigen

Schauen wir auf die sich verändernden Formen des Sonntagsgottesdienstes, so beobachten wir: Der Gottesdienst ist kürzer geworden, und viele wünschen, es möge auch so bleiben. Er entwickelt sich in seinen Formen weiter, d. h. er differenziert sich aus. Zugleich arbeiten viele daran weiter und fragen: Wie kann eine Form bleiben, welche die Tradition ehrt und zugleich das fremde Land »Liturgie« auch neuen Besucher:innen öffnet?

Der Gottesdienst sucht neue Orte. Uns fällt auf: Wieder-Erkennbarkeit durch beispielsweise gleiche Elemente wird weniger; vielleicht sind noch das Vaterunser und der Segen in den meisten Formen ein bleibender kleinster Nenner. Und doch bleiben die drei – oder bei Feier mit Abendmahl vier – Säulen, die das Gottesdienstbuch beschreibt, aus unserer Sicht in den Formen erhalten: Ankommen bei sich und bei Gott – Auftanken durch die Botschaft – (Gestärkt werden durch Brotteilen) – Gesegnet gehen. Diese Bewegung trifft formenübergreifend Bedürfnisse. Künftig wird bleiben: Rahmenbedingungen bestimmen vermehrt die (Bedürfnisse der) Menschen. In den liturgischen Formen ist Reduktion wie Konzentration geboten. Und es braucht Kooperationen außerhalb von parochialen Grenzen.

Folgende Vermutung drängt sich uns auf: Entsprechend der individuellen Lebensbiographien und weil jede:r selbst Schneider:in auch der eigenen Spiritualität ist, findet sich das gottesdienstliche Angebot wieder auf einem Markt der Möglichkeiten. Dort konkurriert es bisweilen auch. Kirche und gottesdienstliche Feier werden dort noch als relevant erlebt, wo sie mit der eigenen Lebensbegleitung zu tun haben. Der Volkskirche widerfährt eine Kasualisierung.

Für die Gestaltung der gottesdienstlichen Landschaft bedeutet dies die Notwendigkeit der Suche nach Anknüpfung von Nähe und Lebensbegleitung im kirchenjahreszeitlichen Festkreis, in den Texten des Propriums und darüber hinaus.

Vielleicht kann man es mehr als Bekenntnis denn als Behauptung lesen. Aber wir sind überzeugt: Der Gottesdienst wird bleiben. Er bewegt sich. In aller Veränderung. Und die Veränderung birgt große Chancen: Nichts ist selbstverständlich zu nehmen, unsere Botschaft(en) wollen (oder sollten) wir so leicht, verständlich und übertragbar kommunizieren und in Formen gießen wie möglich. Das wird bleibende Aufgabe sein. Gott selbst kommt uns entgegen. Die Zukunft ist sein Land.

2. Neue Fluidität in Predigt und Liturgie

Alexander Deeg

Wir sind unterwegs, haben hier »keine bleibende Stadt« (Hebr 13,14) und strecken uns aus »nach dem, was da vorne ist« (Phil 3,13). Diese eschatologische Signatur christlicher Existenz ist verheißungsvoll, aber alles andere als leicht zu praktizieren. Feste Burgen werden errichtet, die Fleischtöpfe Ägyptens erweisen sich als attraktiver als die Wanderungen in der Wüste (vgl. Ex 16), und Goldene Kälber fixieren Gott auf ein bestimmtes Gottesbild. Der Ruf in die Bewegung und zum Aufbruch erscheint immer wieder nötig und gehört in die »*Iustus et peccator*«-Existenz christlichen Glaubens.

Was hat diese ebenso evidente wie allgemeine Bestimmung mit den Gottesdiensten zu tun, die wir feiern? Eine ganze Menge. Auch hier richten wir uns gerne in dem Gewohnten, Konventionellen ein und in dem, was unseren Bedürfnissen in besonderer Weise entgegenzukommen scheint. Aufbrüche kosten Energie und führen ins Offene und Unbekannte. In dieser Hinsicht bedeutete die Corona-Krise eine Unterbrechung, die ich als Chance für liturgisch-homiletische Fluidität werte. Freilich: Es stockt mir zugleich der Atem, wenn die Worte »Corona-Krise« und »Chance« im selben Satz fallen. Denn Corona bedeutete und bedeutet zugleich bis Mitte 2022 mindestens 6,4 Millionen Todesfälle weltweit, erheblich mehr Fälle von Long Covid und unzählige wirtschaftlich-existentielle und psychische Krisen.

In sieben Punkten und insgesamt 20 Thesen stelle ich Aspekte dieser liturgisch-homiletischen Fluidität zusammen, wobei die Thesen nichts abschließen, sondern in unterschiedlichen Feldern Denk- und Entdeckungsbewegungen öffnen wollen.

2.1 Gottesdienste unterwegs –
Zur liturgisch-homiletischen Hermeneutik

These 1: Die notwendigen Unterbrechungen des liturgisch-homiletischen »Betriebs« in den Lockdowns 2020/21 boten und bieten die Chance, neu über Predigt und Liturgie, Sakramente und Kasualien nachzudenken.

Liturgisches Leben verändert sich ständig. Mal folgen die Impulse zur Veränderung aus neuen theologischen Einsichten, mal schreiben sich veränderte Mentalitäten und gewandeltes ästhetisches Empfinden eher unreflektiert in die Gestalt der Gottesdienste ein. Die disruptive Krisenerfahrung des Jahres 2020 führte flächendeckend zur Frage, was jetzt nötig und möglich sei, was gebraucht wird und was eher nicht.[6] Dabei zeigte sich z. B. daran, dass das Abendmahl für manche unabdingbar zum eigenen evangelischen Glaubensleben gehört und sich gerade in der Zeit der Krise als bedeutsam erweist; dass es aber für viele andere (zweifellos die Mehrheit der Evangelischen) diese Bedeutung nicht hat.[7] Wir haben gegenwärtig die Chance, die Erfahrungen dieser Zeit kritisch zu evaluieren und für die Zukunft der Gottesdienste zu nutzen – wenn wir nicht vorschnell in die Trägheit des Pragmatismus verfallen und – angesichts der wieder gegebenen Möglichkeiten dazu – einfach in die Feierformen vor der Pandemie zurückkehren. Die Unterbrechung kann gerade jetzt, wo die akuten Einschränkungen vorbei sind, eine Chance zur liturgisch-homiletischen Reflexion bedeuten. Warum tun wir, was wir tun? Wo hängen wir in merkwürdigen Konventionen fest? Wo bieten sich Formen und Wege, die wir bislang nicht erahnten? Wo zeigt sich die Bedeutung des Überkommenen, Traditionalen gerade im Licht der neuen Formen?

---

[6] Vgl. Alexander Deeg, Es wird nicht mehr sein wie vorher. Überlegungen zum Gottesdienstfeiern in Zeiten der Corona-Pandemie und danach, in: PTh 109 (2020), 417–435.
[7] Vgl. dazu Daniel Hörsch, Digitale Verkündigungsformate während der Corona-Krise. Eine Ad-hoc-Studie im Auftrag der Evangelischen Kirche in Deutschland, Berlin ²2020; Daniel Hörsch, Gottesdienstliches Leben während der Pandemie. Verkündigungsformate und ausgewählte Handlungsfelder kirchlicher Praxis – Ergebnisse einer midi-Vergleichsstudie, epd-Dokumentation 39/2021, 16 f.

These 2: Auch die Befürworter:innen liturgischer Aufbrüche stehen (manchmal) in der Gefahr, die Fluidität zu schnell wieder in feste Formen überführen zu wollen.

These 1 wendet sich keineswegs nur an diejenigen, die möglichst schnell wieder in die Feierformen »vor Corona« zurückkehren wollen, sondern auch an diejenigen, die von neuen Formen gottesdienstlicher Feiern, die in der Pandemie entwickelt wurden und die sich sowohl in digitalen als auch in analogen Räumen realisierten, begeistert waren und sind – und nun »Beharrungstendenzen« entwickeln.[8] Auch hier kann es zu Festlegungen kommen, etwa von jenen, die die disruptive Wende ins Digitale sehr früh als Weg in die Zukunft der Gottesdienste feierten – und angesichts empirischer Studien nun erkennen müssen, dass diese *einen* Sektor gottesdienstlichen Lebens darstellen, keineswegs aber für *die* Zukunft *der* Gottesdienste stehen.

Die beiden midi-Studien machen die nachlassende Begeisterung für digitale Gottesdienste deutlich. Die erste Studie, die sehr früh nach dem Frühjahrs-Lockdown 2020 erste Ergebnisse aus einer Befragung veröffentlicht hatte, sprach von der Steigerung des sonntäglichen Gottesdienstbesuchs um 287 % durch die Corona-Krise.[9] Mit solchen Zahlen wurde Kirchenpolitik gemacht – gegen traditionskontinuierliche Gottesdienste oder für die Einrichtung von Stellen, die sich spezifisch mit digitaler Verkündigung beschäftigen. In den Wochen der Euphorie des Digitalen verwechselte man teilweise Youtube-Klickzahlen mit Gottesdienstbesuch und nahm etwa die Zugriffsdauer nicht gleichwertig in den Blick. Die ein Jahr später von Daniel Hörsch erarbeitete Nachfolgestudie war hier realistischer und konstatierte eine deutliche Abnahme der durchschnittlichen Reichweite digitaler Angebote in der Zeit zwischen dem ersten und zweiten Lockdown und nochmals zum zweiten Lockdown.[10]

Die Zukunft *des* Gottesdienstes ist keineswegs nur digital. Und die traditionskontinuierlichen Gottesdienste am Sonntagmorgen sind nicht am Ende. Beides aber und noch viel mehr sind wesentliche Aspekte gottesdienstlichen Lebens.

---

[8] So nennt das Philipp Greifenstein in einem Beitrag zur »Zukunft digitaler Gottesdienste« vom 22. Juni 2022.
[9] Daniel Hörsch, Digitale Verkündigungsformate, 31.
[10] Daniel Hörsch, Gottesdienstliches Leben, bes. 16.

These 3: Immer neu einzuüben ist die Wertschätzung der Vielfalt liturgischen Lebens, die nur möglich ist, wenn die Entweder-Oder-Logiken überwunden und Sowohl-als-auch-Logiken gepflegt werden. Gerade im liturgischen Diskurs scheint es immer wieder herausfordernd zu sein, auch das wertzuschätzen, was »mir selbst« und meinem eigenen ästhetischen Empfinden, intellektuellem Anspruch oder Frömmigkeitsprofil nicht entspricht – und doch lebt evangelische Kirche von dieser Wertschätzung der Pluralität. Diese Wertschätzung schließt nicht aus, engagiert für das zu werben, was »mir« inhaltlich oder formal besonders einleuchtet; sie schließt nicht einmal aus, begründet Urteile zu fällen und Problematisches zu markieren. Aber sie sollte ausschließen, allzu schnell und allzu einfach Logiken gegeneinander auszuspielen und so das liturgische Gespräch nicht voranzutreiben, sondern zu verhindern. Umgekehrt bietet sich die Chance, traditionskontinuierlich-analoge Feierformen *und* vielfältige liturgische Aufbrüche in digitalen und analogen Räumen wertzuschätzen, sowie gleichzeitig problematische Konventionalitäten, die sich bei allen am liturgischen Diskurs Beteiligten immer wieder einstellen, kritisch zu hinterfragen. Kann es gelingen, entspannt, gelassen und erwartungsvoll liturgische Pluralität zu leben?[11]

These 4: Es lohnt sich, über Präsenz und Partizipation, die Bedeutung von »Predigt« und »Verkündigung«, herkömmliche und neue Räume, pastorale und weitere Rollen nachzudenken. Das geschieht in den folgenden Thesen.

2.2 Substitution, Kontinuität, Innovation – Drei Logiken der neuen Entwicklungen

These 5: Die neuen liturgisch-homiletischen Formen, die in der Corona-Pandemie entwickelt oder neu wahrgenommen wurden, lassen sich je nach leitenden Logiken als Substitution, Innovation oder Kontinuität rubrizieren.

---

[11] Es mag sein, dass diese These einigermaßen naiv formuliert ist, weil sie Machtverhältnisse nicht erwähnt oder reflektiert. Es gilt zu fragen, wer in welchen Kontexten liturgische Deutungsmacht hat und wie sich diese mit konkreter Gestaltungsmacht verbindet (in organisatorischer, aber z. B. auch finanzieller Hinsicht).

Substitutionsformate wurden als Ersatz für im Lockdown nicht mehr mögliche physisch kopräsente liturgische Formen in einer Vielfalt von analogen und digitalen Formaten konzipiert: Kurzgottesdienste oder geistliche Worte auf Youtube, Livestreams aus dem Kirchenraum, Telefongottesdienste, Gottesdienstformulare für die Feier zuhause, Gottesdienste und Predigten »to go« (zum Mitnehmen vom Gartenzaun des Gemeindehauses). Die leitende Logik der Substitution war, das bisher Mögliche nun in anderer medialer Gestalt aufrecht zu erhalten.

Der Übergang zu *innovativen Formaten* ist fließend; denn vielfach wurde aus dem, was als »reine« Substitution gedacht war, etwas Neues, das inhaltlich und ästhetisch überzeugte: die andere Art der Predigt von verschiedenen Orten jenseits der Kanzel, die Gebetsgemeinschaft in einer Chat-Gruppe, das gemeinsam via Zoom gefeierte Abendmahl etc. Es zeigt sich einmal wieder, dass und wie Form und Inhalt, Medium und Message interagieren.[12] Die Formate, die das Digitale (oder alternative analoge Wege) lediglich als Distributionsmedium angesichts der eingeschränkten Präsenzkontaktmöglichkeiten nutzten, verschwanden tendenziell nach den Lockdowns und erreichten generell eher die, die auch sonst zu den Gottesdiensten gekommen wären oder mit der Gemeinde enger verbunden waren. Die Formate, die andere Medien kreativ und innovativ nutzten, gibt es häufig bis heute – wenn auch (wie bereits beschrieben) die Anzahl der Teilnehmenden besonders bei digitalen Formaten gegenüber den Zahlen in den Lockdowns teilweise deutlich zurückging.

Fließend ist so auch der Übergang zu den Formaten, die in der Logik der *Kontinuität* beschrieben werden können: In der Krise wurde fortgesetzt, was bereits vorher entwickelt und jenseits der Krisensituation konzipiert wurde, sich aber nun besonders eignete. Digitale Formate, die bereits vor Corona entwickelt wurden, erwiesen sich in den Lockdowns als attraktiv auch für viele, die das Angebot vorher nicht wahrnahmen. Teilweise wuchs die Anzahl der Teilnehmenden deutlich – und es zeigt sich einmal wieder, was als liturgische Grundregel gelten könnte: Es lohnt sich durchaus, Formate »bereitzuhalten«, auch wenn sie ggf. nur Wenige überzeugen und nicht zu den wachsenden Formaten ge-

---

[12] Vgl. Marshall McLuhan, Das Medium ist die Botschaft, Harburg 2009 [zuerst 1967].

hören. Die Steigerungslogik, die nur das schätzt, was quantitativ zunimmt oder mindestens auf hohem Niveau stagniert, ist liturgisch immer problematisch. Die Leipziger Friedensgebete etwa werden seit den frühen 1980er Jahren immer montags um 17 Uhr in der Nikolaikirche gefeiert; teilweise wurden sie nur von sehr wenigen Menschen besucht; immer wieder aber ist die Kirche voll – wie zuletzt zu Beginn des russischen Angriffskriegs auf die Ukraine im Februar 2022. Kirche bietet liturgische Räume, die sich je und je als hilfreich oder gar notwendig erweisen.

Das gilt nun auch umgekehrt für digitale Formate: Auch wenn die Anzahl der Teilnehmenden und die Klickzahlen vor allem bei Online-Substitutionsformaten teilweise deutlich zurückgingen, sollte ihre Bedeutung doch nicht zu schnell relativiert werden. Sie haben diakonisches Potential und ermöglichen kranken oder in ihrer Mobilität eingeschränkten Menschen, Familien oder Alleinerziehenden etc. eine Möglichkeit zur liturgischen Feier (oder Mitfeier in einem hybriden Kontext).

These 6: Auch im Liturgischen gibt es digital-analoge Übergangsfelder und eine Pluralität digitaler und analoger Räume.
Bereits in den 1990er Jahren sprach Paul Milgram vom »virtuality-reality-continuum« und von einer »mixed reality«, die sich zwischen den beiden Polen des »rein Virtuellen« und des »rein Realen« ergebe. Im Blick auf die Diskussion zu »digitalen Gottesdiensten« scheint es mir wichtig, die vielfältigen Übergänge zwischen analogen und digitalen Räumen zu bedenken und auch hier allzu dichotome Schematisierungen zu überwinden. Zunächst befindet sich jede:r, der:die über Smartphone, Tablet oder Laptop an einem Gottesdienst teilnimmt, selbst in einem »analogen« Raum – und es wäre noch viel Forschungsarbeit nötig, genauer herauszufinden, wo diese Partizipation geschieht und wie sie sich genau gestaltet.[13] Gegebenenfalls nimmt er:sie an einem Gottesdienst hybrid teil, der zeitgleich in einem Kirchenraum gefeiert wird. Oder feiert zuhause einen der »Gottesdienste zeitgleich«, die das Michaeliskloster Hildesheim zur häuslichen Feier bereitgestellt hat.[14] Oder die Kacheln einer Videokonferenz-

---

[13] Vgl. Dietrich Sagert, Wo bin ich, wenn ich vor dem Bildschirm bin? Liturgisch-ästhetische Untersuchungen, Leipzig 2022.
[14] Vgl. https://www.michaeliskloster.de/in-zeiten-von-corona/gottesdienst-zeitgleich [22.07.2022].

plattform verbinden die Feiernden, die sich an jeweils ihren unterschiedlichen Orten befinden und daran ggf. auch in ihren Videos Anteil geben. Unter Umständen sieht jemand eine voraufgezeichnete Predigt, die bewusst an einem anderen Ort als dem Kirchenraum aufgezeichnet wurde: an einem Wanderparkplatz, in einem Fitnessstudio oder vor einem Supermarkt. Prediger:innen und Liturg:innen machten sich auf Entdeckungsreise in die Sozial- und Naturräume um den Kirchturm herum. Spannend ist die Verbindung dieser verschiedenen Orte – und besonders bedeutsam erscheint mir die Frage, wie sich die privaten Räume mit den Gottesdiensten verbinden.

Liturgiehistorisch ist es evident, dass die Praxis liturgischer Feiern in den »Häusern« die Keimzelle christlicher Gottesdienstfeiern in ihrem jüdischen Kontext bildete.[15] Freilich sind diese »Häuser« der Spätantike nicht mit heutigen Wohnungen zu verwechseln. Aber dass der Bereich, in dem Menschen ihren Alltag verbrachten, auch zum liturgischen Ort wurde, ist evident. Mit dem Bau von eigenen Kirchen ab dem vierten Jahrhundert gab es erstmals die Möglichkeit, dass sich ein eigener Raum als Kirchen- bzw. Sakralraum etablierte – eine Entwicklung, die etwa Martin Luther und die anderen Reformatoren relativieren wollten. Sie betonten die Hausfrömmigkeit um den »Hausvater« neben dem in Kirchenräumen gelebten Glauben. In der Neuzeit und angesichts der funktionalen Differenzierung der neuzeitlichen Gesellschaft wurde die Trennung privater Räume (und der dort ggf. gelebten privaten Religiosität) und öffentlicher Feierräume deutlicher. Religionspraxis verlagerte sich für nicht wenige ganz auf einige Termine, die in Kirchenräumen wahrgenommen wurden. Digitale Medien bieten nun die Chance, alltägliche Räume und gottesdienstliche Feier neu zu verbinden – durch ein in der Küche online mitgefeiertes Zoom-Abendmahl, durch einen vom Wohnzimmer aus verfolgten Youtube-Gottesdienst, durch ein Nachtgebet in den Sozialen Medien, das Menschen schon im Bett liegend mitfeiern. Viele der digital Partizipierenden betonen nicht nur, wie entspannend es ist, auch einmal im Schlafanzug an einem Gottesdienst teilnehmen zu dürfen, sondern auch, dass sie erleben, wie sich ihr Alltag mit der Feier der Gottesdienste verbindet. Etwa dann, wenn sich bei einer digitalen

---

[15] Vgl. Alexander Deeg/David Plüss, Liturgik, Lehrbuch Praktische Theologie 5, Gütersloh 2021, 88.429–434.

»Mahl ganz anders«-Videokonferenz-Feier Tischgespräche rund um das Abendmahl ergeben, wie sie sonst nur am Küchentisch möglich wären.

Umgekehrt können solche Erfahrungen auch Konsequenzen für die Kirchenräume haben (die sich übrigens gerade in vielen digitalen Formaten als bleibend bedeutsam erwiesen haben; die Sehnsucht vieler war während der Lockdowns groß, wenigstens digital Anschluss an den gottesdienstlichen Raum zu haben und zu halten).[16] In Hamburg etwa entstand – schon vor der Corona-Pandemie – das Projekt »Wohnzimmerkirche«.[17] Die Umgestaltung des Feierraums durch Sofas, Tische, Girlanden, Sitzecken führt zu einem völlig veränderten kommunikativen Setting. Emilia Handke, die von dem Projekt berichtet, zitiert dann auch Steve Collins, der einmal schreibt:

> *»In Zukunft sollte die Kirche vielmehr einem Wohnzimmer entsprechen und ein Ort sein, an dem Gott als Gastgeber erfahrbar wird. Statt der Anbetung oder der Unterweisung dient der Raum vor allem der Interaktion. Statt Kirchenbänken oder schmuckvollen Altarbildern prägen Sessel und Tische, miteinander geteilte Geschichten und Vernetzungsmöglichkeiten den Raum. Der Ort, an dem Menschen als Glaubende zusammenkommen, wird zu einem Ort, an dem sie auch Leben miteinander teilen.«*[18]

Ich korrigiere Collins nur an einem Punkt: Nein, nicht *die* Kirche sollte einem Wohnzimmer entsprechen, sondern es ist wichtig und gut und richtig, dass *auch* die Logik des Wohnzimmers Gottesdienste prägen kann. Den »totalitären Umbauphantasien« »der« Kirche gilt es auch hier (vgl. Thesen 3 und 20) zu widersprechen.

---

[16] Vgl. Kerstin Menzel, Digitale Gottesdienste in raumtheoretischer Perspektive [noch unveröffentlichter Beitrag, 2022].
[17] Vgl. Emilia Handke, Feiern, wovon wir träumen! Das Hamburger Kooperationsprojekt »Wohnzimmerkirche«, in: https://www.feinschwarz.net/wohnzimmerkirche/ [21.07.2022].
[18] Steve Collins, Open House. Reimagining Church Spaces, in: Cathy Ross/Jonny Baker/ders. (Hg.), Future present. Embodying a better world now, Sheffield 2018, 51–67; der deutsche Text wurde zitiert nach: Lena Niekler/Christian Schernus, Gemeinschaft leben: Dabeisein und dazugehören, in: Katharina Haubold/Florian Karcher/Lena Niekler: Jugendarbeit zwischen Tradition und Innovation. Fresh X mit Jugendlichen gestalten, Neukirchen-Vluyn 2019, 130.

2.3 Predigt: Vielfalt, Authentizität und stories

These 7: Es gilt, die klassischen Leitbilder der »Kanzelrede« aufzubrechen und »Predigt« in der Vielfalt ihrer kommunikativen Arrangements wahrzunehmen.

Die Einsicht, dass »Kommunikation des Evangeliums« mehr ist als die Kanzelrede im liturgischen Setting des Sonntagmorgengottesdienstes, wurde auch vor der Corona-Pandemie immer wieder betont – entschieden etwa von Ernst Lange und Christian Grethlein.[19] Und bereits Martin Luther zeigt nicht zuletzt durch die vielfältigen hebräischen Worte, die er bei seiner Übersetzung des Ersten Testaments mit »predigen« wiedergibt, dass es für ihn bei dem Glauben, der aus »der Predigt« kommt (Röm 10,17), um unterschiedlichste kommunikative Settings geht – solange es denn klar ist, dass es um das Jetzt und Hier der Botschaft und um die Zusage des göttlichen Wortes an die Einzelnen geht.[20]

Die Corona-Pandemie bedeutete durch die zahlreichen Substitut- oder Innovativformate eine Chance, diese alte Einsicht neu mit Leben zu füllen. Helmut Schwier spricht von einem »Kairos der Predigt«[21] und schlägt vor, »[a]nstatt sich bei den Fragen nach dem online-Abendmahl zu verheddern«, die »Stärken digitaler Gottesdienste« zu entwickeln. Diese sieht er vor allem bei der Predigt: »Der Predigtbegriff eröffnet eine […] mediale Weitung. Predigt ist nicht nur Kanzelrede und geschieht nicht nur verbal. Andere bekannte und analog bewährte Medien sind Bild und Musik. Auch die Monologform ist nicht zwingend.«

Vielleicht gelingt es ja endlich durch die Pandemie, neben das leitende und reichlich konventionelle Bild der monologen Predigt von der Kanzel auch andere Bilder zu stellen: andere Orte, andere mediale Arrangements im Wechselspiel von Bild, Musik und Wort, dialogische Settings.

Freilich: Auch hier scheint es mir nötig, keinen Ikonoklasmus zu betreiben. Predigt darf schon *auch* die wohl reflektierte, sprachlich gelungene, persönlich glaubwürdige Rede *eines* Menschen im schwarzen Talar von einem Pult oder einer Kanzel und

---

[19] Vgl. auch Michael Domsgen/Bernd Schröder (Hg.), Kommunikation des Evangeliums. Leitbegriff der Praktischen Theologie, APrTh 57, Leipzig 2014.
[20] Vgl. Alexander Deeg, Predigt und Derascha. Homiletische Textlektüre im Dialog mit dem Judentum, APTLH 48, Göttingen 2006, 64, Anm. 9.
[21] Helmut Schwier, Digitale Gottesdienste. Kairos zu erneuerter Predigt (https://cursor.pubpub.org/pub/ss31tjbd/release/2) [22.07.2022].

eingebettet in ein liturgisches Setting sein, die angesichts der homiletischen Verschiebungen der vergangenen Jahrzehnte ja keineswegs so autoritär, deutungsmachtbeladen und reaktionär sein muss, wie sie manchen immer noch erscheint. Eine Kanzel kann auch ein bescheidener Ort sein. Die Person der Predigenden kommt mir nicht allzu nah; sie steht nicht unmittelbar vor mir, gewährt mir – wenn ich möchte – meine Ruhe.

Nein, es war – so meine ich – keine gute Idee, dass Pfarrerin Kathrin Bolt in der Kirchgemeinde Straubenzell (St. Gallen, Schweiz) im Jahr 2021 öffentlichkeitswirksam ihre Kanzel[22] zersägte und das Pfarrteam der Gemeinde zu »predigtfreien Gottesdiensten« einlud, bei denen Experteninterviews, Gespräche am Tisch oder Performances die Predigt ersetzen sollten.[23] Denn auch diese Formen geschehen nicht in einem macht-freien Raum – und ob nicht manche Kanzelrede weit mehr befreiende Offenheit der Rezeption ermöglicht als ein Experteninterview oder ein Rundgespräch am Tisch, kann gefragt werden.

Eine formale Entwicklung freilich dürfte sich durch die Corona-Pandemie weiter verstärkt haben: Predigten wurden und werden kürzer. Corona bedeutet hier eine nochmalige Beschleunigung einer Entwicklung, die sich bereits über viele Jahre vollzog.[24] Wobei: Auch hier gilt m. E., dass Kürze nicht einfach mit Qualität zu verwechseln und dass auch die Erwartung der Hörenden unterschiedlich ist. Aus Leipziger Innenstadtkreisen begegnete mir auch der Satz in einem wieder »normal« langen Gottesdienst 2022: »Wie schön, dass endlich wieder ausführlich gepredigt wird. Ich habe echt genug von diesen Fünf-Minuten-Botschaften!« Und auch die Beliebtheit unterschiedlicher Podcasts zeigt, dass es Menschen gibt, die gerne auch (gut gemachten!) längeren Redebeiträgen zuhören. Vielleicht ist die alte Regel, dass eine Rede dann enden sollte, wenn der:die Redner:in nichts mehr zu sagen hat, doch die beste! Das kann zu sehr kurzen Reden und Predigten führen, muss es aber nicht.

---

[22] Genauer müsste es heißen: *eine* Kanzel. Die Kanzel für die Säge-Aktion wurde an anderem Ort nicht mehr gebraucht und für die Aktion eigens in die Gemeinde gebracht.
[23] Vgl. zu der Aktion https://www.jesus.de/nachrichten-themen/pfarrerin-zersaegt-kanzel/ [22.07.2022].
[24] Vgl. Evelina Volkmann, Kurz, engagiert und politisch. Wohin sich die Predigt zurzeit entwickelt, in: Für Arbeit und Besinnung 74 (2020), H. 13, 17–20, 17 f.; vgl. auch Stephan Goldschmidt/Lars Hillebold/Margit Zahn (Hg.), Fasse dich kurz. Gottesdienste im Espresso-Format. Werk- und Beispielbuch, Neukirchen-Vluyn 2022.

These 8: Es gibt spezifische Gefahren und Probleme der Kommunikation in digitalen Räumen und vor allem in Sozialen Medien, die bewusst reflektiert werden müssen.
Es gibt digitale Euphoriker:innen in den Kirchen ebenso wie radikale Skeptiker:innen der Digitalisierung. Beides ist falsch! Die digitale Kommunikation bietet nicht die lange erwartete Realisierung des allgemeinen Priestertums und ganz sicher auch nicht die Möglichkeit, nun endlich »die« Jugendlichen und jungen Erwachsenen von Kirche zu begeistern oder »die Menschen da draußen« flächendeckend zu erreichen. Aber sie bedeutet umgekehrt auch nicht die fortgesetzte Ökonomisierung und zunehmend veräußerlichende Ästhetisierung der Kommunikation. Es geht darum, im Dialog mit den Medien- und Kulturwissenschaften sowie der Soziologie differenziert wahrzunehmen, was sich in der digitalen Kommunikation zeigt – formal und inhaltlich. Dialogpartner:innen für diese Kommunikation gibt es viele; ich deute nur vier von ihnen an: (1) Mit Armin Nassehi lässt sich fragen, inwiefern digitale Medien zwar »auf ihrer Oberfläche dem Aufbau von individueller Einmaligkeit und Besonderheit dienen«, »hinter dem Rücken der Akteure« aber »Strukturen und Regelmäßigkeiten abgebildet werden, die die vermeintliche und empfundene Individualität auf paradoxe Weise konterkarieren.[25] (2) Diese Anfrage könnte durch Andreas Reckwitz verstärkt werden, der die Singularisierung aller Lebensbereiche als zentrale Deutefolie seiner Gesellschaftstheorie versteht. Sie kann dazu führen, sich in der eigenen »Selbstdarstellung den digitalen Mustern der Marktökonomie anzupassen, um überhaupt in die Sichtbarkeit zu kommen«[26] – und so beim Wunsch nach Singularität das exakte Gegenteil zu erreichen. (3) Mit Hartmut Rosa bleibt zu untersuchen, ob Kommunikation im digitalen Raum nicht dazu führt, die Unverfügbarkeit der »Resonanz« in (die Verheißung der) Verfügbarkeit zu verwandeln – und gerade so zu zerstören.[27] (4) Byung Chul Han schließlich sieht die Rituale verschwinden – nicht nur, aber auch durch die Zunahme digitaler Kommuni-

---

[25] Vgl. Armin Nassehi, Muster. Theorie der digitalen Gesellschaft, München 2021; das Zitat stammt aus Claas Cordemann, Die Seele im digitalen Zeitalter. Soziotheologische Grenzgänge, in: EvTh 82 (2022), 223–231, 225.
[26] Cordemann, Die Seele im digitalen Zeitalter, 230; vgl. Andreas Reckwitz, Die Gesellschaft der Singularitäten. Zum Strukturwandel der Moderne, Berlin ⁴2017.
[27] Vgl. Hartmut Rosa, Resonanz. Eine Soziologie der Weltbeziehung, stw 2272, Berlin 2019; ders., Unverfügbarkeit, Wien/Salzburg ⁶2020.

kation. In heftig kulturpessimistischer Tonlage, aber m. E. nicht unberechtigt, verweist er auf den Verlust der Stille und Kontemplation und darauf, dass sich Rituale nicht beschleunigen lassen, Beschleunigung aber ein durchaus wesentlicher Faktor der Digitalisierung bleibt.[28]

Die grundlegende Einsicht, dass Medien nicht »unschuldig« sind und sich mit einer Veränderung des Mediums auch die Botschaft verändert, gilt es im Blick auf die digitalen Medien nochmals neu wahrzunehmen. Es ist evident, dass es nicht »*das* Evangelium« gibt, das nun nur auf andere Weise kommuniziert wird, sondern dass sich das, was Evangelium bedeutet, in der Vielfalt der digitalen Räume ebenfalls verändert. Die Aufgabe bleibt – ob in digitalen oder analogen Räumen –, nicht einfach »Evangelium« zu kommunizieren, sondern Evangelium in vielfältigen kommunikativen Konstellationen immer neu zu entdecken.[29] Eine Frage wäre etwa: Wie kommt die politisch unterbrechende Torheit des Evangeliums in digitalen Medien zur Sprache? Schwächt sich die seit etwa einem Jahrzehnt neu wahrnehmbare Bedeutung politischer bzw. prophetischer Predigt eher wieder ab – oder erfährt sie umgekehrt eine Verstärkung? Kommt es tatsächlich zu einer Verflachung, Banalisierung der Botschaften in den Sozialen Medien und dazu, dass sich eine bestimmte Art selbstzufriedener lebensfroher Bürgerlichkeit selbst inszeniert (wie die Influencer:innen, so auch die Sinnfluencer:innen?) – oder gibt es eine kritische Gegenbewegung, die gerade in den Sozialen Medien eben diese besonders effektiv herausfordern und kritisieren kann?

In einem Beitrag für das Magazin der Süddeutschen Zeitung kritisiert Till Raether die Ausgrenzung sogenannter »Spaßbremsen« aus der Gesellschaft. Er stellt im Blick auf gegenwärtige Kommunikation fest: »Alles muss möglichst unterhaltsam sein.«[30] Und: Was ankommt, muss irgendwie auch »leicht« sein. Raether will das Ernsthafte als geradezu subversiv feiern und lobt die Spaßbremsen, die Zweifel ins Spiel bringen.

---

[28] Vgl. Byung-Chul Han, Vom Verschwinden der Rituale. Eine Topologie der Gegenwart, Berlin 2019.
[29] Vgl. Alexander Deeg, »Gott ist dabei« und Jesus ist weg!?, in: https://www.feinschwarz.net/gott-ist-dabei/ [22.07.2022].
[30] Till Raether, Schluss mit lustig. Ein Loblied auf einen Stützpfeiler der Gesellschaft, in: SZ-Magazin Nr. 27, 8. Juli 2022, 18–21, 20.

Und ich gebe es zu: Manche Inszenierung sogenannter Sinnfluencer:innen ist mir aufgrund der massiven Positivität schwer erträglich. Ein Problem manch kirchlicher Kommunikation in den Zeiten der Pandemie lässt sich in dieser Positivität sehen, die mit einer Emotionsunterdrückung einhergeht und letztlich auch mit einer Innen-Außen-Dualisierung: Wir (hier drinnen) haben denen (da draußen) eine Botschaft der Hoffnung, Leichtigkeit, Lebensfreude zu vermitteln. Freilich aber wurde gerade in Zeiten der Pandemie – und durchaus auch in digitalen Kontexten – die Klage als Sprachform in Zeiten der Not neu entdeckt.[31]

These 9: Die Person der Predigenden ist noch einmal neu in den Fokus der Aufmerksamkeit gerückt, was Chance und Problem zugleich bedeutet.
Polemisch ließe sich sagen: Wer die Performance evangelischer Prediger:innen im schwarzen Talar auf der Kanzel für Demonstrationen von Macht hält, hat die massive Selbstinszenierung von Pastor:innen etwa auf Instagram, Facebook oder Youtube noch nie gesehen. Hinter diesem polemischen Satz steckt die unleugbare Tatsache, dass die *Person* in den digitalen Medien nochmals ganz neu hervor- und in besonderer Weise in den Mittelpunkt tritt. Dies gilt bereits für gestreamte Gottesdienste oder Youtube-Formate, in denen sich die Kamera den Redner:innen weit mehr nähert, als dies Gottesdienstbesucher:innen im analogen Kirchenraum je tun würden. Nicht nur Falten, graue Haare und Augenringe werden sichtbar, sondern viel entscheidender: Mimik und Gestik werden nicht massenmedial, sondern im Paradigma des persönlichen Gesprächs wahrgenommen. Nicht eine:r spricht für viele (obwohl er:sie das faktisch tut), sondern ein »Du« spricht zu »mir«. Die große Chance, die sich durch diese Nähe ergibt, ist die Direktheit der Kommunikation, durch die ein:e Verkündiger:in ein Gegenüber persönlich erreicht. Ein Manuskript wirkt merkwürdig; die großen Begriffe, mit denen sich Predigende auf Kanzeln gerne schmücken (Heil, Freiheit, Gnade etc.) erweisen sich auf einmal als so schal und leer, wie sie es faktisch natürlich auch auf der Kanzel sind. Sätze werden kürzer; die Kommunikation verliert an Pathos und gewinnt an seelsorglicher Tiefe.

---

[31] Vgl. Kerstin Menzels Beitrag zur Leipziger »Klagezeit« in diesem Band (vgl. II, 1.2).

Von daher überrascht eines der Ergebnisse der groß angelegten internationalen CONTOC-Studie durchaus: 75 % der evangelischen Pfarrpersonen in der Schweiz und 70 % in Deutschland stimmen der Aussage zu: »Meine Rolle hat sich [im digitalen Medium; AD] nicht verändert, nur die Form der Präsenz.«[32] Diese Aussage zeigt, dass das Bewusstsein für die Macht des Mediums auch im Blick auf die eigene Rolle doch noch deutlich ausbaufähig ist.

Der leitende Begriff »Authentizität« zur Beurteilung von (geistlicher) Rede seit den 1970er Jahren gewinnt gegenwärtig nochmals gesteigerte Bedeutung. Wobei: Der Kommunikationspsychologe Friedemann Schulz von Thun wies m. E. schon vor einigen Jahren zurecht darauf hin, dass es um die »Transformation von der Authentizität zur Stimmigkeit« gehe.[33] Ein anderer Begriff wäre die »Wahrhaftigkeit«, von der etwa Ruth Cohn meinte: »Alles, was ich sage, soll wahrhaftig sein, aber nicht alles, was innerlich wahr ist, soll gesagt werden.«[34] Übertragen auf die Predigtaufgabe ließe sich sagen: Weder die pastorale Persönlichkeit noch die Marketingpersönlichkeit sind erwünscht, sondern die stimmige Persönlichkeit, wobei Stimmigkeit gegenüber ungefilterter Authentizität um die Wirkung der Äußerung weiß und die kommunikative Situation sowie die eigene Rolle reflektiert im Blick hat.

In all dem bleibt wohl die grundlegende – spätestens seit Moses Berufung am Dornbusch, Johannes des Täufers ausgestrecktem Finger oder Paulus Briefen – bekannte Einsicht: Es geht nicht *ohne* mich, aber es geht nicht *um* mich, wenn ich predige. (2Kor 4,5)

These 10: Menschen sind in Geschichten verstrickt (Wilhelm Schapp) – und mit der Corona-Pandemie wurde die Einsicht in die Bedeutung von stories *neu entdeckt. Es ist nicht übertrieben zu sagen, dass nach einer ersten Welle in den 1970er Jahren eine zweite Welle narrativer Predigt begonnen hat.*

---

[32] Vgl. Thomas Schlag/Ilona Nord, Kirche in Zeiten der Pandemie. Erfahrungen – Einsichten – Folgerungen. Einblicke in die internationale und ökumenische CONTOC-Studie, in: DtPfrBl 121 (2021), 737–742, 739.
[33] Friedemann Schulz von Thun, Mehr oder minder authentisch. Von der Authentizität zur Stimmigkeit – Warum das erstrebenswerte Leitbild der Kommunikation eine Gegentugend braucht, in: Praxis Kommunikation. Angewandte Psychologie in Coaching, Training und Beratung 1 (2015) 6, 10–13, 13.
[34] Zitiert bei Schulz von Thun, 12. Vgl. dazu unten I,1.

Mit der Verschiebung der Rolle der Verkündigenden wird auch das Erzählen von Geschichten neu bedeutsam und prägt manche der neuen und innovativen Formate. Das Markenzeichen von »Brot & Liebe«, eines ökumenisch organisierten Zoom-Gottesdienstes aus Berlin und Zürich, sind die *stories*, die hier in einem liturgischen Klangraum, zu dem auch die gemeinsame Feier des Mahles gehört, erzählt werden. »Brot & Liebe« wirbt genau damit: »Geschichten aus dem Leben«[35]. Damit lehnt sich das Format an das nordirische Storytelling an, wie es durch die »Tenx9«-Bewegung populär wurde. Tenx9 wurde 2011 in Belfast von Paul Doran und Pádraig Ó Tuama gegründet. Es werden Abende organisiert, an denen neun Menschen jeweils bis zu zehn Minuten Zeit haben, um eine wahre Geschichte aus ihrem Leben zu erzählen.[36] Während der Corona-Pandemie fanden diese Abende via Zoom statt – ein Beispiel für ein Format in der Logik der Kontinuität (vgl. oben These 5). Unterschiedliche Menschen werden zu *ihrer* Geschichte ermutigt (»everybody has a story«) – und wohl auch deshalb spielt die Betonung von »real stories« eine wesentliche Rolle.[37] Ó Tuama ist sich bewusst, dass es sich bei der Bewegung um eine neue Art narrativer Theologie handelt.[38] Ganz sicher – und zum Glück – überwunden ist dabei die schon immer problematische Art, »Geschichten« zur Illustration bereits feststehender Predigtaussagen zu suchen und zu finden (wie es manche in homiletischen Bücherregalen immer noch befindliche thematisch orientierte Sammlungen der 1970er bis 1990er Jahre nahelegten; die Karriere der vielfältig einsetzbaren »Spuren im Sand«-Erzählung rührt aus dieser Zeit).[39] Es geht vielmehr um das gelebte Leben,[40] das sich in seiner Komplexität, Fragmentarität, Vulnerabilität und Offenheit nicht auf eine »Botschaft« oder »Aussage«, aber durch-

---

[35] Vgl. www.brot-liebe.net [21.07.2022].
[36] Vgl. www.tenx9.com [21.07.2022].
[37] Freilich muss demgegenüber betont werden, dass Geschichten nicht einfach »da sind« und nicht »geschehen«, sondern im Erzählen geschaffen werden; vgl. Joachim Friedemann, Storytelling. Einführung in Theorie und Praxis narrativer Gestaltung, München 2019, 10.
[38] Vgl. Pádraig Ó Tuama, readings from the books of exile, Norwich (UK) 2012.
[39] Vgl. auch Thomas Hirsch-Hüffells überaus berechtigte Kritik am homiletischen »Beispiel«: »Das sog. ›Beispiel‹ ›dient‹ einer abstrakten ›Theologie‹ und hat kein geistreiches Eigenleben.« (ders., Die Zukunft des Gottesdienstes beginnt jetzt. Ein Handbuch für die Praxis, Göttingen 2021, 181).
[40] Vgl. Roland Barthes, der meinte, die Story sei »international, transhistorisch, transkulturell, und damit einfach da, so wie das Leben«, zitiert bei Friedemann, Storytelling, 9.

aus in den Klangraum biblischer Worte, Bilder und Geschichten, die von der Gottesgeschichte erzählen, bringen lässt.[41]

Dass Geschichten auch in politischen Diskussionen überzeugen können, betont Kerstin Söderblom in ihren »Queer theologische[n] Notizen«: »*Story Telling* ist [...] das Zauberwort. Wenn Vorurteile ein Gesicht bekommen und sich dahinter eine konkrete Lebensgeschichte zeigt, dann fallen viele Vorverurteilungen und Klischeebilder in sich zusammen.«[42]

Stories bieten eine weitere Chance: Sie lassen andere Menschen als nur die dazu beauftragten Prediger:innen zu Wort kommen. So viele *stories* haben Predigende gar nicht zu erzählen; und es lohnt sich, auf die Geschichte der Anderen zu hören. Nochmals: nicht, um diese einzufangen und mit ihnen die Wahrheit und Bedeutung der Gottesgeschichte zu belegen, sondern um sie ins Spiel zu bringen mit Gottes Geschichte mit dieser Welt. Auch hier erscheint mir der Zugang, den »Brot & Liebe« wählt, vorbildlich: Eine explizit religiöse Deutung unterbleibt; die Erzählungen haben darstellenden Charakter. Sie wollen nichts *be*wirken, aber *wirken*.

Der Begeisterung für das Erzählen sollten aber Fragen und einige Vorsichtshinweise zur Seite gestellt werden. Zum einen sind da die Emotionen, die bei Erzählenden und Hörer:innen ausgelöst werden. Was genau »getriggert« wird und wie das jeweils wieder aufgefangen werden kann, gilt es zu bedenken. Auch stellt sich die Frage, ob und inwiefern Erzählungen helfen, Emotionen abzubauen oder allererst zu wecken und aufzubauen. »Neurobiologische Untersuchungen belegen, dass bei der Rezeption von erzählten Erlebnissen sowohl bei den Erzählenden als auch den Rezipierenden die gleichen Hirnareale stimuliert werden, die auch beim realen Erleben der entsprechenden Handlungen und Ereignisse aktiv sind.«[43] Das Miterleben der Erzählung entspricht

---

[41] Diese Art von narrativer Homiletik und Seelsorge hat bereits Albrecht Grözinger stark gemacht; vgl. ders., Seelsorge als Rekonstruktion von Lebensgeschichte, in: WzM 38 (1986), 178–188. Dieses offene Erzählen unterscheidet sich m. E. auch von der geprägten Form des »Zeugnisses« in bestimmten Frömmigkeits- und Gottesdienstkulturen. Dabei geht es zwar auch darum, das individuelle Leben darzustellen; letztlich aber dient dieses dazu, die schon bekannte und in dem kommunikativen Setting auch erwartete soteriologisch formatierte Christusbotschaft erneut zu bestätigen.

[42] Kerstin Söderblom, Queer theologische Notizen, Nieuwegein 2020, 372–375, 373.

[43] Vgl. Friedmann, Storytelling, 195. Vgl. zur Bedeutung der Emotion für das Erzählen auch Sven Preger, Geschichten erzählen. Storytelling für Radio und

dem unmittelbaren Erleben des Ereignisses. Auch hier zeigt sich die Macht von Erzählungen (und es zeigt sich spiegelbildlich erneut, dass sich die These von der Macht traditioneller Kanzelrede und der Depotenzierung dieser Macht in neuen und anderen Formaten nicht halten lässt; im Gegenteil verhält sich eine traditionskontinuierlich-klassische Kanzelrede zum Storytelling vielleicht eher wie Brechts episches Theater zur rauschhaft-emotionalen Rezeption einer Wagner-Oper in Bayreuth).

Prediger:innen, die regelmäßig das Wort ergreifen, werden sich hüten, in jeder ihrer Predigten in diesem Sinn *stories* aus dem eigenen Leben zu erzählen. Aber sie haben die Chance, die ihnen das Erzählbuch Bibel bietet – und die Chance, die Geschichten von anderen einzuspielen in ihre Reden. Im »Zusammenwerfen« der Gottesgeschichte und der Geschichten des Lebens (mit dem Wort *symballein*, wörtlich: zusammenwerfen, bezeichnet Lukas das, was Maria mit den Worten der Hirten und ihrer Erfahrung der Geburt des Kindes tut; vgl. Lk 2,19: Luther übersetzt: »[...] bewegte sie in ihrem Herzen«) zeigen Predigende, wie sie selbst Antworten suchen auf die Frage nach Gottes Handeln und seiner:ihrer Präsenz in dieser Welt. Damit lässt sich auch ein Problem umgehen, das ich als grundlegendes kommunikatives Problem vieler Predigten wahrnehme: Predigende sehen sich als religiöse Dienstleister:innen, die im Kontext einer Institution »etwas« zu bieten haben wollen und »anbieten« müssen; die Hörenden werden dann als Empfänger dieser Dienstleistung konzipiert, die – in durchaus klassischem Sinn – getröstet oder ermutigt werden wollen. Hier bietet Storytelling die Chance, mit hineinzunehmen in Bewegungen des Glaubens, zu dem auch das Fragen und Zweifeln gehört. Thomas Hirsch-Hüffell spricht zurecht von der Aufgabe, öffentlich zu glauben:

> *»Wenn Sie etwas glauben, sagen Sie es immer mal wieder. Viele Kolleg*innen sprechen nicht gern über ihren eigenen Glauben. Aber ich möchte Ihnen dabei zusehen dürfen. Jetzt. Das bedingt, dass Sie sich klar sind über das, was Sie selbst glauben – neben oder unterhalb der richtigen Formeln, die Sie beruflich vertreten müssen. Es kann sein, dass Ihr Glaube Sie in einem wahren Moment über das hinaus sprechen lässt, was Sie selbst wissen. Schließen Sie das nicht aus durch falsche Redlichkeit. Auch das ist authentisch. Christ*innen leben davon, dass sie den Mund zu*

Podcast, Wiesbaden 2019, 13.

voll nehmen – aus gutem Grund. Sie sollten nur wissen, dass ich Ihnen eher beim öffentlichen Glauben zuhöre als beim Erklären dessen, was man glauben kann.«[44]

2.4 Wort & Kult in analogen und digitalen Räumen

These 11: Gerade durch die digitalen Neuarrangements wurden Chance und Bedeutung von Wort & Kult in ihrer jeweiligen Spezifität deutlich, wobei es die Dimension des »Kults« weit schwerer hat als die des »Worts«.
Helmut Schwier hat mit der vorhin bereits zitierten Beobachtung zweifellos recht: In digitalen Räumen funktioniert die Predigt (in der Vielfalt ihrer Formen!) sehr gut und funktionieren überhaupt all die Teile der Liturgie, die ich vor einigen Jahren auf den Begriff des »Wortes« gebracht habe. Das Andere aber, das in meiner dialektischen Bestimmung Gottesdienst zum Gottesdienst macht, der »Kult«,[45] also alle symbolisch-rituellen Handlungsvollzüge, in denen nicht eine Person andere direkt adressiert und »aktuell« etwas »will«, hat es weit schwerer. Byung-Chul Han hat schon recht, wenn er vom drohenden Verschwinden der Rituale in der Gesellschaft der Gegenwart spricht, die mit der Beschleunigung einhergeht und zu einem Verlust von Stille und Kontemplation führt. »Geistliche Worte« oder »Worte für die Seele« oder »Trost-Worte« gab und gibt es reichlich im Internet – und vor allem in Zeiten des Lockdowns hatten diese auch ihre Bedeutung.

Aber weit seltener gab es Rituale im digitalen Raum. Wo es sie aber gab, erwiesen sie sich in der Wahrnehmung als besonders stark. Dies gilt etwa für die Andacht, die Papst Franziskus am 27.3.2020 auf dem menschenleeren Petersplatz in Rom feierte und während der er den Segen »Urbi et Orbi« erteilte. Eine medial eindrucksvollere Inszenierung von Stille und Unterbrechung und eine deutlichere Wendung hin zum Gebet, das die Fragen nicht beantwortet, aber auffängt, hat es in der Geschichte von medial übertragenen Gottesdiensten und Gebeten wohl noch nicht gegeben.

---

[44] Hirsch-Hüffell, Die Zukunft des Gottesdienstes, 176.
[45] Vgl. Alexander Deeg, Das äußere Wort und seine liturgische Gestalt. Überlegungen zu einer evangelischen Fundamentalliturgik, APTLH 68, Göttingen 2012.

Das Ritual scheint es immer schwerer zu haben und wird doch immer dringender gebraucht: als Ort der Freiheit (ein Raum, in dem niemand etwas von mir will – kein Marketing, aber auch keine Kirche, die mir frohe Botschaft vermitteln *will*), als Ort der Zweckfreiheit in einer Zeit, in der allein das Funktionelle und Funktionierende Berechtigung zu haben scheint, als Ort der nicht bemessenen Zeit in der permanenten Beschleunigung und als Ort der Stille im empfundenen Lärm der Welt.[46]

These 12: Der digitale Aufbruch bedeutet die Chance zu einer neuen Intermedialität.
Es war schon immer einigermaßen peinlich, irgendwelche Gegenstände mit auf die Kanzel zu bringen, die dann eine Predigtaussage veranschaulichen und etwas illustrieren sollten, was eigentlich keine Illustration braucht, weil auch das Wort wirkt. Ich muss in einem Predigtvideoclip keinen Apfel einblenden, wenn ich von einem Apfel rede. Aber ich kann Videosequenzen und Wortsequenzen miteinander in Interaktion treten lassen und im Medium sehr leicht Arrangements von Musik und Wort inszenieren (wenn denn die leidigen Rechtefragen geklärt sind). Dass dies auch Anregungen für Wort-Musik-Inszenierungen in analogen Feierräumen bietet, versteht sich von selbst: Die Chance zur Unterbrechung von Lesungen durch Musik, zur akustischen Unterlegung oder Kommentierung von Predigtsequenzen und zu vielen anderen intermedialen Inszenierungen besteht.

These 13: Die Erfahrungen während der Corona-Zeit bieten die Chance, manche liturgische Passagen neu zu entdecken.
Es gab meiner Wahrnehmung nach zahlreiche liturgische Sequenzen, die sich in der Corona-Zeit in besonderer Weise bewährt haben. Dazu gehören zuallererst die Fürbitten. Sie profitierten davon, dass es im digitalen Raum recht leicht möglich ist, anonym oder personalisiert *eigene* Anliegen der Feiernden einzubringen: durch einen Chat, in dem Gebetsbitten genannt werden; durch direkte Wort-Beiträge in einem Zoom-Gottesdienst, durch vorproduzierte Video-Clips etc. Diese Erfahrungen werden, so meine Erwartung und Hoffnung, auch die analogen Gottesdienste künftig prägen. Fürbitten, die nicht selten in sprachlicher und in-

---

[46] Vgl. dazu auch Alexander Deeg/Christian Lehnert (Hg.), Stille. Liturgie als Unterbrechung, Beiträge zu Liturgie und Spiritualität 33, Leipzig ²2020.

haltlicher Hinsicht als sehr abgeschlossen und »fern« erlebt wurden, gewinnen so an Lebensrelevanz. Zu achten wäre dann nur darauf, dass die Weite der Gesellschaft und der Welt, um die es in den gottesdienstlichen Fürbitten geht, nicht auf den Nahbereich des eigenen Erlebens verengt wird.[47]

Wie die Fürbitten, so konnte sich auch das Kyrie in der Eingangssituation des Gottesdienstes als bedeutsame liturgische Sprachform erweisen – besonders dann, wenn es Raum lässt für die Eintragung eigener Erfahrungen und gegenwärtiger Stimmungen und Gefühle. Und nicht zuletzt: Wie generell in den vergangenen Jahren beobachtet, so spielte auch in der Corona-Pandemie der Segen am Ende von Gottesdiensten eine entscheidende Rolle.

These 14: Umgekehrt wurde aber auch die Problematik mancher liturgischer Teile neu wahrnehmbar.
Wenn Gottesdienste in kürzerer Form analog gefeiert oder für die digitale Verbreitung vorbereitet werden sollten, dann fielen meiner Wahrnehmung nach oft eine oder mehrere Lesungen weg, vielfach aber auch das Credo. Bei letzterem mag eine typisch neuzeitliche Unsicherheit dahinterstehen, welchen Sinn diese Sprachform eigentlich im liturgischen Setting haben soll. Vor allem der sogenannte Apostolikumsstreit Ende des 19. Jahrhunderts verdeutlichte das leitende neuzeitliche Verständnis, wonach es beim Sprechen (oder gemeinsamen Singen) des Credo darum gehe, die Übereinstimmung der eigenen, individuellen Glaubensüberzeugung mit dem vorformulierten Glauben der Kirche zu bezeugen. Dass das gottesdienstliche Credo auch ganz anders verstanden werden kann, kommt dabei nicht in den Blick: als Einstimmen in das Lob Gottes im Erzählen dessen, was er getan hat und tut (doxologische Dimension), als Verkündigung (die ich im Bekennen selbst höre), als eröffneter Raum des Glaubens, der die eigene individuelle Glaubensüberzeugung immer übersteigt.[48] Ob das Credo eine größere Chance gehabt hätte, wenn es bewusst in

---

[47] Vgl. dazu auch Alexander Deeg, Die Brisanz der Fürbitte und ihre liturgische und theologische Herausforderung, in: Jürgen Ebach/ders./Christian Lehnert, Gott nicht allein lassen. Zwei alttestamentliche Fürbitten und die gegenwärtige liturgische Praxis, Impulse für Liturgie und Gottesdienst 3, Leipzig 2020, 11–35.
[48] Vgl. Deeg/Plüss, Liturgik, 382 f., vgl. ähnlich Jochen Arnold, Theologie des Gottesdienstes, Leipzig ³2021, 575–577 mit Hinweis auf den doxologischen Aspekt.

dieser Funktionsvielfalt im Blick wäre? Es bleibt dann immer noch die Schwierigkeit der Inszenierung des Credo im digitalen Raum, für die kreative Lösungen gefunden werden müssen.

Auch für die Gestalt der Lesungen ließen sich kreative Lösungen für anregende Inszenierungen finden, anstatt ausgerechnet die Inszenierung der Bibel in Gottesdiensten weiter zurückzudrängen.

2.5 Rollenvielfalt oder pastorale Fixierung?

These 15: Auch in digitalen Räumen zeigt sich die pastorale Dominanz evangelischer Gottesdienstkultur. Oder ist es genau umgekehrt? Wahrscheinlich ist auch hier jedes Entweder-Oder falsch. Ja, es stimmt: Es gehört zu den bewegenden Erfahrungen bereits in der Zeit des ersten Lockdowns, dass sich Menschen in den Gemeinden fanden, die Verantwortung für digitale Gottesdienste übernahmen.[49] Heidi Campbell spricht von »Digital creatives« und meint damit u. a. »Digital Entrepreneurs (Internet Empowering Visionary Technology Influencers)«, »Digital Spokesperson[s]« (»The Rise of Institutional Identity Curators«) und »Digital Strategists« (»Acting as Missional Media Negotiators«).[50] Durch diese Kreativen im digitalen Raum werde die traditionelle institutionelle Autorität in Frage gestellt, was Campbell keineswegs nur im Blick auf die gemeindlichen Räume mit ihren Kreativen vor Ort untersucht, sondern auch darüber hinaus im Blick auf die größeren Netzwerke.

In vielen Formaten neu entwickelter Gottesdienste engagieren sich Menschen, die bislang nie auf die Idee gekommen wären, an der Gestaltung von Gottesdiensten mitzuwirken. Das zeigt etwa das Projekt »Filmischer Videogottesdienste«, das der Kirchenmusiker Jochen Kaiser entworfen hat. Hier wird ein religiöses Thema in einer Gruppe unterschiedlicher Menschen in Szene gesetzt, wobei die Interaktion von Bild und Musik eine entscheidende Rolle spielt und wie sich Einzelne in die technischen Arbei-

---

[49] Es spricht m. E. für die Bedeutung der vielfach geschmähten sogenannten »Ortsgemeinden«, dass sie nach wie vor der Ort sind, aus dem die allermeisten Mitarbeitenden kommen und sich Ehrenamtliche finden; vgl. Alexander Deeg, Die Kirche stirbt!? Plädoyer für einen veränderten Blick und eine andere Rhetorik, https://www.zeitzeichen.net/node/9434 [22.07.2022].
[50] Vgl. Heidi Campbell, Digital Creatives and the Rethinking of Religious Authority, Media, Religion, Culture, London 2020.

ten, aber auch die damit zusammenhängenden inhaltlichen Überlegungen einbringen.

Neben diesen Möglichkeiten kann es freilich auch sein, dass sich Pfarrpersonen medial nochmals gesteigert selbst inszenieren – gerne und häufig übrigens, indem sie mit den Accessoires traditioneller und »amtsbezogener« liturgischer oder priesterlicher Kleidung »spielen«: Inszenierungen mit offenem Talar, mit kurzem Collar-Hemd und Turnschuhen etc. gehören zu Standards in der Sinnfluencer:innen-Szene.

These 16: Neue Formen der Beteiligung gilt es auch für analoge Feierräume zu nutzen.
Menschen fühlen sich durchaus auch an Gottesdiensten *aktiv* beteiligt, wenn sie nur sitzen und hören, ggf. mitsingen, ansonsten aber nicht mehr »tun« müssen. Das gilt übrigens auch für digitale Angebote. Auch hier ist der Wunsch nach intensiver aktiv-kommunikativer Beteiligung eher schwach ausgeprägt. Es gilt daher in digitalen wie analogen Räumen, nicht die gesteigerten Beteiligungserwartungen derjenigen, die Gottesdienste organisieren und verantworten, auf alle anderen zu projizieren. Aber es gilt gleichzeitig, die Chancen zu erkennen, die sich dort ergeben, wo etwa stories aus dem Leben im Gottesdienst auftauchen oder Fürbitten nicht nur vorformuliert, sondern spontan mit der Gemeinde gebetet werden. Auch für weitergehende Arrangements von Bild-Wort- oder Musik-Wort-Interaktionen lassen sich in analogen und digitalen Räumen Menschen gewinnen, besonders dann, wenn wir uns von Perfektionserwartungen verabschieden. Es muss nicht perfekt sein, was in Gottesdiensten geschieht. Im Gegenteil: Der Hochglanzwelt des Perfekten, die Influencer:innen nicht selten inszenieren und die Soziale Medien prägen, darf das Nicht-Perfekte gerne heilsam und unterbrechend entgegengehalten werden – frei nach Paulus: »Wenn wir schwach sind, so sind wir stark« (2Kor 12,10; dort in der ersten Person Singular).

These 17: Die Türen, die in digitalen Räumen weit geöffnet werden konnten (für Menschen mit unterschiedlichen Qualifikationen und Frömmigkeiten, für mehr oder weniger oder auch gar nicht Religiöse), sollten auch in analogen Räumen offen bleiben.
Diese These leitet unmittelbar zum nächsten Punkt über.

2.6 Entgrenzungen der Gottesdienstgemeinde

These 18: Jeder Gottesdienst wird gefeiert in synchroner und diachroner Ökumene.
Digitale Räume sind auf vielfache Weise entgrenzt. Das ließ und lässt sich in zahlreichen digitalen liturgischen Feiern ganz unmittelbar erleben: wenn Predigende aus Südafrika im Zoom-Gottesdienst dabei waren; wenn Menschen aus der Ukraine live oder aufgezeichnet eine Fürbitte sprachen; wenn Musiker:innen aus Lateinamerika den Gottesdienst bereicherten. Jeder Gottesdienst wird in einer umfassenden Ökumene gefeiert, zu der die gehören, die vor uns feierten, die gegenwärtig mit uns feiern (und digital leicht sichtbar gemacht werden können) und die nach uns kommen. Das »World Wide Web« bietet eine neue Weise, diese Weite darzustellen und immer neu zu konstituieren.

Das mag manch kleine Gemeinde davor bewahren, sich allzu einsam zu fühlen – und Chancen bereithalten, wie auch in Kirchen, in denen kein:e Pfarrer:in verfügbar ist, sonntags Gottesdienst gefeiert werden kann: Gemeinden verbinden sich digital mit anderen Orten: Aus einer Gemeinde kommt heute die Musik, aus der anderen eine Predigt, in der dritten erzählen zwei Menschen eine story, und die Gebete werden aus einer wiederum anderen Kirche gestaltet. Das Beste dabei ist: Es muss nicht einmal aufwändig sein, wenn der Gottesdienst, ohne ihn jeden Sonntag neu zu erfinden, innerhalb einer gemeinsam erarbeiteten wiedererkennbaren Struktur gefeiert wird.

These 19: Gottesdienste werden inmitten von Sozialräumen gefeiert – auch für die, die nicht hingehen, und mit offenen Türen für alle, die kommen wollen.
Es lohnt sich, angesichts der Erfahrungen mit Gottesdiensten im Lockdown neu über die Öffentlichkeit des Gottesdienstes nachzudenken. Sie sind es *eo ipso* und grundlegend. Aber was das heißt, gilt es immer neu durchzubuchstabieren und sich dabei m. E. von zu einfachen Begriffen zu verabschieden. Eine solche Begrifflichkeit lautet: »Wir müssen die Schwellen abbauen oder Gottesdienste wenigstens niedrigschwelliger machen.« Was dann leider nicht selten geschieht, ist eine Reduktion ritueller Anteile zugunsten weiterer Wort-Anteile. Aber ob nicht gerade das viele Wort und die massive Anrede eine immense Schwelle bedeuten?

In Wahrnehmungen zu Kirchen, die sich bewusst in Sozialräume hinein öffnen, zeigt sich (etwa im Kontext der Leipziger Heilandskirche und ihrem Projekt »Westkreuz«),[51] welche Chancen bestehen, wenn Kirchen ihre Räume schlicht öffnen und anderen bieten – und es wird dabei unter anderem auch deutlich, dass es auch die Besonderheit und Andersheit des Gottesdienstraums ist, die dessen Attraktivität ausmacht. Nicht für alle und nicht immer, aber doch immer wieder so, dass überraschende Initiativen entstehen, die nicht von der Gemeinde geplant, sondern von außen an sie herangetragen werden.

Offene Türen zu haben, heißt: Auch die sind willkommen, die sonst nicht da sind. Rituale werden nicht so erklärt, dass sie intellektuell verständlich sind, aber es wird so in sie eingeführt, dass sie mitvollzogen werden können. Gelebtes Leben in seiner Vielfalt findet Raum. Die Sprache verschanzt sich nicht hinter großen Begriffen theologischer Diskussion oder konventioneller Frömmigkeit. Das alles gilt auch für Gottesdienste in digitalen Räumen, die übrigens keineswegs automatisch barrierefrei sind: Sie sind es nicht im Blick auf ihre Sprache und ihre leitenden Ästhetiken, nicht im Blick auf die Rituale, die sich dort gebildet haben und in die Neu-Hinzukommende nicht immer leicht hineinfinden, und nicht zuletzt deshalb, weil der Zugang für sozial Schwache, nicht wenige Ältere und Menschen mit geringerer formaler Bildung nicht leicht ist.

2.7 Nochmals: Liturgisch-homiletische Vielfalt und der Schatz aus Neuem und Altem

These 20: Das Neue ist nicht einfach gut; das Alte nicht einfach problematisch! – Und damit gilt auch für die Gottesdienstentwicklung in analogen und digitalen Räumen: »Darum gleicht jeder Schriftgelehrte, der ein Jünger des Himmelreichs geworden ist, einem Hausvater, der aus seinem Schatz Neues und Altes hervorholt.« (Mt 13,52)

---

[51] Vgl. https://westkreuz.org/ [22.07.2022].

3. »Jetzt erst recht!« – Abendmahl feiern in angespannten Zeiten und darüber hinaus

Jochen Arnold

Hinführung

Im Folgenden betrachten wir ein Thema, das in Theologie und Praxis während der ganzen Corona-Pandemie, besonders aber im ersten Jahr, sehr kontrovers diskutiert wurde: Es geht um Theologie und Feier des heiligen Abendmahls. Bis zum Beginn des Jahres 2023 reichen Debatten, die Kirchenleitungen und Gemeinden in gleicher Weise beschäftigen.

Während des ersten Lockdowns im Frühjahr 2020 mussten wir vielerorts erleben, dass Menschen die am Corona-Virus litten, isoliert wurden und sogar starben. Besonders die ersten Bilder aus Norditalien waren beklemmend und bewegend zugleich. Von daher war für viele klar: Unsere Gesellschaft und darin auch unsere Kirche befindet sich in einer absoluten Ausnahmesituation. Sie als »Notsituation« zu begreifen, lag nahe. Dass Gottesdienste und damit auch das Abendmahl von heute auf morgen im öffentlichen Raum untersagt waren, empfanden viele als massive Herausforderung und als echte »geistliche« Not.[52]

Gemeinsam mit den Leitenden in der Evangelisch-lutherischen Landeskirche Hannovers sowie Kolleg:innen im Michaeliskloster gelangte ich zu der Überzeugung, dass ein bloßes Fasten – wie an anderer Stelle propagiert[53] – keine Option sei, sondern vielmehr »jetzt erst recht« das Sakrament in den Fokus seelsorglicher und liturgischer Überlegungen gerückt werden müsse.

---

[52] In einzelnen Stellungnahmen wurde dagegen die Rede von einer »Notsituation« relativiert bzw. gar bestritten, vgl. Hinweise zum Umgang mit dem Abendmahl in der Corona-Krise, unterzeichnet von den leitenden Geistlichen und dem Präsidenten, EKD am 3.4.2020.

[53] Vgl. etwa Christian Fechtner, Abendmahlsfasten in widriger Zeit. Überlegungen zu der Frage, ob man Abendmahle online feiern kann und soll [Online Dokument vom 01.03.2020. Abrufbar unter: https://www.ev.theologie.uni-mainz.de/files/2020/04/Fechtner-Abendmahl-online.pdf. Zuletzt geprüft am 29.07.2022].

3.1 Hausabendmahl

Daher hat das Michaeliskloster (und mit ihm etliche Landeskirchen) einen besonderen Schwerpunkt auf das Hausabendmahl gelegt. Mit dem weiter unten (vgl. II, 4) ausführlich dargestellten Format »Zeitgleich« ist ein Angebot entstanden, das neben Verkündigung, Gebet und Musik, einer Aktion und dem Segen auch die Feier des Sakraments im häuslichen Kontext ohne ordinierte Leitung möglich machen sollte. Voraussetzung für die Verantwortlichen war das, was in der Verfassung der Hannoverschen Landeskirche folgendermaßen geregelt ist: »Im Notfall können alle Mitglieder der Kirche aufgrund ihrer Taufe Aufgaben des Amtes der öffentlichen Verkündigung wahrnehmen.«[54] Mit anderen Worten: Wer eine Not- oder Jähtaufe durchführen darf, kann auch eine Abendmahlsfeier leiten. Der Begriff »Amt der öffentlichen Verkündigung« ist damit im Sinne von Art. V und VII der Augsburger Konfession[55] bewusst auf die Sakramente ausgeweitet.

Mit einer schlichten Abendmahlsliturgie (vgl. unten II, 4.1.2 und 4.3.2), die durch praktische Hinweise begleitet wurde, sollte eine kleine Hausgemeinde in die Lage versetzt werden, das Sakrament etwa am Gründonnerstag, Karfreitag oder an Ostern selbst zu feiern. Die Liturgie inkl. der Liedtexte wurde dazu komplett abgedruckt. Das Michaeliskloster stellte dazu auch Audio-Files mit Liedern und besonders mit den Einsetzungsworten her, die nach dem Herunterladen von der Michaeliskloster-Website abgespielt werden konnten.

Die Absicht dabei war zu vermeiden, dass eine Person diese Worte sich selbst sagen müsste. Positiv gewendet: Das »extra nos« des Glaubens sollte gleichsam explizit hörbar gemacht werden.

Einige Bischöf:innen oder leitende Geistliche anderer Landeskirchen schrieben im Übrigen auch Briefe mit Empfehlungen an ihre Gemeinden, es ebenso zu tun (Baden, Hessen-Nassau, Kurhessen-Waldeck, Rheinland). Demgegenüber gab es in Württemberg eine »Erlaubnis pro loco et tempore«[56] für Gründonnerstag und Karfreitag. Darin wurde die urchristliche Praxis (Act 2) ebenfalls als Vorbild erwähnt.

---

[54] Art. 12, Abs. 5, vgl. https://www.kirchenrecht-evlka.de/pdf/44991.pdf.
[55] Vgl. Die Bekenntnisschriften der Ev.-luth. Kirche. Quellen und Materialien, Band 1, hg. von Irene Dingel im Auftrag der EKD, Göttingen 2014, 125–127.
[56] Frank Zeeb, Theologische Überlegungen zur Feier des Abendmahls in der Karwoche 2020 [Online-Dokument vom 14. April 2020. Abrufbar unter: https://www.ekiba.de/media/download/integration/255395. Zuletzt geprüft am 29.07.2022].

Andere Kirchen verhielten sich gar nicht dazu und schwiegen. Andere lehnten bzw. lehnen den Weg der häuslichen Kommunion generell ab. Besonders in den ersten Wochen und Monaten 2020 gab es daher auch den Ratschlag oder die Forderung zu fasten. Theologisch wurde u. a. damit argumentiert, dass auch in einem Wortgottesdienst oder in einer Andacht sich Christus vergegenwärtige und man daher auf das Sakrament (evangelisch) nicht zwingend angewiesen sei.

Die Frage, ob die Abendmahlsfeier einer Einzelperson mit selbst vorbereiteten Elementen an sich schon unstatthaft sei, bleibt kontrovers: Sicher ist es theologisch an sich nicht plausibel, dass eine einzelne Person sich das Mahl selbst spendet. Es braucht, sofern irgend möglich, das Gegenüber, das zu mir sagt: »Für dich gegeben«. Dennoch ist es unstrittig, dass nicht eine bestimmte Zahl von Menschen – also gleichsam ein Quorum an Kommunikanten – sondern die Zusage Christi das Sakrament konstituiert. Von daher ist zu überlegen, ob in der absoluten Ausnahmesituation, die Einsetzungs- und Spendeworte auch »vom Band« gehört und/oder ggf. laut mitgesprochen werden können.

Gelegentlich wurde in Frage gestellt, ob es sich bei einer derartig »fragmentarischen« liturgischen Feier überhaupt um das Sakrament des Abendmahls (oder nicht nur um eine Agapefeier o. ä.) handle und damit die Debatte nicht eigentlich schon obsolet wäre. Diese Kritik ist allerdings dann nicht zutreffend, *wenn die Worte der Einsetzung gelesen bzw. gehört werden und tatsächlich Brot gegessen und Wein bzw. Weintraubensaft getrunken wird.*

Die positiven Auswirkungen einer häuslichen Mahlfeier für das Gemeindeleben sind im Übrigen kaum hoch genug zu bewerten. Wo das geschieht, bindet sich das Abendmahl wieder sinnenfällig an seine biblischen Wurzeln (vgl. Act 2,42–47) und bekommt seelsorgliche Tiefe. Hausgemeinden entwickeln rasch ein Gespür für die gegenseitige Not. Sie erleben die Stärkung und den Trost des Sakraments sehr viel deutlicher als größere Ad-hoc-Gemeinschaften. Außerdem wird so die paulinische Überzeugung gelebt, dass zwischen Gottesdienst am Sonntag und im Alltag (vgl. Röm 12,1f.) keine scharfe Trennung besteht. Profanes und Sakrales befruchten sich gegenseitig. Das Wohnzimmer wird zum Tempel.

Wir erlebten auch einen gleichsam katechetischen Effekt. Kinder lernten etwas über den angemessenen Gebrauch des Sakraments in der Vorbereitung. Sie bekamen aktive kleine Rollen beim Lesen biblischer Texte, konnten den Tisch decken, das Brot schneiden usw. Beim Hören und Singen der »Urgeschichte« des Exodus aus Ägypten (Ex 12) wurde ihnen deutlich, in welcher Notlage das Volk Israel das erste Pessach feierte und konnten sich damit im angesicht der Pandemie identifizieren.[57]

Die Erfahrungen aus der Corona-Zeit zeigen, dass Kirche einerseits beweglich ist und sich auf solche Situationen liturgisch einstellen kann. Andererseits wurde auch viel Ängstlichkeit in der theologischen Debatte sichtbar: Da war die Sorge, die ökumenischen Geschwister zu verletzen, denn auf katholischer Seite ist das Hausabendmahl ohne Priester keine Option. Es gab das Bedürfnis, Dinge sorgfältig theologisch zu klären, ehe man durch die Praxis unwiederbringliche Fakten schaffen würde usw.

Solche Bedenken gilt es ernstzunehmen. Dennoch bin ich der Überzeugung: Wenn sich Christenmenschen auf das Wort Christi hin versammeln, Brot teilen und vertrauen, dass er gegenwärtig ist, dann dürfte das auch in heutiger Zeit keiner Kirche zum Schaden (oder gar zum Gericht) gereichen. Vielmehr kann dann erlebt werden, dass Christus auch unter schweren Bedingungen bei seiner Kirche ist und sich schmecken und sehen lässt. Und dies gilt – auch das ist meine Überzeugung – über die Zeiten der Pandemie hinaus.

Die Erfahrungen mit dem Hausabendmahl machen in prägnanter Weise deutlich, wie über die Jahrhunderte Amt und Sakrament zusammengewachsen sind; ein Thema, das schon über Jahrzehnte in den ökumenischen Debatten eine zentrale Rolle spielt. Die Erfahrung im protestantischen Kontext und der an vielen Stellen produktive Umgang mit der »Notsituation« zeigen m. E. jedoch auch, dass die Ordnung der Ämter von Menschen gemacht («de iure humano«) ist, die im Zweifelsfall gegenüber der Einladung und Weisung Christi (»Solches tut zu meinem Gedächtnis«) zurückzustehen hat.

Mir scheint, dass die Erfahrungen der Pandemie an dieser Stelle Anstoß für weitere Gespräche sein sollten und an die *Magdeburger Erklärung* (2007) und andere Lehrgespräche bzw. das

---

[57] Eine unveröffentlichte Umfrage über Praxis und Theologie des Heiligen Abendmahls, die von der Gemeinschaft Ev. Kirchen in Europa in Auftrag gegeben und vom Sozialwiss. Institut der EKD ausgewertet wurde, ergab, dass ungefähr zwei Drittel Lutherischer und (ein Drittel) Reformierter Kirchen das Hausabendmahl praktizierte.

Dokument »Gemeinsam am Tisch des Herrn« (ÖAK 2019)[58] anknüpfen können.

Überlegungen, die uns weiter dazu begleiten können, sind folgende:

1. Die Debatte um die Leitung einer solchen Feier berührt auch diakonisch-seelsorgliche Besuche von Ehrenamtlichen in den Gemeinden. Der private oder halb-öffentliche Kontext des Hausabendmahls stellt damit die Frage nach einer »ordentlichen« Beauftragung für die Häuser auch über die Notsituation hinaus. Und je nach Beantwortung dieser Frage müsste dafür in Ehrenamtsschulungen usw. für eine breite Vorbereitung gesorgt werden.

Lernen wir aus der Pandemie, dass das Hausabendmahl eine neue »Entdeckung« für die Seelsorge sein kann?

2. Welchen Zusammenhang haben Abendmahl und (Abend-)mahlzeit? Könnte die Wiederentecckung des Zusammenhangs und der Nähe von Abendessen und Abendmahl einen neuen Zugang zur ursprünglichen Sättigungsdimension des Abendmahls eröffnen? Wäre die Teilhabe an der Nachfolgegemeinschaft, auch als Leidensgemeinschaft, auch als Gemeinschaft des Scheiterns, Verleumdens und Verratens, eine, die die Ambivalenzen des Lebens inmitten des Alltags im doppelten Sinne des Wortes »aufhebt« (d. h. beleuchtet und löst)?

3.2 Digitale Feiern

Als die Liturgische Konferenz in Deutschland sich 2018 mit digitalen Gottesdiensten befasste und dabei auch das digitale Abendmahl in den Blick nahm, konnte man sich noch nicht vorstellen, welche Brisanz dies zwei Jahre später haben würde. Meine persönliche Einschätzung war: Das ist ein spannendes theologisches Thema, aber wir werden noch Jahre oder Jahrzehnte brauchen, bis wir das Abendmahl digital feiern werden.

Aber es kam anders: Im Mai 2020 gestaltete und erlebte ich eine Feier mit ca. 20 jungen Vikarinnen und Vikaren und zwei

---

[58] Gemeinsam am Tisch des Herrn. Ein Votum des Ökumenischen Arbeitskreises evangelischer und katholischer Theologen, hg. v. Dorothea Sattler und Volker Leppin, Freiburg /Basel und Göttingen 2021.

Kolleg:innen im Michaeliskloster in einem digitalen Zoom-Meeting als herausfordernde, aber auch als ermutigende Erfahrung. Auf der anderen Seite (der Teilnehmenden) war es übrigens genauso, auch wenn gewiss nicht alle zu begeisterten Anhängern »konvertierten«.

Das Setting gestaltete sich so, dass auf der einen Seite zwei ordinierte Personen »ordnungsgemäß« das Abendmahl einsetzten. Sie nahmen auch selbst aktiv am Mahl teil und reichten sich die Gaben gegenseitig. Eine Person war für die Kamera und das Licht zuständig. Eine weitere Person begleitete die Gesänge am Klavier. Das Ganze wurde live gehalten und bewusst nicht aufgezeichnet, um nachträglich wieder abgespielt zu werden.[59]

Wichtig für die Vorbereitung war, dass auf der anderen Seite jede:r Teilnehmende zuhause die Elemente Brot und Wein/Saft (Kelch) schon bereithielt, um dann zum Zeitpunkt der »Austeilung« selbst die Gaben nehmen bzw. empfangen zu können. In der Regel waren die Menschen auf der anderen Seite jedenfalls allein und nicht etwa in einer Gruppe zusammen.

Auch die Musik spielte eine wichtige Rolle. Wiederkehrende Stücke (wie *Heilig* und *Lamm Gottes*) sowie das Lied »Verbunden« (Til von Dombois) wurden gesungen und eine Schnur bzw. ein Kabel quer über die Kachel gehalten. Damit wurde symbolisch deutlich, dass wir im Gebet, beim Singen und in der gemeinsamen Feier des Sakraments über die Grenzen des digitalen Mediums hinweg *verbunden* sind.

Viele erlebten diese Feier als eine herausfordernde Grenzüberschreitung im besten Sinne des Wortes: Grenzen menschlicher Vorstellungskraft und kirchlichen Reglements, aber auch Grenzen theologischen Denkens wurden dabei transzendiert.

Die mit solchen Feiern verbundenen theologischen Debatten entzündeten sich besonders an der Frage, ob eine Feier ohne sog. »leibliche Kopräsenz«, d. h. *ohne die gemeinsame Anwesenheit von Zelebrant:innen und Kommunikant:innen in einem Raum* theologisch angemessen bzw. im Sinne Jesu stiftungsgemäß sei. Mit dem Hinweis auf die biblische Einsetzung (Solches tut ...) bzw. auf die elementare Leiblichkeit des Mahls wurde von einzelnen Perso-

---

[59] Diese Variante gab und gibt es in Corona-Zeiten natürlich auch. Dann ist das Setting wesentlich näher am Modell eines Fernsehgottesdienstes. Die damit verbundene theologische Anfrage ist, ob ein solcher »Gottesdienst/Abendmahl to go« (aufgezeichnetes Abendmahl) von der gleichen Dignität oder Gültigkeit ist, wie ein »Live-Gottesdienst«.

nen bzw. auch von einzelnen Kirchenleitungen oder Synoden (z. B. Sachsen) eine digitale Feier abgelehnt.[60]

Dazu ist zu sagen: Grundsätzlich sind die Argumente ernstzunehmen. Natürlich ist das Setting eines solchen Abendmahls im digitalen Raum neu. Die Erfahrungen, die wir damit bis jetzt machen konnten, stehen gegenüber einem Schatz von Erfahrungen aus fast 2.000 Jahren. Auch ist der Verdacht, dass Experimente allzu schnell zur Regel werden könnten, nicht gänzlich unbegründet. Allerdings – so mein Eindruck – wurden theologische Argumente und persönliche »Bauchentscheidungen« des Öfteren auch miteinander verwechselt. Leonardo da Vincis Abendmahlsszene bzw. die Feier im Halbkreis ist uns gleichsam von Kindesbeinen als »Ursituation« eingepflanzt und wirkt bis heute so stark nach, dass eine Veränderung dieses Settings automatisch mit großen Irritationen einhergeht.

Aber so ganz anders als das »klassische Abendmahl« sind die digitalen Feier nicht: Denn immerhin versammeln sich dabei reale Menschen (nicht etwa Avatare), die sich sogar (in der Kachel) oft besser gegenseitig sehen als im »analogen« Gottesdienst. Sie kommen aus freien Stücken. Sie essen und trinken wirklich, sind also nicht nur – wie im katholischen Kontext bei Fernsehgottesdiensten üblich – Kommunikant:innen im Geiste. Sie hören tatsächlich die Einsetzungsworte und beten das Vaterunser bzw. singen Teile der Liturgie. Was fehlt dann, außer dass sie sich nicht gegenseitig anfassen, die Luft des Kirchenraums nicht riechen bzw. den Gesang der Nachbarin nicht hören können?

Neben der eben beschriebenen Form der Videokonferenz sind hybrid stattfindende Feiern zu bedenken. Eine Gemeinde versammelt sich mit leiblich anwesenden Personen zum Gottesdienst. Andere schalten sich online zu. Im besten Fall sind dann auch ihre Gesichter auf einem Bildschirm zu sehen, was allerdings nicht zwingend nötig ist. Die digitalen Teilnehmer:innen sehen und hören alles, was in gleicher Zeit im Kirchenraum ge-

---

[60] Die oben genannte Umfrage innerhalb des Studienprozesses zum Abendmahl in den protestantischen Kirchen Europas brachte auch Ergebnisse zur digitalen Abendmahlspraxis: 34 % der TN gaben an, dass sie Erfahrungen mit digitalem Abendmahl in ihren Kirchen gesammelt hätten, 9 % lediglich in besonderen Fällen. 15 % sagten, sie überlegten, das digitale Abendmahl einzuführen. 42 % verneinten dies. Kaum verwunderlich ist, dass 50 % erklärten, ihre Meinung während der Pandemie geändert zu haben. 59 % haben nach eigenen Angaben passiv teilgenommen, 66 % benennen eine interaktive Form durch Partizipation an einer Videokonferenz; 35 % nutzten einen Podcast (mit zeitlicher Verschiebung).

schieht und können sich bei Gebeten im Chat beteiligen. Möglicherweise gibt es sogar Zuschaltungen einzelner Personen aus dem digitalen Raum in den »Live-Gottesdienst«, die von den anderen Teilnehmenden gut wahrgenommen werden können. So ereignet sich Gemeinschaft auch über globale Entfernungen oder Grenzen der Krankheit und Isolation hinweg.

Ein wichtiges Argument für die digitale Feier scheint mir die Tatsache, dass jede Form der Sakramentsspendung oder -feier mit medialen Brechungen einhergeht. Das war früher auch schon so. Gott redet und kommt zu uns nun eben nicht unmittelbar, sondern stets vermittelt durch Menschen und natürliche (bzw. kulturelle) Dinge. Die Elemente von Brot und Wein stehen dafür, dass Gott, der Dreieinige, die Gaben seiner Schöpfung auch für die Erlösung und Vollendung der Menschen dienstbar macht.[61]

Daher die theo-*logische* Frage: Sollte Gott in seiner unendlich großen *Kreativität und Weite* nicht in der Lage sein, auch moderne digitale Medien für das Wirken seines Geistes zu nutzen? Zu allen Zeiten waren Sakramente medial und zugleich »leiblich« vermittelt. Immerhin handeln wir im Vertrauen auf seinen Geist und bitten ihn um seine Gegenwart, inszenieren also nicht ein künstliches schon vorgefertigtes Spiel mit »Avataren«, die als unsere Stellvertreter in einem virtuellen Raum agieren würden ...

Dass im digitalen Raum auch die Grenzen bisheriger Sprach- und Gedankenwelten leichter überschritten werden, manifestiert sich u. a. exemplarisch im neuen Gottesdienstformat Brot und Liebe, in dem u. a. dieses hinführende Herzensgebet vorkommt:

einmal, G*tt,
da hast du
alles gegeben
hast gelebt und geliebt
bis zum letzten Hemd – auch für mich
[...]
heute öffne ich dir
meine Herzenstür
hinterm Zentimeter Licht
geht die Sonne auf

---

[61] Vgl. Jochen Arnold, Gott ist nicht das Problem. Wahrnehmungen und theologische Überlegungen zur Feier des Heiligen Abendmahls in einer »Notsituation«, in: Bukovec, Predrag/Volgger, Ewald (Hg.), Liturgie und Covid-19 (Schriften der Katholischen Privatuniversität Linz 10), Regensburg 2021, 167–191.

*und meine Fingerspitzen streifen sachte
ihren ersten Morgenglanz.*

*heute will ich dir glauben, G*tt:
zu meinem fast
legst du dein geschafft
und teilst mit mir dein Brot.* ⁶²

Aus dem bisher Gesagten lassen sich u. a. diese *weiterführenden Fragen* formulieren:

1. Was ist aus den digitalen Erfahrungen für eine erneuerte analoge (also klassische) Abendmahlsliturgie zu lernen? Können wir den Raum anders, bewusster, differenzierter gestalten?
Wie können wir die Gemeinde und die Liturgie noch besser vorbereiten?
Wer darf teilnehmen?
Wie kommen wir von der Regulierung der Zulassung zu einer einladenden Grundhaltung?
2. Welche neuen Formen können wir aus der digital-hybriden Tischgemeinschaft entwickeln? Welche Kelche/Gefäße/Teller nehmen wir zu Hause? Gibt es so etwas wie einen Familienkelch im Gottesdienst als eine Alternative zwischen Einzelkelch und Gemeinschaftskelch?
3. Könnte es eine liturgische kirchenübergreifende Abendmahlskreativität geben, die versucht, Liturgie, Agende, Formen, Kelche usw. neu zu denken? Braucht es dazu eine Gemeinschaftsaktion liturgischer »Protagonist:innen« für Gottesdienst in Deutschland oder Europa? Würde ein Kunst-Wettbewerb zur Gestaltung eines Sets mit Gemeinschaftskelch, Gießkelch und Einzelkelchen helfen?
4. Digitale Taufen scheinen aktuell noch weit weg von gemeindlicher Praxis. Bekannt ist, dass amerikanische Megachurches schon seit längerem spezielle Events dieser Art anbieten.[63] Wohl wissend, dass das Setting der Akteur:innen auch hier komplex oder gar noch komplexer ist, wird man fragen dürfen, wie sich Kirche dazu auf Nachfrage verhalten kann, etwa

---

[62] Auszug der Abendmahlshinführung zu »Geschichten vom Fast Geschafft« von Andrea Kuhla (vgl. unten II, 1.1).
[63] Cf. Teresa Berger, Sacramental bit and bytes, in: diess., @Worship. Liturgical Practices in Digital Worlds, London/New York 2016, 75–100.

wenn Paten 500 oder 1.000 km entfernt leben. Können sie »hybrid« zugeschaltet werden?

3.3 Weiterentwicklung der traditionellen Feier

Bei allem, was in den letzten Monaten und Jahren an Neuaufbrüchen gerade in der Feier des Abendmahls möglich war, kann und darf die Tatsache nicht verschwiegen werden, dass die »Frequenz« des Angebots und die tatsächliche Teilnahme an Abendmahlsfeiern während der Pandemie in den letzten Monaten deutlich, um nicht zu sagen dramatisch, zurückgegangen ist. Das hohe Risiko der Infektion – vor allem durch die Benutzung eines Gemeinschaftskelchs – ist unbestritten. Das wird auch durch eine mögliche *intinctio* (= das Eintauchen der Hostie in den Gemeinschaftskelch) nicht minimiert, im Gegenteil.

Diese Tatsache ist schlicht zu beklagen. Zwischenzeitlich haben Gemeinden »sub una« gefeiert bzw. mit hohen Sicherheitsmaßnahmen (Zange, Handschuhe, abgepackte Hostien oder kleine Fläschchen) entsprechende Voraussetzungen geschaffen, die dazu helfen sollen, sich nicht unter der Feier anzustecken. Aber so richtig überzeugend ist das alles nicht.

Eine höchst zu begrüßende Maßnahme ist die Anschaffung von Einzelkelchen unter Umständen auch verbunden mit einem Gießkelch, wie er in den skandinavischen Ländern seit Jahren gebraucht wird. Dann wird während der Feier aus dem Gießkelch in die Einzelkelche der Wein bzw. Traubensaft eingegossen. Schöne Einzelkelche gibt es inzwischen zu vernünftigen Preisen aus Ton und Metall für ca. 5–10 Euro.

An vielen Stellen gibt es auch ermutigende gute Erfahrungen. Die sog. »Wandelkommunion«, d. h. die Austeilung an dafür vorgesehenen Stationen bleibt eine gute Möglichkeit, mit Augenkontakt und Abstand die Elemente zu empfangen. Und selbst der klassische Kreis oder Halbkreis ist praktikabel, wenn der Abstand eingehalten wird. Die Austeilenden können nach Desinfektion der Hände einen Mundschutz tragen. Familien können auch – wie etwa am Vorabend der Konfirmation – in kleinen Gruppen näher beieinander stehen und sich unter Umständen das Brot und den Kelch weitergeben oder – etwa am Gründonnerstag – an mehreren einzelnen Tischen sitzen.

Auch daraus ergeben sich u. a. diese weiterführenden Fragen:

1. Wie kann eine neue Initiative für die Einladung zum Abendmahl aussehen?
2. Können die Fragen der Hygiene, z. B. durch ästhetisch ansprechende Einzelkelche und einen Gießkelch (nach skandinavischem Vorbild) in ihrer berechtigten Brisanz »entkräftet« werden?
3. Wie können Kinder schon im Kindergottesdienst oder gemeinsam mit den Erwachsenen erste Erfahrungen sammeln, damit ihnen das Mahl zu einer Selbstverständlichkeit wird?
4. Öffnet sich so auch für die Erwachsenen neu der Blick für die Bedeutung der Einladung an den Tisch des Herrn als Geschenk und Auszeichnung (vgl. Markus 10,15)?

3.4 Sakramente outdoor?

Von Abendmahlsfeiern draußen ist wenig bekannt geworden.[64] Vielleicht hat dies damit zu tun, dass das Infektionsrisiko dadurch nicht wesentlich reduziert wird. Tatsächlich haben einige Gemeinden ihre Konfirmations-Abendmahle draußen gefeiert, z. B. in Bordenau-Poggenhagen. Die Gemeinde stellte auf dem Außengelände Tische auf, pro Tisch hat eine Familie gesessen. Die Abendmahlsfeier an sich war ganz klassisch, aber das Setting hat doch etwas Besonderes daraus gemacht.

Hanna Dallmeier hat mit Konfirmand:innen einen Stationengottesdienst zu Passion und Ostern inszeniert und dann outdoor auch Abendmahl gefeiert. Jede Station war mit einer anderen Konfirmand:innengruppe vorbereitet worden, so dass die Jugendlichen auch aktiv liturgisch beteiligt waren.

Unter der Leitung von Frank Muchlinsky spielte eine Straßentheater-Gruppe im Stil von Leonardo da Vincis letztem Abendmahl mit 13 Personen an einer langen Tafel das Sakrament nach. Dies fand in mehreren größeren Städten statt, eine Initiative, die viel mediales Interesse weckte und die Lust zum Teilnehmen möglicherweise deutlich erhöht hat.[65]

---

[64] Vgl. allerdings unten II, 3.3 zum Ostermontag (Mattausch/Arnold).
[65] https://www.ekd.de/strassentheater-spielt-beruehmtes-abendmahl-bild-nach-33737.htm. Allerdings ist zu fragen, ob ein Theaterspiel, das keine Einla-

Außerdem ist zu bedenken, dass der klassische »Kirchenkaffee« im Anschluss an den Gottesdienst an vielen Stellen oft wieder regen Zuspruch findet. Von daher wäre ein gemeinsames Abendmahl draußen vor der Kirche im Übergang zu einem gemeinsamen Essen auch ein einladendes Statement für die Öffentlichkeit.

An dieser Stelle sei immerhin darauf verwiesen, dass während der ganzen Pandemie – besonders aber in den Sommermonaten – vermehrt Taufen im Freien stattfanden. Dabei knüpften Gemeinden und Regionen an sog. Tauffeste (mit über 100, auch erwachsenen Täuflingen) an Flüssen oder Seen an, die bereits in der Vergangenheit großen Zuspruch erfahren haben. Andere Gemeinden entschieden sich für Gartentaufen im kleinen Kreis, bei denen die Handauflegung und Benetzung mit Wasser häufig an die Eltern oder Paten »delegiert« wurde, während der Pastor/die Pastorin die Worte dazu sprach. Viele junge Eltern empfanden diese Form als besonders schön und wünschen sich dieses Angebot auch in Zukunft. Dasselbe gilt für Konfirmationen im Garten (vgl. unten II, 2.6) und Hochzeiten an besonderen Orten draußen.

Ein Problem bei den Taufen sei hier ausdrücklich erwähnt. Im Duktus der Veränderung des Ritus durch die Partizipation der Eltern oder Paten wurde vielfach die Taufformel an das Geschehen angepasst. Anstatt »Ich taufe dich im Namen des Vaters ...« wurde die Form »Wir taufen dich« gewählt. Dies stieß auf römisch-katholischer Seite auf heftige Kritik. Eine solche Taufe könne nicht anerkannt werden, hieß es.[66]

3.5 Theologische Konsequenzen: Wie können wir einladend Kirche sein?

Für mich ist das Abendmahl unverzichtbarer Bestandteil meiner Glaubenspraxis und Spiritualität. Diese persönliche Haltung kann nicht bei allen anderen Kirchenmitgliedern vorausgesetzt oder gar eingefordert werden. Dennoch ist das Abendmahl keine

---

dung zum Mitfeiern beinhaltet, als Sakrament bezeichnet werden kann. Ich würde klar sagen: Nein.

[66] So im mündlichen Bericht vor der Liturgischen Konferenz im September 2022 Dr. Marius Linnenborn, der Leiter des Deutschen Liturgischen Instituts Trier, katholische Stimmen aufnehmend (vgl. auch II, 2.5).

beliebige Angelegenheit, die man auch einach »weglassen« könnte. Kirche Jesu ist Kirche des Wortes und der Sakramente. Seine Stimme ist darin zu hören, sein Leib – oder vorsichtiger: Zeichen seiner Leiblichkeit – sind darin zu schmecken. Der Blick auf unsere biblischen Quellen, aber auch auf die reformatorischen Bekenntnisse zeigt, dass vom »Brotbrechen im Namen Christi« stets eine entscheidende Wirkung ausgegangen ist. Das gemeinsame Essen und Trinken in seinem Auftrag und unter seiner Verheißung stiftet Gemeinschaft, ermöglicht persönliche Vergewisserung der Liebe Gottes und macht Kirche auch nach außen erkennbar.

Wichtig scheint mir, dass der »bittere Ernst«, der immer noch über vielen Feiern liegt und durch die Pandemie nun auch noch die Angst vor dem Infektionsrisiko in sich aufgesogen hat, überwunden wird. Das Abendmahl sollte deshalb auch keinesfalls nur an Karfreitag und Buß- und Bettag bzw. am Vorabend der Konfirmation (mit Beichte) gefeiert werden. Die Gefahr, dass dann wieder nur Buße und Vergebung im Mittelpunkt stehen, ist sehr hoch. Damit soll nicht gesagt werden, dass dieser zentrale Fokus komplett auszublenden wäre, aber er darf keinesfalls der einzige sein. Das Abendmahl darf, nein soll als Fest der Freude bzw. der himmlischen Vorfreude gefeiert werden. Es steht unter den Vorzeichen des bereits angebrochenen Reiches Gottes, in dem alle Menschen willkommen sind. Die politische Relevanz dabei ist frappierend: Wo gibt es das heute: eine echte Tischgemeinschaft von Armen und Reichen? Insofern ist das Abendmahl eine grenzüberschreitende Provokation von höchster inklusiver bzw. universaler Bedeutung.

Daher sind wir immer wieder herausgefordert, uns selbst zu prüfen, was es heißt, wenn wir sagen: »Alle sind eingeladen.« Meinen wir wirklich alle oder nur alle Getauften oder die Konfirmierten usw.? Die ev.-methodistische Kirche geht hier seit Jahrhunderten einen anderen Weg als die anderen großen Konfessionen und praktiziert den sog. »Open Table«: Hier sind wirklich alle – ohne jede Vorbedingung – eingeladen.[67] Daher müssen wir uns

---

[67] UMC, The holy mystery, By water and spirit, in BOR 814: »Non baptized people who respond in faith to the invitation in our liturgy will be welcomed to the Table. They should receive teaching about Holy Baptism as the sacrament of entrance into the community of faith – needed only once by each individual – and Holy Communion as the sacrament of sustenance for the journey of faith and growth in holiness – needed and received frequently.«

in den nächsten Jahren fragen lassen, wie wir mit den »Zugangsbedingungen« zum Abendmahl (Taufe) umgehen wollen.

Darüber hinaus sollten wir – besonders in den City-Kirchen – mehrsprachige Liturgien anbieten und überlegen, wie Menschen mit Handicap (Rollstuhl, Hörgeräte u. s. w.) in unsere Feiern integriert werden können.

3.6 Schluss

Die Pandemie hat uns vor große Herausforderungen gestellt. Die hier bereits reflektierten Erfahrungen sollten weiter regelmäßig ausgewertet werden. Dazu gehören auch Umfragen in den Gemeinden, die ein Feedback an die Kirchenleitungen geben.

Liturgietheologisch ist an den zentralen Aspekten der Theologie des Abendmahls weiterzuarbeiten. Wie können die diversen Gesichtspunkte in der Feier anklingen und aufleuchten? Welche Vielfalt zum einen und welche Verlässlichkeit wiederkehrender Formen oder Lieder zum anderen braucht es?

Deutlich scheint: Wir können gerade in Sachen Abendmahl nicht einfach zum Gewohnten zurückkehren. Es braucht digitale Angebote weiterhin, wenn auch nicht in jeder Gemeinde. Wie wir mit der Option des Hausabendmahls in Zukunft umgehen, ist weiter zu diskutieren und dann auch bewusst zu entscheiden. Der theologische Kern der Feier scheint indes unbestritten: Es ist die Zusage Jesu, dass er sich unter Brot und Kelch schenkt und damit Menschen tröstet, vergewissert, aufrichtet und auf dem Weg stärkt. Das Abendmahl verbindet die Gaben der Schöpfung mit der geistlichen Stärkung. Auch diese Verbindung ist in Zukunft (Klimawandel, Bewahrung der Schöpfung, Teilen mit allen Menschen) zu bedenken und damit der ethische Aspekt nicht aus dem Auge zu verlieren.

4. Kirchenmusik in dreifacher Gestalt – Reflexion und Ausblick

Jan Meyer

Einführung

»… und singt Gott dankbar in euren Herzen« (Kolosser 3,16c). Ja, in unseren Herzen und mit uns alleine singen, das konnten wir, mag man schmunzelnd sagen, wenn man zurück auf die pandemischen Beschränkungen schaut. Diese trafen die Kirchenmusik besonders hart: Chöre und Ensembles konnten sich nicht zum Proben treffen, Musizieren in Innenräumen war lange Zeit undenkbar, Aerosolstudien maßen die Ausbreitung der kleinen Tröpfchen bei Bläserinnen und Sängern. In Gottesdiensten übernahmen Kirchenmusiker:innen zeitweise nicht mehr kantorale, d.h. die Gemeinde anleitende Funktionen, sondern mussten zwangsweise ausschließlich konzertante Tätigkeiten übernehmen. Die Gemeinde blieb – zumindest in analogen Formaten – musikalisch stumm.

Im Folgenden sollen einige Linien skizziert werden. Dieser Artikel ist dabei kein globaler Grundlagenartikel in puncto Musik in pandemischen Zeiten. Vielmehr möchte er assoziativ und additiv auf bestimmte Entwicklungen verweisen, die der Autor wahrgenommen hat, und deren möglichen Mehrwert auch für postpandemische Zeiten aufzeigen. Dabei sollen digitale, hybride und analoge Formate beleuchtet werden. Der Schwerpunkt liegt hier auf dem Musizieren in Vokal- und Posaunenchören.

4.1 Musik im digitalen Raum

a) Chöre und Ensembles

Für viele kirchenmusikalisch Aktive waren die Jahre 2020 bis 2022 eine unfreiwillige und oftmals autodidaktische Fortbildung in Sachen *Digitales Musizieren*. Dinge, die vorher kaum vorstellbar waren, wurden bald zur Selbstverständlichkeit: Sänger:innen und Bläser:innen bekamen sogenannte click-Tracks/Teach-Me-Tracks (digitale Aufnahmen ihrer jeweiligen Stimme oder mehrstimmige Übungstracks) zugeschickt, Chöre und Ensembles probten zum Teil über Zoom[68], Kachelvideos wurden produziert, digitale Probenräume auf Internetseiten eingerichtet. Dabei wurden technische Hürden überwunden, Chorsänger:innen unterstützten sich gegenseitig bei der Einrichtung ihrer Laptops, Tablets und Computer. Doch nicht immer wurden alle Menschen bei den technischen Entwicklungen in den Ensembles erreicht: Musikalisch Aktive, die keinen PC oder Laptop besaßen, stießen bei Zoomproben an ihre Grenzen. Ganze Regionen konnten keine Zoomproben durchführen, weil der Internetausbau in manch ländlichem Gebiet immer noch desaströs zu sein scheint. Zum Teil wurde Abhilfe geschaffen, indem einzelne Teilnehmer:innen Aufnahmen der digitalen Chorproben zugeschickt bekamen, CDs wurden gebrannt. Auch die Grenzen des Zoom-Musizierens wurden schnell entdeckt: So ist es (bis heute) immer ein *Dazu*-Singen und kein *Miteinander*-Singen. Wegen der Latenz (Zeitverzögerung der Signale) kann in der Regel immer nur eine[69] Person mit angeschaltetem Mikrofon Musik machen. Gleichzeitig rücken durch dieses Setting zwangsweise andere probendidaktische Methoden in den Fokus.

Meine These lautet: Das Hören wird (noch) wichtiger, denn die eigene Stimme wird von anderen beim gemeinsamen Musizieren nicht gehört, gerade dadurch kann man sich selbst ausprobieren und die eigene Stimme noch einmal ganz anders wahrnehmen. Die Arbeit am Stimmklang, Stilkunde, technische Übungen und das Ausprobieren neuer Chorsätze können den Probenalltag ergänzen. Auch »Nebenthemen« können in Videokonferenzen gut behandelt werden: Chöre stellten die Frage nach einem neuen Choroutfit, Bläser:innen entwickelten neue Strategien zur Mitgliederwerbung, sogar digitale Weihnachtsfeiern fanden statt.

In neuer Weise zeigte sich die Wichtigkeit der Funktion der Ensembles als soziale Gruppe – und damit auch verstärkt der Wert und das schmerzliche Vermissen des analogen Beieinan-

---

[68] Es gibt auch alternative Videochatprogramme, mit denen digitale Chorproben möglich sind, nach der Wahrnehmung des Autors setzte sich Zoom jedoch schnell als federführendes Tool bei der digitalen Probenarbeit durch. Dies liegt nicht zuletzt an niedrigen Latenzen bei guter Tonübertragung.

[69] An dieser Stelle sei exemplarisch auf die Open-Source-Software *Jamulus* verwiesen, mit der Chöre, Bands und Ensembles in Echtzeit Musizieren können: Hier ist gemeinsames digitales, gleichzeitiges Musizieren mit sehr geringer Latenz in hoher Klangqualität möglich. Da das Programm jedoch technisch hohe Ansprüche an die BenutzerInnen stellt, ist es für den Bereich des Amateurmusizierens nur begrenzt einsetzbar.

derseins. Zoomproben konnten die analogen Proben nicht ersetzen, möglicherweise verändern sich Probensettings nach der Pandemie nun jedoch auch im analogen Bereich und profitieren im besten Fall von den neu gewonnenen Erkenntnissen. Die technische Ausstattung dafür ist mittlerweile in vielen Chören und Ensembles vorhanden. Gerade für Chöre, die nicht regelmäßig proben, können Zoomproben den analogen Chorbetrieb zukünftig ergänzen, beispielsweise, um vor einem Konzert in einer Kurzprobe noch einmal Töne zu klären.

b) Gottesdienste

Gottesdienste wurden im digitalen Bereich in unterschiedlichsten Ausformungen angeboten: Es gab auf YouTube veröffentlichte Gottesdienste (entweder live und mit Chatfunktion gefeiert oder als reines Video zur Verfügung gestellt), Gottesdienste ganz unterschiedlicher Fasson auf Zoom, aufgezeichnete Telefonandachten, MP3-Formate oder auch Live-Andachten auf Instagram. Je nach Format spielte die Musik eine unterschiedliche Rolle und nahm verschiedene Funktionen ein, beispielsweise als Untermalung und zur emotionalen Unterstützung auf Instagram, als High-End-Kunstproduktion auf YouTube oder mit der Gitarre zum Mitsingen über Zoom.

Dabei war die Qualität so unterschiedlich wie die Akteuer:innen, fast jede Gemeinde produzierte digitale Gottesdienste. Wichtiger als die technische (wie zum Teil liturgische) Qualität schien es dabei zu sein, dass die Gemeinde ihre Haupt-, Neben- und Ehrenamtlichen in den Gottesdiensten agieren sah und damit Anknüpfungspunkte an *ihren* Gottesdienst hatte. Während vielen Formaten – vor allem in den ersten Wochen – eine Hauptamtlichen-Zentrierung vorgeworfen wurde, ließ sich gleichzeitig beobachten, dass auch hinter den Kameras viele und (zum Teil) neue Ehrenamtliche aktiviert und eingebunden waren.

Zur Rolle der Musik ist zu fragen, ob und inwiefern es gelungen ist, Menschen aktiv singend einzubinden.[70] Hier ist eine echte Anleitung der Gemeinde mit Fokus auf die Musizierenden oftmals hilfreicher gewesen als ein hochartifiziell performter Choral. Dennoch wurde ein vollstimmiger Gemeindegesang an vielen Orten schmerzlich vermisst. Gleichzeitig gab es Stimmen, die

---

[70] Es gab Formate, wo die Musik ausschließlich hörend erfahren werden konnte. Auch aktives Zuhören ist eine Form der Beteiligung – aber eben nur *eine*.

signalisierten, dass sie sich endlich trauen würden, voll und laut mitzusingen, weil sie nun niemand hören würde ... *Der digitale Gottesdienstraum wurde somit zum Erprobungsraum der eigenen Stimme.* Daran anschließend ist kritisch zu fragen: Hemmen analoge Gottesdienste Menschen mitzusingen? Trägt die Begleitung mich nicht, oder ist der Gesang der anderen so karg, dass ich mich selbst nicht mehr trauen einzustimmen? Sind womöglich die (eigenen) Erwartungen an den Gesang so hoch und das Selbstvertrauen so klein? Oder nehme ich Erwartungen anderer an mich und meine Stimme wahr, die es womöglich gar nicht gibt?

Offen bleibt die Frage der Einbindung musikalischer Gemeindeensembles in die digitalen Formate – diese hatten zumindest anfangs kaum Präsenz im digitalen Bereich. Es besteht der Eindruck, dass – schon alleine um zwingende Abstände zu wahren – die Musik zumeist von einzelnen Musiker:innen oder kleinen Besetzungen dargeboten wurde (vgl. unten III, Musik im analogen Raum). Gleichzeitig ist der technische Aufwand zur digitalen Tonabnahme mehrerer Sänger:innen und/oder Musiker:innen deutlich größer.

Insbesondere im digitalen Bereich (aber auch in verkürzten anlogen Gottesdiensten) wurden neue liturgische Formen entwickelt, die zwangsweise zu einer musikalisch-liturgischen Entschlackung führten. Dies wird auch nach der Pandemie zu bleibenden Veränderungen führen, die den einen zum Leid, den anderen zur Freude werden – und sicherlich weitere Aushandlungs- und Veränderungsprozesse in Gang setzen.

Auch die Instrumente veränderten sich: Viele Zoom- oder Instagram-Andachten wurden mit dem Klavier oder der Gitarre begleitet, zumeist wurden diese Formate aus Büros oder Wohnzimmern heraus gefeiert. Nicht immer waren es die aus der Kirche übertragenen Zoom-Gottesdienste, die am meisten überzeugten – denn der technische Aufwand zur wirklich überzeugenden Orgelabnahme ist immens und durch die Audio-Kompression bei Zoom sowie die Lautsprecher der Mitfeiernden nicht immer gewinnbringend. Gleichzeitig wurden überzeugende Produktionen mit der Kirchenorgel entwickelt – bei YouTube findet man unter dem Stichwort »Orgelandacht« Dutzende hochwertig produzierte Videos ausschließlich aus den Jahren der Pandemie mit aktuell 50 bis 10.000 Aufrufen. Hier hat sich also ein neues digitales Format entwickelt, wobei abzuwarten bleibt, ob es sich auch in Zukunft durchsetzen wird.

4.2 Musik im hybriden Raum

Hybride Formate waren vorerst Übergangsformate, in einigen Bereichen sind sie längst verschwunden, in anderen Bereichen etablieren sie sich zum Teil auch nach Aufhebung der Beschränkungen. Dabei ist die Umsetzung hochwertiger hybrider Formate technisch wie didaktisch (Chöre und Ensembles) bzw. liturgisch (Gottesdienste) sehr anspruchsvoll.

a) Chöre und Ensembles

Viele Sänger:innen und Bläser:innen sehnten sich nach analogen Proben, andere zogen aus unterschiedlichen Gründen (Sorge vor einer Ansteckung, Schutz der anderen, kalte Kirchen, zu große Abstände beim Musizieren) vor, ausschließlich online zu proben. So wurden zum Teil (aber sicherlich nicht flächendeckend) hybride Chorproben angeboten.

Das bestmögliche Probengefühl wurde beiden Seiten (den Zoomteilnehmer:innen sowie den Menschen im Probenraum) mit erheblichem Aufwand ermöglicht: Nötig waren mehrere Mikrofone und Kameras, um die Stimmproben klanglich wie visuell abzubilden, im Probensaal projizierte ein Beamer die Sänger:innen in den Saal. Auch die Chorleitung musste seh- und hörbar sein. So saßen die Zoomsänger:innen bei guter Probendidaktik fast mittendrin im Geschehen.

Im Probenalltag des Autors dieses Artikels hat sich ein Lowlevel-Hybridformat etabliert, welches vor der Pandemie völlig undenkbar war: In jeder Probe steht ein Laptop oder Tablet mit Raummikro, Weitwinkelkamera und einer aktiven Zoomkonferenz vor der Chorleitung. Sänger:innen, die aus verschiedenen Gründen (gebrochenes Bein, Elternzeit, Tagung in einer anderen Stadt usw.) nicht an den analogen Proben teilnehmen, können sich mit wenig Aufwand zuschalten und trotzdem an der Probe partizipieren – dieses Format wird immer wieder von mehreren Sänger:innen angenommen, und der Ertrag bei minimalem technischen Aufwand ist lohnenswert.[71]

---

[71] Eine bundesweite Studie aus dem Frühjahr 2022 zeigt jedoch, dass nur 6,6 % der befragten Chöre ($N = 883$) erwägen, auch nach der Pandemie hybrid zu proben – Einzel- oder Stimmgruppenproben werden allerdings auch nur zu 13,4 % erwogen (vgl. Kathrin Schlemmer, Johannes Graulich, Ester Petri, Tobias Brommann, Susanne Lotter und Jan Schumacher: Chöre im zweiten Jahr der Pande-

b) Gottesdienste

Wie die Chorproben sind hybride Gottesdienste technisch und liturgisch anspruchsvoller als rein digitale Formate, wenn ein Mehrwert für beide Seiten (analog wie digital) entstehen soll. Aber auch hier gibt es sowohl bei der technischen Ausstattung, die global betrachtet in den letzten Monaten erheblich besser geworden ist, als auch beim liturgischen Handeln der beteiligten Personen große Unterschiede. In der einfachsten Version werden Gottesdienste zum Teil nur mit einer Kamera gefilmt und live bei YouTube (z. T. mit großem Hall) übertragen. Die digitalen Zuschauer:innen sind in der Regel tatsächlich *nur* Zuschauer:innen – sie schauen einem gefilmten Gottesdienst zu.

Dem gegenüber stehen aufwendig inszenierte Hybridgottesdienste, beispielhaft ist hier die #zuhausekirche[72] (Emmaus Bremerhaven) zu erwähnen, die ton- wie videotechnisch überzeugend ihre Gottesdienste über YouTube streamt. Die Digitalgemeinde wird gleichwertig wie die analoge Gemeinde in die Feier eingebunden. Vor dem offiziellen Beginn des Gottesdienstes in der Kirche, ist die Kirchenmusikerin Vivian Glade bei YouTube live präsent, führt schon in den Gottesdienst ein, ermuntert die digital Mitfeiernden, sich im Chat schreibend zu beteiligen und – für diesen Artikel am wichtigsten – animiert die Digitalgemeinde zum Mitsingen. Sie verweist darauf, dass man über YouTube selbst nicht zu hören ist und daher munter die eigene Stimme ausprobieren kann, ohne von anderen gehört zu werden. Ein eigenes Mitsingen wird sodann auch ermöglicht, denn die Liedtexte werden großflächig online eingebunden und der Gemeindegesang ist gut wahrnehmbar. Dieses Format hat sich mittlerweile etabliert und bietet ein niedrigschwelliges Angebot, Gottesdienst mitzufeiern.

Hybride Formate wie dieses sind deshalb so überzeugend und tragfähig, weil sie einerseits den digital Mitfeiernden die Möglichkeit eröffnen, Teil der Gemeinde zu sein und wirklich mitfeiern zu können – sich also betend wie singend einbringen zu können. Andererseits bekommen die im analogen Raum Anwesenden

---

mie: Fortsetzung der ChoCo-Studie belegt weiterhin instabiles Proben- und Konzertwesen. In: neue musikzeitung 12/2022; ausführliche Darstellung der Studienergebnisse von 2022 online verfügbar unter https://service.conbrio.de/service/choco-studie, zuletzt aufgerufen am 4. Januar 2023.

[72] https://emmaus-bhv.de, zuletzt aufgerufen am 4. Januar 2023.

ein Gespür dafür, dass sie nicht *allein* feiern. Sie verbinden sich mit einer größeren, sich unter Umständen wöchentlich verändernden Gemeinde.

4.3 Musik im analogen Raum

a) Chöre und Ensembles

Insbesondere während der Kontaktbeschränkungen mussten neue Orte gefunden oder andere Probensettings entwickelt werden. Chor- oder Bläserproben fanden deshalb in der Kirche, in Messehallen, auf dem Sportplatz oder anderen Orten draußen statt.

Ein Weg für die Ensembles war es, größere Orte für Proben zu suchen. Proben fanden nun in akustisch schwierigeren Situationen statt: Der Klang verlor sich Open Air oder in einer großen Halle, Pop- und Gospelchöre kämpften mit dem Kirchenhall. Vor allem für ältere Sänger:innen waren Proben an diesen Orten, beziehungsweise mit viel Abstand, akustisch problematisch.

Allerdings wurden mancherorts eingefahrene Choraufstellungen so auch durchbrochen und für manche:n Chorsänger:in sogar völlig Neues ausprobiert: Die Chorleitung stand in der Mitte aller Sänger:innen, die im Kreis herumstehend sich ansangen.

Gleichzeitig wurden Proben auf einmal von außen wahrnehmbar, wenn sie auf einem Platz vor der Kirche oder sogar im Park stattfanden: *Kirche wurde musikalisch sichtbar und hörbar.*

Ein weiterer Weg, trotz der Kontaktbeschränkungen zu musizieren, bestand darin, Proben mit weniger Menschen durchzuführen. Einige Chöre legten einen Schwerpunkt auf Stimmproben. Hier konnten Töne geklärt, am gemeinsamen Klang gefeilt oder aber auch stimmphysiologische Herausforderungen in den einzelnen Stimmgruppen geprobt werden. Andere Chöre trafen sich nun in kleineren, gemischt besetzten Ensembles. Sänger:innen und Bläser:innen waren umso mehr gefordert, weil sie nun nicht mehr fünf oder 20 weitere Mitsänger:innen und Spieler:innen in derselben Stimmgruppe neben sich sitzen hatten, sondern auf einmal nur noch zwei oder drei – wenn sie nicht gar alleine in ihrer Stimmgruppe waren. Bei einigen stieg das Verantwortungsbewusstsein, bei anderen das Selbstbewusstsein, die Stimme auch allein zu halten. Manche fühlten sich jedoch auch zu sehr gefordert, wenn nicht gar überfordert. Insgesamt konnten Chöre, in denen Einzelproben und auch Einzelstimmbildung stattgefunden haben, zum Teil sogar eine Optimierung ihres Chorklanges feststellen: Die Intonation wurde besser, Sänger:innen hörten noch mehr aufeinander, die Eigenverantwortung einzelner Sänger:innen wurde erhöht.

Neue Noten und Arrangements sind entstanden (z. B. Bläsersätze für kleine Besetzungen oder neue choralgebundene Literatur), auch neue Auftrittsmöglichkeiten wurden eröffnet. Insbesondere diakonische und liturgische Einsätze nahmen zu: Auftritte im Freien, Turmblasen, (Posaunen-)Chorkonzerte vor sozialen Einrichtungen, Singteams im Gottesdienst (vgl. nächster Abschnitt). Chöre, deren Probenarbeit von gemeinsamen Zielen getragen war, hatten es einfacher, Mitglieder zu halten.

b) Gottesdienste

Wie wichtig Musik für unsere Gottesdienste ist, zeigte sich erneut und verstärkt in der Zeit der Pandemie. Die Gemeinde durfte nicht singen, teils durften auch Chöre nicht auftreten. Die Ansprüche an (vor allem neben- und ehrenamtliche) Organist:innen stiegen: Die Orgel war alleine für die musikalische Atmosphäre im Gottesdienst zuständig, zum Teil mussten Instrumental- oder Gesangssolist:innen begleitet werden. Vielerorts entstanden aber auch Kooperationen mit weltlichen Musiker:innen: Ein Gitarrenduo, eine Klarinettistin und ein Pianist aus der Oper, eine Band aus dem Dorf begleiteten nun Gottesdienste. Kirche war einer der wenigen Orte, an denen Musik noch live erklingen durfte. Mancherorts mussten sich Wort und Musik einander annähern, andernorts entstanden tragfähige Kooperationen auch für die Zukunft, indem zum Beispiel Jazzandachtsformate etabliert wurden. Zu erwähnen sei auch das vom Deutschen Musikrat, der Deutschen Bischofskonferenz und der Evangelischen Kirche in Deutschland initiierte Projekt »Orgelmusik in Zeiten von Corona«[73], ein Sammelband von 17 neuen Kompositionen unterschiedlicher Stile und Schwierigkeitsgrade für Konzerte, Gottesdienste, Andachten und mehr.

Sängerinnen und Sänger der Chöre nahmen und nehmen nun verstärkt eine (anleitende) Rolle in den Gottesdiensten ein, zum Teil wurden die Gottesdienste gesanglich durch Ensembles begleitet. Dies führte in einigen Gemeinden zur Entstehung von

---

[73] https://www.orgel-corona.de/das-projekt, zuletzt aufgerufen am 4. Januar 2023.

Singteams auch nach den Singeinschränkungen: Sänger:innen nehmen nun regelmäßig liturgische Funktionen ein, stützen und begleiten den Gemeindegesang, leiten die Gemeinde sichtbar zum Singen an und unterstützen damit die Instrumentalist:innen in dieser Funktion.

Es bleibt abzuwarten, wie sich die Musik insgesamt in den Gottesdiensten entwickeln wird. Welche Rolle werden die liturgischen Gesänge in der Eingangsliturgie künftig einnehmen? Wie verändern Musiker:innen *von außen* unsere Gottesdienste? Welche Rolle spielen Singteams? Wie verändert sich (dadurch ggf.) die Rolle der Orgel, welche Instrumente werden künftig einen Platz in unserem Gottesdienst haben?

4.4 Schlussgedanken

Die Coronazeit als »Brennglas und Katalysator«[74] – diese und ähnliche Überschriften tragen viele Artikel zur Corona-Pandemie. So inflationär diese Metapher benutzt wird, so sehr trifft sie auch auf die Musik zu: Was gut funktionierte, funktionierte auch weiterhin, Probleme verstärkten sich. Corona führte zu einer Veränderung der (Posaunen-)Chorlandschaft, zur Veränderung der musikalischen Landschaft insgesamt. Ganze Chöre lösten sich auf, einige verloren Mitglieder, andere erleben aber vor allem nach der Pandemie wieder Aufwind. Die hier skizzierten Veränderungen und Entwicklungen im digitalen, hybriden und analogen Bereich könnten sinnvolle und bereichernde Ergänzungen der bisherigen Probenarbeit darstellen. Klar ist aber auch: Die Pandemie hat zu großen Einbrüchen in der (kirchen)musikalischen Arbeit geführt, bei vielen noch bestehenden Chören ist basale Aufbauarbeit dringend nötig.

Auch die Gottesdienstlandschaft veränderte sich – musikalisch wurden verschiedene Linien wie zum Beispiel etablierte oder verstärkte Kooperationen mit weltlichen Musiker:innen und die Einführung neuer Formate durch diese Kooperationen aufgezeigt. Wichtig scheint hier insbesondere die Frage nach Veränderungen in Liturgie, die sich durch die Verkürzung der Formate notwendigerweise ergeben musste. Außerdem können

---

[74] Vgl. Julia Koll, Bleibt alles anders? Zur Entwicklung des gottesdienstlichen Lebens in der Pandemie, in: Musik und Kirche 91 (2021), 142–149.

Singteams dort, wo es sie noch nicht gibt, zukünftig einen großen Gewinn für unsere Gottesdienste darstellen.

Daneben änderten sich auch die Anforderungen an die kirchenmusikalische Tätigkeit: Kirchenmusiker:innen waren auf einmal Sicherheitsbeauftragte, Seelsorger:innen, Pädagog:innen, Jurist:innen, IT-Spezialist:innen, ... – noch mehr als schon vor der Pandemie. Insbesondere ehren- und nebenamtliche Kolleg:innen waren durch den immensen Mehraufwand herausgefordert, den alle Formen der Probenarbeit mit sich brachten.

Dass wir klingend Kirche sind, musikalisch das Evangelium kommunizieren und Gott loben können, wurde in der Corona-Zeit auf eine harte Probe gestellt. Eines dürfte in jedem Fall deutlich geworden sein: Musik ist eine köstliche Gottesgabe. Sie ist kostbar, stärkt, tröstet, ermuntert, macht froh, ... bedarf aber auch oder gerade deshalb der Pflege und des Engagements. Sonst ist sie wie ein Schatz, der in der Erde vergraben bleibt.

5. Raus aus der Kirche und hin zu den Kindern – Kindergottesdienst in Coronazeiten

Hanna Dallmeier

Mit Kindern Gottesdienst zu feiern, heißt, sie mit Kopf und Herz, Händen und Füßen anzusprechen. Biblische Geschichten werden für die Kinder erfahrbar und erlebbar, ja buchstäblich fassbar und begehbar. Schon vor der Pandemie war die Kindergottesdienstlandschaft in Bewegung: Im Kindergottesdienst bilden sich gesellschaftliche Veränderungen unmittelbar ab. Das ist eine Herausforderung und hat Auswirkungen auf Gewinnung und Begleitung von ehrenamtlichen Mitarbeitenden und zeitliche Strukturen. Seit vielen Jahren werden vielfältige Gottesdienstformate erprobt und gefeiert.

Die Evangelische Bildungsberichterstattung des Comenius-Instituts zu »Gottesdienstlichen Angeboten mit Kindern« von 2018 resümiert: »Das eine Angebot gibt es nicht. Die verschiedenen Titel, die Gemeinden ihren gottesdienstlichen Angeboten mit Kindern geben, signalisieren deutliche Vielfalt. Zu den Angebotsformaten gehören u. a. Kindergottesdienst, Krabbelgottesdienst, Christenlehre, Jungschar, Familienkirche und Kinderbibeltag.«[75] Die Familie rückt neu in den Fokus. Monatliche Formate scheinen den wöchentlich-sonntäglichen Kindergottesdienst abzulösen. Und mancherorts gab es auch schon vor Corona kaum gottesdienstliche Angebote für Kinder.

In diese Situation hinein brachte die Pandemie Bewegung und beschleunigte diese Entwicklungen. Zugleich öffnete sie neue Wege und brachte in der Notsituation frische Ideen hervor.

---

[75] Kirsti Greier, Aktuelle Herausforderungen für die Kirche mit Kindern, Zusammenfassung von Ergebnissen der Evangelischen Bildungsberichterstattung, Münster: Comenius-Institut, 2019, 2. Vgl. auch die ausführliche Darstellung in: Comenius-Institut (Hg.), Gottesdienstliche Angebote mit Kindern. Empirische Befunde und Perspektiven, EBiB 1, 2018.

5.1 Die Pandemie aus der Sicht von Kindern und Familien

Gerade für Kinder und Familien waren die Einschränkungen in den Lockdown-Zeiten groß[76]: Geschlossene Kindertagesstätten nur mit Notbetreuung, sich über Monate erstreckendes Homeschooling, Freizeitangebote in weiten Teilen unmöglich – zeitweise waren sogar Spielplätze geschlossen. Kindern fehlten Raum und Ansprache. Die angespannte Situation traf auch Eltern (oft Mütter), die neben der Kinderbetreuung im Homeoffice ihrer Erwerbsarbeit nachzugehen hatten, ohne auf die intergenerationelle Unterstützung durch Großeltern oder andere Netzwerke zurückgreifen zu können. In vielen Familien war daher die Situation seelisch, aber auch finanziell angespannt, besonders in Ein-Eltern-Familien. Dazu kam für nicht wenige die Sorge um erkrankte Familienangehörige oder gar die Trauer um nahe Menschen. Auch die Gewalt nahm in Familien zu: Die aufgestauten Spannungen suchten sich Kanäle, um sich zu entladen. Nicht selten hatten gerade die Kinder darunter zu leiden. Viele reagierten mit Aggressivität, Depressionen und Zukunftsangst.

Der Alltag vieler Kinder verengte sich – gerade in den strengen Lockdown-Zeiten – auf den heimischen Bildschirm. Die Möglichkeiten, mit den Kindern »rauszukommen« und ein außerhäusliches Ziel anzusteuern, war für Eltern rar. Den Kindern fehlten Bewegung und die Begegnung mit Gleichaltrigen, und auch die Eltern fanden kaum Austauschmöglichkeiten und Impulse. Neue Familienrituale, neuer Alltag, neue Ziele mussten gefunden werden. So führte die Pandemie Kinder und Eltern zu neuen Suchbewegungen.

5.2 Kirchengemeinden auf dem Weg zu den Kindern

Durch die Pandemie wurden zwei gegenläufige Bewegungen in den Kirchengemeinden hervorgerufen: Zum einen brachen an vielen Orten die oft ehrenamtlich engagierten Teams weg. Gerade ältere Ehrenamtliche, die sich bislang für den Kindergottes-

---

[76] Vgl. Silke Fokken, Krisenkinder. Wie die Pandemie Kinder und Jugendliche verändert hat und was sie jetzt brauchen, München 2022.

dienst stark gemacht hatten, zogen sich aus berechtigter Angst vor einer Infektion zurück. Zum anderen stärkten landeskirchliche Empfehlungen explizit die Arbeit mit Kindern und Jugendlichen[77]. Es entstanden neue Initiativen, (familienorientierte) Ideen und originelle Formate.

Durch die Pandemie wurde eine Entwicklung beschleunigt, die sich schon zuvor abgezeichnet hatte: die Diversifizierung der Kindergottesdienstlandschaft, verbunden mit einer stärkeren Orientierung des gottesdienstlichen Angebots an die Bedürfnisse und Lebenswelt der Menschen[78]. Unter den Bedingungen der Pandemie gab es einen Aufbruch von Kirche zu den Kindern und Familien: Kirche machte sich (oft als einzige!) auf den Weg, raus aus den Kirchgebäuden und Gemeindehäusern, hinein in Dorf und Stadtteil, in die Natur, auf die Plätze rund um die Kirche, in die Häuser und die digitalen Welten, in den Alltag der Familien. Mit viel Kreativität und Innovation wurden neue Gottesdienstformate entwickelt, analoge Formen mit Abstand, digitale Zoom-Gottesdienste, hybride Formen, Outdoor-Formate, Filmgottesdienste und vieles mehr. Neben manchem Abbruch gab es also viel Aufbruch und frischen Wind. Gemeinden, denen diese Erweiterung ihres Angebots gelang – mit großem Engagement von Ehrenamtlichen, aber oft auch der Hauptamtlichen – konnten sogar einen Zuwachs an Interesse der Kinder und Familien feststellen. Kinder- und Familienaktionen der Kirchengemeinden wurden zum gerne gesuchten und angenommenen Ziel. Neue Gottesdienstformate zwischen kleinem Ritual am Küchentisch und mehrwöchigem Filmprojekt schenkten so auch Plausibilität und Sinn im neu zu strukturierenden Familienalltag.

---

[77] Die ökumenisch verfasste Erklärung der niedersächsischen Bischöfe vom 26.10.2020 stellt deutlich heraus, dass es neben Krankenbesuchen und Gottesdiensten vor allem die Begleitung und Kontaktmöglichkeit für Kinder und Jugendliche ist, die in den Gemeinden aufrechterhalten bzw. gestärkt werden sollen mit der Begründung, dass »deren Zukunft ein Stück gefährdet ist«, vgl. Erklärung der niedersächsischen Bischöfe, Hannover 26.10.2020, 1f.
[78] Vgl. Sabine Bäuerle und Natalie Ende, Schöne Gottesdienste feiern. Gemeinsam in der Nachbarschaft unterwegs, hg. vom Zentrum Verkündigung der Evangelischen Kirche von Hessen und Nassau, Frankfurt am Main 2022, 5.

5.3 Zwischen Seelsorge und Beschäftigung, Begegnung und Naturerkundung: neue Sinn-Horizonte durch gottesdienstliche Angebote für Kinder

Thematisch waren die gottesdienstlichen Angebote für Kinder in der Pandemie an den Kirchenjahresfesten orientiert oder nahmen biblische Geschichten auf; darin zeigt sich kein Unterschied zur Zeit vor der Pandemie. Zusätzlich waren aber manche Angebote thematisch auf die Situation der Kinder in der Pandemie bezogen und hatten dadurch eine deutliche seelsorgliche, kasuelle Ausrichtung.

Formate der strengen Lockdown-Zeiten nahmen z. B. die häusliche Gemeinschaft in den Blick: Rituale an der Bettkante bis hin zum Abendmahl mit Kindern beim Abendbrot am Küchentisch[79] stärkten und trösteten Kinder wie Erwachsene, gaben dem Pandemiealltag Struktur und der seelischen Not Worte. Susanne Paetzold entwickelte ein Ritual für die Familie zu Weihnachten, »wenn eine:r fehlt« (vgl. II, 3.1) und nahm damit bedrängende Verlusterfahrungen auf. Kindergottesdienst als Geschehen in der Familie gewann damit vor allem eine tröstende Funktion.

Für den Küchentisch oder das Wohnzimmer wurden digitale Formate entwickelt: Geschichten, Lieder, Gebete fanden in der Gemeinschaft auf der »Kachel« statt und zugleich in den eigenen vier Wänden. Dabei wurde die digitale Welt in die analoge Welt transzendiert, z. B. durch Aufgaben, die die Kinder während einer Kreativ- und Vertiefungsphase selbst durchführten (II, 1.4). Hier waren teilweise die Eltern als Unterstützung gefordert, konnten sich manchmal aber auch im Hintergrund halten und wussten ihre Kinder mit Gutem beschäftigt: ein Wert für sich.

Ansprache für die in allem auf sich selbst geworfenen Kinder und die an ihre psychischen und physischen Grenzen kommenden Familien brachten Formate, die die Menschen »vor die Tür lockten«: Kreativ gestaltete Kindergottesdiensttüten (II, 3) an Kirchentüren oder vor Gemeindehäusern waren stark nachgefragt. Sie enthielten nicht nur Impulse für eine gottesdienstliche Feier zu Hause, die teilweise wieder in Zoom-Formate mündeten. Zugleich schufen sie einen Begegnungsraum, wenn Kindergottesdienst-Teams oder Pastor:innen selbst bei den Tüten ansprechbar waren für Kinder wie Eltern. Elementare Bedürfnisse wie

---

[79] Vgl. unten II, 4.3.3.

einander »Sehen« und »Hören« bekamen eine seelsorgliche Tiefe. Begegnung wurde zu einem wichtigen Teil des gottesdienstlichen Angebots.

Das Bedürfnis nach Bewegung und Begegnung hatte Raum in Outdoor-Formaten wie Gottesdiensten im Feld (II, 2.3) oder Stationengottesdiensten (II, 2.6), in denen die Kinder mit ihren Bezugspersonen rund um die Kirche oder im Stadtteil unterwegs sein konnten. Auch Outdoor-Installationen wie die Outdoor-Krippe in Ochtersum (II, 2.1) luden zum Bewegen und Begegnen ein. Die Outdoor-Formate hatten außerdem den Mehrwert, dass die neu erschlossenen Räume eine gottesdienstlich gefärbte Bedeutung bekamen: Welt- und Naturerkundung wurde mit einer biblischen Geschichte verbunden und dadurch selbst zum Gottesdienst.

Eine besondere Rolle spielten Film-Formate: Einerseits gab es von Hauptamtlichen oder Kindergottesdienst-Teams gefilmte Gottesdienste für Kinder, die über die Netzwerke verbreitet wurden.[80] Andererseits wurden Formate entwickelt, in denen Kinder selbst aktiv wurden. Die Technik des Films – einzelne Szenen und viele Schnitte – erlaubte unter den sich zuspitzenden Bedingungen des Distanzgebots die Fortführung der gottesdienstlichen Arbeit mit Kindern und sogar das Einüben und die Einspielung eines Krippenspieles[81]. Kinder und Eltern empfanden es als gleichermaßen sinnstiftend, aktiv daran mitzuwirken, dass Weihnachten »fast wie immer« gefeiert werden konnte: Mit Krippenspielgottesdienst als Teil des Familienfestes, statt im gewohnten Kirchenraum nun auf dem heimischen Sofa. Das Krippenspiel wurde von den Kirchenglocken eingeläutet – gemeinsam feierte die Gemeinde auf diese Weise Gottesdienst. (II, 6.1).

So wurden Kinder selbst zu gestaltender Gemeinde in gottesdienstlichen und gemeindepädagogischen Handlungsfeldern. An manchen Orten gab es gemeindepädagogische Verknüpfungen zu alten und einsamen Menschen. Kindergottesdienstkinder

---

[80] Im youtube-Kanal der Landesverbände für Kindergottesdienst »kirchemitkindern-digital« wurde in Pandemiezeiten z. B. wöchentlich sonntags ein online-Kindergottesdienst eingestellt.

[81] Die große Vielfalt von im ersten Pandemiewinter entstandenen Krippenspielfilmen zeigt sich in einer Sammlung im Raum der Ev.-luth. Landeskirche Hannovers unter: https://www.landeskirche-hannovers.de/evlka-de/presse-und-medien/nachrichten/2020/12/2020-12-18_2.

sangen vor Altenheimen, gestalteten Karten und Grüße. Der Kindergottesdienst brachte eine ganz eigene Farbe in das Pandemiekonzert der Gemeinden. Alle diese Entwicklungen, die »selbstwirksames Handeln« der Familien bzw. Kinder voraussetzten und förderten sowie neue spirituelle Erfahrungen ermöglichten, gaben diesem Handeln einen tiefen gesellschaftlichen und spirituellen Sinn.

5.4 Aufatmen für Leib und Seele

Aufs Ganze können wir sagen: Kindergottesdienste wurden in der Pandemie vielfältiger, räumlich und zeitlich entzerrter, medial vermittelter, hybrider und teilweise digital. Wir sahen, wie seine Grenzen erweitert wurden, wie Tradiertes neu zur Geltung gebracht und in die veränderte Situation hinein transzendiert wurde, wie in den Häusern und Familien Segensrituale und spirituelles Miteinander neu entdeckt und heilsam wirksam wurden.

Neben den liturgischen, seelsorglichen und pädagogischen Funktionen ist es die Ressource »Sinn«, die von Kindern und Familien durch kindergottesdienstliche Angebote in ihrer großen Vielfalt während der Pandemie neu entdeckt werden konnte. Kirche mit Kindern lässt Leib und Seele aufatmen und schenkt neue Aufbrüche in eine Kirche von morgen, die heute beginnt.

6. »The Voice of Prayer is Never Silent« – Durch die pandemischen Erfahrungen neu über das Gebet nachgedacht

Marianne Gorka, Elisabeth Rabe-Winnen

»Unermüdlich, wie der Schimmer des Morgens um die Erde geht, ist immer ein Gebet und immer ein Loblied wach, das vor dir steht.« Diese Worte textete Gerhard Valentin 1964 nach dem Englischen »The Day Thou Gavest, Lord, Is Ended«, ein Abendlied, das das Ostermotiv der Reisenden nach Emmaus aufscheinen lässt. Es ist ein abendlicher Dank für das niemals einschlafende, niemals ruhende Gotteslob und Lobgebet der Kirche, das sich im Tageslauf um die Erde spannt. In diesem Sinn wird es auch gesungen, wenn der »letzte Vorhang gefallen« ist, zu Trauerfeiern.[82] Es spricht die Wahrheit aus, die wir Autorinnen glauben und die sich auch in pandemischen Zeiten in zum Teil veränderten Formen gezeigt hat: Es gibt keine gott*lose* Welt oder Zeit, keinen Moment, ohne dass sich irgendwo Menschen zu oder an Gott wenden. Das Gebet umspannt die Welt. Es umspannt jeden Augenblick.

»Vom Dunkel überweht«

Einen kurzen Moment der Schockstarre mag es gegeben haben. Ungläubiges Schweigen angesichts einer bis dahin nie dagewesenen Situation: Lockdown. Eine sciencefictionäre Stille breitete sich aus. Kein Autogerappel auf Kopfsteinpflastern, verwaiste Spielplätze, leere, ja abgesperrte Parkbänke, verschlossene Kirchtüren. Nur Gebete waren nicht zum Schweigen zu bringen.

Dort, wo die Menschen waren, überall konnte Gott sein und Gespräch miteinander: In der Natur,[83] beim Sport,[84] im Wohn-

---

[82] Zuletzt sehr prominent und eindrücklich mitzuerleben bei der Trauerfeier für Queen Elisabeth II., am 19. September 2022. Entsprechende Ausschnitte daraus sind auf YouTube nachzuschauen.
[83] Vgl. II, 2.2–3; 3.3.
[84] Beispiele für Gebet auf dem Weg oder im Lauf (»Laufbuddy«) finden sich auf dem Account von Simon de Vries bei Facebook oder _instagram_simondevries.

zimmer, am Küchentisch,[85] im Zoomraum, an der Bettkante[86], abgepflückt von Wäscheleinen, abgehört auf Anrufbeantwortern, verfolgt in Videos, im Fernseher, in Büchern. Bestehende Formen haben neue Öffentlichkeiten erreicht und die Öffentlichkeit neue Formen entdeckt. Die digitalen und analogen Räume wurden miteinander versprochen: Zum 18-Uhr-Geläut in ihrer Gemeinde postete eine Pastorin auf Instagram täglich »18-Uhr-Gebete«; andere Kolleg:innen fragten ihre Followerschaft über Social-Media-Kanäle nach Gebetsanliegen und brachten diese in ihre Kirchen am Taufbecken und um Kerzen dazu zu entzünden. Entsprechende Videos davon posteten sie wiederum auf ihren Kanälen. In Zoom-Gottesdiensten wurde der Chat ein Ort, an dem die Feiernden ihre Gebetsanliegen teilten. Andere spannten Wäscheleinen an Kirchentüren, um auf diese Weise ein Angebot zu machen, Fürbitten dort aufzuhängen oder sich von dort ein stärkendes Gebet bzw. ein Segenswort mitzunehmen. Die Sprache solcher Gebete war direkt und nahbar, ganz dem Duktus der in den sozialen Medien geprägten Sprechweise gemäß; sprachlich oft leichter und zugleich unmittelbar gefühlvoller.[87] Davon können wir für die Formulierungen gottesdienstlicher Fürbitten lernen.

»Unermüdlich wie der Schimmer«

Überall, wo die Menschen waren und wann auch immer sie wollten oder es brauchten, wurden Gebete gesprochen, aufgenommen, geschrieben und gesendet. Gebete wurden auf diese Weise für alle leichter auffindbar und jederzeit abrufbar. Natürlich gilt für das Gebet schon immer: Jede:r kann jederzeit mit Gott reden. Die neu entdeckten oder verstärkt aus Nischen auftauchenden mediatisierten Kommunikationswege aber machten es frisch möglich, dass alte Traditionen wie das Tagzeitengebet Eingang fanden in neue Formen der Gleichzeitigkeit und Regelmäßigkeit, z. B. durch geteilte Gebetsimpulse, spirituelle Wort-Bild-Marken,

---

[85] Vgl. II, 4.3, 325–328.
[86] Vgl. Wo zwei oder drei, Rituale in besonderen Zeiten für zuhause: https://www.michaeliskloster.de/kigo/liturgische-Bausteine/Kirche-mit-Kindern-in-besonderen-Zeiten0.
[87] Vgl. Holger Pyka in *Für den Gottesdienst*, 93 (2022), 14–19.

auf diversen Social-Media-Kanälen.[88] Das Gebet wurde veröffentlicht im digitalen Raum. So konnte man auch digital *miteinander* beten und fand neue Formen, sprachfähig zu werden, miteinander Bitten zu teilen.[89] Spiritualität und damit das Gebet kam vermehrt nach Hause – angepasst an die Bedürfnisse der Einzelnen.[90]

»Immer wird ein Mund sich üben«

»Not lehrt Beten« – in der pandemischen Situation einte uns diese gemeinsame Erfahrung in einem bis dahin nicht gekannten Ausmaß von »Kollektivität«. Alle waren wir gleichermaßen betroffen. Alle wurden wir zugleich in besonderer Weise »auf uns selbst geworfen«. Und doch war es gerade diese gleichermaßen individuelle wie gemeinsame Erfahrung, die Menschen förmlich dazu drängte, sich auszudrücken, den Gefühlen Worte zu geben, der Hoffnung Ausdruck und der Angst einen überschaubaren Rahmen, kurz: beten zu wollen. Das führte zu einer Neu-Entdeckung der eigenen spirituellen Mündigkeit. Menschen öffneten neu den Mund. Sie wurden »mündiger« zum Gebet.

Beten ist: Gott jemanden oder etwas hinhalten – und er sieht es an.[91] Beten heißt, das Leben in seiner ganzen Vielfalt vor Gott zu bringen, mit allen Ängsten und Nöten, mit allen hoffnungsvollen Aussichten. Die Sehnsucht bekommt im Gebet ein Zuhause. Beten bleibt menschliches Reden zu Gott. Aber indem wir es tun, bleiben wir nicht länger mit uns, unseren Erfahrungen, Bitten und Gedanken allein. Beten führt über uns hinaus zu Gott und in die Gemeinschaft derer, die mit uns an Gott glauben.[92] So stärkt das Gebet die betende Person. Es hält zugleich Menschen über

---

[88] Beispiel von Gebeten finden sich auf www.evangelisch.de. Andere auf Facebook oder Instagram z. B. bei _instagram_pastorinbaden das »18 Uhr Gebet« oder bei _instagram_christinabrudereck spirituelle Impulse per sharepic zur Tageslosung.

[89] Fürbittengebete in Zoomgottesdiensten wie bei »Brot & Liebe«. Oder Gebets-Umfragen, die dann von den Influencern in der jeweils eigenen Kirche »vorgetragen« wurden, so geschehen u. v. a. bei _instagram_dingens.von.kirchen (Pastorin Ina Jäckel).

[90] »Kirche für die man keine Hose braucht« – Zitat aus einem der ersten Video-Talks der Basis:Kirche zwischen Pastorin Hanna Jacobs und Pastor Chris Schlicht. https://www.youtube.com/watch?v=-MBU3HJ7THo (ab Min. 0:28).

[91] Vgl. Nadia Bolz-Weber unter https://www.youtube.com/watch?v=o_tldqb-r1g.

[92] Vgl. Wilfried Härle, Gottes Wirken und das Gebet des Menschen, in ders.: Dogmatik, Berlin 1995, 300 ff.

alle Distanzen hinweg durch die Kraft des Heiligen Geistes in Verbindung.

Die Gebete, die gebetet wurden, fanden analog wie digital zum Teil neue Formen, um die jeweilige Alltagswelt einzubinden: Gefühlswelten fanden die eigene Sprache; Texte wurden digital geteilt und verbreitet, biblische Schätze neu erschlossen und erfahren. Einander zunächst völlig fremde Menschen vertrauten sich Innerstes an, durch das gemeinsame Gebet im geschützten Zoomraum. Der Chat eröffnete neue Möglichkeiten der Partizipation in der Fürbitte. Manche beteten wortlos – Symbole, auch digital teilbar, fanden sich.

»Ist immer ein Gebet und immer ein Loblied wach«

Ein Gebet ist immer wach ... wird geflüstert, geseufzt, gesungen, gehaucht. »Das Gebet hat neben seinem Wahrheitsgehalt für den Glauben auch eine allgemeine daseinshermeneutische Funktion. Es will ›die Grundsituation des Menschen aufsuchen und zur Sprache bringen‹ (Ebeling) und es soll diese Grundsituation mit der aktuellen Lebenssituation ins Verhältnis setzen.«[93] Und so heilt das Gebet, verbindet: miteinander, mit der Welt, mit Gott. Das ist bleibend wahr – auch wenn der Mensch heute sich selbst entwirft, und – potenziert durch die Pandemie – mehr und mehr als einzelnes Selbst das Leben lebt und gestaltet.[94] In dieser Zeit – so könnte man eher mit Hartmut Rosa sagen – suchten wir gegen die Vereinzelung Resonanzen oder suchten sie zu erzeugen,[95] um den Draht zu Gott und zur Welt nicht abreißen zu lassen. Statt Beschleunigung und Wachstum galt es jetzt, die totale Entschleunigung in Demut auszuhalten.

Darin genau sehen wir die große Chance der Gebetserfahrungen, die neu entstanden sind und weiterleben: Dass wir unserem Glauben und Gott etwas zutrauen, den Mund öffnen und Mut schöpfen, dass wir Zutrauen zur eigenen Gebetssprache haben. So ist in der Not, die das Beten lehrte, eine größere Lebendigkeit des Gebets erschienen. In aller Singularität ist eine Verbundenheit der Einzelnen gewachsen, wie die Schnur von Kachel zu Kachel, wie das Klicken auf dasselbe Gebet an verschiedenen Orten

---

[93] Michael Meyer-Blanck, Das Gebet, Tübingen 2019, 70.
[94] Vgl. Andreas Reckwitz, Die Gesellschaft der Singularitäten, Berlin, ⁶2021.
[95] Hartmut Rosa, Resonanz. Eine Soziologie der Weltbeziehung, Berlin, ⁶2019.

oder zu unterschiedlichen Zeiten, wie die Kerzen am gleichen Kerzenständer, die Bitten aus dem digitalen Raum dort zusammenbringt, wie das gleichzeitig gesprochene Gebet am Küchentisch.

Bei denen, die schon vor der Pandemie Gottesdienst gestalteten und Formen des Gebets suchten und formulierten, ist eine Sensibilität für verschiedene Formen von Sprache gewachsen – Sprache, die je nach Kontext entweder Leichtigkeit braucht oder Tradition, Shareability oder Gefühle. Für manche sind Gebetsgemeinschaften gewachsen und geblieben, in denen mit großem Vertrauen wie in klassischen Hausgemeinschaften Tiefes miteinander geteilt wird.

Ob diese (Wieder-)Entdeckung des Gebets oder sogar des eigenen mündigen Betens sich auch über die vom Einzelnen jeweils gefundene Form hinaus erstreckt? Ob also jemand, der im Zoomgottesdienst bei »Brot & Liebe« mitfeiert, auch in einem Kirchraum laut seine Bitte sagen würde, wie er sie dort in den Chat schreibt? Ob also die, die bei der Andacht von _instagram_ seligkeitsdinge auf Instalive ihre Bitten teilt, oder der, der die Wohnzimmerkirche Hamburg digital mitfeiert, auch analog erscheint? Ob es gar ein neu entdecktes Priestertum aller Gläubigen mit einem Engagement in gottesdienstlichen Formen gibt? Das vermögen wir derzeit nicht zu sagen. Aber wir wünschen es uns und arbeiten daran, das mehr Transfer aus den digitalen Neuentdeckungen und Chancen hinübergeht in eine partizipative Gottesdienstfeier – auch in »analogen« Kirchräumen.

Denn hier wie dort gibt es einen bunten Reichtum, der die Facetten dessen deutlich macht: Der Gottesdienst im Alltag der Welt findet statt. Das Gebet ist weiterhin lebendig, welt-zeit-umspannend. The Voice of Prayer is Never Silent.

7. »Der Kunde ist König« – Transformationen der gegenwärtigen Kasualkultur

Emilia Handke

Egal, ob man diesem unternehmerischen Mantra grundsätzlich zustimmt oder nicht, *faktisch* ist der Kunde bei der Kirche insofern König, als dass er am Ende darüber entscheidet, ob diese Kirche sein Leben begleiten soll – oder eben nicht. Wenn wir uns die Zahlen der Inanspruchnahme unserer Kasualien Taufe, Trauung und Bestattung anschauen, dann müssen wir mit Erschrecken feststellen, dass wir von einem wachsenden Teil unserer eigenen Mitglieder heute nicht mehr in Anspruch genommen werden. Von den Elternhäusern mit mindestens einem evangelischen Elternteil – unserer klassischen Taufklientel also – lassen in der Nordkirche nur noch etwa 60 Prozent ihr Kind bis zum Alter von 14 Jahren taufen. Nicht einmal mehr 50 Prozent der evangelischen Kirchenmitglieder werden in Hamburg noch kirchlich bestattet, die kirchliche Trauung ist uns schon seit vielen Jahren eingebrochen. In den anderen Landeskirchen sieht es vermutlich nicht besser aus – nur dass eben viele von ihnen diese relationalen Zahlen gar nicht erheben. Die Kasualien stehen dabei pars pro toto: Wer als Kind nicht getauft und religiös sozialisiert wird, wird nur im Ausnahmefall in seinem Leben persönlich mit Kirche in Berührung kommen. Die (Kinder-)Taufe ist nämlich soziologisch so etwas wie eine grundsätzliche »Richtungsentscheidung«[96].

Die eben genannten Zahlen konfrontieren uns mit der Frage, was es uns eigentlich wirklich bedeutet »Kirche für die Menschen« zu sein – diese Formel wird in der Kirche ja quasi inflationär gebraucht. Denn die Mehrheit unserer Kirchenmitglieder gehört eben nicht zu den sog. hoch Involvierten – wenn überhaupt,

---

[96] Gert Pickel, Konfessionslose – das ›Residual‹ des Christentums oder Stütze des neuen Atheismus, in: Theo-Web 12 (2013), Heft 1, 12–31, 18.

dann suchen sie uns eher anlassbezogen auf.[97] Und bei diesen Anlässen (Geburt eines Kindes, Heirat, Weihnachtsgottesdienst etc.) stehen unsere Angebote in Konkurrenz zu anderen rituellen und spirituellen Angeboten. Im Vergleich zu sog. freien Ritualbegleiter:innen machen wir es unseren Kirchenmitgliedern jedoch alles andere als einfach. Um diese Herausforderung anzugehen, haben wir in den beiden Hamburger Kirchenkreisen 2021 eine »Ritualagentur«[98] gegründet. Dem gingen langwierige kirchenpolitische Vorbereitungsprozesse voraus.

7.1 Zur Entstehung der »Ritualagentur«

Die Entstehung der »Ritualagentur« ist eine Kooperation des Werkes »Kirche im Dialog« der Nordkirche mit den beiden Hamburger Kirchenkreisen und insofern eng mit der Neugründung des Werks »Kirche im Dialog« im Jahr 2018 verknüpft. Dabei stand von Anfang an die Frage, wie man eine solche Einrichtung, die Kirche im Kontext von Kirchenferne profilieren helfen sollte, eigentlich konkret aufstellen kann. Als ich die Leitung dieses Werkes im September 2018 übernahm, hatte ich verschiedene Projekte im Koffer – Herausforderungen, über die ich bereits in meiner Zeit als wissenschaftliche Mitarbeiterin an den Universitäten Halle und Marburg nachgedacht hatte. Die enorme Konkurrenz der Kirche durch die rituellen Angebote auf dem freien Markt, war eines dieser Themen. Nachdem ich gemeinsam mit Ulrike Wagner-Rau im Oktober 2018 eine größere Tagung mit dem Titel »Rituale in Bewegung. Kirchentheoretische und pastoraltheologische Herausforderungen« an der Philips-Universität Marburg veranstaltet hatte, auf der wir mit Pfarrerin Elke Wewetzer auch eine Kollegin eingeladen hatten, die uns über die bayrischen Überlegungen einer Servicestelle für Kasualien unterrichtete, war für mich klar, dass dieser Diskurs nicht allein im akademischen Bereich weitergeführt werden durfte. Auf der neuen Stelle arbeitete ich eine umfassende Problembeschrei-

---

[97] Vgl. Ursula Hahmann, Die Mehrheit nicht ausschließen – Kirchenentwicklung und Involvement, https://www.futur2.org/article/die-mehrheit-nicht-ausschliessen/ (Stand Dezember 2021).
[98] Das ist noch nicht der Name der Einrichtung, sondern ein Arbeitstitel, der vor allem nach außen kommunizieren soll, worum es dabei geht.

bung aus, die ich mit ersten Skizzen zur operationalisierbaren Umsetzung für die beiden Hamburger Kirchenkreise verband. Daraufhin begann ein Weg durch verschiedene Konvente bis hin zum Pröpst:innen-Konvent der Hamburger Bischöfin Kirsten Fehrs, von der ich den Auftrag zur Gründung einer Arbeitsgruppe erhielt. Nach inhaltlichen und strategischen Gesichtspunkten sammelte ich Menschen, die bei der weiteren Übersetzung des Konzepts in eine operationalisierbare Form für die beiden Hamburger Kirchenkreise behilflich sein konnten. Ziel war es, eine Einrichtung zu gründen, die a) Kasualien in ihrer ganzen geistlichen Kreativität sichtbar werden lassen sollte, b) die Konkurrenz mit dem freien Markt aufnehmen kann und es c) Kirchenmitgliedern und anderen ermöglichen soll, mit Kirche unkompliziert in Kontakt zu treten. Dabei ging es nicht nur um eine reine Beratungsstelle, sondern von Anfang an um ein Hybrid aus Beratung, Durchführung und Vernetzung.[99]

7.2 Zum Hintergrund der Idee

Allerorts ist vom »Matching« die Rede – in der Arbeitsplatzvermittlung, im Coaching oder im Online-Dating. Wir schauen, was zu unserem Leben *passt* – wie wir uns *ausdrücken* wollen in dieser Welt. Die Feiern des Lebens – wie Geburt, Erwachsenwerden, Hochzeit, Abschied, Schulanfang oder Geburtstag – sind dafür wichtige Anlässe: Ich zeige, *wer, wie* und *mit wem* ich in dieser Welt bin. Wer oder was das am besten zum Ausdruck bringen kann, das muss ich auswählen können: Die Person, die mein »Zeitliches segnen« soll; den Ort, an dem ich mich wohlfühle; den Soundtrack meines Lebens. Obwohl die Logik unserer Lebenswelt auf gesellschaftlichen Feldern wie Urlaub, Mode oder Arztbesuch immer *auch* nach genau diesen Regeln geleitet ist, lassen wir sie in unserer kirchlichen Kommunikation weitgehend außer Acht: Diskussionen über Taufsprüche und Tauflieder finden trotz guter Initiativen wie Taufspruch.de in der Regel in anderen Beratungsforen im Internet statt, unsere Websites lassen eine Auswahlmöglichkeit von Kasualformaten, Pfarrer:innen oder aus Musikbeispielen

---

[99] Mehr zum Konzept findet sich bei Emilia Handke, Das Licht auf den Scheffel stellen, abzurufen unter: https://www.futur2.org/article/das-licht-auf-den-scheffel-stellen/ (Stand Dezember 2021).

in der Regel nicht erahnen. Das ist bei freien Ritualbegleiter:innen völlig anders: Diese geben u. a. Auskunft über sich selbst und die eigene Berufung, den Ablauf der Zeremonie sowie die Preise, empfehlen Locations und beantworten häufige Fragen (FAQs). Auch Liedbeispiele und Referenzen von Paaren kann man dort einsehen.[100] Wir agieren auf unseren Homepages dagegen eher wie eine Behörde, die auf Anfrage annimmt oder ablehnt und stellen unser Licht auch unter kreativen Gesichtspunkten eher unter den Scheffel: Es gibt so viele geistreiche individuelle Kasualformate, die wir kaum öffentlich machen, geschweige denn bewerben. Wir arbeiten im Allgemeinen auf Anfrage hin, obwohl die o. g. Zahlen zeigen, dass das Kasualbegehren bei vielen erst einmal überhaupt aktiviert werden muss. Die zahlreichen Angebote der Kirche im Blick auf KiTas, Schulen, Eltern-Kind-Gruppen oder diakonische Beratungsangebote bündeln wir in der Regel nicht im Blick auf Taufe, Trauung oder Bestattung. Was man für seine Kirchenmitgliedschaft bekommt, das bleibt eher dem Zufall der parochialen Versorgung überlassen.

Erschwerend kommt dabei hinzu, dass die Parochie für viele unserer Mitglieder keine orientierende Kategorie mehr ist. Vor allem in Großstädten wissen viele Menschen nicht, zu welcher Gemeinde sie gehören und dementsprechend auch nicht, wie sie vorgehen sollen, wenn sie etwas von uns wollen. Auf den Hochzeits- und Babymessen wird dies in den dort entstehenden Gesprächen immer besonders deutlich. Wenn sie diese erste Hürde erfolgreich genommen haben sollten, dann treffen sie mit ihren eigenen Vorstellungen auf unsere Auffassungen und Regeln: Dazu gehören mitunter normative Vorstellungen von der Liturgie (»Mindestens einmal spielt die Orgel!«; Vorlage und Prüfung von Liedwünschen) und den daraus resultierenden Mitgestaltungsoptionen. Dabei zeigt eine empirische Studie, dass es den Ange-

---

[100] Vgl. u. a. https://www.youtube.com/watch?v=T53amiLzY60&feature=youtu.be; https://trauredner-freie-trauung.de/ (Stand Dezember 2021). Der Redner zeigt, dass man jedes kirchliche Ritual unkompliziert in eine freie Zeremonie übersetzen kann – Maßstab ist stets das individuelle Matching: »[I]hr könnt euch praktisch aussuchen, welche Art der Taufe und Location am besten zu euch passt und was ihr damit ausdrücken wollt« – alles wird so gestaltet, »wie ihr es gerne möchtet«. Das Patenamt wird kreativ adaptiert, das Ritual mit Symbolhandlungen (Willkommenskiste, Flaschenpost etc.) aufgefächert und vertieft. Auch in der Musikauswahl sind die Familien frei. Das ist der Markt, auf dem die Kirche Akteurin ist – ob sie das will oder nicht.

hörigen vor allem darum geht, durch die eigene Musik »ein Stück Heimat [zu] erleben« und »Vertrautes in den fremden Raum Kirche zu integrieren«[101]. Diesem Aushandlungsprozess setzen sich nur noch Menschen aus, die eine starke Loyalität zu uns als Kirche aufweisen – denn die Verbindlichkeit besteht heute weniger einer Gruppe oder Tradition, sondern vor allem sich selbst gegenüber.[102] Bei Hochzeiten wird besonders deutlich, wie wenig die parochiale Logik bei Kasualien heute noch greift: Die Leute heiraten in der Regel, wo und an welchem Termin sie heiraten wollen. Und wenn sie keine Pfarrperson persönlich kennen oder diese einem nicht hinterherreisen mag, dann geraten die Paare in die Bredouille. Und dann kommen die freien Ritualbegleiter:innen auf ihr Radar, weil diese sich an vielen Orten präsentieren, wo wir selbst kaum sichtbar sind: z. B. im Internet. Hier fällt die Scham gegenüber einer Pfarrperson weg, in deren Gottesdiensten man sich sonst nicht blicken lässt; hier existiert eine zeitliche Flexibilität gegenüber dem anvisierten Hochzeitstermin, welche die als Generalist:innen arbeitenden Pfarrer:innen so oft nicht gewährleisten können;[103] hier muss man sich inhaltlich nicht »unterordnen«[104].

Auf diesem Markt wird man sich als Kirche nicht allein über den parochialen Zugangsweg behaupten können. Während viele Menschen die »Anerkennung des außeralltäglichen und die Grenzen aller Normalität sprengenden Dimension ihres Falles [erwarten]«, liegt der Pfarrperson in einer Gemeinde verständlicherweise an der »Eingliederbarkeit des Falles in die Routine des pfarramtlichen Alltagsgeschäfts«[105]. Auch regionale Tauffeste oder Baby-, Hochzeits- und Bestattungsmessen müssen stadt-

---

[101] Cäcilie Blume, Populäre Musik bei Bestattungen. Eine empirische Studie zur Bestattung als Übergangsritual, Stuttgart 2014, 71.
[102] Dorothea Lüddeckens, Neue Rituale für alle Lebenslagen. Beobachtungen zur Popularisierung des Ritualdiskurses, in: ZRGG 56 (2004), Heft 1, 37–53, 51.
[103] Laut einer empirischen Studie stehen im Durchschnitt gerade einmal sechs Prozent der pfarramtlichen Arbeitszeit für Kasualdienste zur Verfügung, vgl. Jan Hermelink/Thorsten Latzel (Hg.): Kirche empirisch. Ein Werkbuch zur vierten EKD-Erhebung über Kirchenmitgliedschaft und zu anderen empirischen Studien, Gütersloh 2008, 385.
[104] So ein Zitat einer Kundin einer freien Ritualbegleiterin bei Teresa Schweighofer, Von der Sehnsucht nach dem ganz eigenen Ritual. Wer sind die Kund*innen Freier Ritualbegleiter*innen?, in: PrTh 55 (2020), Heft 4, 212–217, 216.
[105] Christian Albrecht, Kasualtheorie. Geschichte, Bedeutung und Gestaltung kirchlicher Amtshandlungen, Tübingen 2006, 6.

bzw. gemeindeübergreifend organisiert werden. Bis Gemeinden ihre Websites und Willkommensstrategien überarbeitet und hochwertige Begrüßungsformate für Neugeborene entwickelt haben, werden weitere wertvolle Jahre verstreichen. Übergreifende Kasual-Standards bekommen wir ebenfalls so lange nicht eingeführt, wie jeder einzelne Kirchgemeinderat die Hoheit über Gottesdienst- und damit auch über Kasualfragen innehat. Landeskirchen- oder EKD-weite Kampagnen werden nichts nützen, wenn deren Versprechen vor Ort nicht verlässlich eingelöst werden (können). Es führt aus meiner Sicht kein Weg daran vorbei, sich bei der Kasualarbeit vor allem in städtisch geprägten Kirchenkreisen ergänzend aufzustellen.

7.3 Ausblick für die Zukunft

»Der Kunde ist König« – dieses Diktum hat etwas mit Adressatenorientierung zu tun. Theologisch übersetzt heißt Adressatenorientierung jedoch nichts anderes als »Nächstenliebe«. Es ist *diese* Haltung, aus der heraus wir beherzt und kreativ geistlich tätig werden können – Gott selbst bindet sich ja weder ausschließlich an einzelne Kasual- oder Gottesdienstorte noch an bestimmte Melodien, Musikstücke oder Instrumente. Wir sind keine theologischen Gutachter:innen mehr, wir sind menschliche Gastgeber:innen. Und dabei stellen wir zunehmend fest, dass Menschen heute eben mitunter verschiedene Traditionen mitbringen, wenn wir als Kirche zum Fest einladen. Der Soziologe Andreas Reckwitz hält das für ein Signum des modernen Menschen, der heute eben weniger unter der Maßgabe des »Entweder-oder« als vielmehr des »Sowohl-als-auch« lebt: »Man muss sich nicht zwischen dieser oder jener Kultur entscheiden, sondern kann problemlos kulturelle Versatzstücke [...] miteinander kombinieren. Vor dem Hintergrund des Fremden kann dann auch wieder eine partielle Rückbesinnung auf die lokale oder nationale Kultur stattfinden.«[106] So wie das spätmoderne Subjekt selbst diese Traditionen im eigenen Leben *kuratiert*, so ist es auch die Aufgabe der kirchlichen Gastgeber:innen »aus dem Dispara-

---

[106] Andreas Reckwitz, Die Gesellschaft der Singularitäten. Zum Strukturwandel der Moderne, Berlin 2017, 301.

ten ein stimmiges Ganzes [zu] machen«[107]. Anders gesprochen: Es ist *unsere* Aufgabe, das Mitgebrachte und Gewünschte sinnvoll einzubinden und das Evangelium darin zum Leuchten zu bringen. Wenn *wir* das nicht tun, dann machen es andere. Die freien Ritualbegleiter:innen warten nicht auf uns. Mit ihnen werden wir von unseren Kirchenmitgliedern jedoch verglichen – sie prüfen mit Recht, ob sie anspricht und berührt, was wir sagen und feiern.[108] Eine Kirche, in deren Umfeld die Selbstverständlichkeit der religiösen Tradierung und der klassischen Partizipationsformen schwindet, wird stärker auf diese Menschen zugehen und um ihre Sympathie werben müssen. Das ist anstrengend, aber lohnenswert – und tatsächlich alternativlos. Das zwingt uns, nicht mehr nur von einer Komm-Struktur, sondern noch mehr von einer Geh-Struktur aus zu denken: von der *Erfüllung* eines Kasualbegehrens hin zur *Motivierung* eines Kasualbegehrens.

Den geistlichen Gewinn, den wir selbst davon haben, bringt ein Diktum des verstorbenen katholischen Bischofs Klaus Hemmerle immer noch unübertroffen auf den Punkt: »Lass mich dich lernen, dein Denken und Sprechen, dein Fragen und Dasein, damit ich daran die Botschaft neu lernen kann, die ich dir zu überliefern habe.«[109] Um nicht mehr und nicht weniger geht es dabei – ernst zu machen mit dem Prinzip »Kirche im Dialog«.

---

[107] A.a.O., 295.
[108] Freie Ritualbegleiter:innen aus Österreich vermuteten im Rahmen einer Internetbefragung aus dem Jahr 2013 bei ihren Kund:innen insgesamt am häufigsten »Unzufriedenheit mit kirchlichen Angeboten«, »Entfremdung von den etablierten Kirchen« und den Wunsch nach »individueller Betreuung« bzw. die »große Gestaltungsfreiheit« als Entscheidungsgründe, vgl. Teresa Schweighofer, Individuell und einmalig – Freie Rituale in Österreich, in: Hans Gerald Hödl/ Johann Pock/Dies. (Hg.), Christliche Rituale im Wandel. Schlaglichter aus theologischer und religionswissenschaftlicher Sicht, Göttingen 2017, 143–157, 152.
[109] Klaus Hemmerle, Spielräume Gottes und der Menschen, Freiburg 1996, 329.

8. »Wenn Eltern ihre Kinder taufen« - Unbedingtes coronabedingt

Lars Hillebold

8.1 Das neue Normal

Auf den ersten Blick scheint dem Titel ein »lassen« zu fehlen. Es wäre auch nicht verwunderlich, einen Artikel darüber zu schreiben, dass es gesellschaftlich inzwischen eine sehr bewusste Entscheidung von Eltern ist, ihr Kind (nicht) taufen zu lassen. Bis in die 80er und 90er Jahre des 20. Jahrhunderts war es Teil einer volkskirchlich-gesellschaftlichen Normalbiografie, als Kind christlich getauft zu werden. Diese »Normalität« hat sich inzwischen eher ins Gegenteil gedreht. Zumindest bestimmen inzwischen vielfältige Gründe die Taufentscheidung, die in der Frömmigkeit, dem Werte- und Normensystem, anderen Motiven und auch in der Tradition liegen.[110]

Das neue »Normal« ist, als Kind *nicht* getauft zu werden, »damit es sich später einmal selbst entscheiden kann«. Für die pfarramtliche Praxis entsteht ein ambivalenter, spannungsvoller Eindruck. Die traditionell-normierte Feier nimmt zahlenmäßig deutlich ab, und die individuell-kuratierte Taufe wird mehr. Das eine führt zu geringeren Taufzahlen. Das andere zu mehr Aufwand. Im Kontext des ersten entstehen lokal-regionale Tauf-Aktionen (Tauffeste …) und auch Tauf-Kampagnen wie z. B. die EKD-Kampagne www.deinetaufe.de. Mit dem anderen sind systemisch vermutlich mindestens zwei Ambivalenzgefühle verbunden. Das eine ist, dass sich trotz erhöhtem Aufwand und deutlicher Belastung kirchlicher Mitarbeitenden und aller Gremien, die schon einer systemischen Erschöpfung gleicht, der Relevanzverlust von Kirche nicht aufhalten lässt. Die Gewissheit, dass

---

[110] Vgl. Regina Sommer, Kindertaufe – Elternverständnis und theologische Deutung, Stuttgart 2009. Sehr früh schon hat diese Monografie die gegenwärtigen mehrdimensionalen Motivlagen zur Taufe dargestellt.

deutlich mehr Faktoren dazu beitragen als der individuelle Einsatz, ist evident; und doch ist es eine emotionale Belastung, weil die Nachricht eines Austritts nicht selten einen Stich im Herzen von Pfarrer:innen und Kirchenvorständen hinterlässt. Der Verlust von Relevanz, Zustimmung und Nachfolge führt in exponentieller Art und Weise zum Verlust »normaltypischer« Biografien, die früher prägend für eine gesellschaftliche und biografische Entwicklung waren. Das zweite Spannungsmoment ist das zunehmend diskutierte Verständnis von Dienstleistung am Markt, theologischer Dienstleistung und manch deutlicher Abwehr des Begriffs.[111]

8.2 Zur Großwetterlage von Kasualie und Sakrament

Inmitten diese taufrische Großwetterlage der Kasualien hat der Verdichtungs- und Katalysatoreffekt von Corona hineingewirkt. Es entstehen pragmatische Handlungen und Haltungen, die bei genauerem Hinsehen homiletisch – wie z.B. die kurze Predigt – und liturgisch – wie z.B. der Wegfall von Bittruf/Lobpreis, Psalmen, Lesungen – nicht zwingend neu sind. Die Initiativen von Ritualagenturen und PopUp-Churches ordnen sich inhaltlich und formal in eine *passagere* Zeit und Kultur. Vergleichbare Ideen waren »von Fall zu Fall« schon vorher da, erfahren jetzt eine neue Reichweite und deren theologischen Pointen scheinen angesichts neuer Kontexte und Notwendigkeiten treffender zu wirken.

In einigen dieser Strukturen deutete sich an, dass Theorie und Theologie mit Begründungen und Ablehnungen eher im Nachhinein wirken konnten. Das mag auch intern auf manchen Relevanzverlust hindeuten, was die Wirkung und Reichweite kirchenleitender Steuerungswirklichkeit anbelangt, wie man an der Diskussion um das digitale Feiern des Abendmahls sehen konnte. Dieses war zwischen »Fastenaufruf« und »Notsituation« zunächst (un)denkbar und ist inzwischen sowohl in der Praxis als auch im Theoriediskurs deutlich weiter vorangeschritten, wie am Artikel von Jochen Arnold hier sichtbar wird.[112] Wäre die Dimension der »Notsituation« – wie sie beim Abendmahl diskutiert wurde – der vergleichbare Anknüpfungspunkt für die Situa-

---

[111] Vgl. auch oben Emilia Handke, »Der Kunde ist König«, I, 7.
[112] Vgl. oben Jochen Arnold, »Jetzt erst recht!«, I, 3.

tion, dass Eltern ihre Kinder selber taufen? Sollte insofern eine ähnliche Diskussion auch um das zweite Sakrament entstehen? Reichen die Begründungszusammenhänge oder weisen sie weiter nach vorne?

8.3 »Eltern taufen« – Ein Blick in die neue Taufagende von Kurhessen-Waldeck

In den eben beschriebenen ent-traditionalisierten, vor-coronalen Kontext von Taufentscheidungen tritt 2020/2021 die pandemische Situation mit ihren hygienischen Regelungen, Maßnahmen und Achtsamkeiten ein. Es entwickelt sich die Frage – besonders wenn Eltern die Taufe ihres Kindes nicht verschieben wollen –, wie das Kind unter Abstandsregelungen und Hygienemaßgaben von einer Pfarrperson getauft werden kann, die als Nichtmitglied der Familie sich dem Kind nicht nähern kann, sollte oder darf. Solche Situationen mögen zahlenmäßig übersichtlich geblieben sein, weil die Taufen verschoben wurden. Zum einen gilt das vermutlich auch für den Abbruch der Abendmahlsbesuchszahlen. Zum anderen zeigt sich darin aber mehr. Immerhin hat die Frage bzw. Situation der »Elterntaufe« Eingang in die – parallel mit der Pandemie und beeinflusst durch sie – entstehende, 2021 synodal verabschiedete und 2022 erschienene Taufagende der Ev. Kirche von Kurhessen-Waldeck gefunden. In der Einleitung zur Agende wirkt es eher wie ein unscheinbarer, verschwindender Tropfen, der aber doch für gewisse ökumenische Wellen gesorgt hat. Es heißt dort:

> *»Der Taufakt im engeren Sinn wird traditionell von Pfarrer*innen vollzogen. Während der Corona-Pandemie hat es sich aus hygienischen Gründen entwickelt, dass Pat*innen oder Eltern das Kind dreimal mit Wasser begießen, während die Pfarrer*innen oder Prädikant*innen die Taufformel sprechen. Auch über die Pandemie hinaus kann diese Praxis als Ausdruck des Priestertums aller Getauften angeboten werden.«*[113]

Hier wird – wie in einer Randbemerkung – bescheiden formuliert und andererseits recht machtvoll aus einer Notsituation eine Tu-

---

[113] Die Taufe, Agende III/1 der Evangelischen Kirche in Kurhesen Waldeck, Kassel 2022, 32 f.

gend gemacht. Außerdem wird der Tauf-Akt durch die Pfarrer:in bzw. das Taufamt als »traditionell« begründet, um es durch das »Priestertum aller Getauften« später zu weiten. Wäre durch diese Formulierung– ohne größere, weitere Begründung – auch das Angebot einer – letztlich auch digitalen – Taufe durch Eltern denkbar?!

Dazu ist ein weiteres Denkmuster relevant: die Familienreligiosität bzw. die »Volksfrömmigkeit«. Sie verbirgt sich in der Formulierung der kurhessischen Agende hinter dem Stichwort »Priestertum aller Getauften«. Die Familienreligiosität, die auch im Kontext des Patenamtes noch eher wenig Beachtung findet, steht für die passageren Motive des Übergangs. Die Familienthemen und entsprechende Taufpraxis zeigen sich in der Frage nach dem Wohlergehen des Kindes, wie der Taufspruchfavorit Psalm 91,11 f. erahnen lässt. Sie erinnern an Praktiken der Schadensabwehr oder der Verwendung von besonderem, eigens mitgebrachtem Wasser besonderer Quellen und Flüsse. Dass die Entscheidung der Familie einen hohen Stellenwert hat, zeigt sich im Kontext der Nottaufe nochmal besonders und theologisch öffnend bis hin zur Frage, ob »Eltern taufen«.

Kann man den Taufauftrag Mt 28,19 an »alle Jünger:innen« so verstehen, dass die Nachfolge Jesu zeichenhaft und hinreichend in der eigenen Taufe bezeugt ist, um selber zu taufen? Könnte das ein innerprotestantischer und ökumenischer Minimalkonsens sein? Können also aufgrund des Priestertums aller Getauften bzw. wenn jemand für bzw. im Namen der Kirche tauft, insbesondere getaufte Eltern ihre eigenen Kinder taufen? Wenn eine Pfarrer:in in der Nähe ist, und nur durch bestimmte Bedingungen an der Nähe zum Kind gehindert ist, können »Eltern taufen«. Entsteht nun nicht nur in der »Notsituation« wie in Coronazeiten dieser Wunsch bewusst, dann formiert sich eine Taufhandlung durch ordentlich Berufene der *Kirche* und ordentlich Berufene der *Familie* – und es geschieht gemeinsam, was ohnehin nur gemeinsam geschieht. Es mündet aber auch in eine abschließende Frage: Kann die Taufe, wenn man die theologische Tiefe der (Not-)Situation von der Not löst, letztlich auch ohne Not und Gegenwart ordentlich Berufener der Kirche geschehen? [114]

---

[114] Die Diskussion darum würde an die Bewegung anknüpfen, die unter dem Stichwort der »Volksfrömmigkeit« in der Geschichte der Taufkasualie vertraut ist. Schon die vor allem im Mittelalter die Taufe begleitenden Ängste, Sorgen und

Schließlich wäre es dann kein Zufall, dass beim Abendmahl *und* bei der Taufe die Frage nach der digitalen Version auftaucht. Die Fragen der analog-digitalen Präsenzvorstellungen, das Teilen der Gegenwart Gottes, die habituellen und die haptischen Fragen, die Raum(atmosphären), der Gemeindebezug usw. sind vertraut. Der Transfer vom »Abendmahl digital?-Gespräch« zur Frage, ob man digital taufen kann, ist naheliegend. Stimmt man dem Schritt zu, dass »Eltern taufen«, dann scheint eine digitalhybride Vernetzung mit einem:r Pfarrer:in bzw. einem Gottesdienst hier und einer Tauffamilie dort – die digital dann am gleichen Gottesdienst teilnimmt – nicht sonderlich abwegig. Der Moment des Gemeinsamen von Kirchen- und Familienauftrag ist gewahrt. Die Atmosphäre der geteilten Gottesgegenwart über Zeit und Raum hinweg scheint die digitale Welt eher zu verstärken, statt in Frage zu stellen. Der Gemeindebezug ist nicht nur gegeben, sondern auch der Weltbezug – vielleicht am Beispiel entfernt wohnender Angehöriger, die zugeschaltet werden können – spricht eine ganz eigene Sprache für den Auftrag: »Gehet hin in alle Welt!«

8.4 Ausblick

Am Beispiel der neuen kurhessischen Taufagende kann man sich fragen, ob Agenden der Zukunft nicht noch mehr Möglichkeiten von Räumen und Zeiten, liturgischer Formen und Rituale abbilden müssen. Auch im Gespräch mit »freien Rednern und Ritualen« sollten wir die pastoralen und multiprofessionellen Kompetenzen im Ritualdesign und in der Ritualbegleitung verstärken. Die kirchlichen Aspekte sind die eine, die gesellschaftsbezogenen Perspektiven der Taufe sind die zweite Relation. Die dritte Relation ist die Wahrnehmung und Deutung durch die Familienreligiosität bzw. deren Umsetzung. All dies geschieht in und mit Formen von Partizipation im Taufgottesdienst. Dieses wird dann im zweiten Teil dieses Bandes in einem Liturgieentwurf ausgeführt und anschaulicher (vgl. II, 2.5).

Hoffnungen der Menschen hatten den Charakter, die Taufe als Ritus in einer familiären Übergangssituation zu begreifen. Die hohe Säuglingssterblichkeit, die Praktiken der Schadensabwehr, die Übung der Nottaufe durch Hebammen zeigen das. Ähnlich einzuordnen ist die ab dem 17. Jahrhundert aufkommende Praxis der privaten Haustaufe, gerade in kalten Wintern bis hin zur Krankenhaustaufe im 20. Jh., die aber kirchlicherseits wegen des fehlenden Gemeindebezugs nicht mehr gefeiert wurde.

9. »Streaming«-Gottesdienste im Team gestalten – Grundsätzliches neu beleuchtet

Michael Held

9.1 Ausgangspunkt: Gemeinde als Erprobungsraum für verschiedene Gaben

Die ländliche Kirchengemeinde Nordstemmen (2650 Gemeindemitglieder) mit ihrer neugotischen Saalkirche (1862) zeichnet sich seit über 20 Jahren durch ein vielfältiges Gottesdienstprogramm aus, besonders im Bereich sog. alternativer Gottesdienstgestaltung. Die Kirche wurde deshalb mit sehr guter Ton- und Lichttechnik ausgestattet. Sie ist komplett bestuhlt, so dass eine variable Nutzung des Kirchenschiffes möglich ist. Das ist für die vielfältigen Gottesdienstformen wichtig, weil sie unterschiedliche Gemeindebeteiligung voraussetzen, die dann durch die entsprechende Bestuhlung unterstützt wird.

Die alternativen Gottesdienste werden in unterschiedlichen Teams vorbereitet: *»Gottesdienst 3/17«* (jeden 3. Sonntag um 17 Uhr), *»Kreuz und Quer«* (4mal im Jahr Samstagabend, mit Aktionen und Essen), *»ALIVE«* (4–5mal im Jahr Samstagabend, Jugendgottesdienst), *Familiengottesdienste*. Diese Teams bestehen aus 6–8 Personen, die sich in der Regel zwei oder dreimal zur Vorbereitung des Gottesdienstes treffen. Es gibt eine Theatergruppe, drei Bands und lange vor Corona schon ein Technikteam, das in fast allen Gottesdiensten zum Einsatz kommt, je nach Aufwand mit mehr oder weniger personellem Einsatz: Tontechnik (Sprache, unterschiedliche Musikstile der Bands), Lichttechnik (Atmosphäre), Beamer und Leinwand, Raumgestaltung.

Die Gottesdienstvorbereitungsteams für die o. g. alternativen Formate sind verantwortlich für die Themenfindung, die Gestaltung und Durchführung der Gottesdienste. Da in jedem Gottesdienstteam auch mindestens ein Mitglied der jeweiligen Band, der Theatergruppe und des Technikteams ist, ist die Abstimmung darüber, was benötigt wird und wer wofür verantwortlich ist relativ einfach. Aufgaben werden dann in den einzelnen Teams an weitere Personen vergeben. Jede Gottesdienstvorbereitung beginnt mit einem Feedback über den letzten Gottesdienst.

Im »*Alive*« und »*Kreuz und Quer*« werden eher aktuelle und lebensrelevante Themen für jeden Gottesdienst vom jeweiligen Vorbereitungsteam gesucht und dann gemeinsam überlegt, wie es ansprechend umgesetzt werden kann und wie ein biblischer Bezug hergestellt wird. Alle Aufgaben (Begrüßung, Gebete, Lesungen, Verkündigung) werden vom Team übernommen. In der Regel gibt es zwei Vorbereitungstreffen und ggf. weitere Absprachen in Zweierteams (z. B. für Gebete).

Die Themenfindung des »*3/17*« Gottesdienstes erfolgt halbjährig im Team in einer Sitzung und gibt eine biblisch orientierte Themenreihe für die nächsten fünf bis sechs Gottesdienste vor. Dann gibt es ein oder zwei Vorbereitungstreffen pro Gottesdienst. Auch hier werden alle Elemente des Gottesdienstes im Team verteilt. Die Bands suchen eigenständig möglichst passende Lieder zu den jeweiligen Themen aus.

9.2 »*Welcome-Home*«-Session: Gemeindehaus statt Kirche

Doch Anfang 2020 kam der erste Lockdown. Normale Gottesdienste, Gemeindeveranstaltungen und Treffen der Jugendlichen waren nicht mehr möglich. Da hatten ein paar junge Leute eine glänzende Idee: »*Wir machen uns auf den Weg zu den Menschen in ihre Häuser und warten nicht ab, bis sie wieder in kirchliche Räume kommen können*«. Die »*Welcome-Home-Session-Nordstemmen*« war geboren. Ein live-Stream-Talkformat mit live-Musik und gottesdienstlichen Elementen (Gebete und Segen) für junge Menschen. Daraus entwickelte sich in Sachen Tontechnik, Lichttechnik, Raumgestaltung ein fast professionelles Team zur Übertragung von Gottesdiensten. Den Kern bildete das in der Gemeinde bereits vorhandene Technikteam.

Nun kam die Übertragungstechnik dazu. Aus dem Stamm der ehrenamtlichen Mitarbeitenden kamen private Videokameras zum Einsatz. Diejenigen, die sie bedienten, fehlten jetzt bei anderen Aufgaben. So wurden vom Technikteam weitere junge Menschen aus ihrem Bekanntenkreis angesprochen, die sich mit ihren Kompetenzen einbrachten bzw. sich unter Anleitung die Grundkompetenzen in Ton- und Lichttechnik aneigneten. Das alles war möglich, weil Menschen die Chance gegeben wurde, sich mit ihren Ideen und Kompetenzen einzubringen und frei zu entfalten.

Vorbereitungen liefen nur noch per Zoom. Die Aufgabenstellung der Teams änderte sich. Der Gemeindesaal verwandelte sich an einem Wochenende zu einem Studio aus Palettenwänden und Sofas. Licht- und Tontechnik zogen aus der Kirche ins Gemeindehaus um und wurden mit Videotechnik ergänzt. Die Gemeinde griff sehr schnell auf »im Studio« (Gemeindesaal) vorproduzierte und dann ins Netz gestellte Gottesdienste zurück – mit großem Erfolg. Naturgemäß war die Vorbereitung dieser Gottesdienste zeit-, ressourcen- und personalintensiv, da sie nur online stattfanden. Die kleine Theatergruppe für Anspiele im Gottesdienst konnte nicht mehr präsent proben und nur mit viel Abstand auftreten. Anfangs wurde alles mit einem Handy über einen Youtube-Kanal gestreamt, später ein Server installiert. In neu angeschaffte Übertragungssoftware musste sich eingearbeitet werden.

Alle Gottesdienstelemente wurden einzeln aufgenommen und zusammengeschnitten. Sechs Sänger:innen mit Orgelbegleitung nahmen Lieder aus dem EG auf, die Gemeindebands spielten neuere Lieder passend zu ihrem Gottesdienstformat ein. Alle Aufnahmen wurden mit Einzelspuraufnahmen gemacht, so dass jedes Instrument oder jede Stimme einzeln nachbearbeitet werden konnte. Der Raumklang ist immer ein anderer als das, was draußen an den Bildschirmen ankommt. Darum wurden Redebeiträge auch mit externen Aufnahmegeräten aufgenommen und nicht mit den Kameramikrofonen. Von Stream zu Stream wurde dazugelernt und optimiert. Dieses Engagement fand eine große, positive Resonanz und zog weitere Kreise. Mitarbeiter:innen aus den Teams stellten weiteres technisches Equipment kostenlos zur Verfügung, Menschen fühlten sich angesprochen, ihre Fähigkeiten und Kompetenzen auf dem Gebiet der Videoübertragung einzubringen.

9.3 Kirche statt Gemeindehaus!

Schon nach kurzer Zeit entstand der Wunsch, Gottesdienste nicht mehr im Gemeindehaus, sondern im vertrauten Kirchenraum vorzuproduzieren und danach zu übertragen. So konnte man den Gemeindegliedern das vertraute Bild »ihrer« Kirche übermitteln. Also wurde die Übertragungstechnik auf den Kirchenraum angepasst. Anstatt mit zwei starren Kameras arbeitete man jetzt mit fünf Kameras. Mit zwei Stativkameras konnte man jetzt zoomen oder leichter schwenken, zwei Kameras hatten eine feste Bildeinstellung und eine weitere wurde frei im Raum bedient. Dazu ist allerdings eine Regie an einem Bildschirm nötig, die alle Bilder im Blick hat und u. U. über Funk Anweisungen geben kann. Bildwechsel und bewegte Bilder erhöhen den Spannungsbogen und sorgen bei einem am Bildschirm erlebten Gottesdienst für kontinuierliche Aufmerksamkeit. Das Technikteam verdoppelte sich und wuchs auf über 20 Personen an. Zusammen mit Vorbereitungsteam und Band bildeten sie einen stattlichen Teil der Gottesdienstgemeinde in späteren Coronagottesdiensten, in denen mit viel Abstand eine begrenzte Anzahl von Gemeindegliedern wieder dabei sein konnte.

9.4 Neue Wege der Kommunikation des Evangeliums

Es wurde schnell klar, dass das nicht jeden Sonntag geleistet werden kann, besonders dann nicht, als bei den Gottesdiensten wieder zu live-Veranstaltungen übergegangen wurde, die gestreamt wurden. Im Technikteam musste fast jede Aufgabe doppelt besetzt sein, um die Mitarbeitenden nicht zu überfordern. Dazu kam, dass jeder Gottesdienst zwei Stunden vor Beginn einmal komplett geprobt wurde. Alle Texte mussten vorher bei der »Regie« abgegeben werden und liefen für alle Mitwirkenden sichtbar auf einer Leinwand. Das diente zum einen als Teleprompter und zum anderen war es für die Kameraregie wichtig, um keine langen Pausen zwischen den Bildwechseln zu haben. Das Technikteam war mit Auf- und Abbau sonntags bis zu 8 Std. in der Kirche.

Als Gottesdienste mit begrenzter Anzahl von Teilnehmenden wieder möglich waren, wurde trotzdem daran festgehalten, die Gottesdienste auch zu übertragen, um anderen Gemeindemitgliedern weiter die Möglichkeit zu geben, am Bildschirm mitzufeiern. Da bedurfte es auch eines neuen Mischpults, das unterschiedliches Abmischen des Sounds erlaubt. Ebenso zweier Personen die es bedienen, eine für den Raumklang, eine für den Klang nach draußen. Allerdings nahm die große Anzahl der Mitarbeitenden schon einige Plätze in Anspruch (in Gottesdiensten in alternativer Form, manchmal über 20 Personen).

Junge Erwachsene haben die Initiative ergriffen, für Jugendliche in der Gemeinde ein ansprechendes Format zu entwickeln, das dem Gemeinschaftsaspekt zu Coronazeiten diente und den Anspruch hatte, lebensnahe Themen und geistliche Inhalte zu transportieren. Die Auswirkungen gingen über das anfangs Geplante weit hinaus und hatten positive Konsequenzen für alle Altersschichten und das ganze gottesdienstliche Geschehen der Gemeinde. Getragen von dem Grundgedanken der Mitarbeitenden, »*wir machen uns auf den Weg zu den Menschen in ihre Häuser und warten nicht ab, bis sie wieder in kirchliche Räume kommen können*«.

Die Digitalisierung ist aus unserem Leben nicht mehr wegzudenken. Social Media und Messengerdienste werden gerade unter Jugendlichen und jungen Erwachsenen stark frequentiert. Diese Kanäle zu nutzen, ein eigenes Gemeindeformat für diese Zielgruppe spontan zu entwickeln und binnen kürzester Zeit umzusetzen, lohnt sich. Ebenso lohnt es sich, diese Menschen in ihrem Engagement gewähren zu lassen und nicht durch ein Abwägen von »Für und Wider« oder lange Entscheidungsprozesse der Gemeindeleitung zu bremsen. Menschen bringen sich gemäß ihren Begabungen (vgl. 1. Korinther 12) in speziellen Zeiten ein und fördern dadurch an einer bestimmten Stelle Gemeindeleben und gottesdienstliches Handeln.

9.5 (Digitale) Teams als Gewinn für Gottesdienst und Gemeinde

Rückblickend kann man sagen, dass der Teamgeist in den Vorbereitungsgruppen gestärkt worden ist. Mit den neuen Herausforderungen wuchsen die Aufgaben und das Überdenken des eigenen Handelns. Die größte Herausforderung für Online-Formate ist, dass jeder Zuschauende bis zum Schluss gefesselt dabeibleibt. Das Zeitempfinden am Bildschirm ist anders, als in einer live-Veranstaltung. Kurzweiligkeit und Unterhaltung ist gefragt und trotzdem geistlicher Tiefgang. Bewegungen, Körpersprache und positive Ausstrahlung, die generell für alle Mitwirkenden in jedem Gottesdienst gelten sollte, erfordert für das Agieren vor der Kamera besondere Übung. Das ist eine Erkenntnis, die sich durch die Vorbereitungsteams zog. Hier einander ehrlich, wertschätzend und freundlich Rückmeldung zu geben, miteinander und aneinander zu lernen, stärkt den Teamgeist. Dies hat aber eben auch nachhaltige Wirkung für Live-Veranstaltungen, die nicht gestreamt werden: Das gottesdienstliche Agieren wird bewusster reflektiert.

Menschen, die vorher nicht im gottesdienstlichen Kontext auftauchten, sind zu Mitarbeitenden geworden. Zu sehen, wie sie sich mit Kompetenz und persönlichem Equipment (z. B. Kameras etc.) einbringen, ist eine großartige Erfahrung!

Aber es gibt auch kritische Stimmen: Ist es nötig, eine altehrwürdige Kirche mit so viel Technik auszustatten? Die Auseinandersetzung darüber fördert die innergemeindliche Diskussion darüber, *wie* das Evangelium zeitgemäß kommuniziert werden kann.

Wie kann die biblische Botschaft im Dialog mit Hörenden, Gemeinde und Gesellschaft wirksam werden? Wie hängt sie mit der räumlichen Situation zusammen? Wie mit der Atmosphäre im Gottesdienstraum oder am Bildschirm?[115]

Neben all diesen formalen und inhaltlichen Fragen stellt sich natürlich auch die Grundsatzfrage: Kann ein Gottesdienst »vorproduziert« werden, indem die einzeln aufgezeichneten gottesdienstlichen Elemente am PC zusammengesetzt und dann ausgestrahlt werden? Ist dies ein vollgültiger Gottesdienst? Für die Personen am Bildschirm wird es vermutlich eher als Gottesdienst empfunden als für die Mitarbeitenden. Die positiven Rückmeldungen derer, die in Coronazeiten Kontakte gemieden haben und sich mit ihrer Gemeinde über online-Veranstaltungen verbunden fühlten, sind nicht zu unterschätzen. Auch diese haben in den Teams dazu geführt, ihre gemeinsamen Vorbereitungen und Durchführungen als Gemeinschaftsaktion für andere zu erleben und damit am Reich Gottes mitzubauen – häufig ohne auf Zeit und Geld zu achten. Die Erfahrungen mit Gottesdiensten in der Coronazeit haben gezeigt, dass zu einem Gottesdiensterle-

---

[115] Für den Jugendgottesdienst »ALIVE« z. B. werden alle Fenster verdunkelt und große Teile der Kirche mit schwarzem Molton abgehängt, um möglichst gute Lichteffekte mit farbigem Licht erzeugen zu können, was im Gottesdienst am Sonntagvormittag nicht gemacht wird.

ben auch die Erfahrung von versammelter Gemeinde dazugehört vor Ort oder am Bildschirm.

Wir sehen:
Das Experiment, digitale Gottesdienste (vor)zuproduzieren, hat die Mitarbeitenden vor neue Herausforderungen gestellt. Fähigkeiten konnten erweitert oder neu erworben werden und die Mitarbeitenden sind als Team und als Einzelne gewachsen. Trotzdem blieb bei einigen das Gefühl nicht aus, zwar eine Veranstaltung (vor-)zu produzieren, aber nicht miteinander Gottesdienst zu feiern. Das Gefühl miteinander zu feiern, kam bei den Mitarbeitenden erst wieder richtig auf, als sich die Gemeinde wieder live im Gottesdienstraum versammelte. Physisches Beieinandersein im Gottesdienstraum ist ein anderes Gemeinschaftserleben sowohl für die am Gottesdienst Mitarbeitenden als auch für die übrige Gottesdienstgemeinde.

Unstrittig ist, dass das Bewusstsein für Qualität im gottesdienstlichen Handeln geschärft ist. Dadurch ist in den Teams ein Klima entstanden, konstruktive Kritik auszusprechen (gerade auch gegenüber Hauptamtlichen) und anzunehmen.

Die Vorbereitung und Durchführung von Gottesdiensten im Team, wo sich alle mit ihren jeweiligen Kompetenzen einbringen, ist mehr als ein bloßes Mitwirken am Gottesdienst. An dieser Stelle bedarf es auch des Freiraumes, sich ausprobieren zu dürfen. Besonders deutlich wird das bei Gebeten, die selbst formuliert werden. Es ist zweifellos mehr Arbeit, als wenn eine Person einen Gottesdienst völlig alleine vorbereitet. Aber es ist ein Stück gelebte Gemeinde. Dieses Engagement kann projektartig stattfinden und ist an keine Zeitdauer gebunden. So wird das umgesetzt, was Paulus im 1. Korintherbrief beschreibt:

Es gibt zwar verschiedene Gaben, aber es ist immer derselbe Geist. Es gibt zwar verschiedene Aufgaben, aber es ist immer derselbe Herr. Es gibt verschiedene Kräfte, aber es ist immer derselbe Gott. Er bewirkt das alles in allen Menschen. Das Wirken des Geistes zeigt sich bei jedem auf eine andere Weise. Es geht aber immer um den Nutzen für alle. (1. Korinther 12,4–7, Basisbibel 2021)

9.6 Fazit für Gottesdienste jeder Art

1. Krisenzeiten fordern heraus und bieten neue Chancen.
2. Initiativen müssen nicht unbedingt von Hauptamtlichen ausgehen: Gemeinde sollte Erprobungsraum für die Entfaltung unterschiedlicher Gaben sein.
3. Teams mit unterschiedlichsten Gaben sind ein Gewinn für die Gottesdienstkultur, den Gemeindeaufbau und die Gemeindeentwicklung.
4. Gottesdienst ist seit jeher ein Gemeinschaftserleben, deshalb sollte seine Vorbereitung mehr und mehr aus einem Team geschehen.
5. Neue Medien eröffnen neue Wege der Kommunikation des Evangeliums und erreichen andere und mehr Menschen auch in gottesdienstlichen Veranstaltungen.

10. Vom Gießkannenprinzip zur Themenorientierung – Kirchliche Kommunikation heute

Benjamin Simon-Hinkelmann

Seit Beginn der Corona-Pandemie hat sich die kirchliche Kommunikation grundlegend verändert. Innerhalb eines verhältnismäßig kurzen Zeitraums gab es auf unterschiedlichen Ebenen einen umfassenden Digitalisierungsschub, der die Öffentlichkeitsarbeit über die Zeit der Corona-Pandemie hinaus verändert. Direkt ins Auge fällt die große Zahl der Social-Media-Kanäle, die Kirchengemeinden, Kirchenkreise, kirchliche Einrichtungen und auch viele kirchliche Mitarbeitende gerade im ersten Jahr der Pandemie gestartet haben. Allein im Gebiet der Landeskirche Hannovers sind im Zeitraum von März bis Dezember 2020 über 500 neue Accounts bei Facebook, Instagram und YouTube durch kirchliche Mitarbeitende oder Organisationen dazugekommen.[116]

Auch nach Ende der Lockdowns und der Rückkehr des kirchlichen Lebens zu Präsenzveranstaltungen wurden zwei Drittel der neu entstandenen Kanäle zumindest punktuell weiter betrieben. Die Reichweite der meisten Kanäle bewegte sich unterhalb der Zahl von 500 Follower:innen. Wie auch bei den Social-Media-Kanälen der Landeskirche handelt es sich bei ihnen ganz überwiegend um kirchliche Mitarbeitende oder Menschen, die einen sehr engen Kontakt zur Kirche haben (oft über 90 %). Und gerade zu Beginn beschränkte sich die Nutzung oft auf eine Übertragung bisheriger Kommunikationsmuster auf die Social-Media-Kanäle, d. h. die produzierten Formate entsprachen oft nicht den Gewohnheiten der Social-Media-User:innen. Beispiel hierfür sind Live-Streams oder die Aufzeichnung von Gottesdiensten. Sie wa-

---

[116] Die Zahl wurde händisch ermittelt durch die Mitarbeitenden der Evangelischen Medienarbeit auf Basis von digitalen Kontakten (Erwähnungen, Kommentaren, Likes o. ä.) und gezielten Suchen mit entsprechenden Stichworten. Die reale Zahl kann aber durchaus noch höher liegen.

ren in der Länge und Gestaltung sehr nah an klassischen Präsenzgottesdiensten und entsprachen deshalb nicht den Sehgewohnheiten der großen Mehrheit der YouTube-Nutzerinnen und Nutzer. Dieses ist eine mögliche Erklärung dafür, dass die Reichweite kirchlicher Social-Media-Kanäle übersichtlich geblieben ist. Bei einer ganzen Reihe von neu entstandenen kirchlichen Social-Media-Formaten hat allerdings inzwischen ein Entwicklungsprozess begonnen, der die Angebote mehr auf die Gewohnheiten der Userinnen und User hin ausrichtet.

Auch wenn die ganz überwiegende Zahl von neuen kirchlichen Social-Media-Accounts vor allem die hochverbundenen Kirchenmitglieder erreicht und nur zu einem kleinen Prozentsatz neue Zielgruppen erschließt, ist die Arbeit im Bereich Social Media für kirchliche Einrichtungen und Mitarbeitende häufig alltäglicher Teil ihrer Öffentlichkeitsarbeit geworden. Dieses ist auch sinnvoll, da die Nutzung von Social-Media-Kanälen für die Vermittlung von Informationen, für Unterhaltung und auch für spirituelle Angebote inzwischen auch bei vielen Kirchenmitgliedern, die früher Social Media eher distanziert gegenübergestanden haben, »normal« geworden ist

Für die kirchliche Öffentlichkeitsarbeit bedeutet das, dass eine ganze Reihe von neuen Kommunikationskanälen hinzugekommen ist, die auch flächendeckend bespielt werden müssen. Dabei unterscheiden sich Social-Media-Kanäle in einem entscheidenden Punkt von einem grundlegenden Muster kirchlicher Kommunikation. Social-Media-Kanäle funktionieren so, dass sie darauf ausgerichtet sind, ihren Nutzerinnen und Nutzern möglichst exakt die Inhalte zu liefern, die deren Interessen entsprechen. Kirchliche Kommunikation orientiert sich dagegen oft an den Absender:innen: Eine Vielzahl an Informationen, die die Absenderin für relevant hält, wird möglichst breit verteilt (Gießkannenprinzip). Es liegt dann bei den Empfängerinnen und Empfängern, daraus die für sie relevanten Themen herauszufiltern.

Die Algorithmen und Datenanalysetools, die die Grundlage für die Arbeitsweise der großen Social-Media-Kanäle bilden, und die u. a. für möglichst passgenaue Werbung verwendet werden, kann man mit Recht sehr kritisch sehen. Gleichzeitig ist es aber nur schwer vorstellbar, dass kirchliche Öffentlichkeitsarbeit auf den Kanälen, die von der großen Mehrheit der Kirchenmitglieder genutzt werden, nicht präsent ist. Vielmehr geht es um eine verantwortungsbewusste und professionelle Nutzung von Social

Media. Die Veränderung der Öffentlichkeitsarbeit hin zu einer Ausrichtung auf die Themen, die für die Empfänger:innen wichtig sind, umfasst alle Kommunikationskanäle, d. h. auch Internetseiten, Newsletter, Zeitungsartikel oder Gemeindebriefe. Kommunikation in diese Richtung zu verändern, ist kein neuer Gedanke. Durch den Schub, den die digitale Kommunikation während der Corona-Pandemie erhalten hat, ist es noch alternativloser geworden, Kommunikation stärker auf Zielgruppen und deren Themen auszurichten.

Was bedeutet dieser Paradigmenwechsel konkret für kirchliche Kommunikation? Angewendet etwa auf Öffentlichkeitsarbeit für einen Gottesdienst geht es zunächst darum, Themen von Zielgruppen zu identifizieren: Welche Themen beschäftigen Konfirmandinnen und Konfirmanden? Womit setzen sich Menschen auseinander, wenn sie im Berufsleben Fuß fassen und eine Familie gründen? Was bewegt jemanden, der nach vielen Jahren der Berufstätigkeit in den Ruhestand tritt?

Wenn die Zielgruppe für einen Gottesdienst und das Thema festgelegt sind, ergeben sich daraus die geeigneten Kommunikationskanäle. Weiterhin wichtig ist es natürlich, eine gute Terminübersicht auf der Internetseite einer Kirchengemeinde zu haben. Und diese Terminübersicht sollte auch so mit Schlagwörtern hinterlegt sein, dass sie von Internetsuchmaschinen gut gefunden werden kann, da fast alle Altersgruppen Suchmaschinen für die Planung von Freizeitaktivitäten nutzen. Auch auf Facebook oder Instagram ist die Kommunikation über die Kommunikation des Evangeliums sehr gut möglich. Im Idealfall gelingt es, außer Datum und Uhrzeit auch etwas vom Thema und der Stimmung des Gottesdienstes in den Formaten, die für den jeweiligen Social-Media-Kanal typisch sind, zu transportieren. Am leichtesten gelingt die Kommunikation auf personalisierten Kanälen: Die Diakonin, der Pastor oder die Teamerin, die in ihrer Instagram-Story von den Proben für den nächsten Gottesdienst erzählt und dazu einlädt, dabei zu sein, wird i. d. R. deutlich mehr Menschen erreichen als die rein grafisch gestaltete Einladung. Da Social-Media-Kanäle in besonderer Weise von Bildern leben, sollte immer auf eine emotionalisierende Bildauswahl oder ein ansprechend gestaltetes Video oder Reel geachtet werden.

Die klassische Pressearbeit und die Veröffentlichung in Gemeindebrief und Schaukasten ist bei Gottesdiensten gerade für ältere Menschen weiterhin wichtig. Hinzu kommen digitale Verteiler in Stadtteilen oder Dörfern: In Facebook-Gruppen, digitalen Nachbarschaftsnetzwerken oder stark auf die Region hin ausgerichteten Online-Portalen können Veranstaltungen und Nachrichten platziert werden. Messenger-Gruppen listen verlässlich Termine von Vereinen, Kommune und eben auch Kirche auf.

Eine gezielte und auf einen bestimmten Kommunikationskanal hin gestaltete Öffentlichkeitsarbeit für einen Gottesdienst bringt einen nicht zu unterschätzenden Aufwand mit sich. Deshalb ist es wichtig, sich genau zu überlegen, wann das sinnvoll ist – und wann auch nicht. Für eine ganze Reihe von Gottesdiensten reicht es auch weiterhin aus, wenn sie auf der Internetseite einer Kirchengemeinde erscheinen, im Gemeindebrief, im Schaukasten und in der Gottesdienstübersicht der Tageszeitung. Wenn für einen Gottesdienst ein oder zwei Zielgruppen besonders in den Blick genommen werden, wenn er in besonderer Weise vorbereitet oder musikalisch herausragend gestaltet wird, lohnt es sich, im Vorfeld auch die gezielte Öffentlichkeitsarbeit mitzudenken.

Dabei liegt es in vielen Fällen nahe, zunächst die digitale Kommunikation in den Blick zu nehmen. Wenn ein Gottesdienst sich eher an Menschen wendet, die älter als fünfzig sind, ist die Arbeit mit Facebook ein sinnvoller Schritt: Es lohnt sich in vielen Fällen, das Veranstaltungsformat von Facebook zu wählen und hier die entsprechenden Informationen zu hinterlegen und ein Bild oder Video hinzuzufügen. Über diese Option ist es auch sehr passgenau möglich, Werbung für eine Veranstaltung wie einen Gottesdienst zu schalten. Schon mit einem niedrigen zweistelligen Betrag erscheint die Veranstaltung in den Übersichtsseiten von Facebook-Nutzerinnen und -Nutzern in einem vorher festgelegten geografischen Radius um den Veranstaltungsort.

Bei Facebook- und ebenso bei Instagram-Beiträgen sollte man außerdem darauf achten, andere Accounts, die im Idealfall eine größere Reichweite haben als der eigene Account, zu verlinken. Im Idealfall sind die Organisationen oder Personen, die verlinkt werden, direkt an der Gestaltung des Gottesdienstes beteiligt: Die Landfrauen oder die Landjugend gestalten den Erntedankgottesdienst mit, im Gottesdienst für Jugendliche ist die örtliche Jugendfeuerwehr oder der Sportverein beteiligt; das Rote Kreuz übernimmt einen Part bei der Adventsandacht im Rahmen einer Weihnachtsfeier für Seniorinnen und Senioren.

Denkbar sind auch weiterhin Printprodukte, wenn deren Einsatz aus Gründen des Ressourcenschutzes auch sehr gut überlegt werden sollte. Hilfreich ist hier, wenn es Design gibt, das auf die jeweilige Zielgruppe abgestimmt ist und immer wieder verwendet werden kann. Das ist am Anfang eventuell mit einmaligen Kosten für die Erstellung verbunden, aber Grafiker:innen vor Ort nehmen hier oft überschaubare Honorare, die aber gut angelegt sind, weil der Wirkungsgrad eines Printprodukts bei einer professionellen Gestaltung deutlich steigt. Die entsprechende Designvorlage kann dann mit kleinen Anpassungen auch für die Social-Media-Kanäle oder die Ankündigung auf der Internetseite verwendet werden.

Zum Schluss ein Plädoyer für Beauftragungen bzw. Spezialisierungen vor allem im Bereich Social Media: Mehr noch als in der klassischen Öffentlichkeitsarbeit ist es im Bereich Social Media entscheidend, dass diejenigen, die einen Instagram-Account oder eine Facebook-Seite betreiben, eine Affinität zu dem jeweiligen Medium haben. Ihnen sollte dann auch der entsprechende zeitliche Freiraum zur Verfügung stehen, um diese Arbeit gut und professionell machen zu können.

TEIL II

GOTTESDIENST NEU FEIERN
KONKRETIONEN

1. Digitale Formate – neu entwickelt

1.1 Brot & Liebe – Zoomg*ttesdienst mit Storytelling und Abendmahl samt Gedanken zum Format

Andrea Kuhla, Theresa Brückner

Votum: »fast geschafft«

was auch immer du schon geschafft hast –
oder fast
oder gar nicht

was auch immer dich schon geschafft hat –
oder fast
oder dann doch nicht:

willkommen!
so wie du bist
bist du richtig
bist du gut

G*tt ist mit dir
sieht dich
liebt dich
genau jetzt
genau hier
genau so.
amen[117]

---

[117] Andrea Kuhla inspiriert von Christina Brudereck (erster/variierender Teil) und Thomas Hirsch-Hüffell (zweiter/Willkommens-Teil).

Das ist Brot & Liebe

Brot & Liebe[118] ist ein digitaler G*ttesdienst im Zoom. Wir erzählen dort zwei bis drei echte, persönliche sowie eine biblische Geschichte aus Sicht ihres:r Protagonist:in, hören Popsongs und feiern miteinander das Abendmahl. Für die einen ist B & L Hafen und Heimat, für andere Durchreisestation und Anhaltestelle. Über diese Resonanz sind wir sehr froh, denn was wir uns bei unserem Konzept erhofft hatten, ist wahr geworden. Diese Hoffnung spiegelt sich im zweiten Teil unseres Votums wieder. Seit Pandemiebeginn heißen wir einander auf diese Weise im Zoom willkommen. Damit sagen wir: Dieser Ort ist für dich und für alles, das dich in diesem Moment ausmacht und bewegt – was auch immer das sein mag. Wir fragen weder nach konfessioneller oder parochialer Zugehörigkeit, noch nach geistlicher Vollständigkeit. Wir sind ein Ort für Menschen geworden, die in klassischen g*ttesdienstlichen Zusammenhängen vergeblich danach suchen und die sich in der Kirche manchmal fehl am Platz fühlen, weil sie mit ihrer Sprache und ihren Formen fremdeln oder hadern.

Thematische Hinführung

was, wenn das fast längst reicht
und ich lieber im Unfertigen ankomme
als vom vielen Schaffen
völlig geschafft zu sein?

ein Ton
ein Traum
ein Wort
ist heute genug
um morgen weiterzugehen.[119]

---

[118] Im Folgenden abgekürzt als B & L.
[119] Auszug aus der thematischen Hinführung von Andrea Kuhla, Instagram: @segens_sachen.

Digital und postkonfessionell

B & L wird vom evangelischen Kirchenkreis Tempelhof-Schöneberg und katholischen Kolleg:innen aus der Schweiz[120] verantwortet: zwei Länder, zwei Kirchen, ein Projekt. Die Gottesdienste finden abwechselnd statt – regulär sind jeden zweiten Sonntag im Monat die Schweizer:innen unsere Zoom-Gastgebenden, jeden letzten Sonntag im Monat die Berliner:innen. Zu besonderen Anlässen feiern wir gemeinsam G*ttesdienst – etwa vor der Sommerpause, zu Ostern oder Weihnachten. Je nach Jahreszeit und auch Anlass/Feiertag sind zwischen 50 und 150 Menschen bei uns zu Gast. Einige G*ttesdienstbesuchende kommen regelmäßig, so dass sich eine Art Kerngemeinde gebildet hat: Sie existiert außerhalb der bisher für Kirche typischen regionalen und konfessionellen Grenzen und entspricht so der postkonfessionellen Glaubens- und Lebensrealität unserer Community.

Im Kirchenkreis Tempelhof-Schöneberg, der aus 15 analogen Gemeinden besteht, wird die digitale Community um B & L darum von der Leitung auch gern als 16. Gemeinde im Kirchenkreis bezeichnet. Das G*ttesdienst-Angebot im Zoom-Format besteht damit gleichwertig neben allen analogen g*ttesdienstlichen und kirchlichen Angeboten im Kirchenkreis: Die digitale Arbeit wird hier nicht als zusätzliches, sondern als gleichwertiges Angebot in der Kirche gesehen. Sie geschieht nicht nebenbei, sondern wird als Teil von Verkündigung, aufsuchender und nachgehender Seelsorge sowie Sakramentsverwaltung ernst genommen und entsprechend mit finanziellen, personellen und zeitlichen Ressourcen ausgestattet.

Maikes Geschichte

Bei all den Wenns, bei all dem Tun und Machen wollen, bei all den Zielen, bei all den geballten, sich durch das ganze Jahr ziehenden Neujahrsvorsätzen habe ich ganz vergessen, Dinge einfach »sein« zu lassen:

Meinen Körper – sein lassen, wie er ist.
Mein Zuhause – sein lassen, wie es ist.
Meinen Glauben – sein lassen, wie er ist.

---

[120] Ansprechpartner: Meinrad Furrer, Luzern; Instagram: @meinradfurrer.

Lassen.
Zum Sein.
Zum Leben.

Ohne ständige toxische Vorsätze.
Ohne: wenn ich das geschafft habe, dann ...
Nein.

Leben. Und Lassen.
Leben im fast geschafft.
Vor allem: leben.
Jetzt.[121]

Instagram-Account als Gemeindebüro

Wir nutzen bei B & L zwar auch die klassischen kirchlichen Kanäle (Gemeindebrief, Aushang, Website). Die meisten Menschen erreichen wir aber über unseren Instagram-Account. Dort haben wir in kurzer Zeit über 1900 Follower:innen generiert: unsere digitale Gemeinde. Der Instagram-Account fungiert dabei als eine Art Gemeindebrief oder auch Gemeindebüro: In Posts und Storys machen wir auf uns und unsere G*ttesdienste aufmerksam. Über die Direktnachrichten gibt es außerdem die Möglichkeit, mit uns in Kontakt zu treten, uns Fragen zu stellen, Rückmeldung zu geben und Seelsorge in Anspruch zu nehmen. Gleichzeitig laden wir über die Partizipationsbuttons der Plattform zum Mitmachen ein und ermöglichen schon vorab eine Beteiligung am G*ttesdienst: Über den Account von @theresaliebt[122] stellen wir eine Frage, die sich am B & L-Thema und am Kirchenjahr orientiert. Die anonymisierten Antworten teilen wir später im G*ttesdienst. (Beispiel: Allerheiligen mit »Geschichten von Heiligen« – Frage bei Instagram: »Was ist dir heilig?«)

---

[121] Auszug aus der mündlich erzählten Geschichte vom »fast geschafft« von Maike Schöfer; Instagram: @ja.und.amen.

[122] Instagram-Account von Theresa Brückner, Pfarrerin für den digitalen Raum im Berliner Kirchenkreis Tempelhof-Schöneberg.

Robs Geschichte[123]

In Berlin bin ich mal den Halbmarathon gelaufen. Und ich kenne dieses Hochgefühl, in der großen Masse von Leuten zu laufen, sich tragen zu lassen.

Ich kenne auch den sogenannten toten Punkt – bei mir eher eine Reihe von Punkten im Kopf: Ist das nicht total sinnlos, so durch die Gegend zu rennen? Warum mache ich das eigentlich – so ein Quatsch!
Und dann gibt es den Zustand, wo es gelungen ist, mich darüber wegzutragen. Ich laufe einfach weiter. Es läuft einfach weiter. Ganz von selbst irgendwie.

Irgendsoetwas kennen wir alle – weil es das doch nicht nur im Sport gibt: die Energie eines Vorhabens, die toten Punkte unterwegs, und vielleicht auch, dass es irgendwann einfach läuft. Dabei ist Weiterlaufen wichtig. Und Ankommen. Oder zumindest, es zu versuchen – mit Energie und Hingabe.[124]

Am Anfang war das Lustprinzip

Die Pandemie lieferte uns ein unbeschriebenes Blatt und den Auftrag, uns in der g*ttesdienstlichen Versorgung digital aufzustellen. Bei der Konzipierung fragten wir zuerst danach, worauf wir selbst Lust hatten – wie würde ein G*ttesdienst aussehen, an dem wir selbst gern teilnehmen würden? Wir dachten nicht zuerst an eine bestimmte Zielgruppe sondern an das, was uns Freude bereitet und inspiriert und vertrauten darauf, dass unsere Leidenschaft Resonanz erzeugen würde. Und dann machten wir das einfach: Teilten Musik, das Mahl und echte, wirklich selbst so erlebte Geschichten – »von Herzen erzählt und von Herzen gehört.«[125]

Der Kern des Teams vom Beginn 2020 ist geblieben und hat sich mittlerweile durch ehrenamtlich engagierte Personen erweitert. Gerade im Blick auf alle technischen Aufgaben brauchten wir Unterstützung, so dass im B & L-Team jetzt verschiedene Menschen mit unterschiedlichen Professionen zusammenarbeiten.

---

[123] Unser Format orientiert sich an dem Storytelling-Format tenX9, das der irische, katholische Theologe, Konfliktvermittler und Dichter Pádraig Ó Tuama und der nordirische Journalist Paul Doran 2011 in Belfast gründeten (www.tenx9.com) – ein monatliches Treffen, bei dem neun Menschen ihre jeweils eigene Geschichte zu wechselnden Themen vor Publikum erzählen.
[124] Auszug aus der mündlich erzählten Geschichte vom »fast geschafft« von Rob Bauer, Instagram: @robbauerconsort.
[125] B & L-Teilnehmerin Dorothée Böcker über B & L.

Theresas Geschichte nach 5. Mose 34,4

Moses steht auf dem Gipfel.
Er sieht das versprochene Land und weiß:
Sein Weg endet hier –
kurz vor dem Ziel.

Mein Ziel war, immer das zu erreichen, was die anderen in den kommenden Wochen dann erleben werden. Und ich? Ich schaffe es nicht bis zum Ende, bis zum Ziel. Ich habe es nur fast geschafft.

Was war denn dann das Ziel in meinem Leben?
Der Weg hierher?
Mein Vorangehen?
Vielleicht hätten wir alle es nicht bis hierher geschafft,
wenn ich dieses Ziel nicht vor Augen gehabt hätte.
Vielleicht war es wichtig, dass ich voran gehe und jetzt zurücktrete.
Vielleicht sind jetzt andere dran?
Doch was hat mir dieser Weg gebracht?
Offenbar ist das hier mein Ziel.

Wie finde ich mich damit ab, dass es nicht so kommt wie ich es mir gewünscht habe? Wie finde ich Frieden mit meinem Lebensweg?[126]

Abendmahl/Brotbrechen

Unsere Erfahrung und die Rückmeldungen der Community zeigen: Digitales Abendmahl geht und das sogar sehr gut – voller Nähe, Atmosphäre und mit allen erforderlichen theologischen Bezügen.

Zuerst halten wir Fürbitte im Chat. Alle Bitten poppen dabei gleichzeitig auf – Popcorn-Gebet[127] nennen wir das. Wir sprechen gemeinsam das Vaterunser und hören dann einen Popsong. Manche wippen im Takt dazu, Kerze in der Hand und Glanz in den Augen. Manche sieht man stummgeschaltet mitsingen, andere schließen die Augen oder auch mal die Kachel und ziehen sich zurück. Dann führt Eine:r laut im Gebet thematisch zum Abendmahl hin, und wir hören in den Einsetzungsworten oder der Mahl-Erinnerung, was Jesus tat.

---

[126] Auszug aus der mündlich erzählten Geschichte vom »fast geschafft« von Theresa Brückner, Instagram: @theresaliebt.
[127] Idee: Theresa Brückner.

Hinführung zum Abendmahl

einmal, G*tt,
da hast du
alles gegeben
hast gelebt und geliebt
bis zum letzten Hemd – auch für mich

dass ich weiß:
ich fall nicht,
ich flieg,
vergeh nicht,
ich leb.

heute öffne ich dir
meine Herzenstür
hinterm Zentimeter Licht
geht die Sonne auf
und meine Fingerspitzen streifen sachte
ihren ersten Morgenglanz.

heute will ich dir glauben, G*tt:
zu meinem fast
legst du dein geschafft
und teilst mit mir dein Brot.[128]

Inklusiv und niedrigschwellig

Wenn wir die Einladung zum Abendmahl aussprechen, dann tun wir das bewusst möglichst inklusiv uns niedrigschwellig. Wer dann schmecken will, der schmeckt. Wer das nicht will, lehnt sich zurück: schaut, träumt, hört – ist einfach da. Wir essen und trinken still: Einen Krumen Brot, einen Rest aus der Weihnachtskeksdose. Doch was daraus alles werden kann: G*tt in meinem Herzen, Segen für den nächsten Schritt. Abendmahl bei B & L ist dann für jede:n etwas ganz Eigenes: Die Kacheln sind schwarz oder nicht, aber immer sind sie mit Menschen gefüllt, die zu G*tt gehören und zueinander. Und so ist es in diesem Miteinander doch für alle gleich.

---

[128] Auszug aus der Abendmahlshinführung zu »Geschichten vom ›fast geschafft‹« von Andrea Kuhla.

Einladung

sei willkommen an G*ttes Tisch
mit deiner Neugierde und deiner Sehnsucht
mit deinem Hunger nach Liebe
und deinem Durst nach Gerechtigkeit:
komm
hier ist Platz für dich
iss und trink[129]

Digitaler G*ttesdienst – hält sich das?

Beten mit der Tastatur[130], Singen im Wohnzimmer, Abendmahl am Küchentisch – wird all das auch dann noch Bestand haben, wenn die Pandemie Geschichte ist? Wir glauben: ja. Denn letztlich tun wir damit digital genau das, was wir als Kirche gemäß unserem Auftrag immer tun: Wir sprechen G*ttes Einladung aus und stellen einen Raum zur Verfügung. Bei B & L wird dieser vor allem von denjenigen genutzt, die sich am Sonntagmorgen nicht in unseren Kirchenbänken einfinden. Die meisten von ihnen sind die eher stillen (Noch-)Mitglieder. Manche gehören gar keiner oder einer anderen konfessionellen Gemeinschaft als der evangelischen oder katholischen Kirche an. Sie alle erzählen, dass sie schon lange nicht mehr in einer Kirche, beim Abendmahl oder in einem G*ttesdienst gewesen sind, weil sie sich nicht angesprochen fühlen. Und dass sie nun bei B & L etwas gefunden haben, das ihnen und ihrer Seele gut tut. Sie finden darin etwas, das zu ihnen und ihrer Lebenswirklichkeit passt: Uhrzeit, Musik, Sprache und Gemeinschaft – und manchmal schlicht die Möglichkeit, sich bei Bedarf auch mal unsichtbar machen zu können. Solange das so ist, machen wir weiter: Leben unseren Traum von einer offenen Kirche. Feiern Abendmahl im Zoom. Und nutzen die sich uns bietenden digitalen und hybriden Möglichkeiten, rauszugehen und als Kirche bei den Menschen zu sein. Wir hören ihre Geschichten und teilen Brot und Liebe.

---

[129] Andrea Kuhla für B & L.
[130] Vgl. dazu Birgit Mattauschs Tastaturgebet: https://www.michaeliskloster.de/in-zeiten-von-corona/material-zoom-gottesdienste, zuletzt aufgerufen am 13.03.2023.

1.2 Klagezeit. Hören, Schweigen, Beten in Zeiten der Pandemie – Ein Format öffentlicher Seelsorge in Leipzig[131]

Kerstin Menzel

Hinführung

»Eigentlich liegt es mir nicht, zu klagen. Ich will tun, anpacken, helfen, verändern, verbessern, vermitteln.« Torsten Junghans, Wirt der Vodkaria in der Leipziger Innenstadt, steht am Pult der Leipziger Propsteikirche und bringt zum Ausdruck, wie er diese Pandemiesituation erlebt. »Wenn man weiß, dass Gastronomie für mich nicht nur Zeitvertreib und Lebensunterhalt, sondern auch Hort des Genusses, der Begegnung, der Unterhaltung, der Problemlösung, des Spaßes und ja, auch der Seelsorge ist, wenn man das alles weiß, dann bekommt man eine Vorstellung, was einem Gastronomen zur Zeit alles fehlt. Groteskerweise besteht die einzige Aufgabe der Kneiper, Restaurantbesitzer, Bar-Inhaber, Café-Betreiber gerade darin, Kontakte zu verhindern, Gemeinschaft zu verhindern. Diese Aufgabe, Risiken, im Zweifel Krankheit und Schlimmeres von anderen abzuhalten, muss derzeit unser Dienst an der Gesellschaft sein. [...] Mir fehlen meine Gäste – für die ich da sein kann und die für mich da sind. Seelsorge ist ja keine Einbahnstraße. Mir fehlen meine Mitarbeiter und Mitarbeiterinnen, denen gegenüber ich eine Verantwortung habe. [...] Meine Leute haben sich diesen Job ausgesucht, weil sie es lieben, mit und für Menschen zu arbeiten. Für manche ist diese Arbeit wie eine Therapie – eine Therapie, die Ihnen jetzt versagt ist. Ich klage, dass ich auch für sie, meine Mitstreiter, nicht wie gewohnt da sein kann.«

Jeden Freitag am späten Nachmittag standen zwei Menschen am Pult der Propstei- oder der Peterskirche – beides große innenstadtnahe Kirchen – aus denen regelmäßig Gottesdienste live gestreamt werden, und gaben ihrer Klage Ausdruck. Eine Stadtführerin und ein Hospizkoordinator, der Leiter eines Altenheims

---

[131] Dieser Text wurde in einer ersten Version zuerst auf www.feinschwarz.net veröffentlicht (am 19.3.2021). Alle hier zitierten Websites wurden zuletzt aufgerufen am 29.12.2021.

und eine Mitarbeitende aus der Arbeit mit Geflüchteten, eine Mutter, die Homeoffice und Kinderbetreuung zusammenbringen muss, ein von Long-Covid Betroffener, eine alleinlebende Frau, eine Studentin und noch einige mehr. Sie sprachen konkret und persönlich oder berichteten von konkreten Menschen und ihrer Situation.[132]

Immer wieder war überraschend, was sie erzählen. Für den Leiter des Altenheims war die stärkste Belastung, dass seine Mitarbeiter:innen so viele Vorwürfe und so wenig Empathie erhielten. Eine südamerikanische Pfarrerin setzte Ausgangsverbote in unserem Land in ein ganz anderes Verhältnis, als sie über illegal Arbeitende in Argentinien sprach, die ohne Arbeitgeberbescheinigung nicht zur Arbeit gehen können und keinen Anspruch auf staatliche Unterstützung haben. Eine junge Frau, die ihren Mann, einen Polizisten, im Frühjahr durch Krebs verloren hatte, erzählte von der Traurigkeit, dass ihm so wenige die letzte Ehre erweisen konnten, dass da nur zehn Menschen waren, wo sonst mehr als hundert gestanden hätten.

Diese persönlichen Klagen zweier Menschen bildeten das Herzstück des gottesdienstlichen Formats, das die Kirchen der Stadt Leipzig und das Institut für Praktische Theologie an der Leipziger Theologischen Fakultät von Januar bis Karfreitag 2021 wöchentlich gefeiert haben: »*Klagezeit. Hören, Schweigen, Beten in Zeiten der Pandemie*«. Jeweils zwei Klagen bildeten die Unterschiedlichkeit des Erlebens dieser Zeit ab. Zwei Berichte kann man halten. Die Komplexität zu erfassen, braucht Zeit.

Ausgangspunkt der Klagezeit war die Beobachtung über Weihnachten 2020, dass sich viele in Kirche und Gemeinde sehr bemühten, Trost und Zuversicht zu schenken, dass es aber offenbar schwerer fiel, die eigene Ohnmacht auszuhalten und auszusprechen, dem Verstummen und der Ratlosigkeit einen Ausdruck zu geben.[133] Diese Wahrnehmung von Prof. Dr. Alexander Deeg und mir, die sich zwischen den Jahren verdichtete, wurde vom Kir-

---

[132] Alle Erfahrungsberichte sind dokumentiert auf www.klagezeit-leipzig.de.
[133] Vgl. auch Alexander Deeg, Es wird nicht mehr sein wie vorher. Überlegungen zu Gottesdienstfeiern in Zeiten der Corona-Pandemie und danach, in: Pastoraltheologie 109,9 (2020), 417–435, hier: 428f. und ders., Gottesdienst in Corona-Zeiten: Drei Variationen zum Thema Präsenz, in: Ev. Theologie 81,2 (2021), 136–151, hier: 150f. sowie Kerstin Menzel, ›Nur wer klagt, hofft‹ – Die ›Lügen der Tröster‹ in Zeiten der Pandemie, in: feinschwarz.net am 14.01.2021 (https://www.feinschwarz.net/nur-wer-klagt-hofft/).

chenbezirk und Dekanat sehr aufmerksam wahr- und aufgenommen.[134] Im Entwickeln dieses Formats haben wir noch einmal neu gelernt: In Krisen haben die Kirchen nicht nur die vielfach geforderten Deutungen, sondern auch rituelle Ausdrucksmöglichkeiten als Ressource zur Bewältigung.

Am Beginn der Andachten stand immer wieder dieser Text:
Für alles gibt es eine Zeit unter dem Himmel.
In diesen Zeiten,
in denen das Leid so zahlreiche Gesichter hat und so viele.
In diesen Zeiten,
in denen die Ratlosigkeit manchmal sprachlos macht.
Da glauben wir, ist es Zeit zu klagen.
Zeit, genau hinzuhören,
was die gegenwärtige Situation schwer macht.
Zeit, nach Ausdruck zu suchen für die Ratlosigkeit und
sich dafür die Worte der Bibel zu leihen.
Zeit, die Widersprüche und Spannungen nicht aufzulösen,
sondern sie Gott vorzuhalten.
Hören, Schweigen, Beten in Zeiten der Pandemie.
Für alles gibt es eine Zeit unter dem Himmel.
Klagezeit. Unsere Zeit steht in Gottes Händen.

Es tut Kirche gut, wenn sie genau zuhört. Wenn wir nicht immer schon wissen, worunter Menschen gegenwärtig leiden und wenn wir auch unsere liturgische Deutungshoheit abgeben. »Lebendpsalmen«, war ein Kommentar, »ungekürzt«.

Bewusst sind wir über die an die Kirchen herangetragene Forderung, der Toten zu gedenken, hinausgegangen. Krisenrituale (desaster rituals) haben immer auch die Wirkung, »Opfergruppen« zu definieren und wir wollten durch die Auswahl der Berichtenden die Vielfältigkeit und Widersprüchlichkeit des Leidens in der Pandemie im öffentlichen Diskurs halten.[135] Damit

---

[134] Vgl. auch Ulrike Wagner-Rau, Schwierige Ohnmacht, in feinschwarz.net am 26.03.2021 (https://www.feinschwarz.net/schwierige-ohnmacht/). Das Team der Klagezeit bestand aus: Propst Gregor Giele, Superintendent Sebastian Feydt, Pfarrerin Christiane Dohrn, Pfarrerin Dr. Barbara Zeitler, Pfarrer Lüder Laskowski, Pfarrer Sebastian Keller, Prof. Dr. Alexander Deeg, Dr. Kerstin Menzel sowie Propsteikantor Stephan Rommelspacher und Organistin Maria Wolfsberger, den Streaming-Teams der beiden Kirchen und vielen weiteren Beteiligten.
[135] Vgl. hierzu auch Benedikt Kranemann/Kerstin Menzel, Ein Paradigmenwechsel in der öffentlichen Trauer? Das staatliche wie kirchliche Gedenken an

war die Klagezeit ein Format öffentlicher Seelsorge in einer widersprüchlichen und spannungsreichen Situation, was durch die für uns überraschend schnell einsetzende mediale Resonanz in Stadt und Region anerkennend und klar kommuniziert wurde.[136]

Ob wir nicht auch Corona-Gegner:innen einladen sollten, fragte einmal jemand. Aber wir haben den Menschen nicht für die Repräsentation einer bestimmten Haltung Raum gegeben, sondern auf der Basis ihrer Lebenssituation. Kritisches kam da auch zur Sprache, aber in einer anderen Weise, als sie sich im aufgeheizten gesellschaftlichen Diskurs oft artikuliert. Konkret, erfahrungsbezogen. Die Klage zum Ausdruck bringen ist aber auch an sich widerständig – nicht gegenüber einer pauschal verurteilten Politik, sondern widerständig gegenüber dieser Pandemie. Klage findet sich nicht ab mit dem, was ist.

Widersprüche durften nebeneinander stehen, ohne sich gegeneinander zu wenden. Das hatte mit der Richtung des Sprechens zu tun. Beiden Berichten schloss sich eine Zeit des Schweigens an. Im Schweigen klingt die Klage nach. Im Schweigen klingt die Klage hin zu Gott. Das Schweigen widersteht dem Impuls, schon Tröstendes zu sagen, der eigenen Ohnmacht auszuweichen. Die Klage, egal ob an Gott adressiert oder rein narrativ, darf für sich stehen mit allem, was sie emotional auslöst. Der Kirchenraum, der liturgische Rahmen mit schlichten musikalischen und Gebetselementen trägt das. Wir haben auch als Theolog:innen geschwiegen und haben im Zuge der letzten Wochen auch die sparsamen Auslegungsideen noch weiter reduziert. Es blieben die wenigen Worte am Beginn (mit der Anspielung auf Pred 3 und Ps 31), sowie Psalmworte, die für sich stehen durften, als Antwort auf den Klageteil.[137] Wir sind damit in die Rolle der Begleitenden gegangen, den Raum und Rahmen für diejenigen bereitend, die

---

die Verstorbenen in der Corona-Pandemie am 18. April, in: Pastoraltheologie 110 (2021) 9, 297–318.

[136] Vgl. noch abrufbar etwa »Mit Herz und Haltung« – Akademie Podcast: Klagezeit (20.1.2021), MDR Kultur, »Klagezeit«: Warum zwei Leipziger Kirchen zum Klagen einladen (29.1.2021), Domradio, Experiment der Leipziger Kirchen in Pandemie (6.2.2021), MDR-Spezial »Lob der Klage« (5.3.2021), »Klagen ist eine Form des Machens«, Interview auf zeitzeichen.net (29.3.2021). Weitere Berichte gab es etwa in der Leipziger Volkszeitung und auf Radio PSR.

[137] Vgl. zu den Erfahrungen mit den biblischen Texten: Kerstin Menzel, Viva vox – Stimme des Lebens. Die Bibel im Kontext von Berichten über gegenwärtige Erfahrungen in Gottesdiensten, in: von Legat, Anke/Schneider, Michael (Hg.), Große Botschaft in kleinen Texten. Bibelauslegung in und durch Medien der Gegen-

von ihren Erfahrungen sprechen.[138] Unsere Deutung war weniger artikuliert als inszeniert: Wir haben die Situation als eine offene verstanden, die auch vor Gott Fragen aufwirft. Und uns Menschen als Angewiesene und Suchende, auch als Theolog:innen.

Zweimal Hören – Schweigen – Beten (Kyrie). Ein drittes Mal dann: Hören auf ein Psalmwort – Schweigen – Beten. In einer Phase betenden Schweigens konnten die Anwesenden ihre Klage auf Zetteln nach vorne tragen und in eine sich über die Zeit aufbauende Klagewand stecken. Jede Woche wurden von den öffentlich Sprechenden zwei Steine hinzugefügt. Auch über die Website oder über den Chat während des Livestreams konnte man Klagen schicken, die dann im Gottesdienst in die Wand gelegt wurden (oder öffentlich auf der Seite geteilt).

Durchführung: Klagezeit am 29.1.2022

Liturgie: *Barbara Zeitler, Alexander Deeg*
Musik: *Sarah und Friedrich Praetorius*

Musik zum Eingang | Georg Philipp Telemann, *Andante –* aus: Concerto G-Dur für Viola und Orchester

Votum und Wort zur »Zeit«

Im Namen Gottes, der uns Vater und Mutter ist,
im Namen des Sohnes von Maria geboren,
im Namen der Heiligen Geistkraft, die uns leitet,
sind wir jetzt hier.
Für alles gibt es eine Zeit unter dem Himmel.
In diesen Zeiten, in denen das Leid so viele Gesichter hat.
In diesen Zeiten,
in denen die Ratlosigkeit manchmal sprachlos macht.
Da glauben wir, ist es Zeit zu klagen.
Zeit, genau hinzuhören,
was die gegenwärtige Situation schwer macht.
Zeit, nach Ausdruck zu suchen für die Ratlosigkeit
und sich dafür die Worte der Bibel zu leihen.
Zeit, die Widersprüche und Spannungen nicht aufzulösen,

---

wartskultur, Biblische Argumente in gegenwärtigen Debatten 2, Leiden u.a. 2021, 221–230.
[138] Vgl. Kranemann/Menzel, Paradigmenwechsel, 311f.; 317.

sondern sie Gott vorzuhalten.
In der Hoffnung, dass Kraft darin liegt,
wenn wir einander zuhören.
In der Hoffnung, dass das gemeinsame Schweigen vor
Gott die Dinge schon verwandelt.
Hören, Schweigen, Beten in Zeiten der Pandemie.
Für alles gibt es eine Zeit unter dem Himmel.
Klagezeit. Unsere Zeit steht in Gottes Händen.

Begrüßung

Herzlich willkommen hier in der Propsteikirche und im Livestream. Herzlich willkommen zur »Klagezeit« am Freitagnachmittag, zu der die katholische Kirche, die evangelischen Kirchen der Stadt und die Theologische Fakultät einladen. *Vorstellung der Beteiligten*

Mit der Klagezeit eröffnen wir einen Raum, analog hier vor Ort und digital im Livestream, in dem die Not dieser Zeit mit ihren vielfältigen Gesichtern zur Sprache kommt und vor Gott kommt. Dazu hören wir zwei Berichte von Menschen, die von der Not aus ihrem Umfeld und ihrem Erleben erzählen. Beiden Berichten schließt sich eine Zeit des Schweigens an. Im Schweigen klingt die Klage nach. Im Schweigen klingt die Klage hin zu Gott. Wir schließen das Schweigen jeweils mit dem Gebetsruf »Herr, erbarme dich – Christus erbarme dich – Herr, erbarme dich« ab.

Bericht 1

Rund 40.000 Studentinnen und Studenten gibt es in Leipzig. Der erste Bericht kommt von Anika Mélix. In den Monaten der Pandemie hat sie hier studiert und ihr Studium der Theologie abgeschlossen.

Ich habe im letzten Jahr unter Corona-Bedingungen mein Studium abgeschlossen und möchte heute die Situation der Studierenden – und damit auch meine Situation in diesem Jahr – vor Gott bringen.

Ich selbst bin motiviert in das Jahr 2020 gestartet. Mein Mann wollte seine Promotion abschließen, ich mein Examen machen, dabei wollten wir berufliche Zukunftsperspektiven entwickeln und uns gegenseitig und unsere kleine Tochter im Blick behalten.

Wir wussten: Das wird viel, aber wir schaffen das. Dann kam Corona. Und aus »sportlich« wurde »unmöglich«.

Die Details kann man sich ausmalen: Fehlende Betreuung, innere Kämpfe, welche Freunde und Familienmitglieder man in dieser Situation um Unterstützung bitten kann und soll. Zuletzt geschlossene Bibliotheken und Mensen. Daneben gab es weniger Offensichtliches. Kleine Dinge, die schmerzten: Kein Kaffeetrinken mit Kommilitoninnen zwischen den stundenlangen Bibliothekseinheiten. Kein Feiern der Meilensteine auf dem Weg zum Abschluss. Überforderungstränen erschöpfter Lerngruppenmitglieder lassen sich über Zoom nicht wegwischen. Keine Umarmung zum digitalen »weiter so«.

Von meinen Kommilitoninnen und Kommilitonen höre ich viel Verzweiflung. Ein Studium in einer neuen Stadt digital aufzunehmen, ist eine unfassbar einsame Erfahrung. Neben Lern- und Prüfungsstress keine Möglichkeit für Party, Kino oder auch nur ein Glas Wein beim Spieleabend mit Freundinnen zu haben, mag im ersten Moment oberflächlich klingen, für viele war es in diesem Jahr ein existentieller Verlust. Zeitweise zu den Eltern zurückziehen zu müssen, von Selbstorganisation überfordert zu sein, das Leben auf ein WG-Zimmer eingeschränkt zu wissen, den Nebenjob zu verlieren, der das Studium finanziert, Angst vor Erkrankung und schlimmer noch: Angst vor der Verantwortung für die Erkrankung anderer zu haben – all das quält.

Und doch bleibt mir – und so höre ich es von vielen Studierenden um mich – die Klage im Hals stecken. Wir flüstern sie uns gegenseitig zu, aber sie scheint nicht groß genug, um sie nach außen, geschweige denn zu Gott zu tragen. Ich bin jung, das gesundheitliche Risiko vergleichsweise gering, meine wirtschaftliche Existenz nicht gefährdet, ich habe niemanden an die Krankheit verloren. Darf ich klagen?

Manchmal macht das Gefühl nicht klagen zu dürfen es am allerschwersten. Deshalb bin ich dankbar, für diese Klage-Zeit heute, die Raum schafft, für die leise Klage der Studierenden: Gott, ich klage zu dir! Ich klage dir den Frust, die Einsamkeit, die Langeweile, die Überforderung, den Stress, die Traurigkeit, die Sprachlosigkeit, die Rollenkonflikte, die Enge, die Angst. Gott, ich klage zu dir!

Schweigen/Stille

Gebetsruf

V: Herr, erbarme dich   *alle*: Herr, erbarme dich
V: Christus, erbarme dich   *alle*: Christus, erbarme dich
V: Herr, erbarme dich   *alle*: Herr, erbarme dich

Bericht 2

Sandra Beck verlor am 20. März 2020 ihren Lebenspartner, den Polizeihauptkommissar Christian Otto.

Frau Dr. Zeitler rief mich am Montag an und fragte, ob ich mir vorstellen könnte, im Rahmen von klagezeit-leipzig ein paar Worte über eine für mich doch sehr schwierige Situation zu verlieren. Ich fand den Gedanken hinter dem Projekt ganz interessant und so stehe ich heute hier und bin dankbar, meiner Klage heute hier in dem Rahmen Raum geben zu dürfen.

Mein Lebenspartner und Herzensmensch Christian erhielt im Sommer 2019 im Alter von 37 Jahren die Diagnose Weichteilkrebs. Trotz niederschmetternder Diagnose ließen wir nichts unversucht, um das Unmögliche möglich zu machen, denn bisher hatten wir mit unserer unendlichen Liebe immer alles geschafft. Dennoch gingen Christians Kräfte dann Mitte März vergangenen Jahres langsam zu Ende. Atmen ohne zusätzliche Sauerstoffzufuhr war nicht mehr möglich und so machte sich dann eine Einweisung in die Klinik notwendig. Das war zu einem Zeitpunkt, an dem erste Corona-Schutzmaßnahmen getroffen wurden, was bedeutete, dass unter anderem auch die Krankenhäuser Besuchsverbote aussprachen. Dennoch erhielt ich die Möglichkeit, dauerhaft in seinem Krankenzimmer zu verweilen. Lediglich seinem mittleren Bruder wurde noch die Möglichkeit eingeräumt, ihn eine Stunde am Tag besuchen zu dürfen. Innerhalb von wenigen Tagen verschlechterte sich sein Zustand dann so sehr, dass abzusehen war, dass er nicht mehr lange zu leben hat. Zu diesem Zeitpunkt dachte ich, dass jetzt die Möglichkeit bestünde, dass seine Eltern ihn wenigstens ein letztes Mal besuchen dürften, um ihn in die Arme zu nehmen oder noch ein paar liebevolle Worte an ihn zu richten. Entsetzlicherweise blieb das verwehrt. Das fühlte sich falsch an, und auch einfach unmenschlich. Die Eltern baten mich dann um einen Videoanruf, um so ihren Sohn ein letztes mal lebend sehen zu dürfen. Ein Gefühl der Beklemmung machte sich in mir breit und mir zerriss es fast das Herz. Seine Eltern, insbesondere seine Mama, weinend, zitternd, völlig verzweifelt, flehend. Wie gern hätte sie ihren Christian nochmal in die Arme genommen, über die Wange gestreichelt. Stattdessen rang sie am Telefon einfach nur nach Worten. Ich hielt wie benommen das Telefon, da Christian dazu nicht mehr in der Lage war, beschämt darüber, diesen intimen Moment und die sehr persönlich und ja nur Christian zugesprochenen und gewidmeten Worte mithören und mittragen zu müssen. Wenige Stunden nachdem seine Eltern und auch die engsten Freunde auf so eine befremdliche Art und Weise von ihm Abschied nehmen mussten, schloss mein Christian dann für immer seine Augen. Das war am 20. März 2020. Er, der jeder noch so schwierigen Situation etwas Positives abgewann, immer zuversichtlich war, immer nach vorn schaute und trotz unsagbarer Tumorschmerzen nie klagte, der mich bis zum letzten Atemzug mit seiner unendlichen Liebe erfüllte und mich zu einem besseren Menschen machte – war einfach nicht mehr da.

Nach monatelangem Hoffen und Kämpfen war da einfach nur noch Leere, Resignation, Trauer und Verzweiflung, Wut und Ohnmacht – negative Gefühle, die dann mit seiner Beerdigung einen Höhepunkt fanden. Eigentlich wären hunderte von Menschen gekommen auf den kleinen Friedhof in seinem Heimatort Hirschfeld um sich von ihm zu verabschieden: Verwandte, Bekannte, Angehörige, engste Freunde, Klassenkameraden, Kollegen, Kommilitonen, Nachbarn. Wir hätten uns in den Armen gelegen, hätten gemeinsam geweint, in Erinnerungen geschwelgt und im Nachgang seine Lieblingssongs gehört, dazu getanzt und auf ihn angestoßen, denn genauso hätte er das gewollt und genauso hatte er sich das auch gewünscht.

Aber die Realität war eine andere. Traurige Leere auf dem Friedhof, nur vereinzelte Trauergäste, Angehörige und einige seiner engsten Freunde konnte man erblicken, da aufgrund von Corona-Schutzmaßnahmen nur etwa 20 Personen der Bestattung beiwohnen durften. Am Eingang nahm das Bestattungsinstitut die Personalien der wenigen Trauergäste auf. Christians Sarg stand im Kirchenvorraum und wirkte verloren und deplatziert, direkt an der Tür. Kein Gedenkgottesdienst, keine Zeremonie im Kircheninnenraum und die eigentliche Ansprache auf ein zeitliches Minimum begrenzt. Unbehagen aller Anwesenden lag zusätzlich in der Luft. Eine Beerdigung stellt immer eine belastende Ausnahmesituation dar, aber das hier war trotz aller Bemühungen des Pfarrers und auch des Bestattungsinstituts aufgrund der

Umstände irgendwie befremdlich und kalt. Zudem nur beistehendes Zunicken mit Abstand statt tröstender Umarmungen, obwohl eine Umarmung insbesondere auch in den schweren Stunden so gut getan hätte. Sei es aus Angst vor Sanktionen bei Zuwiderhandlung gegen herrschende Corona-Auflagen oder aus Angst vor Ansteckung. Einzig der emotionale Lebensrückblick, gesprochen von Christians mittlerem Bruder, brachte Wärme. Noch bis heute dominieren einfach die Gefühle von Wut, Fassungslosigkeit, Ohnmacht, Schmerz und Verzweiflung, wenn ich an Christians letzte Lebensstunden und an seine Beerdigung denke. Und immer wieder ein Gedanke: Das hat er einfach nicht verdient, das hat keiner verdient und das war kein würdiges Abschiednehmen.

Schweigen/Stille

Gebetsruf

V: Herr, erbarme dich *alle*: Herr, erbarme dich
V: Christus erbarme dich *alle:* Christus, erbarme dich
V: Herr, erbarme dich *alle*: Herr, erbarme dich

Musik

Lesung aus Psalm 77

Ich rufe zu Gott und schreie um Hilfe,
zu Gott rufe ich, und er erhört mich.
In der Zeit meiner Not suche ich den Herrn;
meine Hand ist des Nachts ausgereckt und lässt nicht ab;
denn meine Seele will sich nicht trösten lassen.
Ich denke an Gott – und bin betrübt;
ich sinne nach – und mein Geist verzagt.
Meine Augen hältst du, dass sie wachen müssen;
ich bin so voll Unruhe, dass ich nicht reden kann. [...]

Hat Gott vergessen, gnädig zu sein,
hat er sein Erbarmen im Zorn verschlossen? [...]
Darum gedenke ich an die Taten des H̦ERRN,
ja, ich gedenke an deine früheren Wunder. [...]
Gott, dein Weg ist heilig.
Wo ist so ein mächtiger Gott, wie du, Gott, bist?

Ich rufe zu Gott und schreie um Hilfe.

Einladung zur Beteiligung und Gebet zu den Klagesteinen zu bringen

Musik

(während Gebete zu den Klagesteinen gebracht werden)

Gebet

L1: Lasst uns weiter beten:
Vielstimmig ist das Klagen und
Seufzen in diesen Tagen, Gott.

L2: Lass es dir zu Herzen gehen.

L1: Viele Gesichter spiegeln Not und
Kummer in diesen Tagen, Gott.

L2: Wende dich ihnen zu.

L1: Vielgestaltig sind Angst und Sorge in diesen Tagen, Gott.

L2: Halte mit uns aus, was wir dir hinhalten.

L1: Für die, die keine Worte finden,
für die, denen die Worte ausgehen, verbunden mit denen,
die wie wir zu Gott flehen, lasst uns beten mit den Worten,
die die Welt umspannen:

Vaterunser

Segen

Gottes Segen sei mit uns, wenn wir jetzt weitergehen:
Gott segne dich und behüte dich
Gott lasse ihr Angesicht leuchten über dir und sei dir gnädig.
Gott erhebe sein Angesicht auf dich und gebe dir Frieden.
Amen.

Musik | Franz Schubert: Adagio aus: Arpeggione-Sonate D 821
(Fassung für Viola und Klavier)

Ausblick

Unser wesentliches Signal für die Öffentlichkeitsarbeit war nicht: Ihr sollt persönlich (d. h. präsentisch) kommen. Das wäre in Zeiten der Kontaktbeschränkungen das falsche Signal gewesen. Sondern: Wir hören genau zu und wir beten für die Menschen in dieser Stadt, stellvertretend und konkret. Das tun wir in den Worten der Psalmen, in der Stille, mit einem dichten Vaterunser. Das Gebet, nicht die Verkündigung, war die Grundbewegung der Klagezeit, gemeinsam Gott das Gehörte hinhalten und vorhalten. Und die Gemeinschaft, die dabei entstand, war für viele – so hörten wir – im Raum und digital greifbar. Auch an anderen Orten entstanden Klagemauern und ähnliche Formate.

Es gibt solche Möglichkeiten, Erfahrungen zu teilen und füreinander zu beten, stets an vielen Stellen in Gemeinden. Die stadtweite ökumenische Kooperation, in der wir das getan haben, und das besondere Format hatten aber das Potential, Kirche für und mit den Menschen in dieser Zeit noch einmal anders sichtbar zu machen.[139]

Wie endet man ein solches Angebot? Über die Passionszeit wurden es in der Kirche und im Stream weniger Menschen. Der aufbrechende Frühling und die Lockerungen nach der dritten Welle veränderten die Stimmung. Es wurde Mitgliedern des Vorbereitungsteams immer wieder gesagt, dass das Angebot wichtig sei. Dennoch war unser Gefühl: Karfreitag könnte ein gutes, vielleicht vorläufiges Ende sein. Der MDR hat diese abschließende Klagezeit gestreamt und doch haben wir unsere etablierte Liturgie gefeiert, mit zwei Berichten und langem Schweigen, mit einer Vergegenwärtigung der bisherigen Berichte und Abschnitten aus der Passionsgeschichte. Wir haben am Ende die Klagen aus den Steinen entnommen und – in Anlehnung an den Umgang mit den Bitten in der Klagemauer in Jerusalem – nahe der Peterskirche vergraben. In der Propsteikirche brannte in der Osternacht das Feuer in den Ziegelsteinen der Klagemauer. In der Peterskirche steht die Klagewand noch immer. Zeichen für die Spannung zwischen der Osterhoffnung und dem Wissen um das Andauern der Pandemie.

Die Impulse für die Gestaltung von Gottesdiensten sind bereits angeklungen: genau hinhören und begleiten als liturgische Grundhaltung, stellvertretendes Gebet als Signal in die Öffentlichkeit und das Vertrauen in Raumwirkung, Bibelwort und Stille als Gestaltungsbasis. All dies ist nicht nur in Krisenzeiten relevant.

---

[139] Vgl. die Darstellung bei Wolfgang Ratzmann, Andacht verstehen und gestalten, ggg 34, Leipzig 2022, 252–256.

1.3 Zoom-Gottesdienste in Pforzheim – Tauferinnerung

Ruth Nakatenus, Esther Philipps

a) Entstehungsgeschichte

Ostermontag im ersten Lockdown – wir beiden Pfarrerinnen Ruth Nakatenus und Esther Philipps treffen uns zum Ostermontagsspaziergang auf dem Friedhof mit einem Audio-Spazier-Gottesdienst im Ohr – eines von vielen neuen Formaten, das in der Corona-Zeit entstanden ist.

Wir setzen uns auf eine Bank und seufzen gleichzeitig. Keinen einzigen der »normalen« Gottesdienste in der Kar- und Osterzeit konnten wir feiern. Die Kirchen sind geschlossen, präsentische Treffen sind gefährlich, die Unsicherheit ist groß – unsere eigene auch.

Wir vermissen das: Das Gottesdienst-Feiern. Die Vorbereitungen dazu. Die Gemeinschaft. Das war der Entstehungsfunke: Dass wir beide etwas gesucht haben, was auf ein eigenes Bedürfnis reagiert. Und dann nahm die Idee Gestalt an: Zoom-Gottesdienste! Zwei Wochen später zoomten wir zum ersten Mal.

Wir zoomten Woche für Woche, und auch als irgendwann die Kirchen wieder öffneten, zoomten wir weiter. In unserer großen Gemeinde wurden diese Gottesdienste ein fester Bestandteil. Wir verteidigten diese Gottesdienste auch gegen Widerstände (»Ihr könnt doch jetzt wieder »richtige« Gottesdienste in den Kirchen feiern...«), denn wir hatten dieses Format liebgewonnen.

In der Anfangszeit, als die Kirchen noch geschlossen waren, hatten wir manchmal 50 zugeschaltete Geräte. Hinter manchen Bildschirmen saßen 2–3 Menschen – das war eine wundervoll große Gottesdienstgemeinde. Das Aufregende war die Mischung: Von Anfang an feierten Senior:innen unserer Gemeinde mit: auch über 80-Jährige, also eine Altersgruppe, bei der man bisher gedacht hätte, man würde sie mit digitalen Angeboten ausgrenzen. Aber sie feiern mit und schreiben wie die Jungen ihre Gedanken in den Chat – das begeistert uns.

Etwas anderes entwickelt sich über die Wochen und Monate hinweg: Neben den Menschen aus unserer Friedensgemeinde feiern auch Menschen aus ganz Deutschland mit, die auf uns aufmerksam geworden sind. Wir sind eine Gottesdienstgemeinde, obwohl wir nicht an einem Ort leben und nicht in das gleiche Kirchengebäude gehen können.

Kirche ist sichtbar größer, weiter geworden für uns.

b) Gottesdienst am 6. Sonntag nach Trinitatis mit Tauferinnerung

Durch die Hinweise auf der Homepage wissen die Teilnehmenden, dass sie immer eine Kerze und eine Schnur brauchen. Diesmal kam noch ein Schälchen mit Wasser hinzu.

Musik

Kerze anzünden mit Votum

(dabei halten alle Feiernden ihre Kerze in die Kamera)

Lied | *Gott des Himmels und der Erden* (EG 445,1-2)

Gebet mit Auszügen Psalm 139

Gott, du erforschst mich
und kennst mich.
    Ich sitze oder stehe auf, so weißt du es;
    Du verstehst meine Gedanken von ferne.
Ich gehe oder liege, so bist du um mich
und siehst alle meine Wege.
Denn siehe, es ist kein Wort auf meiner Zunge,
das du, GOTT, nicht alles wüsstest.
    Von allen Seiten umgibst du mich
    und hältst deine Hand über mir.
Diese Erkenntnis ist mir zu wunderbar und zu hoch,
ich kann sie nicht begreifen.
    Wohin soll ich gehen vor deinem Geist,
    und wohin soll ich fliehen vor deinem Angesicht?
Führe ich gen Himmel, so bist du da;
bettete ich mich bei den Toten, siehe, so bist du auch da.

Nähme ich Flügel der Morgenröte
und bliebe am äußersten Meer,
so würde auch dort deine Hand mich führen
und deine Rechte mich halten.

Gebet

Lesung aus Matthäus 28,18-20

Tauferinnerung

L: »Neben mir steht ein kleines Gefäß mit Wasser.
Neben euch auch. Rein und klar ist es, unbewegt.
Wenn ich nur mit der Fingerspitze an die Oberfläche tippe, bewegt es sich, wird sichtbar lebendig.
Mit solchem Wasser wurdest du getauft – vor Jahren, Jahrzehnten. Deine Eltern, Patin oder Pate haben dich in ihren Händen gehalten. Weil sie wollten, dass das gilt für dein Leben:
Siehe, sagt Gott, ich bin bei dir alle Tage.
Was für ein Versprechen:
Keinen Tag sollst du dich alleingelassen fühlen,
keinen Weg sollst du allein gehen müssen.
Immer bin ich bei dir, sagt Gott.
Immer.
Alle Tage.
An den guten und an den schweren.
Weil wir zusammengehören,
du zu mir,
ich zu dir.
Du bist mein geliebtes Kind – und bleibst es –
bis zur Vollendung der Welt.
Und jetzt tauche deine Hand,
deine Finger ein ins Wasser.
Spüre, wie es sich bewegt.
Und erinnere dich:
Male mit dem Finger in die Handfläche ein Kreuz und sprich dazu – laut oder leise: Ich bin getauft.
Alle machen das.
Jesus sagt:
Siehe, ich bin bei euch alle Tage bis an der Welt Ende.

Gemeinsames Lied | *Wasser des Lebens* (Wo wir dich loben 209,3-4 = freiTöne 11,3-4)

Dialog-Predigt zu Matthäus 28,20

Chatimpuls

Erinnerst du dich noch ... du bist getauft.
Diese Erinnerung stärkt mich, wenn ich ...
(*Gemeinde schreibt in den Chat*, dazu Intonation zu *Wasser der Erde*, Wwdl 115)

Gebet

Gott, dass du bei uns bist, alle Tage, das will ich mir merken.
Und mich daran erinnern lassen.
Du bist Gottes geliebter Mensch.
Das will ich mir sagen lassen und anderen sagen, wenn ...
(*Chat vorlesen im Gebet, Pfarrerinnen abwechselnd*)

Lied | *Wasser der Erde* (Wwdl 115,1+4)

Vaterunser

Segen

(*Mit Schnur: Alle Feiernden halten ihre Schnur längs vor die Kamera, so dass sich das eigene Schnurende mit den Enden in den benachbarten Zoom-Kacheln verbindet – wir sind verbunden: miteinander und mit Gott.*)

Musik

c) Das Besondere und Bleibende

Digitale Rituale und Beteiligungsmöglichkeiten,
dialogische Elemente

- am Anfang gemeinsam eine Kerze anzünden, sie während des Votums in die Kamera halten und so für alle zeigen
- am Schluss beim Segen eine Schnur, einen Faden, ein Kabel waagerecht in die Kachel spannen und sich so mit den Kacheln links und rechts verbinden
- Es ist auch möglich, die Handinnenflächen seitlich an die Kacheln zu halten, als ob die Hände sich mit denen der Nachbar:innen verbinden.
- bei der Tauferinnerung: Wasserschälchen bereithalten (s. o.)
- Beim digitalen Abendmahl müssen die Teilnehmenden wissen, dass sie vorher ein Stück Brot und einen Becher mit Wein oder Saft bereitstellen.
- Nach dem Brotwort werden sie aufgefordert, ihr Brot sinnenhaft zu würdigen; genauso sollen sie nach dem Kelchwort den Inhalt ihres Bechers anschauen, betasten, riechen.

Es gibt verschiedene Stellen im Gottesdienst, wo sich die *Beteiligung über den Chat* eignet:
- am Anfang beim Dankgebet
- zwischen oder nach der Predigt, z. B. Bibeltext weiterschreiben, Bibelteilen
- bei den Fürbitten (hier ist die Wirkung des anschließenden laut Vorlesens besonders stark)
- am Schluss: Segensworte, gute Wünsche füreinander schreiben

Möglich ist auch, zu einer Frage/einem Impuls eine Wortwolke entstehen zu lassen, z. B. über *mentimeter.de* oder *answergarden.ch*.
Wir gestalten die Gottesdienste durchgehend zu zweit. Das heißt, liturgische Stücke wie z. B. das Psalmgebet oder Fürbitten, die in den Chat geschrieben wurden, haben wir im Wechsel gesprochen.
Die Entstehung der Predigt geschieht im Dialog. Und so halten wir sie dann auch.
Diese Art der gottesdienstlichen Zusammenarbeit schätzen wir sehr und versuchen, sie immer wieder auch im Analogen zu leben.

Ausblick

Im Sommer 2021 ließ das Interesse der Gottesdienstteilnehmenden nach. Unsere Gottesdienste waren nur noch für eine kleine Gemeinde attraktiv. Wir reduzierten den Rhythmus, zoomten nur noch 14-tägig, jetzt monatlich. Inzwischen achten wir besonders auf das, was sich im Digitalen besonders gut umsetzen lässt, zum Beispiel feierten wir einen Zoom-Gottesdienst an Ewigkeitssonntag: Egal wo sich Menschen befinden – sie können sich in einem Gottesdienst treffen, um gemeinsam um einen Menschen zu trauern, gemeinsam Kerzen anzuzünden und sich dabei sehen, gemeinsam Trost suchen und erfahren. Auch die Beteiligungsmöglichkeiten, die das Zoomformat bietet, pflegen wir weiter.

1.4 Von der Kachel an den Küchentisch – Kindergottesdienst per Zoom

Susanne Paetzold

a) Programmatisches

Kindergottesdienst per Zoom ereignet sich in vielerlei Weise gleichzeitig. In den Kacheln mit anderen Kindern verbunden und gleichzeitig im analogen Raum. An vielen Orten werden gleichzeitig Feierorte eingerichtet. Die Familiengeschichten und ihr Alltag schwingen mit, sichtbar für alle, wenn auch mal eine Katze durchs Bild läuft.

Im Zoomraum wird die liturgische Gestaltung moderiert, die für die Kinder an den Küchentischen gleichzeitig vollzogen und leiblich erfahrbar wird.

Dabei kommt den Kindern eine wichtige Rolle zu. Kinder sind nicht nur beteiligt, sondern gestalten die Liturgie zu Hause. Sie sind Liturg:innen in ihrer Familie. In besonderer Weise verbindet sich für sie der Gottesdienst mit ihrem Alltag.

Familienmitglieder sind da

Während das Kind vor dem Endgerät sitzt, machen Familienmitglieder vielleicht etwas ganz anderes und bleiben im Hintergrund. Kinder können sie stören und miteinbeziehen. Manche Eltern nehmen sich die Zeit und feiern mit ihrem Kind in kleinen Hausgemeinschaften. So werden in diesem Moment Gebete und Zeichen neu entdeckt und zu Ritualen im eigenen Repertoire der Familie.

Erzählungen mit Bildern und/oder Kurzfilmen

Das Format ermöglicht, biblische Geschichten mit Bildern zu erzählen. Darauf ist auf den Inhalt der Bilder zu achten. Was erzählt das Bild? Mit Sprechzeichen sind einfache Bilder schnell vorbereitet, die die eigene Erzählung stützen. Dabei gilt auch hier: Weniger ist mehr.

Im Bereich der Kurzfilme hat sich einiges entwickelt und viele Teams haben eigene Kurzfilme als Erzählung produziert. Diese Filme stehen auch nach dem Gottesdienst zur Verfügung und können in der Familie geschaut werden, wenn es ihnen in den Sinn kommt.

Lassen sich Bilder in Gesten umwandeln und die Geschichte leiblich erfahrbar machen?

Leibliche Erfahrungen führen in eine biblische Erfahrung

Das Zoomformat mit Kindern lebt vor allem von den leiblichen Erfahrungen im analogen Raum. Die Zoomliturg:in moderiert eine Handlung, die sich zuhause ereignet. Kinder können in einem vertrauten und geschützten Raum spirituelle Erfahrungen üben. Der Zoomgottesdienst mit Kindern führt in berührende Begegnungen am Küchentisch.

Was kann ich spürbar machen in der Geschichte?
Der Sturm im Wasserglas ...

Es entsteht eine besondere Dynamik, denn Erfahrungen ereignen sich individuell, an jedem Ort in anderer Weise und unterschiedlicher Intensität. Zudem werden Gegenstände des Alltags in einen neuen Kontext gesetzt und bekommen eine Bedeutung.

Offene Gesprächsatmosphäre

Im Zoomraum werden diese Erfahrungen geteilt. Diese Erfahrung regt Kinder zum theologischen Nachdenken an und führt in theologische Gespräche. In breakoutrooms kommen vertraute Mitarbeiter:innen mit den Kindern ins Gespräch. Sie sitzen zuhause auf ihrem Sofa und erzählen viel freier als in einem Stuhlkreis. Das Medium verlangt eine geordnete Gesprächsführung. Jedes Kind kommt dran, jedes Kind wird gehört. Wenn das Kind dran war, wendet es sich vielleicht anderen Dingen zu. Auch das darf sein im Gottesdienst. Das bedeutet nicht, dass das Kind innerlich nicht mehr beteiligt ist.

Spielen im digitalen Raum

Für Videokonferenzen stehen Tools zur Verfügung, die in einem Gottesdienst in Präsenz nicht unbedingt eingesetzt würden. Die Chatfunktion ist mit Kindern nur eingeschränkt zu empfehlen, da nicht alle geübt sind mit dem Computer zu schreiben, und das Endgerät nicht immer eine Tastatur hat. Mit dem Button »Reaktionen« können Kinder einfach beteiligt werden. Die Nutzung der Funktionen hat eine eigene Dynamik. Manche Kinder sind mit den Funktionen vertraut und spielen damit. Das ist eine Qualität, die Leichtigkeit in den Gottesdienst bringt. Außerdem können sie damit anderen Kindern etwas Neues zeigen und schlüpfen in die Rolle der Lehrenden. Eine Lerngemeinschaft auf Augenhöhe.

Digitale Spiele eignen sich in vielerlei Weise und sind gute Brücken, wenn im analogen Raum andere mehr Zeit brauchen.

Bewusstheit

In einer Haltung der Achtsamkeit macht sich die Zoomliturg:in bewusst, was sich alles gleichzeitig an vielen Orten ereignet. In der Bewusstheit alles zu begrüßen und zu deuten, was sich ereignet, das ist Gottesdienst.

Persönliche Einladung und Anmeldung zum
Zoomgottesdienst mit Kinderkirchentüte

In der Kinderkirchentüte sind Material, Hinweise für die Vorbereitung und eine Einladung mit dem Link zum Gottesdienst. Es ist wichtig, dass der Link nicht öffentlich zu finden ist, um Irritationen zu vermeiden. Zur Feier eines Gottesdienstes bekommt jede Familie eine Ausstattung bzw. eine Anleitung zur eigenen Gestaltung für Licht und Kreuz. Man kann Alltagsgegenstände aus der Familie miteinbeziehen, so dass die Kinder zur Vorbereitung sich selbst organisieren müssen. Die persönliche Einladung eröffnet Begegnungsräume zwischen Kindern und Mitarbeitenden, wenn die Tüten zu den Kindern kommen oder die Tüten zur Abholung bereitstehen.

Nur angemeldete Familien bekommen im Materialpaket den Link zugestellt.

Darauf kommt es an

- Bewusstmachen der Gleichzeitigkeit von digitalem Raum und dem Ort des Feierns
- Kinder feiern zu Hause und gestalten
- Gottesdienstecke einrichten: Kerze und Kreuz
- Erfahrungsmomente schaffen: sich selber spüren, z. B. Pusten, Wasser
- Körper aktivieren: schütteln vor dem Gebet
- Geschichte wird erzählt mit Bildern, z. B. Sprechzeichen vorbereiten

- Technische Begrüßung
- Spiele am Anfang und Ende
- Kinder können für den Gottesdienst etwas vorbereiten, z. B. Bilder, die eingespielt werden
- Kinder können Leseaufgaben übernehmen
- berührende Aktionen, die die Kinder mit ihren Eltern machen
- Eltern feiern mit oder werden einbezogen
- Rolle von Musik und Liedern
- Youtube-Filme können eingespielt werden

Anschreiben an die Eltern

- Gottesdienst per Zoom ist gleichzeitig Gottesdienst zu Hause
- ein Erlebnismoment für die ganze Familie
- eine biblische Geschichte wird erzählt
- ein Kreativmoment: Vielleicht brauchen die Kinder im Hintergrund ihre Unterstützung?
- ein Gebets- und Segensmoment: Beten sie mit ihren Kindern?

In der Durchführung mit dem Team

- technische Seite klären und Co-hosts einrichten
- genauen Ablaufplan verabreden, der nicht nur die Liturgie im Blick hat, sondern auch die technischen Abläufe wie Bildschirmteilen, Kinder stummschalten, Breakout-Räume erstellen, Wechsel zwischen Sprecheransicht und Galerieansicht u. a.
- Rollen festlegen: Technik, Moderation, Liturg:in, Erzähler:in, Zeitwächter:in

b) Konkretes: ein Zoom-Kindergottesdienst in der Durchführung

Vorbereitung/Utensilien

In der KinderKirchen-Tüte sind:
Holzkreuz, Kerze mit Glas, blaues Seidenpapier, Papier zum Falten, Anleitung zum Falten.
Außerdem sind nötig: eine Kanne mit Wasser und eine große Schale, evtl. ein Handtuch.

Technische Begrüßung vorab

Sprecheransicht
Spiele vorweg
gemeinsames Entdecken der Tüte
Gottesdienstplatz (»Herrgottswinkel«) einrichten

Auf den Gottesdienst einstimmen und Dinge bereithalten: große Schale, zweite Person …

Ein Glöckchen klingelt

Eröffnung und Votum

Eine:r liest

Wir sind immer noch zuhause
und doch miteinander verbunden.
Wir zünden die Kerze an.

Alle zünden eine Kerze an –
Und zeigen uns die Kerzen.

Wir feiern Gottesdienst im Namen Gottes.

Gott ist bei mir *(beide Hände aufs Herz legen)*
und überall. *(beide Hände über den Kopf nach oben und einen weiten Kreis nach außen führen)*
Wir feiern im Namen Jesu Christi.
Er hat mich lieb, so wie ich bin. *(beide Hände aufs Herz legen)*
Wir feiern im Namen des Heiligen Geistes.
Gottes Geistkraft verbindet uns. *(Handflächen an Bildschirmseiten halten)*
Amen.

Gebet

Ich bin da und du bist da und Gott ist da.
Lass das Licht deiner Liebe in unsere Herzen scheinen.
Amen.

Lied | *Einfach spitze, dass du da bist* (LH 17)

Moderation und Wasseraktion

L: Nun haltet die Schale bereit und die Kanne mit Wasser.
Hört und seht:

Eine Schale und eine Kanne mit Wasser.
Kamera auf das Wasser richten.
Eine:r gießt ganz langsam Wasser in die Schale.
Beim Gießen mit der Höhe spielen.
Kinderhände machen mit und spüren das Wasser.
Eine:r liest

Wasser ist nass und kühl. Es fließt durch die Finger.
Es läuft über, wenn ich es mit der Hand auffangen möchte.
Mit den Händen lässt sich Wasser schlecht festhalten.
Die Schale hält das Wasser fest.
Wasser ist in Bewegung. Bewegtes Wasser hat viel Kraft.
Auch Luft bringt Wasser in Bewegung.
Was spürst du? Spürst du die Kraft?
Wie leicht lässt sich Wasser bewegen?
Kannst du die Bewegung des Wassers stoppen?

Mit den Kindern darüber ins Gespräch kommen. –
Stellt die Schale zur Seite und trocknet die Hände ab.

Hört und seht. Eine Wassergeschichte aus der Bibel.

Bibel erzählen

Still lag er da, von Bergen umgeben – der See Genezareth.
Das Wasser schwappte ans Ufer.
Über den Bergen ging langsam die Sonne unter.
»Was war das für ein anstrengender Tag!«
Die Jünger saßen mit Jesus im Boot und
fuhren los ans andere Ufer.
»So geht es mir auch: Die vielen Leute mit ihren Fragen …«
»Und die vielen Worte, die Jesus sagt.«
»Zuhören und Nachdenken ist anstrengend und macht müde.«
Lange sind die Jünger noch nicht mit Jesus unterwegs. Jeden Tag erleben sie neue Dinge, hören andere Fragen und sehen die Not der Menschen. Jeden Tag folgen ihnen mehr Menschen. Manch-

mal fragten sich die Jünger: »Wer ist der?«, mit dem sie durchs Land zogen.
»Ich bin froh, dass die Sonne gleich untergeht und etwas Ruhe einkehrt.«
»Ja, Ruhe kann ich jetzt gut gebrauchen.«
»Schau mal Andreas, die anderen Fischer mit ihren Booten fahren mit uns raus.«
»Tja, sie können Jesus nicht einfach gehen lassen. Aber morgen ist auch noch ein Tag.«

Powerpoint-Folien mit Bildern – Bildschirm teilen

Während die Jünger die Segel setzten und das andere Ufer ansteuerten, legte sich Jesus auf ein Kissen und schlief ein. Die Jünger redeten noch immer über die Worte Jesu.
»Ich habe noch nie einen Menschen erlebt, der so klar von Gott redet.«
»Ja und zwar ganz anders, als wir das kennen. Ganz ohne die vielen Gesetze und alten Schriften.«
»Aber Bilder aus der Welt der Bauern und Fischer in Galiläa.« »Ja, das stimmt. Jedes Kind hatte schon einmal Körner in der Hand und hat sich gleichzeitig an den Dornen der Sträucher die Haut aufgerissen. Das Bild vom Sämann ist so einfach und wahr.«
»Es stimmt. Die Menschen brauchen in diesen Zeiten Gottes Nähe.«
»Schaut mal, es wird so schnell dunkel. Tiefschwarze Wolken ziehen auf.«
»Hoffentlich ist das nicht einer dieser plötzlichen Winde.«
»Müssen wir noch etwas sichern oder festbinden?«
Seine Frage war kaum zu hören, so laut waren Wind und Wellen. Die Wellen schlugen ins Boot hinein. Mit ihren Füßen standen die Jünger im Wasser. Sie mussten sich festhalten. Sie hatten Angst, dass mit der nächsten Welle das Boot unterging.
Und Jesus?
»Ja, Jesus liegt tatsächlich und schläft.«
»So viel Gottvertrauen hätte ich auch gerne.«
Jesus lag hinten im Boot und schlief. Sie weckten ihn und schrien in ihrer Angst gegen den Wind: »Jesus, macht es dir nichts aus, dass wir gleich untergehen?«
Jesus stand auf, bedrohte den Wind und sprach zum Meer: »Sei still!«

Da legte sich der Wind und es wurde ganz still.

Die Jünger standen da: mit zerzausten Haaren, mit breiten Beinen und den Händen an der Reling. Sie standen da und spürten: Stille. Langsam lösten sich ihre Finger, und sie richteten sich auf. Da hörten sie, wie Jesus sie fragte:

»Warum habt ihr solche Angst? Habt ihr noch immer keinen Glauben?«

Keiner von ihnen sagte ein Wort.

In ihren Herzen bewegten sie wieder die Frage: »Wer ist der?« Heute haben sie gespürt: Sogar Wind und Wellen gehorchen ihm! Wer ist der?

Instrumentalmusik zum Lied *Alle in einem Boot*

Bildschirmfreigabe beenden

Moderation zum Kreativmoment »Etwas Tun«

Ihr braucht Papier aus der Tüte!
Dokumentenkamera schwenkt auf Material

Etwas tun

Die Jünger sitzen alle in einem Boot auf dem See Genezareth.
Mit dem Seidenpapier lässt sich ein wilder See gestalten.
Jesus bedroht den Wind.
Fällt dir eine Geste ein?
Jesus schafft Stille.
Hast du schon mal eine göttliche Kraft gespürt?
Wir nehmen diesen Bogen Papier und falten ein Boot ...
Dokumentenkamera beenden

Moderation

Alle halten ihre Schiffe in die Kamera.
Impuls: Wo in der Geschichte wärst du gerne?

Instrumentalmusik

Moderation

Wir beten. Wir beten für andere.
Guter Gott,
wir denken an unser Patenkind N. N.
Auch in Indonesien (oder N. N.) gibt es Corona.
In vielen Ländern ist Krieg.
Gott, du kennst uns.
Du weißt, wie es uns geht.
Du kennst die Stürme in unserem Leben.
Deine Nähe brauchen wir.
Lass uns nicht allein.
Gemeinsam beten wir:

Vaterunser im Himmel

Segensbitte mit Bewegung

Wir bitten Gott um seinen Segen.

Gott,
lass mich wachsen im Glauben. *(Arme V-förmig nach oben)*
Nimm die Sorgen von meinen Schultern. *(Hände streichen etwas von beiden Schultern)*

Schütze meine Gedanken *(Hände bilden Dach auf dem Kopf)*

und lass mich nicht allein. *(sich mit beiden Händen in den Arm nehmen)*

Schenke mir deine Nähe. *(Hände aufs Herz legen)*
So segne mich, guter Gott. *(Hände als Schale vor sich halten)*

Amen.

Alle winken sich zu!
Tschüss und auf Wiedersehen!

Zoomraum bleibt offen für Gespräche.

2. Gottesdienste draußen

2.1 Auf dem Weg zum Stall – Begegnungen an der Outdoor-Krippe

Susanne Paetzold

Nichts geht mehr.
Doch, aber es geht ganz anders.

Krippenplatz an der St. Godehard Kirche

Hinführung

Die kirchliche Initiative »Gemeinsam in Ochtersum« hat nicht gezögert und in kürzester Zeit eine Idee in die Tat umgesetzt. In Zeiten des Lockdowns bauten ehrenamtliche Mitarbeitende einen Stall in den Stadtteil neben die ehemalige katholische Kirche. Weihnachten zum Anfassen mit Adventsmusik, Andachten und heißem Punsch, in einer Zeit, in der Weihnachtsmärkte nicht stattfanden; in einer Zeit, in der Abstand geboten war.
Die Holzfiguren gestaltete die Künstlerin Doris Karlberger.
Mit Hilfe vieler Unterstützer ist hier ein spiritueller Ort der Begegnung entstanden.
Inzwischen treffen sich das ganze Jahr hindurch Menschen, bringen hier ihre Ideen ein und teilen, was sie bewegt. Auch an Ostern sind die Erfahrungen der Krippe gegenwärtig.

Ökumenische Initiative der kath. St.-Altfrid-Gemeinde und der ev.-luth. Lukasgemeinde in Ochtersum. http://www.gemeinsam-in-ochtersum.de

a) Auf dem Weg zum Stall in der Adventszeit

Auf dem Kirchplatz oder an anderen
Plätzen im öffentlichen Raum,
etwas geschützt, stehen Figuren:
Maria, Josef, ein Hirte und ein Engel.
Sie »gehen« ihren Weg im Advent.
An Heiligabend stehen sie um das Kind
in der Krippe und wir mit ihnen.
Das Lied von Paul Gerhard »Ich steh' an
deiner Krippen hier« wird wirklich.
An den Adventssonntagen kommen
einzelne Figuren mit ihren Erfahrungen zu
Wort. Immer sonntags, wenn es dunkel
wird, sind Menschen eingeladen an diesem
Ort zusammenzukommen und ihrer
Geschichte zu begegnen.
Eine kleine Liturgie (s. u.) verbindet das
Zusammenkommen auf Abstand.
Es ist Zeit für frische Luft, für Musik,
für eigene Gedanken und Gespräche in
dieser Zeit – Zeit zum Spielen für Kinder.
Dunkelheit und Kälte erschweren das
Singen aus Liederbüchern. Kurze Lied-
strophen können schnell auswendig gelernt
werden. Alternativ singt ein kleiner Chor
die Lieder vor.
Am Morgen des Heiligen Abend sind Kinder
mit ihren Familien zu einer Weihnachts-
andacht mit Krippenspiel eingeladen.

Stumme Krippe

Denkbar ist auch, dass Texte wetterfest gestaltet sind und zur persönlichen Begegnung einladen.

Eine Outdoor-Krippe kann auch klein gestaltet sein: aus einer Palette, in einer Zinkwanne oder als Guck-Kasten am Gartenzaun. Gesehen im Viertel *Vier-Linden* in Hildesheim.

Fotos: S. Paetzold

b) Kleine Liturgie im Advent

Klang zu Beginn | Adventsmusik

Wahlweise: Flöten | Bläser | Akkordeon | Gitarre
Macht hoch die Tür (EG 1)

Lichter im Advent (Impuls-Gebet)

Zusammen sind wir hier
an der frischen Luft
und zünden Lichter an.
Mitten in unsere Dunkelheit.
Mitten in das Chaos der Welt.
Du, Gott*Ewige, schaffst das Licht:
Es leuchtet etwas auf, von deiner Liebe.
Es leuchtet etwas auf, von deiner Hoffnung.
Es leuchtet etwas auf, von deinem Frieden unter uns.
Amen.

Lieder im Advent

Ein Licht leuchtet auf in der Dunkelheit (LH 61)
Ein heller Stern hat in der Nacht (LH 62)
Ihr Kinderlein kommet (EG 43)

Begegnungen im Advent

Eine Person erzählt von ihrem Weg zur Krippe.
Welcher Moment in der Erzählung berührt Dich?

Musik

Gebet

Vaterunser

Segensbitte im Advent

Sei mit deinem Segen bei uns in dieser Zeit.
Segne unser Warten und Ungeduldigsein.
Segne unsere Vorbereitungen und Vorfreude.
Wir bitten um Segen in allem, was schwierig und
anstrengend ist in dieser Zeit.
In allem bitten wir um deinen Segen
Gott*Ewige, Sohn und Heiliger Geist. Amen

c) Vier Begegnungen im Advent: Wortimpulse zu verschiedenen Personen an der Krippe

Maria

Ich bin Maria.
Von mir wird viel erzählt.
Ganz jung, verlobt – und schon schwanger. Ja, es war genauso, wie der Engel es gesagt hatte. Ich soll ein Kind bekommen, und ich soll ihn Jesus nennen. Gott hat Großes mit ihm vor. Ich war ganz schön überrascht als der Engel plötzlich in der Küche stand.
Dieses Strahlen und seine Stimme werde ich nicht vergessen.
Ein Engel kommt – ausgerechnet zu mir.
Mit dieser Botschaft konnte ich nicht alleine bleiben. Ich habe meine Sachen gepackt und bin durch die Berge zu meiner Cousine gewandert. Elisabeth. Wir beide mit dickem Bauch. Sie erwartete auch ein Kind. Und das in ihrem Alter. Als wir uns bei der Begrüßung in den Arm nahmen, da war es, als ob sich die Kinder im Bauch auch begrüßten. Mein Kind ist regelrecht gehüpft. Und ich wusste: »Bei Gott ist kein Ding unmöglich.«
Ein Lied kam aus mir heraus. Ich konnte nicht anders, ich musste Gott loben und singen von den großartigen Dingen, die Gott mit uns vorhat. Er stößt die Mächtigen vom Thron und hebt die Kleinen, die Unbedeutenden empor. Nun sind wir unterwegs. Wir müssen nach Bethlehem.
Ja, Gott hat Großes vor.

> Bei Gott ist kein Ding unmöglich.
> *Lukas 1,37*
>
> Da sagte Maria: Siehe doch: Ich diene dem Herrn.
> Es soll an mir geschehen, was du gesagt hast.
> *Lukas 1,38*
>
> Er stößt die Machthaber vom Thron und
> hebt die Unbedeutenden empor.
> *Lukas 1,52*
>
> Aber Maria prägte sich alle diese Worte gut ein
> und bewahrte sie in ihrem Herzen.
> *Lukas 2,19*

Josef

Ich bin Josef.
Von mir wird nicht viel erzählt.
Ich bin eher eine Randfigur, ein Statist – mag der eine oder andere denken. Aber ganz so ist es nicht. Über die Schwangerschaft rede ich jetzt nicht. Das geht nur Maria und mich etwas an.
Doch eines ist klar: Ohne mich geht es nicht.
Königliches Blut fließt durch meine Adern: Ich komme aus dem Stamm des großen Königs David. Ich selbst bin Handwerker, Zimmermann. Aber sehr feinfühlig und wach.
Engel kann ich wahrnehmen. Manchmal.
Als es darum ging: Bleibst du bei Maria oder nicht?
Dableiben. Gott hat Großes vor.
Ich höre auf die leisen Stimmen und nicht auf die, die am lautesten schreien.
Im Vertrauen auf Gott.
Ich bin froh, dass ich diesen Weg gegangen bin. Jetzt geht es weiter in meine alte Heimat, dahin, wo schon Jakob seine Schafe hütete.
Jetzt geht es nach Bethlehem. Hoffentlich kommt das Kind nicht unterwegs ...

> Ihr Mann Josef hielt Gottes Gebote.
> *Matthäus 1,19*
>
> Josef wachte auf. Er tat das, was ihm der Engel des
> Herrn befohlen hatte: Er nahm seine Frau zu sich.
> *Matthäus 1,24*

Ein Engel

Gott kommt zu den Menschen. Darauf warten wir.
Und Gott teilt sich mit, denn Gott hat Boten. Diese Boten heißen Engel. Wir wissen gar nicht genau, wie sie aussehen. Die Bibel erzählt vom Engel weiß wie Schnee, von Engeln in kostbaren Gewändern und erzählt von Kämpferengeln in Rüstung mit einer ganzen Armee von Engeln.
Wir haben eine Vorstellung. (Kinder können ihre Vorstellungen äußern.)
Und wir stellen uns vor, sie sind in der himmlischen Welt, da wo Gott ist.
In der Weihnachtsgeschichte kommt der Engel Gabriel vor. Wo er ist, wird die frohe Botschaft verkündet. Er kommt zu Maria. Plötzlich ist er da und sie erschrickt. Sie wird einen Sohn bekommen und er soll Jesus heißen.
Ein anderes Mal kommt er im Schlaf und mischt sich in Josefs Träume. Am anderen Morgen erinnert sich Josef an den Traum – ja, es war eine Botschaft von Gott: Der Immanuel – Gott mit uns – kommt in die Welt. Und Josef wird Maria begleiten.
In der Heiligen Nacht singt der Engelchor den Hirten die frohe Botschaft.
Die Klarheit Gottes leuchtet! Da müssen alle erstmal die Augen schließen.
Wenn Menschen dieser Klarheit Gottes begegnen, dann erschrecken sie sich. Und es spricht die Stimme des Engels »Fürchte dich nicht!«
Die Menschen spüren, das ist Gott – das ist ganz klar. Das ist Gott!

> Der Engel trat bei ihr ein und sagte: »Sei gegrüßt!
> Gott hat dir seine Gnade geschenkt. Der Herr ist mit dir.«
> *Lukas 1,28*

> Da sagte der Engel zu ihr: »Fürchte dich nicht, Maria.
> Gott schenkt dir seine Gnade.«
> *Lukas 1,30*

> Doch im Traum erschien ihm ein Engel des Herrn.
> *Matthäus 1,20*

Die Hirten

Es war dunkle Nacht. Langsam kehrte Ruhe ein in Bethlehem.
Viele Leute zogen umher auf der Suche nach einer Herberge, auf der Suche nach einem Bett.
Hier auf dem Feld, auf den Hügeln von Bethlehem, war es ruhig.
Hier suchte keiner ein Bett.
Das Holz knisterte im Feuer, die Schafe kauten vor sich hin, in der Ferne zirpten Grillen und der Mond schien am Himmel.
Langsam kehrte Ruhe ein bei den Hirten. Sie legten ihren Stecken und Stab beiseite.
Manche lagerten sich zur Nacht und schliefen ein.
Manche blickten ins Feuer und dachten an die alten Versprechen Gottes und an die alten Geschichten von den vielen Hirten auf den Hirtenfeldern von Bethlehem.
Sie spürten: Gott war mit ihnen!
Das merkten sie hier draußen besonders, wenn sie mit ihren Schafen unterwegs waren. Sie brauchten immer wieder grüne Wiesen und frisches Wasser für die Tiere und Hilfe in der Not.
So saßen die Hirten am Feuer mit ihren Gedanken und Hoffnungen als es unruhig wird.
Plötzlich brach etwas kraftvoll über sie hinein.
Ein Klang, ein Rauschen, ein Flirren, ... etwas, das einen tiefen Eindruck machte.
Die Schafe wachten auf und blökten laut.
Die Hirten erschraken. Sie waren die ersten, die die frohe Botschaft erhielten.

> In der Gegend von Betlehem waren Hirten
> draußen auf den Feldern.
> *Lukas 2,8*

> Die Hirten liefen hin, so schnell sie konnten.
> Sie fanden Maria und Josef und das neugeborene Kind,
> das in der Futterkrippe lag.
> *Lukas 2,16*

> Die Hirten kehrten wieder zurück.
> Sie priesen und lobten Gott für das,
> was sie gehört und gesehen hatten.
> *Lukas 2,20*

2.2 »Und sie folgten dem Stern« – Gott auf der Spur

Susanne Paetzold

Im harten Lockdown bereitete das Team der Kinderkirche der Lukasgemeinde Ochtersum zum 4. Advent einen Spaziergang vor. »Endlich die Kinder mal wiedersehen«, war der erste Impuls. Eingeladen war schließlich die ganze Gemeinde, sich in der Zeit von 10:00–16:00 Uhr auf den Weg zu machen. Treff- und Zielpunkt war der Kirchplatz. Den ganzen Tag waren Teamerinnen dort bereit, Menschen zu empfangen.

*In einer Zeit, wo Verabredungen nicht möglich waren, werden die Qualität und Wirkungen von **Empfangenwerden, Gesehenwerden und gesegnet Gehen** als tiefe, berührende Grunderfahrungen neu entdeckt.*

Über 200 Menschen sind der Einladung gefolgt, darunter auch Einzelpersonen, die diesen Weg auf Abstand zutiefst als Gemeinschaftserfahrung empfunden haben. Allein unterwegs und doch aufgehoben in einer größeren Gemeinschaft, Bewegung an der frischen Luft tut gut und der geprägte Weg wollte von den Kindern entdeckt und erkundet werden.

a) Zur Idee und ihrer Realisierung: Entdeckungen auf dem Weg unterm Sternenhimmel

Nach der Idee des Spiritual Journey[140] ist hier an einen Spaziergang gedacht, bei dem die Besucher:innen auf Abstand einen Weg gehen. Sterne weisen den Weg.
Impulse, Fragen und Worte sind auf den Weg geschrieben. An Straßenlaternen hängen Bilder für Kinder oder Texte. Besucher:innen gehen den Weg eigenverantwortlich auf Abstand.
In einem festgelegten Zeitfenster sind Menschen eingeladen, den Weg als Gottesdienst zu gehen. Der Weg sollte so gestaltet sein, dass es keine Begleiter:innen braucht.

---

[140] Spiritual Journey, entwickelt von Fritz Baltruweit und Birgit Mattausch, Hildesheim/Wittenberg, 2017.

Auswahl des Weges

- Es darf ein einfacher und sicherer Weg sein – möglichst barrierefrei.
- Licht- und Wetterverhältnisse sind zu bedenken.
- Bei Schnee und Glatteis sollte man den Weg räumen bzw. mit Salz streuen.

Material vorbereiten

- goldene/gelbe schmale Papierstreifen vorbereiten
- Kinder binden sie sich zu Beginn des Weges um die Mütze als Zeichen der Weggemeinschaft mit den Weisen
- Sterne mit Botschaften beschriften und in Bäume o. ä. hängen
- Schnur, um einen Stern zu knoten (Foto)
- Material für den Weg
- Wegweiser
- Lichtgläser, um Wege zu markieren oder Gefahrenstellen sichtbar zu machen
- Straßenmalkreide in weiß oder gelb

Impulse auf dem Weg

- Matthäus 2,1–12 in Auszügen
- eigene Texte
- Liedtexte
- Bilder

Alle Impulse zum Aufhängen oder Hinstellen vorbereiten. Beispiele im Anhang. Texte laminieren, evtl. mit Holzleiste verstärken und an Laternen befestigen.

Lieder zur Auswahl

Alle Sterne zeigen nach Bethlehem
Wie schön leuchtet der Morgenstern (EG 70)
Stern über Bethlehem (EG 544)
Ein Licht geht uns auf in der Dunkelheit (LH 61)
Die Nacht ist vorgedrungen (EG 16)
O komm, o komm, du Morgenstern (EG 19)
Wisst ihr noch, wie es geschehen (EG 52)
Du Morgenstern, du Licht vom Licht (EG 74)
Ich steh an deiner Krippen hier (EG 37)

b) Impulse zur Durchführung

Empfangen werden

Willkommen auf dem Weg zur Krippe!
Wir sind Gott auf der Spur.
Wir lassen uns führen und folgen dem Stern.
Mit Abstand. Abstand schützt und das tut gut.
Trotz des Abstands sind wir mit Gott und
miteinander verbunden.
Gott mit euch!

Gesehen werden – Bibel erleben

Im Advent heißt es: Machet die Türen auf und
die Herzen weit …
Und das gilt auch heute noch: Macht die Herzen weit.
Wir machen uns auf den Weg wie die drei Weisen.
Weggemeinschaft mit den Weisen – gemeinsam unterwegs.
Zugänge, Tempo und Entdeckungen mögen verschieden sein.
Lass hier, was dich beschwert.
Achte auf den Weg.
Lass dich führen.
Halte deine Augen auf.
Folge dem Stern.
Auf dem Weg begegnen dir
Worte und Fragen,
Bilder und Impulse,
Inspirationen und Spielereien
und Natur.

Gesegnet gehen

Gott segne dich und bewahre dich.
Auf deinem Weg lasse Gott sein Angesicht über dir leuchten
und sei dir gnädig.
Gott gebe sein Licht in dein Herz und schenke dir Frieden.
Nach 4. Mose 6, 24–26 (Aaronitischer Segen)

Gebet an der Krippe

Gott ich komme zu dir, so wie ich bin.
Mit meinen Fragen und mit meinen Hoffnungen.
Ich steh an deiner Krippe!
Staune.
Bete.
Verwandle mich.

Vaterunser

Zeichen der Weggemeinschaft

Jede:r konnte am Schluss des Weges Material für einen Stern mitnehmen.
Sterne hängen in den Wohnungen als sichtbare Zeichen der Weggemeinschaft.

2.3 Gott lässt wachsen – Ein Kindergottesdienst auf dem Feld

Susanne Paetzold

a) Hinführung

Kindergottesdienst feierten wir in der Pandemie an ungewöhnlichen Orten. »Gott lässt wachsen« wird nach draußen an ein Feld verlegt. Kinder erleben so unmittelbar den Bibeltext in der Natur.

Kinder kennen das Wachsen am eigenen Leib und damit verbunden die Freude am Größerwerden. Nach den großen Ferien ist das besonders sichtbar. So wie Kinder wachsen, so wie Pflanzen wachsen, so lässt Gott Glauben wachsen. Wenn wir unsere Herzen öffnen, wächst die frohe Botschaft Jesu in uns und unter den Menschen.

Der Gottesdienst kann auch im Pfarrgarten oder auf einer nahen Wiese gefeiert werden.

Material für die Liturgie

Eine Picknickdecke pro Familie/Gruppe, Tuch, Bibel, eine Schnur, Klanghölzer

Material für die Erzählung

Gartenschere zum Schneiden von Ähren; Ähren und Samenkörner, falls die Felder schon gemäht sind.

Material für die ästhetische Vertiefung

Klemmbretter, Papier, Pinsel, Farbe, Wasser, Glas und Küchenpapier
Mit einem Bollerwagen lässt sich das Material transportieren. Die Kinder werden beteiligt.

b) Gottesdienst in der Durchführung

Ankommen

L: Sucht einen Platz für die Decke mit einem guten Untergrund.
Steine, Stöcke und alles was unter der Decke stört,
legt sie einfach zur Seite.
Wir breiten unsere Decken aus – mit Abstand.
Wir sind an einem ungewöhnlichen Ort und
feiern Gottesdienst.
Wir suchen einen Ort, an dem wir Gott ein Zeichen geben.

Kinder suchen einen Platz für Tuch und Bibel.

Ein Zeichen fehlt noch: das Kreuz.
Wir suchen zwei Stöcker,
die wir zu einem Kreuz binden können.

Kinder suchen, binden mit der Schnur Stöcke zum Kreuz und richten es neben der Bibel auf.

Eröffnung

L: Wir feiern Gottesdienst. *Tuch hinlegen*
Gott kommt zu uns – in seinem Wort. *Bibel aufschlagen*
Gott kommt zu uns – in Jesus, seinem Sohn. *Kreuz aufstellen*
Gott ist mitten unter uns –
mit seinem Geist. *Klanghölzer schlagen*
Du bist da, und Gott ist da.
Wir feiern Gottesdienst im Feld, auf der Wiese,
im Pfarrgarten …
in seinem Namen und freuen uns, dass er bei uns ist.
Amen.

Lied: Alles muss klein beginnen,
Hände reiben
lass etwas Zeit verrinnen.
Finger schnipsen
Es muss nur Kraft gewinnen.
Klatschen
Und endlich ist es groß.
Fuß stampfen

(Gerhard Schöne: Das Kindergesangbuch, 46)

Lausch-Gebet nach Psalm 71 mit zwei Sprecher:innen

I   Wir wollen beten und stellen uns neben unsere Decke.

Alle stehen auf, finden einen Standort.

II In den Kehrvers mit Bewegung stimmen alle ein.
I   Wir werden still und hören.
II HERR, *Arme öffnen und nach oben richten*
    ich traue auf dich. *Hände vor der Brust kreuzen*
    Neige deine Ohren zu mir *Hände hinter die Ohren halten*
    und hilf mir. *Hände wie eine Schale halten und empfangen*

Psalm 71,1a.2b

I   Wir sind still. Atem kommt. Atem geht.
II HERR, *Arme öffnen und nach oben richten*
    ich traue auf dich. *Hände vor der Brust kreuzen*
    Neige deine Ohren zu mir *Hände hinter die Ohren halten*
    und hilf mir. *Hände wie eine Schale halten und empfangen.*

I   Wir sind still und lauschen.
    Lauschen auf die Welt um uns herum.
II *siehe oben*
I   Wir sind still und lauschen auf den Klang deiner Schöpfung.
II *siehe oben*
I   Wir sind still und stehen mit beiden Füßen
    mitten in deiner Schöpfung.
    Ich bin da und du bist da.
II *siehe oben*
I   Wir sind still und spüren.
II *siehe oben*
    Amen. *Hände an die Brust legen und einen Moment verweilen*

Lied (Kanon) LH 25

Gib uns Ohren, die hören und Augen, die sehn
und ein weites Herz, andre zu verstehn.
Gott, gib uns Mut, unsre Wege zu gehn.

Bibel erzählen

Vielleicht hatte Jesus eine Ähre in der Hand, als er zu den vielen Leuten redete.
Jesus zog mit seinen Jüngern und Freundinnen von Dorf zu Dorf. Überall wo Jesus hinkam, erzählte er von Gottes Reich, heilte Kranke und tat Wunder. Seine Worte und Taten machten Menschen neugierig. Manche hatten lange auf diese Worte gewartet. Es sprach sich rum, dass Jesus in der Gegend unterwegs war, und so waren Leute aus der Stadt gekommen, um ihn zu hören.
Ja, vielleicht hatte Jesus eine Ähre in der Hand, als er zu ihnen redete.
Jesus erzählte vom Landleben. Jeder von ihnen kannte einen Bauern, der mit einem Tuch voller Saat vor dem Bauch übers Feld lief und diese große Bewegung machte. In der einen Hand hielt er das Tuch, und mit der anderen Hand warf er im hohen Bogen Samenkörner durch die Luft. Dieses Bild hatten sie im Kopf als Jesus erzählte:
»Ein Bauer ging aufs Feld, um seine Saat auszusäen.
Während er die Körner auswarf, fiel ein Teil davon auf den Weg. Die Körner wurden zertreten, und die Vögel pickten sie auf. Ein anderer Teil fiel auf felsigen Boden.
Die Körner gingen auf und vertrockneten sofort wieder, weil sie keine Feuchtigkeit hatten.
Ein weiterer Teil fiel zwischen Disteln. Die Disteln gingen mit auf und erstickten die junge Saat. Aber ein anderer Teil fiel auf guten Boden.
Die Körner gingen auf und brachten sofort hundertfache Frucht. Wer Ohren zum Hören hat, soll gut zuhören.« *Basisbibel*
Die Leute tuschelten untereinander: Was meint Jesus?

»Jesus, was bedeutet dieses Gleichnis?«, rief einer der Jünger. In diesem Moment wurde es still. Jesus nahm seine Jüngerinnen und Jünger und alle anderen mit auf seine Gedankenreise, und alle hörten zu.
»Ihr Jüngerinnen und Jünger, ihr kennt das Geheimnis vom Reich Gottes. Aber nicht alle werden es verstehen. Sie sehen und hören die gleichen Worte und verstehen es doch nicht.
Der Same ist das Wort Gottes.
Was auf den Weg fällt, steht für die Menschen, die das Wort hören. Aber die Worte erreichen nicht ihre Herzen. Sie glauben nicht und werden nicht gerettet.

Der Same, der auf felsigen Boden fällt, steht für die Menschen, die das Wort hören und gleich mit Freude aufnehmen. Der Same bildet keine Wurzeln.
Sie glauben eine Zeit lang. Doch sobald sie auf die Probe gestellt werden, wenden sie sich davon ab und ihre Begeisterung verfliegt.
Der Same, der zwischen Disteln fällt, steht für die Menschen, die das Wort hören. Die Disteln breiten sich aus und lassen keinen Platz zum Wachsen. Diese Menschen ersticken in Sorgen, Reichtum und den Freuden, die das Leben bietet. Sie bringen keine Frucht.
Der Same, der auf guten Boden fällt, steht für die Menschen, die das Wort mit offenem Herzen hören. Sie bewahren es und halten durch – und so bringen sie reiche Frucht.«
Die Leute blieben nachdenklich zurück. Jeder war mit seinen Gedanken beschäftigt.
Wie ist das bei mir?
Ich sitze hier mit der Ähre in der Hand und puhle die Samenkörner aus ihrer Hülle.
Ich kenne die Gesetze Gottes: »Liebt eure Feinde, seid barmherzig, kümmert euch um die Armen und Kranken, selig sind ...«
Ich kenne die Worte, ich bin begeistert, aber handele ich auch so?
Wie ist das bei dir?
Kennst du Worte von Gott, Worte von Jesus?
Wenn wir so handeln: Liebt eure Feinde, seid barmherzig, kümmert euch um die Armen und Kranken, vergesst die Einsamen nicht ..., wenn wir handeln mit der Liebe Gottes in unseren Herzen, dann spüren wir etwas vom Frieden Gottes in unserer Welt, dann wächst Frieden. Dann wächst das Reich Gottes. Gott will ein gutes Leben für uns, ganz ohne Sorge, in Frieden und Liebe.
Ja, die Worte und Taten Jesu machen Menschen neugierig.
Manche spüren Gottes Kraft in ihren Herzen.
»Wer Ohren hat zu hören, der höre!«, sagt Jesus.
Welcher Hörer bist du?

Bibel erleben

Wir fokussieren mit dem Herzen. Jede Familieninsel bekommt ein festes Blatt Papier DIN A4 mit einem Herz-Loch. Wir spüren dem Gleichnis nach. Samenkörner im weiten Bogen durch die Luft werfen. Wir schauen durch die Herzkarte, wo der Same gelandet ist.
Samen fallen an den Weg und werden zertreten ...
wie sieht das aus?
Samen fallen auf steinigen Boden ... wie sieht das aus?
Samen fallen zwischen Disteln ... wie sieht das aus?
Samen fallen auf fruchtbaren Boden ... wie sieht das aus?
Was geht mir zu Herzen?
Was kann ich tun, damit der Friede Gottes und
die Liebe Gottes in meiner Welt wachsen?

Bibel kreativ

Wir untersuchen Ähren.
Jede Familieninsel hat mindestens eine
Ähre, die sie untersucht.
Wie viele Körner wachsen geschützt
in der Ähre?
Aus den Strohhalmen lassen sich
Kreuze binden.
Wir bestreichen die Ähren mit Farbe,
auf Karten pressen wir
einen Sommergruß, den wir an Oma/Opa
oder Freunde schicken.
Eine kleine Tat.

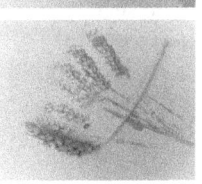

Abschluss

Wir beginnen das nächste Lied stehend an unserem Platz und bilden beim Singen langsam einen Kreis mit entsprechendem Abstand.

Lied | *Version auf Abstand* (nach LH 279)

Man kann hören, was andere sagen.	*Hände lauschend hinter die Ohren legen*
Man kann fühlen, wie's andern geht.	*Hände aufs Herz legen*
Man schaut anderen in die Augen	*beiden Nachbarn winken*
und kommt sich näher dann am End.	*einen Schritt zur Mitte gehen*

Gebet

Gott, du lässt wachsen.
So wie die Pflanzen wachsen oder auch nicht,
wächst dein Wort unter uns.
Nicht jedes Wort kommt an.
Mein Glaube fängt klein an.

Gott, öffne meine Ohren für dein Wort,
dass ich dein Wort höre.
Gott, öffne mein Herz,
dass ich dein Wort verstehe.
Gott, öffne meine Augen für deine Botschaft,
dass ich meine Nächsten sehe und helfe.

Wir beten gemeinsam:

Vaterunser

Segensbitte

»Gott, der Liebe,
segne uns durch deinen Heiligen Geist,
dass wir dich sehen auf den Gesichtern unserer Mitmenschen,
dass wir dich hören in den Worten derer, die mit uns sprechen,
dass wir dich spüren, wenn wir Gutes erfahren und Gutes tun.
So segne und behüte uns.«[141]

Lied zur Sendung | *Gehen wir in Frieden*
(LH 54 – Abschiedslied aus Afrika)

---

[141] Gottfried Mohr (Hg.), Bei dir bin ich zu Hause. Texte für die Liturgie im Gottesdienst mit Kindern, Leinfelden-Echterdingen 2001, Nr. 115, 108.

2.4 Haustürgottesdienst im Advent – Alternative Gottesdienstformate im ländlichen Raum

Michael Greßler

a) »Alternativ« schon vor Corona

Ein Pfarrbereich auf dem Land in der Ev. Kirche in Mitteldeutschland, gelegen direkt auf der Grenze zwischen Thüringen und Sachsen-Anhalt im Städtedreieck Erfurt-Halle-Leipzig (jeweils etwa 50 km weit weg), 20 km von Jena und 10 km von Naumburg entfernt, geprägt vom großen Flusstal der Saale mit Weinbergen auf der einen und dem kleinen Tal der Wethau auf der anderen Seite. Einige Orte liegen in den Tälern – so Camburg, der »Hauptort« an der Saale. Die meisten Orte liegen hoch darüber auf der sog. »Molauer Platte« – kurz: Kirche auf dem platten Land.

Dieses »platte Land« hat eine eigentümliche Siedlungsstruktur. Die Dörfer sind sehr klein – viele mit deutlich unter 100, etliche mit nicht einmal 50 Einwohner:innen. Das war schon seit Jahrhunderten so. Hinzu kommt der überall vorfindliche demografische Wandel, der in den kleinen, abgelegenen Orten besonders spürbar ist. Es gibt einige ganz »intakte« Orte mit jungen Familien. In den meisten Orten aber wandern »die Jungen« ab. In einem Ort ist der jüngste von 35 Einwohner:innen 40 Jahre alt.

In den meisten dieser Orte (20 von 34) steht aber eine Kirche mit einem regelmäßig zu »bespielenden« Gottesdienstort. Auch das ist geschichtlich bedingt und hat mit der Christianisierung der slawischstämmigen Bevölkerung im 11. und 12. Jahrhundert zu tun. Die meisten der 19 Kirchen gehen auf die romanische Zeit zurück, viele sind rein romanisch erhalten.

Der Pfarrbereich Camburg-Leislau (Kirchenkreis Eisenberg) ist aufgrund dieser »Kleinteiligkeit« in den letzten 25 Jahren in extremer Weise von Strukturveränderungen geprägt. Waren vor 25 Jahren zehn Kolleg:innen und zwei Mitarbeitende im Verkündigungsdienst (Kirchenmusikerin und Gemeindepädagogin) in der »Region Camburg«, so sind es mittlerweile zwei Pfarrer und eine Kirchenmusikerin. Natürlich sind die Gemeindegliederzahlen in diesen Jahren gesunken – um etwa 35 %. Die Stellen im Verkündigungsdienst wurden allerdings um über 80 % abgebaut.

Das hat direkte Folgen für die Gemeindearbeit, insbesondere für Gottesdienst und Liturgie – Folgen, die permanent organisatorisch, theologisch und liturgisch reflektiert werden.

Ein Beispiel aus der Zeit »vor Corona«: An den »Hochfesten«, seien es die Weihnachts- oder Osterfeiertage, ist im Hauptort Festgottesdienst mit Kantorei, da kommen gut 50 oder 100 Gottesdienstbesuchende. Große Liturgie, Kirchenmusik, großer Kirchenraum. Danach fahren der Pfarrer und die Kantorin (oder ein ehrenamtlicher oder auch einmal kein Organist) zum nächsten Ort in eine winzige (ungeheizte) Kirche oder einen noch kleineren, beheizten Gemeinderaum. Und die Gemeinde von insgesamt 5 Personen feiert »denselben« Gottesdienst. Dass er von selbst anders wird als der Festgottesdienst in der Kleinstadt, liegt in der Natur der Sache. Es muss für die leitende geistliche Person immer einen »Plan B« (und auch C) in der Tasche und im liturgischen Bewusstsein geben, um auf die verschiedenen Gottesdienst-Situationen zu reagieren und stimmig Gottesdienst – tatsächlich – zu *feiern*. Liturgisch werden die Gottesdienste jedenfalls sehr deutlich verschieden sein.

Meine eigene Erfahrung hat mich gelehrt, dass die geistlichen Dimensionen, das, was im Gottesdienst »geschieht«, in der großen wie der kleinen Situation schwer vergleichbar sind. Ich persönlich muss sagen: Beides ist gleich »wertvoll«, von gleicher geistlicher Intensität; und ich wüsste nicht, was ich vorziehen würde, müsste ich wählen.

Insofern sind »*alternative Formen*« in der hiesigen Situation auch jenseits der Coronazeit das täglich Brot für die geistlichen Personen wie für die Gemeinden.

b) »Alternativ« wird »experimentell«

Für »experimentelle« Gottesdienstformate sind die Gemeinden im hiesigen Bereich sehr offen, längst vor dem März 2020. Das liegt auch daran, dass in den kleineren Gemeinden schon lange (teils seit 100 Jahren) ein regelmäßig-wöchentlicher Gottesdienstrhythmus nicht mehr gegeben ist. Die Frequenz variiert von zwei bis zu acht Wochen und hängt auch sehr von den personellen und Planungsmöglichkeiten ab. Wenn dann einmal »etwas ist«, besteht eine große Bereitschaft, sich auf nicht ganz herkömmliche Dinge (Bibelgespräch, Einzelsegnungen, musikalische Gottesdienste, Orgelandachten) einzulassen.

c) »Experimentell« wird »existentiell«

Als die Pandemiezeit kam, hat dies einen unglaublichen Kreativitätsschub in den Kirchen ausgelöst. Onlineformate als gestreamte oder als Video geschnittene Gottesdienste, interaktiv Feiern per Zoom u. a., Kirche to go an Wäscheleinen, Tütenverteilen, Kirche an ungewöhnlichen Orten ... Dies alles ist auch in unserem Pfarrbereich geschehen.

Eine Säule waren von März 2020 bis September 2021 wöchentliche Onlinegottesdienste in teils sehr ungewöhnlichen Settings bei Youtube.

Eine zweite die »Mobile Kirche« – ein Auto, teils mit Anhänger, immer mit Technik und Material für *Gottesdienste outdoor* – auf den Dorfplätzen, Friedhöfen, in Toreinfahrten. Das wurde ein »Selbstläufer«: In den Orten wurden wie selbstverständlich Örtlichkeiten gefunden und vorbereitet, Sitzgelegenheiten gebracht – und es kamen deutlich mehr Menschen zu dieser Form von Gottesdienst als es im sonntäglichen Alltag sonst der Fall war.

Dazu kamen die wirklich »experimentellen« Gottesdienstformen.

Im Advent 2020 gab es »Haustürgottesdienste«. Über den Jahreswechsel 2020/21 »Segenszeiten« – Einzelsegnungsmöglichkeiten in allen 19 Kirchengebäuden. Und im Frühjahr 2021 dann das »Segensmobil«, einen »Lautsprecherwagen«, der die Orte angefahren und »geistlich beschallt« hat.

Es war viel Lust zum Experimentieren dabei, sowohl bei mir als Pfarrer selbst als auch bei den Leitungsgremien der Kirchgemeinden und natürlich bei allen, die erlebt haben, was da geschah.

Es war aber auch schlicht eine Notwendigkeit: Die Kirchen hier sind in der Regel sehr klein, die Gemeinderäume noch kleiner; an »corona-konformes« Arbeiten war nicht zu denken. So brauchte es die experimentellen Formate. Diese wurden einfach nötig – sie wurden existentiell, um in den langen Monaten so etwas wie »Gemeindeleben« überhaupt aufrechterhalten zu können.

Eines dieser Formate sei hier vorgestellt: Die »Haustürgottesdienste«.

d) Haustürgottesdienste

Es war klar: Im Winter 2020 wird »Mobile Kirche« keinen Spaß mehr machen und nicht mehr so gut akzeptiert werden können. Am Kirchenjahresende gab es Andachten auf den Friedhöfen. In die Kirchen und Gemeinderäume zu gehen war nicht möglich. So wurde mit den Kirchenältesten (63 im Kirchspiel) die Idee von »Haustürgottesdiensten« entwickelt.
»Wir können uns nicht in der Kirche treffen, also kommt Kirche an die Haustüren«.
Das geschah zwischen dem 1. und 4. Advent sonn- und wochentags – an 10 Tagen mit insgesamt 82 Stationen.
Vor Ort wurde der »Bedarf« abgefragt. Die Kirchenältesten sind ja jeweils »nah dran«. Dann haben sie orte- und straßenweise Routen geplant und den Interessent:innen bekanntgegeben.
An »Material« war nötig: Ein Handwagen und ein Reisekorb mit »Giveaways«. Damit sind wir losgegangen, ich selbst im Talar und meist noch eine Ehrenamtliche.
Die »Liturgie« hat jeweils viereinhalb Minuten gedauert: Gottesdienst in allerkleinster Form:

e) Haustürgottesdienst im Advent konkret

Votum und Begrüßung

Im Namen des Vaters und des Sohnes und
des Heiligen Geistes. Amen.

Siehe, dein König kommt zu dir,
ein Gerechter und ein Helfer.

Advent ist dieses Jahr anders.
Wir müssen aufeinander achtgeben.
Wir können nicht in die warmen Räume.
Darum kommt Kirche in diesem Jahr zu euch an die Haustüren.
Mit einem Wort, einem Gebet und mit dem Segen.
Wir grüßen euch von Herzen.

Psalmgebet (Psalm 24)

Machet die Tore weit und die Türen in der Welt hoch,
dass der König der Ehre einziehe.
Wer ist der König der Ehre?
Es ist der Herr, stark und mächtig,
der Herr, mächtig im Streit.
Machet die Tore weit und die Türen in der Welt hoch,
dass der König der Ehre einziehe.
Wer ist der König der Ehre?
Es ist der Herr Zebaoth, er ist der König der Ehre.

Ehre sei dem Vater und dem Sohn und dem Heiligen Geist,
wie es war im Anfang, jetzt und immerdar
und von Ewigkeit zu Ewigkeit. Amen.

Ansprache

Machet die Tore weit!
Macht eure Herzen auf.
Lasst euren König ein ins Haus und in eure Seele.
Er kommt – euer Friedefürst.

Lied | *Komm, o mein Heiland Jesu Christ* (EG 1,5)

Gebet

Herr Jesus Christus,
zeige dich und komm.
Zeig deine Kraft für uns und alle Welt.
Komm in unsere Herzen, zieh in die Häuser ein,
wohne in unseren Seelen und lass keinen allein.
Befreie uns von allen bösen Mächten
und errette uns durch deine Gnade.
Wir warten auf dich und vertrauen dir, jetzt und in Ewigkeit.
Amen.

Vaterunser

Sendung und Segen

So bleibt bewahrt in Gottes Frieden, in Gottes Liebe, mit seinem Segen.

Es segne und behüte euch Gott,
der Allmächtige und Barmherzige,
Vater, + Sohn und Heiliger Geist.
Amen.

Tütchen verteilen

In den »Tütchen« war eine zu diesem Anlass gestaltete Grußkarte mit Andacht und Bild, Strohstern und einer Süßigkeit.
Diese »Haustürgottesdienste« brachten sehr bewegende Begegnungen. Manchmal trafen sich drei oder vier Nachbarschaften auf einem Hof. Manchmal standen wir einem oder einer allein Aug' in Aug' gegenüber. An manchen Türen haben wir spontan geklingelt. Nur einmal sagte jemand: »Ach, nein, danke.« Oft standen Kaffee, Glühwein und Weihnachtsgebäck bereit.
Und es war »gefühlt« sehr deutlich »Gottesdienst«. An den Türen der Häuser, an Fenstern und auf Höfen: Kirche, die zu den Menschen geht.

Ganz ähnlich war dann im März 2021 das Format »Segensmobil« gestaltet. Die Liturgie war ebenso kurz und knapp, das Ganze wurde aber aus einem Lautsprecherwagen in die Dörfer gebracht mit Glocken beim Vorfahren, Musik, einem Wort, Vaterunser und dem Segen.

g) Reflexion der Erfahrungen und Ausblick in fünf Thesen

1. »Experimentelles« wird in Gemeinden, die eher traditionell geprägt sind, erstaunlich positiv aufgenommen.
Kirche »ganz anders« erregt Aufsehen. Und wenn sie an die Haustüren oder auf die Dorfplätze kommt, umso mehr. Die »Geringverbundenen« staunen, die »Hochverbundenen« sind erfreut. Der oft von Kolleg:innen geäußerte Satz: »Das kann ich meinen Gemeinden nicht zumuten« erweist sich als Irrtum. Beim Segensmobil kam in der Begrüßung das Wort: »Es sind verrückte Zeiten, also machen wir auch einmal etwas ganz Verrücktes«. – Dieser Satz wurde vielfach positiv aufgegriffen.

2. Kleine Formen funktionieren und tragen.
»Haustürgottesdienste« und »Segensmobil« kamen mit einer »Liturgie« in völliger Minimalform zu den Teilnehmenden, einer »Liturgie«, die man noch nicht einmal mit einer landläufigen »Andacht« vergleichen kann. Mit sehr wenigen Worten. Ohne »Auslegung«. Eher Ereignis, Performance, als Dinge erklären und darlegen. Gerade das scheint eine Stärke zu sein. Und gerade so ist es vielleicht mehr »Liturgie« gewesen als so manche wortreiche Andachtsveranstaltung. Auch die Kürze sorgte für Prägnanz. Kleinste Form als konzentrierter geistlicher Akt. Dem wäre weiter nachzugehen.

3. Experimentelle Gottesdienstformate haben sich bewährt – auch im ländlichen Raum.
Sie fortzuführen und weiterzuentwickeln, wird sich lohnen. In Verbindung mit altbekannten Dingen, die nun wieder möglich sind, bereichern sie das gottesdienstliche Leben. Eine vollständige Rückkehr zum vorpandemischen Status Quo erscheint als nicht wünschenswert.

4. Es gibt nicht die »eine Form«.
Die Gemeinden, in denen ich arbeite, kennen und lieben die herkömmliche lutherische Liturgie, gern auch festlich und ausführlich. Die gesungene Osternacht ist fester Bestandteil des Kirchenjahres (in »normalen« Zeiten). Aber: Diese eine Form ist nicht die einzige.

Auf der anderen Seite stehen die experimentellen Formen. Bedauerlicherweise wird diese Zweipoligkeit (mein Eindruck ist: zunehmend) gegeneinander ausgespielt. Und da stehen auch Fronten einander gegenüber: die »Traditionellen« und die »Erneuerer«, Hochliturgiker und Freigeister.

5. Keine Form »geistlicher Performance« ist »wahrer« als die andere.
Es gibt weder die eine Wahrheit noch die eine Form. *Es braucht beides.* Und gut wäre es, wenn auf allen Seiten diese gewisse Enge abgelegt würde. Wenn Erneuer:innen sagen könnten: »Ich fühle mich auch im klassischen Gottesdienst wohl.« Und die Traditionalist:innen: »Es geht auch anders als Agende I oder Ev. Gottesdienstbuch, daneben gibt es so viel tiefe Spiritualität und lebendiges Gottesdienstfeiern.«

Idealerweise fänden sich welche bereit und würden sich befähigen, beide Pole und alles, was dazwischen liegt, zu »bespielen«.

Und zu reflektieren, was sie da tun. Das wäre eine Perspektive, die das, was wir Gottesdienst nennen sowohl fortschreiben als auch weiterentwickeln könnte.

Links zur Vertiefung
- »Haustürgottesdienste«:
  https://www.youtube.com/watch?v=2djFfr63t0I
- »Segenszeiten«:
  https://www.youtube.com/watch?v=TzwvlJAuOGg
- Onlinekirche (Blog, Onlinegottesdienste und Gemeindebriefe):
  www.kirche-camburg.jimdofree.com

2.5 »Mit allen segnen« – Liturgie einer partizipativen Outdoor-Taufe

Lars Hillebold

Die hier vorgestellte Gestalt einer Taufliturgie stellt mit dem Stichwort »partizipativ« drei besondere Gestaltungselemente vor, an denen unterschiedliche Beteiligungsformate eines Taufgottesdienstes deutlich werden. Die Texte sind exemplarisch und elementar für einen familialen Kontext mit Kleinkind formuliert. Sie sind als Bausteine zu verstehen, die auch einzeln Sinn ergeben. Mit wenigen Veränderungen ist die Gestaltung auch für andere Taufsituationen als draußen geeignet bzw. an anderen Orten ebenso denkbar.

a) Den Ort mit auswählen können

Inzwischen frage ich Eltern häufiger als früher: »Wo wollen wir die Taufe feiern?«, und merke, dass ich von keinem »normal« mehr ausgehe. Diese Frage eröffnet ein Angebot und zeigt zugleich eine am Fall orientierte, dienstleistende Haltung im Dialog mit den Beteiligten. So beginnt ein Prozess der Beteiligung, der dem Eltern-Paten-Familien-System eine weiterführende, gewiss auch gestaltende Aufgabe anbietet. Ich erlebe beides ausgewogen: Familien, die partizipative Beteiligungsangebote dankbar aufnehmen und nutzen; und andere, die auf die Mitwirkung verzichten, weil sie der Ritualkompetenz von Pfarrer:innen vertrauen und die Erfahrung wertschätzen, dass das Fest für sie gestaltet wird.

Eine der gegenwärtig wesentlichen Veränderungen der Taufpraxis ist der häufig geäußerte und ausgeführte Wunsch, dass Taufen nicht in einer Kirche, sondern an besonderen Orten (auch) eigener Wahl stattfinden: am Fluss, am See, an einer Quelle im Wald oder im Gebirge, in Gärten, Parks, an Brunnen, am Meer usw. Die neue Agende der Ev. Kirche Kurhessen-Waldeck (EKKW) hält dazu fest:

> »*Eine Taufe am anderen Ort wird für alle Beteiligten aufwändiger. Sie will gut geplant und bis ins Detail vorbereitet sein. Im Gespräch kann sich klären, welche Erfahrungen, Motive und Er-*

wartungen eine Familie mit diesem Ort verbindet. Anschließend wird überlegt, ob der Ort und seine Bedingungen wirklich geeignet sind, um die Vorstellungen umzusetzen. Eine gemeinsame Begehung ist sehr zu empfehlen. Im Gespräch sollte auch geklärt werden, wie die Gemeinde beteiligt werden kann. Die Taufe wird in die Abkündigungen oder Fürbitten mit aufgenommen. […] Die Liturgie wird aus wesentlichen, kurzen Elementen bestehen, sie werden möglichst frei und im Kontakt zu den Anwesenden gesprochen. Soloinstrumente können zum Einsatz kommen und auch den Gesang begleiten. Die Ansprache wird in Resonanz treten zu den ästhetischen und schöpfungstheologischen Botschaften des Ortes. Hier ist Flexibilität gefragt: Geräusche, Gerüche, Wetter, Lichtverhältnisse usw. können anders sein als erwartet. Der spiritus loci wird verknüpft mit biblischen Taufgeschichten und elementaren tauftheologischen Aussagen. Auf die Einbringung weiterer Symbole und Gegenstände wird man an einem aussagekräftigen Ort verzichten.«[142]

b) Das eigene Kind mit Wasser begießen!?

Die liturgische Gestaltungsoption »*Eltern taufen*« versucht, die theoretischen Ansätze aus dem Artikel dieses Bandes »Wenn Eltern Kinder taufen«[143] elementar und liturgisch umzusetzen. Die neue Taufagende hat es schlicht so vorgesehen, dass die Eltern das Begießen mit Wasser übernehmen können und der anwesende Liturg dazu die Taufformel spricht.

In der Entwicklung dieser Form wurde die inhaltlich naheliegende Formulierung »Wir taufen dich …« vorgeschlagen und landeskirchlich zunächst befürwortet. Dabei war eine offene Frage, ob diese Formulierung ökumenisch verantwortet werden kann. Dies hat sich im ökumenischen Gespräch – angesichts eines klaren römisch-katholischen Vetos – leider so exklusiv beantwortet, dass auf die »Wir«-Formel agendarisch verzichtet wurde. Dabei hätte es eine Denk- und Sprachmöglichkeit sein können, die das Sakrament der Einheit außerordentlich betont hätte. Die Wendung »*Wir* taufen dich …« wäre als *pars pro toto*-Wendung zu verstehen. Das »Wir« schlösse das »Wir, die Eltern« und das »Wir, die

---

[142] Evangelische Kirche Kurhessen-Waldeck, Die Taufe (Agende III,1), Kassel 2022, 125 f.
[143] Vgl. oben I.8.

Kirche/Gemeinde« geradezu mit ein und nicht aus. Selbst oder zuerst schon die priesterlich abgeleitete Stellvertretung Christi bzw. die sakramentale Beauftragung zur Taufe durch Christus würde ein »Wir, der Leib Christi« beinhalten, vielleicht sogar fordern. Im Sinne der zu bewahrenden unterschiedlichen konfessionellen Prägung und der verbindenden ökumenischen Einheit wäre »unser« Sakrament der Einheit theologisch denkbar, gesellschaftlich ein wichtiges Signal und für den Täufling nicht schädlich. Die synodale Beschlussfassung hat nun auf die Wir-Formulierung verzichtet. Und wenn auch die geprägte Formel »Ich taufe ...« agendarisch allein festgehalten wurde, geht die andere dennoch und sollte nicht vergessen werden.

c) Mit allen segnen: sprechen, hören, spüren

»Von allen gesegnet« stellt diese Liturgie eine besondere Beteiligungsidee in Form eines Segens durch die Familie vor, der ebenso als »Gemeindesegen« in anderen Gottesdiensten gedacht werden kann. Die liturgisch-rituelle Gestaltung könnte so aussehen:

Die engere Tauffamilie versammelt sich z. B. stehend in der Mitte eines Raumes oder Platzes und wird von der anwesenden (Fest-)Gemeinde umgeben. Die Gemeinde wird angeleitet, Segensworte laut und leise zu sprechen. Das kann je nach Rahmen auch einen ausführlicheren Moment einnehmen und familial-individuell gestaltet werden. Vergleichbare Rituale in orthodoxen Familientauffeiern nutzen diesen Raum, in dem bestimmte Personen Segensworte finden, dem Täufling zusprechen und eine Hand auflegen.

d) Taufe partizipativ – Gottesdienst in der Durchführung

Die liturgische Gestalt zeigt einen eher schlichten Charakter mit kurzen Elementen, um so – draußen und partizipativ zugleich – die Grundstruktur des Taufgottesdienstes bewusst erlebbar zu machen. Insofern ist dieser Gottesdienstentwurf mit Predigt ein Versuch, die agendarisch leitende Überzeugung umzusetzen.[144]

---

[144] Zur Partizipation vgl. EKKW, Die Taufe (Agende III,1) Kassel 2022, 33 f.

Musik/Begrüßung/Votum

Willkommen. Willkommen draußen und
in der Familie Gottes.
Willkommen auf der Roseninsel:
zwischen stacheligen Dornen und purer Schönheit.
Willkommen im Leben: im Namen Gottes des Vaters und
des Sohnes und des Heiligen Geistes.
Amen.

Lied | *Geh aus mein Herz* (EG 503,1–2)

(Psalm)Gebet

Du, mein Gott, wie herrlich!
Deine Schöpfung singt vom Leben: ein Rotkehlchen.
Die Rosen in Anmut. Ihr Duft weht vorbei.
Sie werfen mir ihre Farben entgegen,
so wie Kinder einen Ball.
Wenn ich zum Himmel schaue,
sehe ich des Tags die Sonne strahlen
und tausend Sterne funkeln in der Nacht.
Ich staune. Siehst du auch mich?
Mein Leben sei kostbar wie alles Leben.
Gesorgt sei für Tiere und Pflanzen,
für Löwen und Löwenzahn,
und für das Pusten der Blumen.
So spiele ich auf der Wiese
und drum werde ich ein Grashüpfer sein.
Dein Geschöpf wie alles Leben im Wasser,
auf dem Land und in der Luft.
Mein Gott, wie herrlich bist du!

Taufpredigt (zu Apostelgeschichte 18,9b)

Getauft wird Justus, ein Jahr alt, auf der Roseninsel im Bergpark Wilhelmshöhe in Kassel

Willkommen draußen und in der Familie Gottes. Justus' Taufe auf der Roseninsel: zwischen stacheligen Dornen und purer Schönheit. Verletzliches Leben und Freiheit. Schutz und Geborgenheit. Weite und Laufen lernen. Wohl behütet sein und Fehler machen dürfen. So ist Leben: Fürchte dich nicht, sondern rede – und schweige nicht. Denn ich bin mit dir. Niemand wird dir etwas antun.

Doch: Das werdet ihr alle bestimmt tun, antun. Gutes natürlich wollt ihr Justus antun. Ihr hättet ihm nicht den Namen des Gerechten gegeben, wenn ihr nicht als Eltern, Pate und Familie das Gegenteil kennen würdet. Es werden Menschen kommen, und sie werden versuchen, anderen etwas anzutun. Auch noch im Guten kommen da Erzieher und Lehrerinnen, Männer und Frauen, die Sandkastenliebe und die erste große Liebe. Menschen tun sich immer etwas einander an.

Da sind die schönen Momente, in denen sich Menschen etwas antun, sonst wäre Justus nicht hier. Es gibt sorgenvolle Momente. Je älter die Kinder werden und je weiter ihre Wege sind und je ferner sie sich unserem Augenblick entziehen. Es wird Phasen geben, da ist es die Welt und der Arbeitgeber, die Gesundheit oder Krankheit: Sie tun uns etwas an. Es gibt Momente, da stockt einem der Atem. Da braucht es den richtigen Zeitpunkt. Den richtigen Moment. Das Wunder, am richtigen Ort zu sein. Glück gehabt. Und dann fliegt da einer unerwartet ins Leben. Kräftiger Schrei. Hier bin ich. Ich fürchte mich nicht. Ich rede. Schweige nicht. Keine Sorge. Ich erkunde die Welt. Robbe mich noch durchs Leben. Attacke. Dann geht's los! Wo ist das nächste Kabel, das es zu entdecken gilt.

Fürchte dich nicht, sondern rede – und schweige nicht. Nicht weil es die Angst wegzaubert, sondern weil schon die Bitte tut, was sie sagt. Reden. Nicht Schweigen. Immer Schweigen ist gar nicht Gold, sondern manchmal eher Blech. Kinder lernen zu sagen, was sie denken, fühlen und meinen. Ja und Nein. Klare Kante. Widerspruch. Friday for Future. Justus für die Zukunft: Fürchte dich nicht, sondern rede – und schweige nicht. Denn ich bin mit dir. Niemand wird dir etwas antun. Was werden wir dir antun? Im besten Sinne? Es gibt kein Patent für die perfekte Erziehung. Es gibt aber Paten, die haben nur das eine »t« für die Patentlösung nicht. Sonst bringen sie alles mit: Kerzen, die das Licht Gottes scheinen lassen. Hände, die Kinder halten können. Liebe zu einem Wesen, das plötzlich zu einem festen Teil des eigenen Lebens wird. Nur auf Zuruf hin. Nur auf Bitte. Und doch mit einem »Ja« besiegelt und mit Segen gesandt in eine gemeinsame Zeit – solange Ihr beide das wollt und könnt. Freunde fürs Leben. Unverbrüchlich.

Fürchte dich nicht. Denn ich bin mit dir. Willkommen in Gottes Welt. In die wird Justus getauft. Und bevor Du glaubst, glaubt Gott an Dich. Und bevor du lebst, lebt Gott in dir. Sein Leben wird in der Taufe Dein Leben. Dein Leben wird nicht einfacher mit Gott. Eher manchmal schwieriger. Wie krieg ich es zusammen? Naturwissenschaft und Religion. Glauben, aber nichts sehen? Nächstenliebe, aber jeder ist doch sich selbst der Nächste? Taufe ist der Anfang eines Weges voller Entscheidungen. Und darum hoffentlich fehlerfreundlich; barmherzig sagen wir. Gnädig nennt es die Bibel und wir sagen: Fünfe kann man gerade sein lassen. Zeige mir, wer du bist – und wie gut und erfolgreich, sagt die Welt. Gott wird es schlichter sagen: Ich kenn dich schon: Du lebst, und du isst und schläfst. Das Leben wird gar nicht so sehr viel anders, wenn wir älter werden. Fürchte dich nicht. Ich bin mit dir.

Jeder Tag im Schönen, siehst du die Rosen.
Wenn es weh tut, siehst du die Rosen.
Wenn du gesund bist, siehst du deine Familie.
Und wenn du krank bist, siehst du deine Familie auch.
Wenn du denkst: »Gott sehe ich nicht!«,
und du nicht glauben kannst: »Gott sieht mich«,
dann gilt: Gott sieht dich.
Rosen, Familie, Gott – sie stehen an deiner Seite.
Justus, der Gerechte. Der Getaufte. Gottes Kind.
Amen.

Taufevangelium (Matthäus 28,18-20) **und Tauffrage**

Glaubensbekenntnis
(Apostolikum oder z. B. in leichter Sprache)

Wir sagen gemeinsam, was unser Glaube bedeutet.
Ich spreche vor, wir wiederholen jeden Satz:
Gott ist bei uns alle Zeit. :||
Durch Jesus gehören wir alle zusammen. :||
Gott begleitet uns mit seinem Heiligen Geist. :||
Amen. :||

Taufhandlung: »Eltern taufen«

P   Wir taufen dich in den Namen Gottes, des Vaters/
und des Sohnes/und des Heiligen Geistes.

Dabei haben Vater, Mutter und Pate je einmal Wasser geschöpft und getauft.

P   Gott segne dich.
Gott behüte dein Leben und deine Gesundheit.
Gott gebe dir einen wachen Verstand und ein offenes Herz.
Gott wecke Glauben in dir
und erhalte dich in der Gemeinschaft der Christen.
Friede sei mit dir. +

Segnung durch die Familie

Die anwesende Gemeinde bildet um die Familie und Pat:in mit dem Täufling einen Kreis und nehmen sie in die Mitte.

P   Gott behüte euch.
G   Gott behüte euch.
P   Gott stärke euch.
G   Gott stärke euch.
P   Gott gebe euch Mut.
G   Gott gebe euch Mut.
P   Amen.
G   Amen.

Lied | *Das wünsch ich dir* (EGplus 66)

Fürbittengebet

Gott, Ursprung des Lebens, wir bewundern,
was du geschaffen hast und bitten dich:
Justus finde seinen Platz im Gewimmel und staune,
wenn er draußen spielt,
am Strand und in den Bergen, auf der Wiese und im Wald,
vorsichtig in den Dornen.
Aufhorchen, wenn der Vogel im Gebüsch singt.
Sehen, wie Leben am seidenen Faden hängt.
Für diese Welt bitten wir dich und uns,
behutsam zu sein mit Menschen, Pflanzen und Tieren,
im Gleichgewicht von Himmel und Erde,
Ost und West, Nord und Süd,
Leben mit Feuer, Luft und Meer. Gott, Amen.

Vaterunser

Aaronitischer Segen

2.6 Gartenkonfirmation

Laura Pauka-Koch, Harald Schmidt

a) Idee und Ablauf

Als im ersten Lockdown 2020 der Pandemie nichts mehr möglich war, reifte in unseren Köpfen eine Idee, die Wellen schlug. Wir wollten unsere Konfirmationen nicht auf unbestimmt verschieben. Wir wollten nicht warten bis das Fest wieder so möglich ist, wie es immer war. Wir wollten eine Konfirmation feiern, die sich traut, anders zu sein. Und zwar anders gut. Schnell wurden wir uns einig, dass wir unsere Konfirmationen der aktuellen Zeit und ihren Regeln anpassen wollten, ohne, dass sie trostlos wirkten, sondern sie sollten innovativ und modern sein.

Dabei entstand recht früh die Idee, die Konfirmand:innen in ihren Gärten unter dem Beisein ihrer engsten Familie und Freund:innen und einiger unserer Gemeindeglieder, die sich am Gelingen der Feier beteiligten, zu segnen. Die Wege zu den Gärten sollten für uns auch schon zur Verkündigung hinzugehören. Wir wollten nicht einfach still und heimlich bei den Konfirmand:innen vorfahren, sondern dem Stadtteil erzählen »Seht her, heute werden unsere Konfirmand:innen konfirmiert, Halleluja!«.

Daraus entstand die Idee des »Konfimobils«, eines Minikippers, der normalerweise auf unserem Friedhof zum Einsatz kommt. Diesen hat unser Friedhofsteam liebevoll geschmückt. Auf dem Wagen transportierten wir ein großes Holzkreuz das über und über mit Blumen dekoriert war, unseren Reisealtar mit allem was dazu gehört und eine Girlande mit Polaroids unserer Konfirmand:innen.

Wir anderen fuhren Fahrrad, wir Pastoren und unser Vikar im Talar. Zuvor hatten wir unsere Kirchturmglocken aufgenommen, diese Aufnahme spielten wir auf unseren Reisewegen immer wieder ab, so dass die Konfirmationen auch mit dem echten Glockengeläut aus der Lutherkirche beginnen konnten.

Der Ablauf unserer Konfirmation war sowohl bei den Konfirmationen in den Gärten unserer Konfis, als auch auf dem Rasen vor der Kirche[145] stets gleich.

b) Gottesdienst in der Durchführung

Glocken (vom Band)

Musik

Votum und Begrüßung

Liturg I: Im Namen Gottes des Vaters und des Sohnes und
des Heiligen Geistes. Amen.
Liebe:r N. N., liebe Familie, liebe Menschen,
die heute hier sein können,
um diesen besonderen Tag mit N. N. zu feiern!
Es ist so schön, dass es dich gibt. Wie toll das ist,
das haben wir mit dir/euch zusammen im Konfer erlebt.
Es ist schön, dass es dich gibt. Das wissen die Menschen,
die zu euch gehören. Und hoffentlich du selbst auch.
Mit allen Besonderheiten, die zu dir gehören.
Es ist schön, dass es dich gibt. Das weiß Gott,
der sich freut, wenn du heute Ja zu ihm sagst.
Sein Ja zu dir erklingt in dem Segen,
der dir heute zugesprochen wird.
Das alles feiern wir heute auf besondere Art an einem
ganz besonderen Ort miteinander.

Lied | *Komm, heilger Geist*
(Lieder zwischen Himmel und Erde, 173)

Liebe:r N. N.!
Du ahnst es, ich weiß es schon lange: Wenn ich die Gelegenheit dazu habe, dann muss ich einfach darüber sprechen. Denn es

---

[145] Die Konfirmationen in unserer Rasenkirche waren unser Alternativangebot zu den Konfirmationen im Garten. Konnte oder wollte ein:e Konfirmand:in nicht im eigenen Garten feiern, stand ihnen diese Alternative zur Verfügung, die viele Konfirmand:innen auch gerne wahrgenommen haben.

gibt eine Botschaft, die in unserer Kanzel verewigt ist, die uns noch sehr lange an dich erinnern wird:

»N. N. was here.«

Liebe:r N. N., erst einmal: Ja, das stimmt, du warst und bist hier. Und das ist auch wirklich gut so. Ich erinnere mich noch an das letzte Jahr. Du hast dich zum Konfer angemeldet. Dann haben wir über die Zeiten gesprochen. Und dann hast du auf eine Weise, wie nur du es kannst, gelacht und gesagt: »Ich will ja Konfer, aber das geht gar nicht. Da hab' ich immer Fußball.« Ich habe es gehofft, und es hat auch geklappt – du konntest die Zeit bei uns und die Zeit mit dem Fußball wenigstens für ein Jahr miteinander verbinden. Und wir waren als Gruppe mit dir reich beschenkt. Denn du hast dein Lachen, das ansteckt und deinen sozialen Blick auf andere eingebracht. Das hat uns gutgetan. Mannschaftssportler eben. Und heute feiern wir deine Konfirmation, in einer ganz besonderen Situation, mit dir und deinem Konfirmationsspruch.

Dein Konfirmationsspruch steht in Psalm 91,11:

Gott hat seinen Engeln befohlen, dass sie dich behüten auf allen deinen Wegen.

Ich persönlich glaube, dass in jedem und jeder von uns ein Engel steckt. Auch, liebe:r N. N., in dir. Danke für die Momente, in denen du für andere, für uns zu einem Engel geworden bist.

Und ich sage mal, der Name eines Engels kann auch gern auf unserer Kanzel verewigt sein.

Gott hat seinen Engeln befohlen, dass sie dich behüten auf allen deinen Wegen. Jeder Mensch kann für andere zum Engel werden. Ich glaube, dass es auch für dich viele Menschen gibt, die dir auf deinem Weg schon zum Engel geworden sind. Viele von ihnen sind heute dabei und feiern mit dir deine Konfirmation. Deine Eltern, deine Brüder, deine ganze Familie, deine Freundinnen und Freunde. Gott lässt dich von einem ganzen Engelheer begleiten. Das sind lauter Engel, die bei dir sind und bei dir bleiben.

Gott hat seinen Engeln befohlen, dass sie dich behüten auf allen deinen Wegen.

Gottes Engel sind keine Garantie dafür, dass nie etwas passiert. Da ist dein eigenes Verantwortungsbewusstsein gefragt.

Manchmal aber braucht man einfach noch ein paar Engel mehr. Gottes Engel wirst du vor allem in deinem Herzen spüren, wenn du Kraft brauchst. Das wünsche ich dir von Herzen.

Zu deinem Konfirmationssegen gehört das Versprechen jedenfalls. Und wenn du gleich den Segen Gottes zugesprochen bekommst, mögen dann auch ein paar Engel Gottes gleich mit in dein Herz und in deine Seele flattern.

Dass du getauft worden bist, ist schon länger her. Damals haben andere für dich und zu dir »Ja« gesagt. Und sie haben »Ja« dazu gesagt, dass es eine gute Idee ist, wenn dein Leben mit Gottes Liebe verbunden ist. Im Konfer hast du dich mit Gott und dem christlichen Glauben beschäftigt und für dich herausgefunden, wo du anknüpfen kannst. Anknüpfungspunkte hast du im Glaubensbekenntnis gefunden, dass Christinnen und Christen seit Jahrtausenden miteinander sprechen.

Apostolisches Glaubensbekenntnis

Liturgin II: Liebe:r N. N.!
Nun bitte ich dich, dein Ja zu Gott, zu Jesus und
zur Gemeinschaft der Glaubenden zu bekräftigen:
Willst du offen sein für Gottes Wirken
in deinem Leben?
Willst du dich selbstkritisch immer wieder mit
deinem Glauben auseinandersetzen?
Willst du feinfühlig und großzügig sein für
die Menschen und die Welt um dich herum?
Willst du, soweit es in deiner Macht steht, Glaube,
Hoffnung und Liebe leben und in der Gemeinschaft
der Getauften deine Verantwortung annehmen?
Dann antworte: »Ja, mit Gottes Hilfe.«
N. N.: Ja, mit Gottes Hilfe

LII bittet Eltern/Geschwister, sich zum:zur Konfirmanden:in zu stellen und ihre Hand auf dessen:deren Schulter zu legen.

L II: N. N., Gott segne dich. Gott lasse dich spüren, dass er dich begleitet. Indem er dir Engel im richtigen Moment schickt oder dich selbst zum Engel für andere werden lässt. Gott lasse dich spüren, dass er dir Kraft gibt, wenn du dich klein und verzagt fühlst. Gott lasse dich spüren, dass er dein Lachen teilt und mit

	dir weint, wenn du es brauchst. Gott segne dich, N. N., (+) Friede sei mit dir. Amen.
L I:	Hinweis auf Urkunde/Kreuzkette, Gruß aus dem Kirchengemeinderat und Blumen

Lied | *Gott, dein guter Segen*
(Lieder zwischen Himmel und Erde, 364)

LII: Fürbitten

Vaterunser

LII: Segen

Lied | *Du bist da, immer da*
(Lieder zwischen Himmel und Erde, 317)

c) Bleibende Impulse mit Thesen

1. Es gilt, stärker »vom Menschen her« zu denken.

Die christliche Kirche hat Rituale, die die Menschen über die Jahrhunderte hinweg getragen haben. Tröstende und stärkende Psalmen, Gemeindegesänge, die von tiefem Glauben und Vertrauen zeugen, und Liturgien, die Beständigkeit ausstrahlen.

Außerdem war über lange Zeit klar, wo die Kirche zu finden ist, mitten im Dorf, unterm Kirchturm. Die Menschen kamen als Bedürftige zur Kirche, und die Kirche teilte großzügig mit ihnen, was sie zu geben hatte: Geld, Hilfe, Gemeinschaft und Seelsorge.

Inzwischen haben sich die Zeiten gewandelt. Schon lange kommen die meisten Menschen, die auf der Suche sind, nicht mehr zum Kirchturm. Was lange zum tradierten Wissen jeder Familie gehörte, ist heute vielen Menschen fremd geworden. Die Schwelle der Kirche ist für viele unüberwindbar hoch. Der Klang der Orgel und die teilweise griechische oder lateinische Liturgie sind fremd und lösen Unsicherheit aus. Einigen Menschen tun die alten Rituale auch heute noch gut. Sie haben sich auf einen Lernprozess eingelassen und in den Ritualen Kraft und Halt gefunden. Aber die Masse kommt nur noch selten in Kontakt mit den alten Ritualen. Wenn doch, dann meistens im Rahmen einer Taufe, Konfirmation, Hochzeit oder Beerdigung.

So war es. Und dann wurde im Frühjahr 2020 für die ganze Gesellschaft der Resetknopf gedrückt. Alles machte zu, die Menschen waren auf sich und ihre vier Wände geworfen und mussten kreativ werden, um Beschäftigung zu finden.

Heute wissen wir, wie heilsam dieser Stopp für uns als Kirchengemeinde war. Denn er ließ uns neu denken und viele Dinge neu bewerten. »Das war schon immer so«, hatte keine Bedeutung mehr. »Schon immer« war kein Argument mehr. Wir fanden neue Wege für die Gottesdienste und für das Gemeindeleben. Es ging nicht nur um praktische Fragen. Vielmehr entdeckten wir als Theolog:innen und Gemeindeleiter:innen das Thema »Geistliche Gemeindeleitung« neu.

Als klar wurde, dass wir unsere Konfirmationen nicht wie geplant feiern können, wuchs in unseren Köpfen der Gedanke, dass wir dieses Fest nicht einfach in den Herbst verschieben wollten, um dann zu feiern wie immer. Wir wollten eine Form für dieses Fest finden, die den Menschen und den äußeren Umständen jetzt gerecht wird.

Was immer funktionierte, ließ sich nicht realisieren. Wenn sich aber das Vertraute und Erwartete nicht umsetzen lässt, was tritt dann an diese Stelle? Im Fall der Konfirmation die Botschaft:

»Du gehörst nicht zu denen, die Pech haben, sondern zu denen, die in einer besonderen Situation etwas ganz Besonderes erleben können! Deine Konfirmation, dieser wichtige Tag für dich und deine Familie, ist nicht eine Notveranstaltung, sondern einfach nur anders und dadurch sogar besonders schön.«

Die Bedürfnisse der Konfirmand:innen und ihrer Familien definierten den Rahmen. Die Gestaltung der einzelnen Teile der Gottesdienste in Form, Länge und Inhalt hatte sich, so empfanden wir es, dem unterzuordnen. Wir stellten unsere bisherige Konfirmationsliturgie auf den Prüfstand und schauten, was wir als notwendig erachten, und worauf wir getrost verzichten können.

Seit den Erfahrungen mit unseren Gartenkonfirmationen schauen wir mit einem so geschärften Blick auf unsere Gemeindearbeit und auf Gemeindetraditionen. Das tut der Arbeit und auch den Gottesdiensten und Veranstaltungen sehr gut. Sie gewinnen an Kraft und Stärke.

2. Es ist gut, mit Formen, Grenzen und Vorstellungen zu experimentieren und sich auf das Wesentliche zu konzentrieren.

Gottesdienste leben nicht allein von der prachtvollen Entfaltung, sondern vor allem von der Konzentration auf das Wesentliche. Das Wesentliche ist die Vermittlung des Wortes Gottes in unsere Lebenssituation und in unsere Welt hinein.

Was ist also wirklich wichtig, wenn es um einen Konfirmationsgottesdienst geht? Für uns ohne Frage der Moment der Einsegnung. Mit der Konfirmation bestätigen wir die vorausgegangene Taufe und bekräftigen auch den Akt der Segnung noch einmal. Auf den Segen, der mit Berührung verbunden ist, konnten wir folglich nicht verzichten. Distanz und Maskierung standen für uns aber im Widerspruch zu der Sehnsucht nach dem Gefühl für Gottes Nähe, die mit der Segensgeste verbunden ist. Also wollten wir nicht mit Maske und Distanz segnen.

Erwachsen ist daraus eine Segnung, bei der Menschen aus der Familie den Konfirmandinnen und Konfirmanden nahekommen und ihre Hand auf deren Kopf oder stärkend in ihren Rücken legen, während die Pastorin oder der Pastor den Segen frei und individuell zuspricht. Analog lässt sich auch die Taufe gestalten.

Die Beteiligung von Familie und Freund:innen sorgte manchmal für eine besondere Innigkeit, manchmal für eine wohltuende Entspannung, in jedem Fall in der ganzen Gemeinde für ein Gefühl von gelebter Gemeinschaft und Verantwortung anstelle des bloßen Zuschauens.

Wir blicken auf den Gottesdienst inzwischen viel seltener als ein Angebot, das wir für die Menschen unserer Gemeinde gestalten. Vielmehr handelt es sich bei unseren Gottesdiensten, sei es ein Sonntags- oder ein Kasualgottesdienst, um eine gemeinsam getragene und gestaltete Feier aus der Mitte der Gemeinde.

Ein anderer Aspekt ist die individuelle Gestaltung. Wir konnten für jede Konfirmandin und für jeden Konfirmanden eine individuelle Ansprache halten. Dabei hat sich eine eigene Kraft entfaltet, und wir konnten jeder und jedem in seiner:ihrer Individualität unsere Wertschätzung entgegenbringen und diese mit neuer Intensität und Authentizität ausdrücken. Auch konnten wir ihnen Gottes Liebe mit Kraft und Zuwendung einzeln zusprechen.

Es wird in Zukunft eine spannende Herausforderung sein, diese positiven Erfahrungen mit der natürlich auch vorhandenen

Sehnsucht nach »großen« Festgottesdiensten zur Konfirmation zu verbinden.

3. Kirche ist da, wo Menschen sich zum Gottesdienst versammeln.

Wir lieben unseren schlichten, hellen und freundlichen Kirchraum. Aber er war und ist in Pandemiezeiten einfach nicht so zu gebrauchen, wie wir es kennen und wertschätzen. Nähe und Fülle, Unbefangenheit und Offenheit sind nicht möglich, wenn Menschen ständig maskiert und vorsichtig sein müssen, wenn Laufwege durch Pfeile gekennzeichnet sind und Abstand das oberste Gebot ist.

Aber auch an anderen Orten ist das Leben möglich! Unter freiem Himmel, auf dem Rasen vor der Kirche, in Gärten oder auf Plätzen. Diese Erkenntnis haben wir auf unsere Gottesdienstfeiern übertragen. Wenn draußen ein freieres Leben möglich ist, dann ist dort auch der Ort, an dem wir gemeinsam feiern, singen und beten möchten. Aus der Not wurde für uns eine Tugend. Nach den wunderschönen Konfirmationsfeiern in unserer Rasenkirche haben wir begonnen, dort auch unsere Sonntagsgottesdienste und Andachten unter der Woche zu feiern. Auf die Rasenkirche folgte die Rasenkathedrale vor unserem Gemeindehaus (dort ist mehr Platz) für die größeren Festgottesdienste. Unsere Gemeinde liebte es zunehmend, den Gottesdienst unter freiem Himmel zu feiern. Erweitert wurde die Gemeinde durch zufällig vorbeikommende Spaziergänger:innen und mitfeiernde Nachbar:innen, die nicht ins Kirchengebäude hineingegangen wären.

Durch diese Erfahrungen haben wir ein entspannteres Verhältnis zu unseren Räumen und Gebäuden und zu vertrauten Orten entwickelt. Es ist gut, sie zu haben. Aber sie sind nicht konstitutiv für gelingendes Gemeinde- und Gottesdienstleben. Es funktioniert andersherum. Wenn wir mit anderen zusammen eine Idee haben, wie wir das Leben gestalten wollen, dann findet sich immer auch der passende Ort. Dieser Blick schenkt uns Freiheit und setzt kreative Energien frei, die manche erschrecken, weil sie Veränderung bedeuten, die viele aber auch anstecken.

In den Menschen, mit denen und bei denen wir gefeiert haben, wurden ebenfalls Energien freigesetzt. Sie hatten Lust und Interesse daran, ihren Garten so einzurichten, dass dort Kirche sein kann. Der Strauß der Möglichkeiten ist bunt, das hat sich in den vielen verschiedenen Gärten auf beeindruckende Weise gezeigt.

4. Tristen Eindrücken können wir schöne Bilder entgegensetzen

Mit der Corona-Pandemie sind viele Bilder des Schreckens, der Angst und der Mutlosigkeit verbunden. Solche Bilder gibt es auch aus dem kirchlichen Kontext. Verschlossene Türe, abgesperrte Bänke, eine Flut von Hinweisschildern und Piktogrammen. Dazu kam das Verbot des gemeinsamen Singens, die Maskenpflicht und das demonstrative Vermeiden von körperlichem Kontakt.

Solche Bilder prägen. Sie stärken nicht, sondern wirken auf überwältigende Weise bedrückend. Die Macht der Bilder ist stark.

Unsere Sensibilität für die Bilder, die wir erzeugen, ist gewachsen. Von Ermutigung zu sprechen ist schwer, wenn die Bilder permanent eine andere Botschaft senden.

Welche Wirkung positive Bilder haben, das haben wir beim Feiern unserer Konfirmationsgottesdienste in privaten Gärten und unter freiem Himmel vor der Kirche gelernt. Das Blumenkreuz und die Girlanden, das offensichtlich liebevoll und sorgfältig vom Küster gestaltete Umfeld, das unbefangene Miteinander, das im kleinen und vertrauten Kreis möglich war, unsere Touren mit Fahrrädern, Talaren, Glocken und Blumenkreuz durch den Stadtteil, das alles waren mindestens so starke Verkündigungselemente wie das gesprochene Wort und die erklingende Musik.

Die Frage, ob die Bilder, die wir erzeugen, sich mit der Verkündigung des Gottes, der das Leben liebt, decken, oder ob wir aus Hilf- oder Ideenlosigkeit in Kauf nehmen, dass die Bilder unserer Botschaft widersprechen, hat in allen unseren Überlegungen erheblich an Gewicht gewonnen.

5. Türen und Fenster auf! Es geht immer etwas!

Diese Erfahrung, verbunden mit Entdeckerfreude und Gottvertrauen, nehmen wir auf unseren weiteren Weg in die Zukunft mit, in der wir weniger Sorgenfalten im Blick auf prognostizierte düstere Szenarien entwickeln, sondern fest davon überzeugt sind, dass es für die Herausforderungen und Veränderungen Aufbruchswege gibt, die man mit Lust und guten Erfahrungen gehen kann.

Das ist mit viel Aufwand verbunden, kostet Geld und braucht personelle Ressourcen. Wir haben gelernt, dass es richtig ist, gerade dann, wenn man wenig machen kann, das Wenige richtig gut (und schön!) zu machen. Dazu lassen sich haupt- und ehrenamtliche Kräfte sehr gut mobilisieren. Dafür lohnt es sich, finanzielle Mittel zu investieren. Und das unterstützen andere Menschen gern.

Vielleicht kann man es am Ende nicht besser zusammenfassen als unser Küster. Er sagte im Sommer nach einem Gemeindegottesdienst in unserer »Rasenkirche«: »Früher haben wir die Türen nach dem Glockenläuten zugemacht, damit wir nicht gestört werden und das Orgelspiel genießen können. Jetzt reißen wir die Türen und Fenster weit auf, damit wir und möglichst viele andere draußen die Orgel hören können. Ich find das gut.«

2.7 »Was uns stark macht« – Gottesdienst für Kinder und Familien rund um die Kirche

Hanna Dallmeier

Zeit: *2 Stunden an einem Nachmittag;*
zusätzlich Zeit zum Auf- und Abbau
Team: *mindestens 6 Personen*
Zielgruppe: *Kinder von 3–12 Jahren*
(bis 8 Jahre in Begleitung einer Bezugsperson)

Vorüberlegungen

Pandemie, Lockdown, Quarantäne – in dieser Zeit fehlte vielen Kindern Bewegung und Begegnung mit Gleichaltrigen. Um ihnen beides zu ermöglichen und zugleich größtmögliche Sicherheit zu gewährleisten, kann der Kindergottesdienst als Outdoor-Stationengottesdienst zu verschiedenen Themen rund um die Kirche durchgeführt werden. Für die Durchführung bedarf es eines Teams. Jüngere Kinder werden von Eltern/anderen erwachsenen Personen begleitet, um das Einhalten von Abständen zu gewährleisten. Für die Eltern stellt die Teilnahme in mehrfacher Hinsicht einen Mehrwert dar: Der ungezwungene Kontakt zu anderen Eltern am Rande der Stationen tut ihnen ebenso gut wie das Miterleben der biblischen Geschichten und das Mitfeiern der liturgischen Elemente mit ihren Kindern.

a) Ablauf

Ausgangspunkt ist nicht eine einzelne biblische Geschichte, sondern es wird ein thematisch-seelsorglicher Zugang gewählt: »Was macht Kinder (in der Pandemie) stark?« Rund um die Kirche sind Stationen aufgebaut, an denen jeweils eine biblische Geschichte erzählt und eine Aktion durchgeführt wird.

Durch die Stationen verteilen sich die Menschen auf dem ganzen Gelände. Es gibt keinen gemeinsamen Beginn und kein gemeinsames Ende: Innerhalb des angegebenen Zeitraums kommen Kinder und Familien zum selbst gewählten Zeitpunkt an und besuchen die Stationen im eigenen Tempo. Einzig die Richtung und Reihenfolge der Stationen ist vorgegeben (Laufzettel), um das Prinzip der Einbahnstraße einzuhalten. Beim Durchlaufen der Stationen erleben die Teilnehmenden einen vollständigen Gottesdienst.

Die Anfangsstation ist die Anmeldung, an der Personalia aufgenommen, Unterschriften für Bildrechte etc. eingesammelt werden. An dieser Station wird zugleich die Erste-Hilfe-Tasche aufbewahrt. Für den Fall, dass zu viele Kinder zeitgleich ankommen, wird Straßenkreide bereitgehalten: Die Kinder können malen, bevor sie nach und nach auf den Stationenweg geschickt werden. Zum Schluss sollen die Teilnehmenden wieder zu dieser Station zurückkehren und bekommen dort als kleines Abschiedsgeschenk eine Tüte Popcorn (passend zur letzten Station).

b) Gottesdienst in der Durchführung

Gerade Kinder und Jugendliche mussten in der Pandemie viele Einschränkungen hinnehmen: Schulschließungen, Notbetreuung im Kindergarten, eingeschränkte Besuchsmöglichkeiten bei Freund:innen und Großeltern. Das Thema wurde gewählt, um die Kinder an ihre Ressourcen heranzuführen und ihnen biblische Ermutigungsgeschichten auf den Weg zu geben.

Nach einem Eingangsteil mit Lied und Gebet durchlaufen die Kinder drei Stationen, in denen sie Zuspruch und Stärkung erfahren. Die letzte Station nimmt auch die Klage auf und verwandelt sie im Rahmen der Fürbitte, bevor die Kinder mit einem Segen entlassen werden.

Ablauf- und Materialskizze

Station (Ort)	Aktion	Bibelstelle/ Geschichte	Material
Anfang/ Ende (Eingang zum Gelände)	Begrüßung	--	– Anmeldung, Box für Zettel – Laufzettel – Straßenkreide (Weg bemalen) – Erste-Hilfe-Tasche – abgepackte Tütchen Popcorn
1 Kirche Westseite	Eingangsteil: Ankommen, Singen	Lied: *Halte zu mir, guter Gott* Gebet	– Liederheft I, 82 – Gebetswürfel
2 Kirche Nordseite	Schatzsuche (Perle finden im Sand): »Was war dein Schatz in der letzten Zeit?«	»Schatz im Acker und kostbare Perle« Mt 13,44–46	– Zettel: Was war besonders wertvoll in der letzten Zeit (dein »Schatz«)? – Aufkleben an Flipchart (Kreppband) – Muschelwanne – Sand, evtl. Schaufeln – bunte Perlen
3 Kirche Nordost	Mit der Perle: Armband aus Leder basteln	»Du bist schön« (Verse aus dem Hohenlied)	– Tische – Lederreste, Scheren – Locheisen – Stickgarn, Nadeln (Perle auffädeln)
4 Kirche Südost	Mit Pfeil und Bogen schießen (alternativ Ball werfen)	»Freundschaft macht stark«: Jonathan und David (1. Sam 20,1–42)	– Pfeil und Bogen – Luftballon-Bälle (mit Sand gefüllt)

Station (Ort)	Aktion	Bibelstelle/ Geschichte	Material

5 Kirche Südseite (windgeschützt)	Barfußpfad – Wüstenzeit: »Was war zum Murren in der letzten Zeit?« sowie Fürbitte und Segen	Wüstenzeit und Murren (2. Mose 16): Das Volk Israel auf dem Weg durch die Wüste ins Gelobte Land	– Papierzettel
			– schön dekorierte Box
			– Kerzen/Teelichte für Fürbitte
			– Lied: *Du verwandelst meine Trauer in Freude* (EGplus 106)
			– Barfußpfad: eine Reihe von Wannen, gefüllt mit unterschiedlichen Naturmaterialien:
			  – größere Steine
			  – Sand
			  – kleinere Steine/Kiesel
			  – Kiefernnadeln
			  – Pinienrinde
			  – Wasser
			  – Zapfen

Station 1

Begrüßung der jeweils ankommenden Kinder

Wir feiern heute Gottesdienst rund um die Kirche. Schön, dass ihr dabei seid! »Was uns stark macht« – darüber denken wir heute nach. Wir feiern und spielen und freuen uns, dass wir einander begegnen können. Hier an der ersten Station wollen wir singen und beten. Denn Gott ist da, der uns stark macht! Zu Gott beten wir jetzt mit unserem Gebetswürfel.

Gebet

Der Gebetswürfel ermöglicht in den kleinen, wechselnden Gruppen Partizipation: Ein Kind würfelt, ein anderes liest vor.

Lied | *Halte zu mir, guter Gott* (LH 82)

Was macht uns stark? Gott macht uns stark! Wenn es uns nicht gut geht, wenn wir weinen müssen, hält Gott zu uns. Und auch wenn wir fröhlich sind, ist Gott da: »Halte zu mir guter Gott – halt die Hände über mir …«

Station 2

Begrüßung der ankommenden Kinder

Willkommen zur zweiten Station. Hier gehen wir auf die Suche nach etwas Kostbarem. Jesus hat den Menschen immer wieder erzählt, wie das Himmelreich ist. Denn wo das Himmelreich ist, da ist auch Gott. Wie aber ist es denn, das Himmelreich?

Hört die Geschichte vom Schatz im Acker und der kostbaren Perle (Matthäus 13,44–46):

So erzählt Jesus:
Das Himmelreich ist wie ein Schatz: Der lag verborgen in einem Acker. Und ein Mensch fand ihn und versteckte den Schatz wieder, weil der Acker ihm nicht gehörte. Er freute sich sehr, dass er den Schatz gefunden hatte. Darum ging er und verkaufte alles, was er hatte. Mit dem Geld kaufte er den Acker. Nun gehört ihm der Schatz – niemand kann ihn mehr wegnehmen. So ist das Himmelreich.
Und eine andere Geschichte erzählt Jesus:
  Das Himmelreich ist wie ein Kaufmann, der gute Perlen suchte. Einmal fand er eine unglaublich kostbare Perle. Da ging er und verkaufte alles, was er hatte. Mit dem Geld kaufte er diese eine Perle. Und er war froh, denn so etwas Kostbares hatte er noch nie gehabt. So kostbar ist auch das Himmelreich.

Aktion

Das Himmelreich ist so kostbar wie ein Schatz oder so wertvoll wie eine besondere Perle.
  Denk an die letzten Wochen zurück: Was hast du erlebt? Was war für dich in dieser Zeit besonders kostbar? (*aufschreiben*) Auch du darfst heute einen Schatz suchen und eine Perle finden: im Sand ausbuddeln und mitnehmen.

Station 3

Begrüßung der ankommenden Kinder

Willkommen zur dritten Station.
Ihr habt eine schöne Perle mitgebracht. Zeigt mal her ...
So schöne Perlen!
Und jetzt seht euch mal selbst an, wie schön ihr seid!
Schau dich um zu dem Kind, das neben dir steht ...
Was findest du besonders schön?
Gibt es etwas, das du an dir selbst besonders schön findest?
Gott hat uns alle wunderbar gemacht! *(Gespräch)*
In der Bibel gibt es wunderschöne Gedichte.
Manche Gedichte beschreiben, wie schön und
wundervoll geschmückt ein Mensch ist.
Auch du bist schön! Deshalb lese ich dir ein paar Verse vor
(jedem Kind einzeln vorlesen):

Nach dem *Hohenlied* 1,10+15; 5,10–12 (Auszüge)

Für ein Mädchen:

Schön bist du!
Mit einem Band schön geschmückt,
mit einer Perle, die dich ziert!
Ja, schön bist du, meine Freundin!
Du bist so wunderschön!
Deine Augen sind wie zwei Täubchen.

Für einen Jungen:

Mein Freund,
schön geschmückt bist du und stark,
unter Zehntausend ragst du hervor.
Dein Gesicht glänzt wie reines Gold.
Weiß wie Milch sind deine Zähne,
wenn du lächelst.

Aktion

Nimm deine Perle. Du kannst sie verwenden, um dir an dieser Station ein schönes Lederarmband zu gestalten. Es erinnert dich daran: Du bist schön!

Station 4

Begrüßung der ankommenden Kinder

Willkommen zur vierten Station. Hier geht es um Freundschaft. Freundschaft macht stark. Wenn ich weiß, dass jemand zu mir hält, fühle ich mich stark ... *(Resonanzen)*
An dieser Station erzähle ich euch heute eine Freundschaftsgeschichte:

»Freundschaft macht stark«: Jonatan und David (1. Samuel 20,1–42)

Der Hirtenjunge David hatte für das Volk Israel gekämpft und den Riesen Goliath besiegt. So war er an den Hof des Königs Saul gekommen.
David konnte auch gut Harfe spielen. Immer wenn Saul traurig oder wütend war, spielte ihm David etwas auf der Harfe vor – dann ging es Saul besser.
König Saul hatte einen Sohn, der hieß Jonatan. Jonatan war der Prinz und sollte einmal König von Israel werden.
Aber Gott hatte schon zu David gesagt: Du wirst König von Israel.
David und Jonatan sahen sich oft am Hof des Königs. Jonatan liebte David. Und David liebte Jonatan. Sie waren eigentlich Rivalen, nur einer könnte König werden. Trotzdem wurden sie Freunde. Und echte Freunde halten zusammen.
Mit der Zeit wurde König Saul eifersüchtig auf David. David war überall beliebt.
König Saul hatte auch Angst, dass David einmal König werden würde und nicht sein eigener Sohn Jonatan. Deshalb wollte Saul David töten. Jonatan war sehr traurig als er davon erfuhr. Jetzt wusste er: Sein Freund David war in Gefahr! David musste fliehen.
Jonatan ging aufs Feld. Dort hatte er sich mit David verabredet. David sollte sich dort verstecken und auf das verabredete Zeichen warten: Jonatan würde drei Pfeile abschießen, die sein Diener wieder einsammeln sollte. Wenn Jonatan zu seinem Diener sagen würde: »Die Pfeile liegen hier näher bei mir«, dann hieße das, dass es keine Gefahr für David gab. Aber wenn Jonatan sagen würde: »Die Pfeile liegen weiter weg«, dann sollte das heißen, dass David fliehen musste.
David saß in seinem Versteck hinter einem Steinhaufen. Er sah Jonatan und sah, wie Jonatan die Pfeile abschoss. Dann hörte er, wie

Jonatan seinen Diener rief: »Schnell, geh und hole die Pfeile, die Pfeile liegen weiter weg.«
Der Diener lief los und holte die Pfeile. David aber wartete in seinem Versteck. Er hatte die Botschaft verstanden. Sie hieß: »Du bist in Gefahr, du musst fliehen.« David war sehr traurig. Er würde sich von Jonatan verabschieden müssen. Seinen Freund Jonatan würde er lange nicht mehr sehen.
Der Diener hatte Jonatan die Pfeile gebracht. Jonatan schickte ihn nach Hause. Jetzt waren er und David allein auf dem Feld. David stand auf und kam zu Jonatan. Sie umarmten sich lange und weinten. Ob sie sich je wiedersehen würden? »Geh in Frieden«, sagte Jonatan. »Wir werden immer Freunde bleiben, das haben wir uns geschworen.«

Aktion

Diese Station nimmt den Bewegungsdrang der Kinder auf: Pfeile abschießen, wieder einsammeln ... Auf die Sicherheit der Kinder ist dabei besonders zu achten!
Jonatan und David waren Freunde. Freundschaft macht stark!

Impulsfrage: Wie fühlst du dich, wenn jemand so etwas zu dir sagt: »Ich mag dich!« oder »Ich liebe dich!«? (Gänsehaut, Kribbeln ...)

Jonatan hat David das Leben gerettet, obwohl er sich gleichzeitig von David verabschieden musste. Um seinen Freund zu retten, hat er ihn weggehen lassen.
Als geheimes Zeichen hat Jonatan drei Pfeile abgeschossen, mit denen er David gewarnt hat. Auch du darfst jetzt mit Pfeil und Bogen schießen (*oder: mit sandgefüllten Luftballons werfen*).

Station 5

Begrüßung der ankommenden Kinder

Willkommen zur letzten Station.
   Manchmal ist das Leben nicht so schön. Gerade in den letzten Monaten gab es so vieles, was ihr nicht durftet, wo wir alle eingeschränkt waren – und ihr Kinder oft besonders.
   Da kann man auch mal ungeduldig werden und ärgerlich und ganz unzufrieden.

An dieser Station erzähle ich euch, wie die Israeliten mal ganz unzufrieden waren:

Wüstenzeit (2. Mose 16): Murren und Manna

Die Israeliten waren in der Wüste. Sie hatten großen Hunger, denn in der Wüste wuchs nichts. Und sie hatten nicht mehr genug zu essen dabei.

»Oh, mein Magen knurrt so, ich habe so großen Hunger. Wann gibt es etwas zu essen?«, fragten die Kinder. Aber die Mama konnte ihnen kein Essen machen, denn sie hatte auch nichts mehr.

Immer wieder sagten sie: »Wir haben so einen Hunger!«

Sie hatten Hunger, aber es gab nichts zu essen. Jetzt fingen alle an zu schimpfen und zu murren. Sie murrten, weil ihre Mägen knurrten.

Gott hörte die Israeliten. Er wusste, dass sie Hunger hatten. Gott wollte den Israeliten helfen. Deshalb sagte er: »Morgen gebe ich euch Brot vom Himmel.«

»Brot vom Himmel, was ist denn das?«, fragten sich die Leute. »Wie will Gott für so viele Menschen Brot schicken?«

Als die Israeliten am nächsten Morgen aufwachten und aus ihren Zelten herauskamen, da lag etwas auf dem Boden.

Es war weiß und klein und rund. Es sah ein bisschen aus wie Popkorn.

Die Israeliten probierten es. Es schmeckte wie Brötchen mit Honig.

»Was ist das?«, fragten sie. »Das ist das Brot vom Himmel, das Gott euch versprochen hat. Gott hat es euch gegeben. Sammelt davon, ihr könnt es essen.« Das taten die Israeliten.

Sie sammelten die weißen Körner. Sie nannten sie »Manna«. Und sie aßen sie. Es schmeckte sehr lecker. Und an jedem Tag, solange sie in der Wüste unterwegs waren, gab Gott ihnen das Manna. So hatten sie keinen Hunger mehr, weil Gott für sie gesorgt hat.

Aktion

Was hat dich in der letzten Zeit geärgert, was macht dich ungeduldig, worüber musstest du murren? Schreibe/male es auf einen Zettel. Wir legen alle Zettel in diese Box. Dort ist alles gut aufgehoben, was schwer ist.
Hier siehst du einen Barfußpfad: Da sind Steine, Kiefernnadeln, Fichtenzapfen. Wenn du barfuß darüber gehst, kannst du alles spüren, auch manches, was hart ist oder piekst ...

Fürbitten

Was schwer war, was schwer ist: Wir können es Gott sagen.
Hier sind Kerzen. Wir zünden eine Kerze an und wer mag, kann Gott etwas sagen oder um etwas bitten. Nach jeder Bitte sagen wir gemeinsam: »Gott, du hörst uns und machst uns stark.«

Lied | *Du verwandelst meine Trauer in Freude* (EG plus 106)

Segen

Gott segne dich.
Gott stärke dich.
Gott sei bei dir in allem, was du tust. Amen.

3. »Vermischte Formate« – Liturgien für zuhause, Spaziergänge, offene Kirchen, Podcasts

3.1 Wenn *eine:r fehlt!* – Ein Ritual zu Weihnachten

Susanne Paetzold

Hinführung

In kreativer und vielfältiger Weise sind in den letzten Monaten Angebote für Kinder und Familien zum Mitnehmen entstanden. In Kirchenräumen, an Kirchentüren, Treppenaufgängen und Zäunen hingen Papierrollen oder Tüten an Wäscheleinen. An anderen Orten waren Familien eingeladen, zu verabredeten Zeiten eine Gottesdienst-Tüte abzuholen.

Andere verwoben analoge Angebote mit digitalen Welten. In der Tüte steckte eine Anregung zum Gestalten und gleichzeitig ein Hinweis auf die Homepage mit einem Videofilm, auf einen Kindergottesdienst als Podcast zum Mitfeiern und Zuhören oder auf einen Link für einen Zoom-Gottesdienst.[146]

---

[146] Auf der Homepage »Kinder im Zentrum« der Innenstadtgemeinden in Hildesheim finden sich »Sternstunden« zum Hören. https://kinder-im-zentrum.wir-e.de/sternstunden-fuer-dich.

Nach einigen Lockerungen waren wieder Gottesdienste draußen auf Abstand möglich, ob zur gewohnten Gottesdienstzeit oder als neues Angebot am Abend mit Feuerschale.
Hier folgen beispielhafte Entwürfe für Gottesdienste zu Hause und draußen, unterwegs als Spaziergang, auf Abstand drinnen oder im Zoom.

Mit der Pandemie gingen Unsicherheit und Leid einher. Die Zahlen der Erkrankten auf den Intensivstationen und die Zahlen der Toten stiegen sprunghaft. Wie viele Familien mögen es sein, die Weihnachten unter dem Tannenbaum sitzen und traurig sind weil eine:r fehlt?

Deshalb galt es, ein Ritual entwickeln zu Weihnachten – nicht nur für die Zeiten von Corona – für diejenigen, die nicht mehr dabei sein konnten.

Einstimmung

Im Lukasevangelium wird uns die Geschichte
von Maria erzählt. Lange nachdem Jesus gelebt hat,
ist sie entstanden.
Der Erzähler weiß um die Auferstehung Jesu
und nimmt uns mit auf seinen Lebensweg:
Gott wird Mensch.
Mit diesem hoffnungsvollen Blick
können wir heute
davon erzählen.
Maria begleitet ihren Sohn bis zum Kreuz.
Mit unseren Schmerzen und
unseren Hoffnungen
stellen wir uns neben Maria.
Die ausgestreckten Arme Jesu
werden zu einer Segensgeste.
Segen fällt auch auf unser Leben.
Es ist Heiligabend.
Die himmlische Welt singt und tanzt.
Der Stern zeigt uns den Weg.

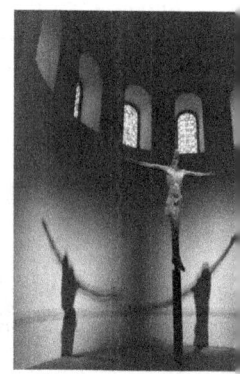

Foto: S. Paetzold
St. Michaelis, Hildesheim

Strohstern bauen – als Erinnerung an den:die Verstorbene:n

»Da liegt es, das Kindlein auf Heu und auf Stroh ...«.
Geschützt liegt Jesus in der Krippe.
Das Stroh hält ihn warm.

Aus Strohhalmen entsteht ganz leicht ein Stern.
Zwei Halme werden wie ein **Kreuz** übereinandergelegt.
Auf diese Mitte werden weitere Halme gelegt,
je nach Geschmack und Sternform.

Beim Bauen denken wir an dich.
Namen nennen.
Du fehlst.

Mit jedem Halm verknüpfen wir einen Wunsch,
eine schöne Erinnerung oder eine Hoffnung.
Mit jedem Halm,
mit jedem Stern verbinden wir unsere Wünsche.
Mit einem Faden werden die Halme fixiert.

Abwechselnd wird der Faden über und unter den Halm geführt, vorsichtig gestrafft und verknotet. Anschließend wird er mit einer spitzen Schere in Form geschnitten.

Zusammenkommen und Kerze anzünden

Ein Foto der:s Verstorbenen und eine Kerze liegen bereit.

Es ist Heiligabend.
Wir kommen als Familie zusammen.
Und du fehlst ... *Namen nennen* ...

Wir zünden die Kerze an
und denken an dich, N. N.
Wir stellen uns mit dir in Gottes Licht.

Am Weihnachtsbaum – Meditation

Der Weihnachtsbaum ist geschmückt und leuchtet.
Gemeinsam betrachten wir den Baum.
Er ist gewachsen, nicht überall gleichmäßig.
Er erzählt von einer immergrünen, ewigen Hoffnung.
Er schenkt Lebenskraft, Licht und Freude.
Mit manchen »Schmuckstücken« verbinden sich Geschichten.
Kindergeschichten oder Familiengeschichten.
Erinnert diese Geschichten.
Wir betrachten den Baum.
Einen Zweig schneiden wir vorsichtig heraus.
An diesen geschmückten Zweig hängen wir
unsere Hoffnungs-Strohsterne
und bringen ihn zum Friedhof.
Nun ist am Weihnachtsbaum eine Lücke.
Die Kerze/Lichterkette muss vielleicht anders gesteckt werden.
Für alle ist sichtbar – hier fehlt etwas!
Im leeren Raum wirkt der Baumschmuck besonders.
Wie fühlt es sich an?
Muss die Lücke gefüllt werden?
Die Zukunft liegt in Gottes Hand. Wir werden sehen.

Weihnachten feiern?! – Obwohl eine:r fehlt!?

Die Weihnachtsgeschichte erzählt nicht von einer heilen Welt.
Sie erzählt von Menschen ohne Wohnung. Sie erzählt von Menschen auf der Flucht und Menschen, die nicht wissen, was aus ihnen wird. Das alles schwingt mit, wenn Gott Mensch wird.
Ist ein Mensch aus der Familie gestorben, ist die Welt nicht mehr heil.
Es ist ein großer Einschnitt und alles wird anders.
Manche Not entsteht und Perspektiven fehlen.
Ein Jahr mit seinen Geburtstagen und Feiertagen wird neu durchlebt.
Rituale verändern sich und neue Formen müssen gefunden werden.
Weihnachten feiern?
Selbst wenn die Trauer noch so groß ist und einem nach feiern nicht zumute ist?
In der Zeit um Weihnachten mit den vielen freien Tagen können Emotionen aufbrechen:

Wut, Schmerz und Trauer. Geben Sie diesen Gefühlen ihren Raum und ihre Zeit.

Vielleicht freuen sich die Kinder doch auch ein bisschen auf Weihnachten?

Diese kindliche Freude kann ansteckend sein.

Wenn eine:r fehlt, stellt sich die Frage: Wie können wir feiern?

Denn es fehlt nicht nur die Person, es fehlen auch ihre Handlungen.

Diese Lücke kann nicht gefüllt werden.

Es kann und wird anders gehen.

Ein *neues* Ritual kann entwickelt werden.

Für alle neu und ungewohnt.

Was von dem alten, liebgewordenen Weihnachtsablauf können wir mitnehmen in das neue Ritual?

Was wird neu? Wie wollen wir gemeinsam neu auch jetzt Weihnachten feiern?

Dabei ist es gut, alle Familienmitglieder nach ihren Erwartungen und Bedürfnissen zu fragen und auch die Kinder aktiv miteinzubeziehen. Jede:r hat eigene Bedürfnisse und Vorstellungen und Ideen und das kann ganz praktisch sein:

Woran erinnerst du dich gerne? Was ist dir wichtig an unserem Weihnachten?

Wie wollen wir feiern? Was gibt es zu essen? Wie ist es gut für uns?

Wie viel Nähe und wie viele Menschen ertrage ich?

Wann stellen wir den Weihnachtsbaum ins Zimmer? Wer schmückt den Baum und wann?

Gehen wir in einen Gottesdienst? Feiern wir zu Hause allein?

Wie können wir uns den Ablauf des Tages organisieren:

Wer nimmt den Staubsauger, wer schmückt den Weihnachtsbaum, wer geht einkaufen?

Die Weihnachtsgeschichte setzt Menschen in Bewegung.

Maria und Josef, die Hirten und Weise aus fernen Ländern.

Bewegung öffnet.

Manchmal sind es nicht die guten Worte, die helfen.

Manchmal braucht es ungewohnte und sperrige Formen, die öffnen und heilen.

Haben Sie auf ihrem Weihnachtsweg gute Erfahrungen mit einem *neuen* Ritual gemacht,

würde ich mich freuen, wenn Sie davon erzählen und ihre Erfahrung teilen!

Segensbitte

Hände öffnen und laut sprechen:

> Gott segne und behüte uns.
> Gott lasse sein Angesicht leuchten über uns
> und sei uns gnädig.
> Gott gebe sein Licht in unsere Herzen,
> fülle unsere Lücken und
> schenke uns Frieden.
> Amen.

Zusatz: Am Grab

Es ist Weihnachten.
Wir kommen als Familie zusammen.
Und du fehlst ... *Namen nennen* ...

Wir bringen dir einen Zweig mit.
Einen Zweig aus unserem Weihnachtsbaum.
Wir legen dir unsere guten Wünsche hin.
Auf diese Weise sind wir mit dir und der Krippe verbunden.
Die Weihnachtsfreude im Himmel
verbindet sich mit unserer Weihnachtsstimmung.
Wir stellen eine Kerze daneben.
Wir zünden die Kerze an
und denken an dich.
Wir stellen uns in Gottes Licht.

Anhang: Kleine Anleitung für einen Strohstern

Material:
- 4 Strohhalme
- lauwarmes Wasser
- Messer
- Bügeleisen
- Faden
- Schere

Strohhalme in lauwarmes Wasser legen,
damit sie weich werden.

Halme mit dem Messer längs halbieren.

Abtrocknen und über dem Fingernagel
des Daumens glatt ziehen bzw. glatt bügeln.

Zwei Halme wie ein Kreuz übereinanderlegen.
Zwei weitere Halme dazu legen
und mit dem Faden umwickeln.
Einen zweiten Stern legen und
umwickeln.

Die zwei Sterne versetzt übereinanderlegen
und mit einem Faden verbinden.
Mit der Schere die Sternstrahlen in Form schneiden.

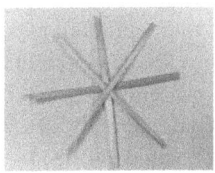  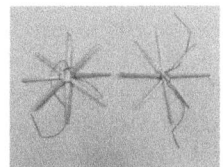

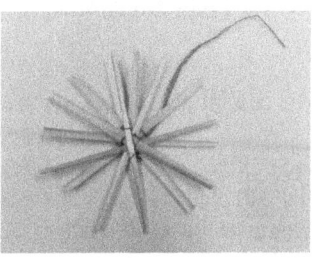

3.2 Augmented (Xmas-)Reality – Ein virtueller Weihnachtsspaziergang

Valentin Winnen

Umstände

Als die Idee für den virtuellen Weihnachtsspaziergang im Sommer 2020 entstand, war noch nicht abzusehen, wie Weihnachten im Coronawinter überhaupt würde stattfinden können. Das Worst-Case-Szenario hätte womöglich keinerlei Gottesdienste oder Krippenspiele – weder in- noch outdoor – zugelassen. Medial stand im Angesicht der Coronakrise und des Verzichts auf jegliche Präsenzgottesdienste in zahlreichen Gemeinden bereits die Diskussion um die Relevanz von Kirche im Raum – verbunden mit einem gewissen Druck, doch als Kirche endlich wieder wahrnehmbar zu werden. Auf diesem schwankenden Grund ist ein Angebot entstanden, das völlig unabhängig von den Umständen Weihnachten in die (Klein-)Stadt brachte.

Idee und antizipierte Zielgruppe

In den Wochen rund um Weihnachten zierten rund 100 grelle und großformatige (DIN A0) Plakate im Stil von Wahlplakaten die neuralgischen Publikumsschwerpunkte der (Klein-)Stadt. Je nach Farbe des jeweiligen Plakats – es gab die Plakate in den Varianten: gelb, grün, blau und pink – konnte über einen QR-Code eine kurze Krippenspielszene aufgerufen und auf dem Handy geschaut werden. Dabei waren die vier Krippenszenen so aufgebaut, dass sie jeweils eigenständig geschaut werden konnten. Das Schauen eines Videos (z. B. des Videos, dass sich hinter dem QR-Code der gelben Plakate verbarg) zog also bewusst nicht die Kenntnis der weiteren Videos (die hinter den QR-Codes der grünen, blauen, pinken Plakate hinterlegt waren) nach sich oder machte gar eine bestimmte Reihenfolge in der Betrachtung der Videos nötig. Auch mit Blick auf die jeweilige Länge der Videos (max. 3 Minuten) sollte eine gewisse Niedrigschwelligkeit erhalten bleiben.

Entsprechend der grellen Ästhetik der Plakate zielte auch die Ästhetik der vier kurzen Krippenszenen auf eine eher jüngere, mobile und digitalmedial affine Klientel: Konkret vielleicht Studierende oder andere Weihnachtsheimkehrer, die in der Weihnachtszeit ihre Eltern oder Großeltern in unserer (Klein-)Stadt besuchen. Und die sich mit ihren Familien dann womöglich gemeinsam auf einen Weihnachtsspaziergang begeben und diesen dann digital mit unseren Krippenszenen »anreichern«.

Realisierung, Resonanzen & Relevanzen

Eingespielt wurden die vier kurzen Szenen entsprechend der angenommenen Zielgruppe vorwiegend von Jugendlichen aus dem Jugendmitarbeiter:innenkreis der Kirchengemeinde sowie der Jugendkantorei. Ebenso lag die technische Umsetzung der Videos (Bearbeitung, Schnitt etc.) sowie die Plakatgestaltung in der Hand der Jugendlichen, die dieses Projekt deshalb auch nicht ohne Stolz als »ihr« Projekt begriffen haben.

Die Resonanzen, die wir in der Folge dieses Projektes erfahren haben, haben gezeigt, dass die niederschwellige und frei zugängliche Präsenz in der Stadt über die ins Auge gefasste Klientel hinaus auch Menschen angezogen hat, die sich im Corona-Winter 2020 fast vollständig zurückgezogen hatten. Für sie wäre der vielleicht obligatorische Weihnachtsgottesdienstbesuch zu diesem Zeitpunkt völlig undenkbar gewesen. Außerdem wurde durch das Angebot des *Virtuellen Weihnachtsspaziergangs* Kirche auch für solche Menschen im Stadtbild unübersehbar, die vielleicht gerade noch Kirchenmitglied waren oder es nie gewesen sind und zu Weihnachten (schon gar nicht unter Corona-Bedingungen) keinen Weihnachtsgottesdienst wahrnehmen würden.

Hier in diesem letzen Punkt – der unerwartet grellen, niederschwelligen Präsenz und Sichtbarkeit von Kirche in einer säkularen Gesellschaft – wird ein Aspekt deutlich, der diese Idee für Zeiten jenseits der Pandemiebedingungen relevant sein lässt. So schrieb uns jemand, der in der Kirchengemeinde sonst niemals in Erscheinung tritt via Facebook: »Euch allen frohe Weihnachten [...] Diese Aktion der St. Pankratius Gemeinde finde ich wirklich überragend, genau dieses positiven Zeichen [...] braucht es in diesen Tagen. Danke! PS: Der Barcode funktioniert und führt zu einem Krippenspiel auf YouTube. Klasse Aktion.«

Eine Szene (von vieren)

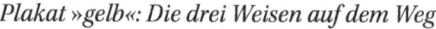

Plakat »gelb«: Die drei Weisen auf dem Weg

Rahmen A (Jugendkantorei) – Kachelvideo:
Herbei, o ihr Gläubigen – Alle SängerInnen (mit Stern als Accessoire) singen erste Strophe bis »Komm lasset uns anbeten ...« – Refrain wird gesummt, darauf beginnen die »Könige« zu sprechen. Könige erkennbar verkleidet. Stern digital eingeblendet.

X: Is' dat' noch wee(i)t?
Y: Ik jglaub' nich'.
Z: Da hind'n ... dat is' doch unsä Stern – oder wat?
Y: Janz deutlich, dat is' er.
X: ja' ... und da drundter. Wat' is' dat?
Z: Is' det 'n Stall oder wat?
X: n Stall? ... Jib's doch jar nich' – kann doch nich' ...

KUNSTPAUSE

Y: (G)Jott in 'nem Stall? Det' kannst'e dich nich' ousdenk'n ... wa'?

KUNSTPAUSE

X: Wat soll det denn ooch: (G)Jott inn'e Stall?
Z: ... jemütlich, is' det jedenfalls nich'
Y: nee, dete nu' wirch'lich nich' ...
Z: jup. KUNSTPAUSE Abä' wer het jesacht, dat det imme' so is', dat (G)Jott nur do(a) is', wo et jemütlich is'
Y: nee, det hat nu' och keener jesacht ... aber ... wenn ick (G)Jott wär' – ick wüd' et mich jemütlich mache' ...
X: Na denn is' ja jut, det du nich' (G)Jott bist – hömma' ...
Z: (G)Jott is' eb'n do(a), wo et nich' so jemütlich is'
X: Is' jo(a) och bessä', wenn (G)Jott be' dene' is, wo et nich' so juut häbbe' ...

KUNSTPAUSE

Y: (G)Jott in'ne Stall, ik gloob, mir knutschn 'n Kamel.
X: So, jetze abe' ma' weter. Sons' komma' da nie an.
Z: (G)Jott inne Stall ... na, de' het Humor.

Rahmen B (Jugendkantorei) – Kachelvideo: Herbei, o ihr Gläubigen – SängerInnen (aus dem Summen) singen: »Komm lasset uns anbeten ...«

3.3 Emmaus to go – Ein Gottesdienst mit Osterspaziergang

Birgit Mattausch, Jochen Arnold;
Musik: *Bettina Gilbert*

Hinweis: Dieser Gottesdienst ist verbunden mit einem längeren Spaziergang (eine Stunde). Daher ist es gut, wenn du einen Rucksack bereit hast und auch ein Stück Brot, das unterwegs verzehrt werden kann.

Glocken hören

Sagen

Eine:r: Jetzt sind wir da.
Ostermontag.
Manche von uns sind müde. Und manche hellwach.
Uns fällt das Leben gerade leicht, und es fällt uns schwer.
Wir wissen viel, und wir wissen nichts.
Sind beieinander und an verschiedenen Orten.
Wir sehnen uns nach Leben.
Und alle sind wir Menschen, die Gott brauchen.

Wir feiern im Namen des Vaters und des Sohnes und des Heiligen Geistes.
Amen.

Lied | *Wir stehen im Morgen* (freiTöne 95,1–2+5)[147]

Lesen aus Lukas 24

Eine:r liest vor:

An diesem Tag waren zwei Jünger unterwegs
zu dem Dorf Emmaus.
Es lag gut zehn Kilometer von Jerusalem entfernt.

---

[147] Dieser Song und alle weiteren sind abrufbar unter: https://www.michaeliskloster.de/in-zeiten-von-corona/gottesdienst-zeitgleich/2021-04-05-ostermontag.

Etwas tun

Pack deine Sachen und geh nach Emmaus.
Du brauchst:
Ein Stück Brot. Eine Flasche Wasser. Dein Handy.
Es gibt verschiedene Theorien dazu, wo das antike Emmaus lag. Wir hier gehen jetzt einfach einmal davon aus, dass es sich bei Emmaus um das heutige El Qubeiba handelt, eine kleine Stadt im Gouvernement Jerusalem (einem Gouvernement der Palästinensischen Autonomiebehörde) im Westjordanland.
Zu Fuß sind es von Jerusalem bis El Qubeiba/Emmaus etwa 14 km.

Wir gehen heute nur die letzten 3 km.

Die Idee, einen Ort zu einem anderen zu machen und eine Wegbeschreibung von hier nach dort zu übertragen, stammt von den Situationist:innen, einer Künstler:innengruppe aus den 60er Jahren.

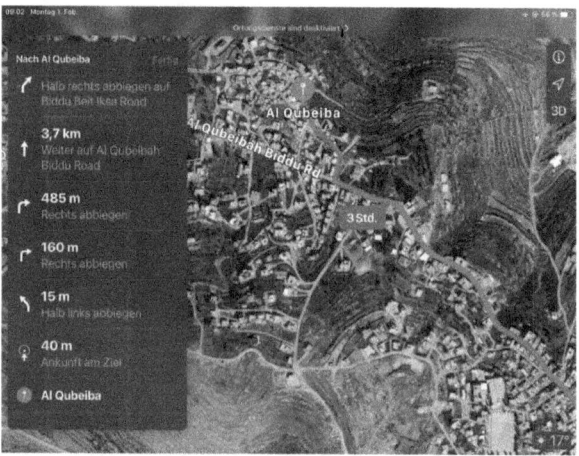

Beginne an deiner Haustür. Gehe die Straße entlang. 2 km weit. Wenn deine Straße früher endet oder abbiegt, dann ist das eben so. Du wirst den Weg schon wissen.
Mit Hilfe deines Handynavis oder einer Schrittzählerapp kannst du sehen, wenn die 2 km geschafft sind. Aber zählen geht auch: 2.000 Schritte oder 2.400 Schritte je nach Körpergröße.
Halte dann an.
Auf dem Weg kannst du ein arabisches Lied hören, der Sprache, die man in Palästina spricht.

Lied | *Erschein, du Heilger Geist*
(freiTöne 5, arabisch, Str. 1–3 deutsch)

Zum Hören: Mp3 © 2021 Michaeliskloster

Lesen aus Lukas 24

Eine:r liest vor:

Sie unterhielten sich über alles, was sie in den letzten Tagen erlebt hatten. Während sie noch redeten und hin und her überlegten, kam Jesus selbst dazu und ging mit ihnen. Aber es war, als ob ihnen jemand die Augen zuhielt, und sie erkannten ihn nicht.

Etwas tun

Schließ einen Moment die Augen. Wohin richten sich deine Augen, wenn du sie schließt? Was sieht dein inneres Auge?

Innehalten: Lied anhören oder mitsingen

Es ist der Weg nach Emmaus, Str. 1+2

Es ist der Weg nach Emmaus noch eine Reise wert,
weil es auch eine Rückkehr gibt, wie uns das Beispiel lehrt:
Der Herr ist auferstanden, ist wirklich auferstanden und
mitten unter uns.

Es ist der Weg nach Emmaus noch eine Reise wert,
weil Christus kommt und nach uns fragt und
uns die Schrift erklärt.
Der Herr ist auferstanden, ist wirklich auferstanden und
mitten unter uns.

Text: Dieter Trautwein, Musik: Peter Janssens –
© Peter Janssens Musikverlag, Telgte
Zum Hören: (mp3) © 2021 Michaeliskloster.
Ausführende: Til von Dombois, Bettina Gilbert,
Laurenz Hintz, Marlies Weymann

Biege jetzt rechts ab. Geh 485 m weit.

Lesen aus Lukas 24

Eine:r liest vor:

Jesus fragte sie: »Worüber unterhaltet ihr euch auf eurem Weg?« Da blieben sie traurig stehen. Einer von ihnen – er hieß Kleopas – antwortete: »Du bist wohl der Einzige in Jerusalem, der nicht weiß, was dort in diesen Tagen passiert ist?«
Jesus fragte sie: »Was denn?«
Sie sagten zu ihm: »Das mit Jesus aus Nazaret! Er war ein großer Prophet. Das hat er durch sein Wirken und seine Worte vor Gott und dem ganzen Volk gezeigt. Unsere führenden Priester und die anderen Mitglieder des jüdischen Rates ließen ihn zum Tod verurteilen und kreuzigen. Wir hatten doch gehofft, dass er der erwartete Retter Israels ist. Aber nun ist es schon drei Tage her, seit das alles geschehen ist. Und dann haben uns einige Frauen, die zu uns gehören, in Aufregung versetzt: Sie waren frühmorgens am Grab. Aber sie konnten seinen Leichnam nicht finden. Sie kamen zurück und berichteten: ›Wir haben Engel gesehen. Die haben uns gesagt, dass Jesus lebt!‹ Einige von uns sind sofort zum Grab gelaufen. Sie fanden alles so vor, wie die Frauen gesagt haben – aber Jesus selbst haben sie nicht gesehen.«

Biege wieder rechts ab. Geh 160 m weit.

Lesen aus Lukas 24

Eine:r liest vor:

Da sagte Jesus zu den beiden: »Warum seid ihr so begriffsstutzig? Warum fällt es euch so schwer zu glauben, was die Propheten gesagt haben? Musste der Christus das nicht alles erleiden, um in die Herrlichkeit seines Reiches zu gelangen?«
   Und Jesus erklärte ihnen, was in der Heiligen Schrift über ihn gesagt wurde – angefangen bei Mose bis hin zu allen Propheten.

Biege halblinks ab. Geh 15 m weit. Gehe von dort noch einmal 40 m in die Richtung, die dir sinnvoll erscheint.
Du bist da. Schau dich um.

Innehalten

Lied anhören oder mitsingen
Es ist der Weg nach Emmaus, Str. 1+2 (s. oben)

LINK (mp3), vgl. oben

Lesen aus Lukas 24

Eine:r liest vor:

So erreichten sie das Dorf, zu dem sie unterwegs waren.
Jesus tat so, als wollte er weiterziehen.
Da drängten sie ihn: »Bleib doch bei uns!
Es ist fast Abend, und der Tag geht zu Ende!«
Er ging mit ihnen ins Haus und blieb dort.
Später ließ er sich mit ihnen zum Essen nieder. Er nahm das Brot,
dankte Gott, brach das Brot in Stücke und gab es ihnen.

Etwas tun – nämlich: Beten und Essen:
Pack dein Brot aus. Und was du sonst noch dabei hast.
Brich das Brot in zwei oder mehr Teile.
Rieche mal dran.
Wenn ihr mehrere seid, macht das alle so mit eurem Brot.
Wenn ihr in einem Haushalt lebt,
könnt ihr es auch miteinander teilen.

Beten *(eine:r betet)*

Gott, ich bin/wir sind hier.
Danke für dieses Brot.
Danke für deinen Sohn Jesus Christus.
Jesus, sei bei uns und teile mit uns dein Leben.
Teile mit uns deine Kraft.
Und deine Liebe.
Amen.

Jetzt essen

Innehalten

Lied anhören oder mitsingen

Es ist der Weg nach Emmaus, Str. 1–3 (vgl. oben)

Str. 3: Es ist der Weg nach Emmaus noch eine Reise wert,
weil Christus bleibt, das Brot uns bricht,
die Einsicht uns beschert:
Der Herr ist auferstanden,
er ist wirklich auferstanden und mitten unter uns.

Sich ansprechen lassen

Eine:r liest vor:

Zwei auf dem Weg. Damals. Ganz dicht an Jesus dran.
Und doch weit weg.
So offen mit ihren Gefühlen, aber ihre Seelen blockiert.
Mir gefällt ihr Bitten.
Ihr hartnäckiges »Bleib bei uns«.
Wer traut sich das? Man könnte enttäuscht werden, oder?

Zwei auf dem Weg nach El Qubeiba, Emmaus in Palästina.
Ein kleiner Ort, fast vergessen.
Viel Hass und Krieg war dort.
Und doch bis heute: ein Wunder-Ort.
Wir wünschen Emmaus Frieden und halten einen Moment inne.

Lied | *Shalom chaverim* (EG 434)

Shalom chaverim, shalom chaverim, shalom, shalom,
Lehitraot, lehitraot, shalom, shalom.

(Übersetzung: Friede, euch Gefährten, bis zum Wiedersehen!)

Und ihr jetzt auf eurem Weg. An euren verschiedenen Orten.
Ihr habt diese Orte zufällig, situationistisch, gefunden.
Oder sie euch.
Zwischen Einfamilienhäusern. Oder am Waldrand.
Mit Blick zum Fluss. Oder zur Tankstelle.
Eure El Qubeibas, eure Emmause.
Gibt es eigentlich einen Plural von Emmaus?
Es muss ihn doch geben.
Für all die vielen Orte, an denen wir plötzlich wissen:
Wir sind nicht allein. Unser Schmerz, unsere Tränen:
Sie sind nicht das Ende.
Wunderorte.
Jetzt. Hier.
Und wir wissen:
Jesus ist da.
Wir Verwundeten werden heilen.
Wir Enttäuschten werden neu.
Leuchten wird, was dunkel war.
Denn er ist auferstanden.
Ist wahrhaftig auferstanden.

Lesen aus Lukas 24

Eine:r liest vor:

Da fiel es ihnen wie Schuppen von den Augen,
und sie erkannten ihn.
Im selben Augenblick verschwand er vor ihnen.

Sie sagten zueinander: »Brannte unser Herz nicht vor Begeisterung, als er unterwegs mit uns redete und uns die Heilige Schrift erklärte?«

Schau dich noch einmal um. Nimm dir einen Moment Zeit dafür. Nimmst du etwas Neues wahr?

Danken *(eine:r betet mit Psalm 103,2–3)*

Lobe den Herrn, meine Seele
und was in mir ist, seinen heiligen Namen.
Lobe den Herrn, meine Seele,
und vergiss nicht, was er dir Gutes getan hat.
Danke für das Brot und für die unsichtbare Welt.
Danke (ergänze, wofür du dankbar bist in diesem Moment,
an diesem Ort, jetzt, bzw. ergänzt gemeinsam)
Danke für Jesus, unseren Bruder.
Er ist bei uns auf dem Weg.
Geht mit uns
im Leben, im Sterben, im Auferstehen.

Wir beten, wie er es uns gezeigt hat:

Vaterunser *(alle, die da sind, gemeinsam)*

Lied | *Christ ist erstanden* (EG 99)

Etwas tun

Bevor du jetzt dann gleich aufbrichst: Lass etwas an diesem Platz zurück. Schreib mit einem Stein auf den Boden: »Der Herr ist auferstanden« – oder mit dem Finger in die Luft. Oder lege ein Stücklein Brot für die Vögel hin. Oder male mit Wasser ein Zeichen auf den Boden. Oder pflücke Blumen pflücken und markiere den Ort damit oder …

Lesen aus Lukas 24

Eine:r liest vor:

Sofort brachen sie auf und liefen nach Jerusalem zurück.
Dort fanden sie die elf Jünger beieinander, zusammen mit allen anderen, die zu ihnen gehörten.
Die Jünger riefen ihnen zu: »Der Herr ist wirklich auferstanden! Er hat sich Simon gezeigt!«
Da erzählten die beiden, was sie unterwegs erlebt hatten – und wie sie den Herrn erkannt hatten, als er das Brot in Stücke brach.
Geh zurück nach Hause. Nimm den gleichen oder einen anderen Weg. Geh so leicht du kannst.

Lied | *Go gently go lightly* (freiTöne 194)

Vor der Haustür:

Hände öffnen, Handflächen nach oben halten.

Segen *(eine:r bittet)*:

Gott, segne uns/mich.
Gott, behüte uns/mich.
Lasse dein Angesicht leuchten über uns/mir.
Sei uns/mir gnädig.
Erhebe dein Angesicht auf uns/mich.
Und gib uns/mir Frieden.
Amen.

Und/oder:
Einatmen. Ausatmen.
Brannte nicht mein/unser Herz?
Ich bin da und du bist da, Gott.
Danke.
Amen.

3.4 #wirsehenpfingstrot

*Julia Koll, Elisabeth Rabe-Winnen,
Hanna Jacobs, Birgit Mattausch*

a) Anlass der Entstehung und Verbreitung

In Uelzen, Hannover und Hildesheim machen sich vier Pastorinnen Ende April 2020 Gedanken darüber, wie sich Pfingsten in den sozialen Medien kreativ feiern ließe. Eine Zoom-Session später ist das Format #wirsehenpfingstrot geboren. Über die eigenen Social-Media-Kanäle und über den des Michaelisklosters Hildesheim verbreiten sie folgenden Text:

b) Impuls

#wirsehenpfingstrot
Am kommenden Sonntag ist Pfingsten.
Das Fest von Gott, Heiliger Geist.
Auf hebräisch heißt dieser Geist: Ruach.
Ruach ist stürmisch, und sie ist feurig – so erzählt es die Bibel.
Und: Ruach ist ROT.
Jedenfalls ist das die Farbe, die zu Pfingsten gehört.
Deshalb schlagen wir für diese Woche vor Pfingsten vor:
Achte auf das Rote.
Dokumentiere es unter dem Hashtag #wirsehenpfingstrot

Du könntest zum Beispiel alle roten Gegenstände in deiner Wohnung auf einen Haufen tun und den fotografieren.
Du könntest etwas kochen, das nur aus roten Zutaten besteht und das Rezept anschließend teilen.
Du könntest darauf achten, wo Rot anfängt und wo es aufhört: Wann ist Rot nicht mehr Rot, sondern Orange? Wann Braun?
Du könntest rote Bilder malen, jeden Tag mindestens ein rotes Kleidungsstück tragen, aus den Titeln aller roten Bücher in deinem Bücherschrank ein Gedicht schreiben, rote Musik machen …

Was will das werden? So fragen sich die Leute, nachdem Jesu Jünger:innen begeistert von Ruach über »die großen Taten Gottes« geredet haben. (Apostelgeschichte 2,12)

Wir haben keine Ahnung, was das werden will mit #wirsehenpfingstrot. Wir wissen nicht, was du auf diese Art herausfinden und erleben wirst – aber wir sind uns ziemlich sicher, dass Ruach ihre rote Freude daran haben wird.
Am Pfingstmontag schließen wir unser #wirsehenpfingstrot auf jeden Fall ab mit einem Zoom-Meeting, zu dem alle etwas Rotes anhaben sollen und wir miteinander mit roten Getränken auf Gott Heiliger Geist-Ruach anstoßen werden.

c) Resonanz

Die Resonanz war überwältigend. Unsere Social-Media-Timelines färben sich pfingstrot: Kinder mit knallroten Spielzeugautos, Erwachsene mit pinkfarbenem Nagellack, Professor:innen stapeln ihre 10 liebsten Bücher mit roten Einbänden aufeinander, feuerfarbene Blumen stehen auf Küchentischen. Im Laufe der Woche kommen auch immer mehr Posts dazu, in denen das Schmerzhafte am »Rot« zur Sprache kommt: Jemand postet zu einem Notfallseelsorgeeinsatz und den roten Rettungsfahrzeugen. Eine schreibt uns, sie brauche jetzt mehr Blau. Über 1500mal wird der #wirsehenpfingstrot in dieser einen Woche allein auf Instagram benutzt. Auch in vielen Pfingstpredigten und -liturgien, in der Gestaltung von kirchlichen und privaten Räumen spielt er eine Rolle. Und fast immer trägt dieses Spiel etwas aus im Nachdenken über das Wirken der Geistkraft in der Welt.

d) Resümé: Bleibender Impuls für die Zukunft des Gottesdienstes

Die Aktion zählt zum Feld der »paraliturgischen« Formate. Ein Foto zu posten, ist kein Gottesdienst im engeren Sinne, und doch wohnte dem Format #wirsehenpfingstrot ein gewisses zukunftsträchtiges gottesdienstliches Potenzial inne:

Liturgiedidaktisch wies die Aktion auf den rhythmisierenden reichen Schatz des Kirchenjahres hin, sie machte auf liturgische Farben und ihre Bedeutung aufmerksam.

Was die *liturgische Haltung und Partizipation* angeht, gingen Teilnehmende mit gesteigerter Aufmerksamkeit durch die Welt, suchten Rotes und brachten es ein. Sie versahen so Alltägliches mit religiöser Bedeutung, und zwar für sich und andere – ganz im Sinne von Schleiermachers Rede von der »*Circulation des stärker erregten religiösen Bewußtseins*«[148]

Partizipation wurde dabei denkbar leicht gemacht. Die Teilnehmenden bestimmten das Ausmaß ihres liturgischen Engagements selbst.

Unter den Follower:innen entstand eine *virtuelle Gemeinschaft auf Zeit*, teilweise aber auch dauerhafter. Man lernte sich durch wechselseitiges Folgen besser kennen und fühlte sich einander verbunden. Abgesehen vom Ursprungsimpuls und der Einladung zur gemeinsamen Abschlussaktion nahmen auch die Initiator:innen keine herausgehobene Rolle ein; jede:r Follower:in *war gleichberechtigt.* All diese Kriterien könnten für Gottesdienste der Zukunft wichtig werden. Egal, ob digital, analog oder hybrid.

---

[148] Friedrich Schleiermacher, Die praktische Theologie nach Grundsätzen der evangelischen Kirche im Zusammenhange dargestellt, hg. v. J. Frerichs, Berlin 1850, 75 und öfter.

3.5 Teppich der Erinnerung – Installationen im Kirchenraum zum Ewigkeitssonntag

Steffen Paar

a) Anlass und Entstehung

April 2020. Evangelische Kirche in Sülfeld (Nordkirche). Die Kanzel leer, Spinnen haben ihre Netze über die Altarkerzen gesponnen und auf den Bänken sammelt sich Staub. Einige Wochen zuvor hatte die Corona-Pandemie auch das kirchliche Leben der Kirchengemeinde Sülfeld/Holstein lahmgelegt. Das hätte sich die über 800 Jahre alte Backsteinkirche auch nie träumen lassen! Der gottesdienstliche Raum ist nun das Internet und das heimische Wohnzimmer.

Und die Kirche? Nicht, dass sie bisher unter der Woche ein gefüllter und genutzter Raum gewesen wäre. Als evangelisches Kirchengebäude hat man da noch eher seine Ruhe. Doch nun fehlen auch am Sonntag Menschen, vertraute Klänge, gesprochene und gedachte Worte. Der Raum liegt brach, unerschlossen mit Blick auf die Wirklichkeit Gottes und des Ausdrucks des eigenen Glaubens.

Die Pandemie erschütterte so manchen sicher geglaubten Halt. Blicke gingen nach vorne, nach innen und manche auch nach oben. Atem holen. Orientieren.

Ich stand in »meiner« Kirche, wie ich es immer tat. Schaute den leeren Raum an. Dachte nach. Fragen entstanden.
- Wohin führt dieser Leerraum?
- Was ist Gottesdienst/Verkündigung?
- Kann Kirche ohne Gottesdienst Kirche sein?
- Wie kann der Kirchraum für die Menschen da sein?

Und alsbald wanderten die Fragen in die Beine und Hände. Baumärkte waren ja offen. Weil die Menschen Material für ihr Zuhause brauchten. Und das Materiallager meiner Kirche sollte auch bestückt sein. Die Installationen entstanden.

Sie waren Antwortversuche auf diese Fragen und auf solche, die gar nicht gestellt waren. Raum für die eigene Lust am Experiment.

Ich bezeichne das Projekt gerne als »Das Mehr in der Kirche«. Es geht um das Sichtbarmachen des Mehrwertes, des Schatzes eines Kirchenraums. Und darum, den Menschen ein Gefühl zu vermitteln wie es zum Beispiel der Horizont am Meer vermag: den Blick weiten.

b) Allgemeines: der Rahmen

Das »Mehr in der Kirche« besteht aus zwei Komponenten. Gleichbleibend ist immer das Angebot, in der Kirche Kerzen in Sandschalen anzuzünden, ausgedruckte Predigten und CDs mit Audiomitschnitten der Onlinegottesdienste sowie Material für Groß und Klein mitzunehmen. Auf Stellwänden wird zum thematischen Schwerpunkt informiert.

Die andere Komponente ist die eigentliche Installation im Kirchenraum. Es handelt sich um eine kreative Arbeit, die sich am Kirchenjahr bzw. an den Jahreszeiten orientiert.

Zu jeder Installation gehören Schilder mit Fragen, die das Sichtbare weiterführen, hinterfragen und den Besuchenden herausfordern.

Die Installationen blieben jeweils zwischen einem und zwei Monaten bestehen.

Beispiele dafür waren z. B. Wolken aus Füllwatte zu Himmelfahrt, ein Zelt aus Rosenblättern zu Pfingsten, ein ganzer Tannenwald in der Kirche zu Weihnachten oder ein beleuchteter Gießkannenhimmel zur Passionszeit.

Die Kirche war immer täglich von ca. 7 bis ca. 21 Uhr geöffnet. Es gab keine Aufsicht.

Aufgrund der damaligen Hygienevorgaben konnte die Erstellung der Installationen nur im kleinen Kreis geschehen. Zusätzlicher Arbeitsaufwand war das Öffnen/Schließen der Kirche, das Nachfüllen der Materialien und ggf. kleinere Reparaturen an den Installationen.

In den Kollektenkasten konnte Geld für ein jeweils zur Installation passendes Projekt gegeben werden. Zwischen 1.000–3.000 Euro kamen so monatlich zusammen.

c) Projekt zum Totensonntag im November 2020

Die Gottesdienste zum Totensonntag mit dem Gedenken an die Toten waren schwer umzusetzen. Die Hygienevorschriften erlaubten mit Blick auf die vielen Verstorbenen eine zu geringe Anzahl an Menschen und Angehörigen. Die Witterung für Freiluftgottesdienste war unsicher.

Wie also konnten wir unserer Gemeinde der Verstorbenen gedenken und deren Angehörigen eine gute Herberge in ihrer Trauer- und Erinnerungsarbeit sein?

Das Bild des Teppichs diente als Hintergrund für die Installation zum Totensonntag. Die Erinnerung als Teppich, in den Menschen und Erinnerungen geknüpft sind, die auch nach dem Tod bleiben. Jede:r Einzelne hat solch einen Teppich, eine Gemeinde und eben auch die Kirche – als Gebäude wie als Gemeinschaft.

Für die Installation hatte ich zunächst mit transparenter Angelschnur Fäden über den Kirchenraum vom Eingangsbereich bis zur Kanzel gespannt. Angelschnur war überhaupt mein steter Begleiter bei allen Installationen!! An dieser hingen goldene Stoffstreifen (50 cm Länge, 10 cm Breite), die mit kleinen transparenten Klammern an den Angelschnüren befestigt waren.

Die Höhe war so gewählt, dass die rund 1.000 Stoffstreifen kurz über den Köpfen schwebten (ca. 180–200 cm Höhe bis zum Boden).

Angelschnüre, die quer zum Kirchenraum von Wand zu Wand hingen, hielten den Teppich auf Höhe. Das war deshalb wichtig, weil die Stoffstreifen im Gesamten ein ordentliches Gewicht hatten und die Angelschnüre im Laufe der Zeit nachgaben und sich ausdehnten.

Befestigt wurden die Angelschnüre an Pfosten, Emporen, Orgel, Fensterverriegelungen oder wieder gut zu entfernenden angebrachten Nägeln.

Zu diesem Zeitpunkt standen keine Bänke mehr in der Kirche, so dass der Teppich und alle Stoffstreifen von unten frei zugänglich waren. Stühle am Rand gaben die Möglichkeit, sich zu setzen. Während tagsüber das Sonnenlicht die sich leicht im Windhauch drehenden Streifen zum Glitzern brachte (die Kirchentüre war immer offen), tauchten abends Scheinwerfer von oben die Installation in ein rötliches Licht.

Die Vornamen der im Kirchenjahr verstorbenen Personen waren zusammen mit dem Todesdatum auf dickes gelbes Tonpapier geschrieben. In Herzform ausgeschnitten wurde ein Herz auf jeweils einen Stoffstreifen im unteren Bereich getackert. So waren Herzen wie Namen gut sichtbar. Aus Platzgründen hatte ich mich auf Vornamen und Todesdatum beschränkt und Angaben wie Wohnort, Familienname und Alter wie sonst hier beim Totengedenken weggelassen.

Auf einem Tisch im Eingangsbereich der Kirche lagen Papier und Stifte aus. Die Besuchenden konnten dort Vorname und Todesdatum eines Menschen notieren, um den sie trauern – unabhängig von Ort und Zeitpunkt.

Abschließend konnte das so beschriftete Papier in den Kollektenkasten gegeben werden. Jeden Abend entnahm ich diese Papiere und fertigte mit den Angaben Herzen an, die dann auf die Stoffstreifen getackert wurden.

Am Ende waren es neben den 50 Verstorbenen des Kirchenjahres noch weitere rund 450 Namen. Darunter waren ganze Familien, viele, die schon sehr lange verstorben sind, Namen von Haustieren und auch Namen einer jüdischen Familie, die im KZ hingerichtet wurde. Bei diesen Menschen hatte ich statt eines Kreuzes vor dem Todesdatum einen Davidsstern gedruckt. Bei einem muslimischen Menschen entsprechend den Halbmond mit Stern.

Neben dem Gedenken an die Verstorbenen war ein weiterer Impuls, sich angesichts des Todes mit der Endlichkeit und dem Leben vor/nach dem Tod auseinanderzusetzen.

Dem diente zum einen ein in der Kirche aufgestellter Sarg, Leihgabe einer Bestatterfirma. Ich hatte ihn so positioniert, dass er nicht sofort beim Betreten sichtbar war. Der Sarg war violett angemalt und innen mit Decke und Kissen versehen. Der Deckel stand neben dem Sarg. Drumherum lag getrocknetes Herbstlaub. Direkt vor dem Sarg ein leerer Stuhl, dabei eine Trauer- und Erinnerungsliturgie zum Mitnehmen. Das Hineinlegen in den Sarg war nicht verboten. Ich habe im Nachgang erfahren, dass manche das in unbeobachteten Momenten gemacht hatten und für sich so einen »körperlichen« Zugang gefunden hatten.

Zum anderen waren rund um den Sarg und in der Kirche Schilder mit Fragen aufgestellt, wie z. B.:
- Was sollte in Deinem Leben noch sein, damit Du zufrieden sterben kannst?
- Bist Du zufrieden mit Deinem Leben?

- Stell Dir vor, Du würdest nach dem Tod neben Gott auf einer Bank sitzen. Was würdest Du ihm erzählen?
- Verändert der Glaube an die Auferstehung von den Toten und ein Leben bei Gott Dein Leben jetzt?
- Wen müsstest Du noch besuchen oder sprechen, bevor es zu spät ist und es nicht mehr geht?

Auf der Stellwand stellten biblische Texte zu Tod, Sterben und Auferstehung die Sicht der Bibel vor Augen. Flyer informierten z. B. über Hospize, Patientenverfügung, Bestattungsvorsorge und kirchliche Bestattungen. Für Kinder lagen Bilderbücher und kleine Hefte mit Geschichten und Texten zum Thema »Abschied und Tod« zum Mitnehmen aus.

In den Kollektenkasten konnten Spenden für die Arbeit des ambulanten Hospizdienstes gegeben werden.

Spannend waren die Begegnungen von Installation und Gottesdienst. Mehrmals hatte ich unter dem Teppich der Erinnerung Beerdigungen gefeiert. Am Ende der Trauerfeier, bevor es mit dem Sarg oder der Urne auf den Friedhof ging, hatte ich das vorbereitete Papierherz, das zuvor auf dem Sarg/der Urne lag, genommen und dem Teppich der Erinnerung hinzugefügt. Der Blick nach vorne ging zum Leiblichen des:der Verstorbenen, der Blick nach oben in den gold gefärbten Himmel der Erinnerung und der Auferstehung.

d) Rückblick und Ausblick

In der Zeit ohne Gottesdienst bzw. mit Gottesdiensten, die in starkem Maße gemeinschaftlicher Aspekte beraubt waren, hatten die Installationen meine Kirche erfüllt – täglich. Vor der Kirchentüre parkten Fahrräder, Kinderwagen, Rollatoren. Innen wuselten – mit Abstand und Maske – Kinder, Erwachsene, Hunde, Gemeindemitglieder und noch viele andere mehr.
Am Wochenende etwas mehr als unter der Woche, abends mehr als vormittags.
Die Frequenz (50–200 abgebrannte Kerzen pro Tag) wie auch Rückmeldungen per Gästebuch, Telefon und Mail hatten uns als Kirchengemeinderat gezeigt, dass sich die Besuchenden mit den Installationen weit über Neugier und reines Gefallen hinaus, aus-

einandersetzten. Es war eine wahrhafte Herberge auf Zeit, Ort für Tränen und erste weitere Schritte.

Die Installationen sind in den Raum hineingefaltete Gedanken und begehbare Liturgien. Materialien und Worte gestalten die Botschaft.

Menschen entdecken und entfalten diese eigenständig als ihre Antwort. Darin kommt die Installation zu ihrem Ziel. Durch Zuspruch und Widerspruch wird das jeweils eigene Verhältnis zu dem in den Raum Gestellten gebildet. Und als Rückmeldungen wiederum prägen und verändern sie die Installationen im übertragenen wie auch konkreten Sinne.

Zugänglichkeit an allen Tagen der Woche, höheres Maß an selbstverantworteter Partizipation, Kinderfreundlichkeit, das Miteinander von konkreter Gestalt und gleichzeitiger Deutungsoffenheit waren bleibende und wertvolle Schätze. Vielleicht wie so eine Art in die Woche und in den Raum gestreckte Thomas-Messe, Open-Space, Baumarkt für die eigene Frömmigkeit.

Der Raum lädt zur Gottesbegegnung ein. Wie und ob diese geschieht, bleibt unverfügbar. Sowohl für diejenigen, die den Raum besuchen, als auch für mich als Urheber der Installation.

Mit den Installationen wird die Beziehung der Menschen zum Kirchenraum gefordert und gefördert. Hemmschwellen fallen und eine möglicherweise neue Selbstverständlichkeit wird entwickelt. Diese Beziehung zum Kirchengebäude hat einen hohen Wert für sich und kann außerdem auch Grundlage für eine weitere Gemeindearbeit und den Gottesdienst an und für sich sein.

Die Installationen wollen keinen gemeinschaftlich erlebten Gottesdienst ersetzen. Sie bilden ein eigenständiges Momentum bzw. eine Ergänzung, um den Segen von Kirchenräumen herauszukitzeln und Menschen zu einer Auseinandersetzung mit Gott und ihrem Glauben herauszufordern. Und das auch mit Blick auf leere Kirchenräume, den Relevanzschwund bisheriger Gottesdienstformate und den vielfach beklagten Mangel an Pastorinnen und Pastoren.

Hinzu kommt, dass die veränderten Bedingungen mit Blick auf Corona nun erlauben, für solch ein Projekt ein Team zu gewinnen: Menschen gestalten ihre Kirche, ihren Glauben und werden so selbst zu Verkündigerinnen und Verkündigern.

Und abends, wenn der Pastor die Türen geschlossen hatte, unterhalten sich Kanzel, Bänke und Spinnen. Die Kanzel erzählt von den vielen Füßen, die auf ihr standen und Menschen, die von dort Kirche ganz anders sehen.

Die Bänke sind etwas wehleidig, weil sie im Abseits sind und der Staub mehr wird.

Und die Spinnen über den Kerzen? Ihnen wurde es am Altar dann doch etwas zu trubelig. Nun wohnen sie in der ruhigeren Orgel. Sie erinnern vom Tag her viele leuchtende und staunende Augen von Menschenkindern.

3.6 Das Oeser Abendgebet[149] – Ein Podcastformat

Marco Müller

Gemeinschaft erfahren. Miteinander auf der Suche sein in Predigt und Gebet. Zusammenrücken in Krisenzeiten. Sich versammeln um Kreuz und Osterlicht ... Vieles von dem, was das Miteinander im Gottesdienst prägen konnte, schien im Frühjahr 2020 aufs tote Gleis geraten zu sein: Wo bleibt solche Gemeinschaft, wenn Gottesdienste abgesagt sind? Wie sucht man miteinander nach Wegen, wenn selbst beäugt wird, wer mit wem und wie vielen über die Straße geht? Wie rückt man zusammen, wenn Abstandsregeln Nähe verbieten und gemeinsam getragene Gebete nicht mehr stattfinden können?

Ich stehe am Altar der kleinen Dorfkirche. Die Kerzen sind entzündet, die Glocken läuten, aber die Bänke hinter mir sind leer. Niemand ist da außer ich selbst und die Hoffnung auf den, der dennoch lauscht und trotz allem »alle Tage bis ans Ende« begleitet. Als »Kanal zur Gemeinde« liegt mein Smartphone vor mir auf dem Altar; daneben ein Notizzettel mit dem, was ich denen sagen will, die eine Viertelstunde später eine Sprachnachricht per Whatsapp erhalten.

»Ihr Lieben, es ist Abend. Die Abendglocken läuten, ihr hört sie quer durchs Dorf und nun auch noch einmal hier auf dem Handy. Teilt ihr mit mir das Erleben dessen, was passiert? Den Blick auf die weltweite Krise ...? Ratlosigkeit und Sorge? Mir fehlen heute kluge Antworten. Euch auch? [...] – Heute möchte ich mir Worte leihen. Gebetsworte aus dem alten Israel. Ein Psalm, der die Zeiten überdauert hat. Ich möchte mit euch beten ...«

Digitalisiertes, konserviertes Gebet? Ist das noch Gebet, kann es wieder dazu werden? Und dann dieser ungefragte »Duz«-Ton? Ist der nicht zu vereinnahmend? Was ist von »Ihr Lieben« zu halten? Eine ernsthafte Alternative zu »Liebe Gemeinde«? Und das

---

[149] Alle Folgen des »Oeser Abendgebets«, die zwischen November 2020 und Mai 2021 aufgenommen wurden, stehen bei Apple, Google, Spotify oder unter https://redcircle.com/shows/abendgebet-aus-oese als Podcasts zum Anhören bereit. Unter https://youtu.be/4JqvxL29Dqw wird das Projekt vorgestellt.

Medium? Whatsapp – Facebook – Meta, ist das nicht alles ausgesprochen problematisch?

Die Fragen haben ihr Recht und ein Stück weit sind die blauäugigen Anfänge des Projektes auch der Spontanität und der Unwissenheit geschuldet; später wurde manches professioneller im »Oeser Abendgebet« – jener täglichen Andacht, die wir ab dem 28. März 2020 täglich um 18 Uhr aufzeichneten und versandten, wenn die Glocken verstummt waren. An manchem hielten wir bewusst fest; auch weil es zu einem Erkennungsmerkmal geworden war. Die Whatsapp-Broadcastingliste erwies sich trotz aller Bedenken als unkomplizierter Weg. Wer das Abendgebet als Sprachnachricht erhalten wollte, meldete sich mit der eigenen Mobilnummer an und wurde in die Liste aufgenommen. Schon bald hörten Abend für Abend doppelt so viele das Abendgebet, wie sich sonntags üblicherweise in der Kirche getroffen hatten. Die täglich kommenden Andachten wirkten der Einsamkeit vieler entgegen und begannen, eine virtuelle Gemeinde zu formen. Vier bis fünf Minuten dauerte die »Andacht-to-go« zunächst, später nahmen wir uns vor, nicht länger als 10 Minuten zu werden.

Zu viert arbeiteten wir an dem Projekt über die Gemeindegrenzen hinweg: Gemeindediakonin Christiane Schult und Friedenspädagoge Michael Freitag-Parey von der Gedenkstätte Lager Sandbostel, die Bremervörder Hospiz-Pastorin Anja von Issendorf und ich selbst, der Oeser Dorfpastor. An insgesamt 230 Abenden meldeten wir uns während der Lockdowns bis zum Sommer 2021. Aus den reinen Gebeten wurden Meditationen, gedankliche Suchen nach Antworten auf aktuelle Fragen, die die Tage uns gestellt hatten: Das Titelbild einer Zeitung oder das imaginierte Bild einer zum Zerreißen angespannten Gesellschaft. Persönliche Perspektiven wurden eingebracht, wir erzählten von der Leber weg, wie unser eigener Glaube auf die Probe gestellt wurde und wo er uns half, der Krise zu begegnen. Wir weiteten unseren Horizont und erfuhren, wie die Pandemie im Hospiz erlebt wurde, reflektierten Geschichten aus der Gedenkstätte Lager Sandbostel im Licht der Gegenwart.

Wichtig schien, so hörten wir immer wieder, dass alle Antwort-Versuche von der Haltung getragen waren, die eigene Meditation und Verkündigung nicht über alles zu setzen. Wir wagten, offen von Zweifeln zu sprechen und wollten trotz allem festhalten am Glauben. Im Grunde ist all das nichts Revolutionäres für Menschen, die ihren Lebensweg als Christ:innen zu gehen versuchen. Deshalb überraschte uns, wie groß die Dankbarkeit vieler für solche Offenheit war – wieso erfahren Menschen Kirche offenbar viel zu oft als zu selbstgewiss, zu abgehoben, zu unnahbar? Riesig erschien uns das Bedürfnis vieler, an die Hand genommen zu werden mit einem schlichten Gebet: »Kommt, auch ich muss nach Worten suchen. Aber verzichten will ich darauf nicht, ich will den Zweifeln trotzen! Lasst uns beten ...«

Immer wieder erreichten uns kurze Reaktionen – in dieser Hinsicht erwies sich der direkte Draht per Whatsapp als Segen: »*Ich gehe sonst nie zur Kirche. Die ist mir immer zu weit weg, zu abgehoben und hat zu wenig mit mir zu tun. Im Abendgebet ist das anders. Da fühle ich mich verstanden und werde mitgenommen. Ich höre das manchmal sogar mehrmals ... Und ich leite es weiter.*«

Ob die paradoxe Nähe, die das Medium schafft, weil Stimme und Gebet so verfügbar sind, dazu beiträgt sich einzulassen auf das, was man sich nie selbst sagen kann? Mit einem Segen endete jedes Abendgebet: »*Es segne euch GOTT, der Allmächtige und Barmherzige. Der jeden Morgen seine Sonne aufgehen lässt über dieser Welt. Der uns frei macht von Sorge und Angst, weil ER für uns sorgt und unseren Raum weit macht. Der uns belebt mit Licht und Wärme und seiner Liebe.*«

Podcast als neues Medium fürs Abendgebet

Der Kreis der Empfänger:innen wuchs schnell weit über die Gemeindegrenzen hinaus. Eine kurze Nachricht an die »Anmelde-Hotline« reichte, um der Verteilerliste hinzugefügt zu werden. Whatsapp wirkte nicht abschreckend, sondern anziehend aufgrund des so niedrigschwelligen Zugangs und weil es als Medium ja ohnehin etabliert war. »Ich gehöre doch noch nicht zum alten Eisen«, ließ eine 80-jährige Witwe wissen, als sie stolz davon berichtete, wie ihr Enkel ihr geholfen hatte, das Smartphone zu konfigurieren. Nach einem dreiviertel Jahr hatten wir mit einfachsten Mitteln über 250 direkte Abonnent:innen erreicht. Viele ließen wissen, dass sie das Abendgebet an Freunde und Bekannte weiterleiten. Lernen mussten wir, dass Broadcastinglisten auf 256 Teilnehmer limitiert sind. Eine Alternative musste gefunden werden.

Wirklich niedrigschwellig im besten Sinne des Wortes wurde das »Oeser Abendgebet«, als es ab Januar 2021 über die großen

Podcasting-Plattformen verbreitet wurde: Spotify, Apple, Google, Amazon etc. Nicht inhaltlich wurde es flacher, wohl aber senkte sich noch einmal die Schwelle des Zugangs, weil für das Hören im Auto auf dem Heimweg von der Arbeit, beim Hunde-Spaziergang oder vor dem Einschlafen nun eben keine persönliche Anmeldung mehr nötig war.  Schade, dass damit jener direkte Reaktionsdraht verlorengehen musste; und zugleich: Was für eine Chance, sozusagen ganz unaufdringlich ein Fenster offenstehen zu lassen, durch das hindurch jede:r etwas mitbekommen konnte von dem »Sound«, der in der Gemeinde herrscht! Ganz nebenbei entstand so ein Archiv des Gesagten in Zeiten der Pandemie.

Podcasting – Kein Hexenwerk, keine Zauberei

Um einen Podcast anzubieten, benötigt man eine Hosting-Plattform. Mit beispielsweise »anchor.fm« oder »redcircle.com« sind zwei Anbieter verfügbar, die produzierte Audiodateien kostenlos und dauerhaft auf ihren Servern hinterlegen. Bei Einrichtung des Projekts muss einmalig der gehostete Podcast bei den gewünschten Wiedergabe-Plattformen angemeldet werden – von da an stehen hochgeladene Folgen bereits Minuten nach dem Upload automatisch in allen entsprechenden Playern zur Verfügung. Jede Folge lässt sich mit Titel, Bild und einer Beschreibung versehen – und mit einem Veröffentlichungsdatum. Erkenntnisreiche Einsichten gestatten einem die Analyse-Tools des Host-Anbieters. Durch sie erfährt man, wo im Land (und weltweit) der Podcast abgerufen wird, welche Folgen ganz besonders oft gehört werden und u. U. auch, an welchen Stellen eines Textes mehr Hörende dazu neigen, auszusteigen.

Mit dem Schritt in die »echte« Podcastwelt wuchs unser Ehrgeiz, an der Audioqualität zu arbeiten, das beibehaltene »Musikbett« aus Glockenklängen der alten Dorfkirche besser unter die gesprochenen Texte zu mischen oder auch Musik in die Abendgebete zu integrieren. Die Aufnahmen mit Smartphone allein vor dem Altar der leeren Kirche gehörten fortan der Vergangenheit an. Ausgezeichnet eignet sich für diese Arbeiten ein semiprofessionelles Audio-Schnittprogramm namens Audacity 3.1.3. Es steht für Windows- und Mac-Plattformen kostenlos zur Verfügung.[150] Deutschsprachige Hilfe-Seiten und viele Video-Tutorials machen einem den Einstieg denkbar leicht. Investieren sollte man in ein professionelles Mikrofon mit USB-Anschluss, um direkt mit dem Audioprogramm am PC aufnehmen zu können. Dieses Equipment kostet zwischen 100 und 200 Euro. Wer zudem den (meist erst auf der Aufnahme wahrzunehmenden) störenden Hall des heimischen Arbeitszimmers reduzieren möchte, kann sich mit schallabsorbierenden Noppenschaumstoffplatten günstig eine kleine Aufnahmeecke selbst bauen.

Die Wiedergabe von Musik ist mit Sorgfalt zu planen, weil bei der Nutzung von Musik lizenzrechtliche Fragen zu klären sind, wenn sie nicht ausdrücklich lizenzfrei zur Verfügung gestellt wird.[151] Bei der GEMA kann man solche Lizenzen zu überschaubaren Kosten erwerben.[152] Seit August 2021 ist im Urheberrecht zudem festgelegt, dass man Musikstücke (oder auch Filmausschnitte) in einer Länge von bis zu 15 Sekunden ohne Weiteres widergeben darf – interessant, um bspw. Gedanken zu einer Liedpassage mit der kurzen, zitierenden Einblendung derselben zu belegen.[153] Mit Audacity 3.1.3 lassen sich solche Zusammenschnitte kinderleicht produzieren.

»Das geöffnete Fenster«

Glaube ist nie fertig, Glaube wächst und gerät ins Schlingern, er hält sich an Strohhalmen fest und staunt, dass Gott solche Halme nicht zerbrechen lässt. Ob wir als Verkündigende gut daran täten, solche aus dem (Glaubens-)Leben gegriffene Wahrheiten klarer zu bekennen, statt größten Wert darauf zu legen, dogmatische Richtigkeiten zu verbreiten? Viel zu oft ertappe ich mich selbst dabei, sozusagen am falschen Ende anzufangen mit der Erarbeitung von Liturgie und Predigt. Selbstverständlich sind diese Pole vereinfacht skizziert und sie sind auch nicht einmal gegen-

---

[150] https://www.heise.de/download/product/audacity-5660.
[151] https://www.medienrecht-urheberrecht.de/urheberrecht/249-podcast-gema-und-lizenzen-haeufig-gestellte-fragen.html.
[152] Die monatliche Vergütung bei bis zu 2 Musikminuten pro Podcast-Folge liegt bei 10 Euro, solange die Abrufzahl aller (!) Podcast-Folgen 10.000 pro Monat nicht übersteigt; vgl. https://www.gema.de/musiknutzer/tarifuebersicht/podcasting/.
[153] https://www.bundesregierung.de/breg-de/suche/urheberrechtsreform-1845042.

einander auszuspielen! Wohl aber müssen sie mindestens miteinander ins Gespräch geraten – offen und erhellend, um Frucht zu tragen. Erst so kämen dann die höchsten theologischen Wahrheiten zu ihrem Recht mitten im Leben! Denn die dort gestellten Fragen haben den Takt anzugeben für die theologische Reflexion. Ein Jahr mit dem »Oeser Abendgebet« hat uns gelehrt, wie groß die Sehnsucht vieler Menschen danach ist, an die Hand genommen zu werden im Glauben-Wollen und Zweifeln-Dürfen und aufgrund dessen erst recht im trotzigen Beten. Wer solche Sehnsucht spürt, wagt womöglich in den seltensten Fällen den geraden Weg in den sonntäglichen Gottesdienst. Aber er oder sie könnte versucht sein, einen Moment vor dem geöffneten Fenster eines auch künftig veröffentlichten, regelmäßigen Gemeinde-Podcasts stehenzubleiben, aus dem herauszuhören ist, wie in einer Gemeinde geglaubt und gezweifelt, gefeiert und getanzt werden kann: verlässlich einmal pro Woche, verbunden mit einem Veranstaltungskalender, einem Mitarbeiter-Interview, Musik der Kirchenmusikerin, Gebet und Segen …

4. Gottesdienst zeitgleich – Zuhause feiern und etwas tun

Das Format »*Gottesdienst zeitgleich*« entstand innerhalb weniger Tage nach dem ersten Lockdown 2020 als liturgischer Impuls des Michaelisklosters. Das Team des Arbeitsbereichs Gottesdienst und Kirchenmusik, insbesondere Elisabeth Rabe-Winnen, hat die Idee entwickelt, Gottesdienste zuhause damit nachhaltig zu fördern. Die ausformulierten Liturgien ermöglichen es auch »Ungeübten«, spontan eine häusliche Andacht bzw. einen Gottesdienst zu feiern. Kinder können durch die klar abgesetzten Leseteile gut aktiv beteiligt werden.

Charakteristisch sind eine Einstimmung auf den Tag, ein Gebet, mindestens ein biblischer Text mit Auslegung sowie die Aktion »etwas tun« und ein Segen. Auf der Website konnte zu den Liedern, meist von Bettina Gilbert eingespielt, ein Playback (mit Singstimme) gehört und abgespielt werden, so dass das Singen zuhause gut unterstützt war.

4.1 Wie die Idee entstand und was davon bleibt

Elisabeth Rabe Winnen

Wir sind verbunden, auch wenn es niemand sieht.
Wir sind verbunden, ganz gleich was auch geschieht.
(aus »Verbunden« von Jil & Til von Dombois)

»Wir beten – verbunden mit der ganzen Christenheit auf Erden.« Dieser Satz erklingt in vielen Gottesdiensten in vielen Kirchen. Er leitet dann das gemeinsame Vaterunser ein, das von einladendem Geläut begleitet wird. Das Format »Gottesdienst zeitgleich« folgt dieser Idee der Verbundenheit und verlegt die Feier in den privaten Raum: Hausgemeinschaften oder einzelne Personen zuhause sollten anhand einer Liturgie Gottesdienst feiern können. Vielleicht würden im Ort zur gewohnten Zeit die Glocken läuten, und die Menschen in ihren Stuben, an ihren Küchentischen, auf ihren Sofas oder auf den Fußböden gemeinsam – also *zeitgleich verbunden* – feiern.

Der Sonntag Okuli (15. März 2020) war der erste Sonntag im Shut-Down und somit der erste Sonntag, an dem Pastor:innen, Prädikanten, Lektorinnen und Gottesdienst-Teams andere Formen für den Gottesdienst fanden. Dazu gehörte auch »Gottesdienst zeitgleich«, der über Social-Media-Kanäle geteilt worden war. An diesem und weiteren Sonntagen landete die Liturgie von »Gottesdienst zeitgleich« bei Menschen in Briefkästen oder wurde an Wäscheleinen vor Kirchen und anderen Punkten in Ortschaften aufgehängt, auf Homepages von Kirchengemeinden online gestellt oder als Grundlage für digitale Formate genutzt. Die Verantwortlichen nutzten dabei die Liturgie, um sie jeweils an die Gegebenheiten vor Ort anzupassen oder sie mit Texten und Impulsen zu füllen. Das Team des Michaelisklosters stellte mit Texten, Liedern und Impulsen gefüllte Entwürfe auf der Homepage des Michaelisklosters zur Verfügung.

Was bleibt von diesem Impuls?

Für mich ist es ein Dreifaches:

1. »Gottesdienst zeitgleich« hat dies – wie in anderer Weise Zoomgottesdienste – gezeigt und ans Licht gebracht: Jeder Raum kann geistlicher Raum sein, an dem nicht nur ich selbst in meinem Kämmerlein bete, sondern in Gemeinschaft. Dies kann entweder in der Hausgemeinschaft oder in gleichzeitiger Verbundenheit oder in Gesellschaft derer geschehen, die wie ich in der Kachel des Zoom und zugleich auf dem Sofa sitzen.
2. Das Format hat die Mündigkeit der Christ:innen betont. Dies geschieht gleichsam – aber auch anders als in Zoomgottesdiensten, deren Chatfunktion die Beteiligung durch eigenes Beten leichter ermöglicht. Diejenigen, die den »Gottesdienst zeitgleich« in ihren Häusern feiern, werden analoge Gottesdienste nun auch mit einer anderen (mindestens innerlichen) Beteiligung feiern. Deshalb sollten wir fragen: Wo und wie können Formen der Partizipation, die dem Menschen, der sein Leben und damit auch die eigene Spiritualität gestaltet, in den unterschiedlichen Formen von Gottesdienst gesucht, gefunden, umgesetzt werden?

3. Die Verbindung von Gottesdienst und diakonischem Handeln hat sich neu entfaltet. Manche Familien feiern weiter Abendrituale auf der Bettkante. Manche Kolleg:innen verteilen weiter Gottesdienstentwürfe in Briefkästen bei denen, die nicht mehr in die Kirche gehen können. Manche Gemeinden hängen zu bestimmten Anlässen weiterhin (Kinder-)Gottesdienste an Wäscheleinen. Auch hier bewahrheitet sich: Die Vielfalt wird größer und das Angebot entspricht der sich verändernden Nachfrage von Menschen, die bisher nicht oder nicht mehr in Kontakt mit Gottesdienst und Kirche sind oder nicht mehr sein können.

4.2 Die erste Staffel: Frühjahr 2020

4.2.1 Palmsonntag: *Ausgebreitete Kleider*

Birgit Mattausch, Elisabeth Rabe-Winnen

Glockengeläut • Kerze entzünden • Einstimmung

(für sich lesen oder eine:r in der Hausgemeinschaft liest vor)

Die Glocken läuten und rufen zum Gebet.

Es ist der Sonntag vor Ostern.
Es ist der Beginn der Karwoche.
Jesu letzte Woche auf unserer Erde.

Es ist der Sonntag vor Ostern.
Palmzweige lassen Gottes Geist wehen.
Eselfüße auf Leinen.
Der Sand hängt in den Kleidern.

Es ist der Sonntag vor Ostern.
Sand hängt in meiner Seele.
Ich wünsche mir dich an der Seite:
Dich, meine Freundin am anderen Ende der Republik.
Dich, meine Mutter allein zuhause.
Dich, meinen Gott,
der seinen Geist wehen lässt durch meine Haare
Und ich wiege mich im Takt der Eselschritte.

Wir sind versammelt. An unterschiedlichen Orten.
Zur gleichen Zeit. Im Glauben.
Wir feiern in Gottes Namen. Im Namen des Vaters und
des Sohnes und des Heiligen Geistes. Amen.

Gebet zur Einkehr und zur Verbundenheit miteinander an verschiedenen Orten

(eine:r betet für sich oder alle in der Hausgemeinschaft beten gemeinsam laut)

Gott.
Ich bin hier.
Und du bist hier.
Ich bete zu dir.
Und weiß: Ich bin verbunden.
Mit dir.
Mit anderen, die zu dir beten.
Genau jetzt.
Genau so.
Es ist Palmsonntag.
Mit Jesus gehe ich in diese Woche.
Gott.
Ich bin hier.
Und du bist hier.
Das genügt.
Und ich bringe dir alles, was ist.
Stille
Höre auf unser Gebet.
Amen.

Evangelium aus Johannes 12,12–19: Jesu Einzug in Jerusalem

Lied | *Wie soll ich dich empfangen* (EG 11,1-3+6)

(Text lesen oder in Hausgemeinschaft miteinander singen)

Verkündigungsimpuls

(Text lesen oder eine:r in der Hausgemeinschaft liest vor)

1
Alles ist anders jetzt.
Vielleicht legst du heute deine Kleider auf den Boden. Von der Wohnungstür bis zu dem Ort, an dem du betest: den Kimono mit den Blumen, ein Shirt mit Pailletten, deine liebste Jogginghose, den rosa Hoodie, das Hemd aus Leinen.
Schaust zur geschlossenen Tür und hoffst, dass er kommt:
Der auf dem Esel. Der durch Wände gehen kann. Und heil machen.

2
Alles ist anders jetzt.
Und als er in Betanien war im Hause Simons des Aussätzigen und saß zu Tisch, da kam eine Frau, die hatte ein Alabastergefäß mit unverfälschtem, kostbarem Nardenöl, und sie zerbrach das Gefäß und goss das Öl auf sein Haupt.
Da wurden einige unwillig und sprachen untereinander: Was soll diese Vergeudung des Salböls?
Man hätte dieses Öl für mehr als dreihundert Silbergroschen verkaufen können und das Geld den Armen geben. Und sie fuhren sie an.
Jesus aber sprach: Lasst sie! Was bekümmert ihr sie? Sie hat ein gutes Werk an mir getan. Denn ihr habt allezeit Arme bei euch, und wenn ihr wollt, könnt ihr ihnen Gutes tun; mich aber habt ihr nicht allezeit. Sie hat getan, was sie konnte; sie hat meinen Leib im Voraus gesalbt zu meinem Begräbnis.
Wahrlich, ich sage euch: Wo das Evangelium gepredigt wird in der ganzen Welt, da wird man auch das sagen zu ihrem Gedächtnis, was sie getan hat.

(Markus 14,3–9)

3
Alles ist anders jetzt.
Du weißt nicht, was kommt. Jeder Tag ist anders. Auch dieser.
Der auf dem Esel saß, sitzt nun am Tisch.
Ist bis zu dir gegangen über Leinen und Blumenstoff und Pailletten – durch Wörter, Zeiten, Wände. Wird sterben.
Wird leben.
Alles ist anders, aber eins ist gleich:
Dass es Schönheit gibt und Würde. Auch jetzt.

Es gibt ein großes unsichtbares Wir und Nardenöl und Alabaster.
Klaviermusik, live gestreamt.
Kleine Gedichte über Kamille.
Weil Sonntag ist: die Haare geflochten und
die Lippen geschminkt.

Alles ist anders,
aber eins ist gleich im Haus damals und in unseren Häusern und Seelen jetzt: Dass Gott seltsamerweise am liebsten nah beim Schmerz sitzt. Dort, wo alles brüchig ist. Sandig und Rau. Aussätzig wie Simon. Fremd wie die Frau ohne Namen. Da zeigt er sich.
Wir haben's uns nicht ausgesucht, jetzt so zu leben. Und wir wissen nicht den nächsten Tag.
Aber wo das Evangelium gepredigt werden wird in der ganzen Welt, da wird man auch erzählen von dieser Zeit jetzt. Von unserer Angst. Aber mehr noch von unserer Liebe. So viel Wert wie 300 Silbergroschen. Wie 3.000.
Von all den guten Werken, an uns getan in diesen Wochen.
Man wird erzählen von Jesus an unseren Tischen. Von Gott ganz nah bei unserm Schmerz.
Amen.

Etwas tun

Welche Kleidung trägst du?
Stell dir vor – Jesus reitet darüber. Über deine Kleidung.
Und vielleicht nimmst du wirklich und jetzt ein Kleidungsstück und legst es auf den Boden. Und wenn etwas grünt in deiner Wohnung oder in eurem Haus – legt ihr es dazu.

Oder du ziehst dich gleich nach dem Gottesdienst um – für das Mittagessen und den weiteren Tag, ziehst dich um wie zu einem Fest.

Auf jeden Fall: Denke an ein gutes Werk, das in der vergangenen Woche an dir getan wurde. Und erzähle davon. Jetzt in deiner Hausgemeinschaft – oder schreibe es jemandem oder rufe jemanden an und erzähle es.

Lied | *Kreuz, auf das ich schaue* (EG NSB 598,1–3)

Kreuz, auf das ich schaue, steht als Zeichen da;
Der, dem ich vertraue, ist in dir mir nah.

Kreuz, zu dem ich fliehe aus der Dunkelheit;
Statt der Angst und Mühe ist nun Hoffnungszeit.

Kreuz, von dem ich gehe in den neuen Tag,
bleib in meiner Nähe, dass ich nicht verzag.

Fürbitten

Gott.
Wir sind verbunden.
Als Menschen mit Menschen.
Als Glaubende miteinander.
Als Glaubende und Menschen mit dir.

Gott.
An diesem Morgen bitten wir dich:
Schüttele den Sand aus unseren Seelen.
Binde den Esel an vor unserer Haustür.
Lass ihn grasen dort.

Komm herein, über unsere Kleider und unser Grün.
Iss mit uns und schüttele den Sand aus unseren Seelen.

Wir bringen dir unsere Gedanken,
unser Danken und unser Sorgen.
Heute.

Stille.

Wir denken an alle, die wir lieben.
Wie werden sie diese Woche bis Ostern verleben?
Was tun sie gerade?

Stille.

Wir denken an alle, die in diesen Zeiten noch einsamer sind.

Stille.

Wir denken an alle Kranken.
Und an alle Kranken in Krankenhäusern, die keinen Besuch haben können.

Stille.

Wir denken an alle, die helfen.
Sie setzen sich und ihre Kraft und ihre Gaben ein füreinander.

Stille.

Gott.
Wir sind deine Menschen.
Wir sind miteinander verbunden.
Atmen die Luft deiner Schöpfung.
Beten zu dir in allem, was ist.
Beten zu dir mit den Worten, die uns im Herzen wohnen:

Vaterunser

Liedstrophe | *Herr, stärke mich, dein Leiden zu bedenken* (EG 91,1)

(Text lesen oder in Hausgemeinschaft miteinander singen)

Segen

Hände öffnen und laut sprechen:

Gott segne uns und behüte uns.
Gott lasse sein Angesicht leuchten über uns und
sei uns gnädig.
Gott erhebe sein Angesicht auf uns und gebe uns Frieden.
Amen.

Oder

Fenster öffnen. Einatmen. Ausatmen. Spüren, dass du da bist. Spüren, dass andere da sind. Genau jetzt. Genau so. Verbunden. Miteinander. Mit Gott. Im Glauben. Einatmen. Ausatmen. Und leise sprechen:

»Fürchte dich nicht! Siehe, dein König kommt zu dir.«

(oder ein anderes Wort, das gerade Kraft gibt). Mehrmals wiederholen und dabei vielleicht lauter werden. Stille. Einatmen. Ausatmen. Fenster schließen.
Kerze löschen.

4.2.2 Gründonnerstag – Tischabendmahl: Seufzen, essen und erzählen

Jochen Arnold, Bettina Gilbert

Vorbemerkung zur Situation[154]

In der Passions- und Osterzeit erleben wir dieses Jahr eine Ausnahmesituation, wie sie noch nie bestand: Eine leibliche Gemeinschaft in der Feier des Gottesdienstes und des Abendmahls ist uns nicht möglich. Das ist ein tiefer Schmerz für uns alle. In dieser geistlichen Notsituation sind viele kreative Ideen entstanden, wie Gottesdienst und Andacht gleichwohl gefeiert werden können.

In der Karwoche und zu Ostern, ganz besonders am Gründonnerstag, ist auch eine Abendmahlsfeier in der Gemeinschaft einer zusammenlebenden Familie oder Hausgemeinschaft möglich. Unsere Kirchenverfassung sagt dazu: »Im Notfall können alle Mitglieder der Kirche aufgrund ihrer Taufe Aufgaben des Amtes der öffentlichen Verkündigung wahrnehmen.« (Artikel 12, Absatz 5). Damit kann in dieser geistlichen Notsituation jedes Mitglied unserer Kirche die Feier des Abendmahls leiten. Darüber besteht Übereinstimmung mit dem Bischofsrat.

Der Grundsatz in unserer Kirche bleibt bestehen, dass das Abendmahl eingesetzt wird von denen, die dazu ordnungsgemäß berufen sind, also Pastorinnen und Pastoren sowie Prädikantinnen und Prädikanten.

Hinführung

Du kannst an diesem Gründonnerstag-Abend gleichzeitig mit anderen Abendmahl feiern und dich im Geiste mit anderen Menschen verbunden wissen. Wir sind sicher: Jesus findet einen Weg, uns zu verbinden und uns nahe zu sein – in Brot und Wein oder Saft, in Wort und Liebe.

(Die Lieder zum Anhören und Mitsingen *stehen als mp3-Datei direkt im Text zum Anklicken bereit.*) Auch die Einsetzungsworte gibt es, für den Fall, dass wir sie nicht selbst lesen, als Audio-

---

[154] Dieser kursive Passus stand nach Abstimmung mit dem Bischofsrat im April 2020 auf der Website des Michaelisklosters.

Datei. Es ist wichtig, dass wir diese Worte zugesprochen bekommen und die Zusage der Verheißung hören.

Was brauchen wir zur Vorbereitung?

- *Ablaufzettel mit allen Texten (inkl. Liedern), ausgedruckt für alle oder Laptops/Tablets*
- *Vereinbart, wer jeweils Eine:r bzw. ein:e ander:e liest.*
- *Die in den Text eingefügten Lieder/Einsetzungsworte sind als Audiodatei abspielbar vom Smartphone oder Laptop. Am schönsten klingt es mit einer eigenen kleinen Lautsprecherbox (z. B. über Bluetooth mit dem Smartphone verbunden).*
- *Eine Kerze und ein Kreuz wären schön und natürlich die Bibel in der Mitte.*

Für das Abendmahl:

Decke/deckt den Tisch. Vielleicht mit einer Tischdecke. Sucht schönes Geschirr. Schneidet ein wenig Brot auf und öffnet eine Flasche Wein oder Traubensaft und stellt für jede/n ein Glas oder einen Becher hin. Auch andere Speisen sollen mit auf dem Tisch stehen: z. B. Käse und Gemüse und Salz. Das war damals auch so. Mache dich/macht euch selbst bereit. Du isst/ihr esst mit Jesus zu Abend. Was ziehst du/was zieht ihr an?

Eröffnung

Eine:r: Die Glocken läuten und rufen zum Gebet.
Jesus sagt: Wo zwei oder drei in meinem Namen versammelt sind, da bin ich mitten unter ihnen. Wir sind versammelt. An unterschiedlichen Orten. Zur gleichen Zeit. Im Glauben.
Gott ist da – in Gefahr, in Bewahrung, in Dankbarkeit.
Wir feiern im Namen Gottes. Im Namen des Vaters und des Sohnes und des Heiligen Geistes.
Alle: Amen.

Eine:r: Heute ist Gründonnerstag. Wir erinnern uns: Jesus hat sich da zum letzten Mal mit seinen Freunden getroffen. Ein Abschied mitten in der Passionsgeschichte, bevor sie ihn gefangen genommen haben. Jesus und seine Jünger sitzen an einem Tisch.

Ein:e andere:r: Und wir sind mitten in unserer Passionsgeschichte. Im Leiden dieser Welt, in der Bedrohung durch das Virus, mit der Hoffnung auf Leben, auf ewiges Leben. Auch wir sitzen an einem Tisch. An seinem Tisch.

Der Spruch für den heutigen Tag steht in Psalm 111 (Hoffnung für ALLE):

Gott selbst hat alles dafür getan,
dass seine Wunder nicht in Vergessenheit geraten.
Gnädig und barmherzig ist der HERR!

Lied | *Ich lobe meinen Gott* (freiTöne 82,1–3)

Eine/r: Der Tisch ist gedeckt: Brot und Wein(-traubensaft), Käse und Gemüse, Salz.

So ähnlich war das vor 2000 Jahren bei Jesus und seinen Jüngern. Sie feierten zusammen das Passafest. Sie erinnerten sich an die Nacht in Ägypten, als Israel aus seiner Gefangenschaft auszog. Jesus war ein Mensch wie wir. Er hatte viel erlebt. Er hat sich eingesetzt für die Kranken, für die Kinder, für Leute mit schlechtem Ruf.

Auch wir haben uns in den letzten Tagen eingesetzt für andere, auf vieles verzichtet. Und wir haben viel Zuwendung bekommen. Das ist Grund zum Danken und zum Weiterbeten.

Gebet

Ein/e andere/r: Lasst uns beten:

> Jesus Christus!!
> Ich bin hier.
> Und du bist hier.
> Ich bete zu dir.
> Und weiß: Ich bin verbunden.
> Mit dir. Mit anderen, die zu dir beten.
> Genau jetzt. Genau so.
> Heute am Gründonnerstag.
> In der Erinnerung an das letzte Mal,
> als du, mit deinen Jüngern zusammen warst.

Wir erinnern uns an dein letztes Mahl,
deine letzte Mahlzeit mit den Freunden.
Jesus, ich bin hier.
Und du bist hier.
Das genügt.
Und ich bringe dir alles, was ist.
Stille
Höre auf unser Gebet. Amen.

Alternativ:
Jesus Christus,
du hast deinen Tisch für uns gedeckt.
Du bist jetzt für uns da.
Dein Herz ist weit.
Du bringst Gottes Güte vom Himmel zu uns.
Danke dafür!

Gott und Vater,
wir verstehen deine Wege manchmal nicht.
Unsere Fragen und Sorgen halten wir dir hin.

Heiliger Geist,
du schenkst Gemeinschaft und Vertrauen.
Auch mit denen, die gerade nicht hier sind.

Ewiger Gott,
wir sehnen uns nach deiner Liebe.
Hilf uns, sie zu spüren,
beim Hören, Sehen und Essen.
Amen.

Alttestamentliche Lesung aus 2. Mose 12,1–14 (zugleich Predigttext)

Lied | *When Israel was in Egypt's land* (Str. 1–4, hier: 1–3)

1. When Israel was in Egypt's land, let my people go,
   opressed so hard they could not stand, let my people go.
   Refr.: Go down, Moses, way down in Egypt's land,
   tell old Pharao: Let my people go.

2. »Thus spoke the lord«, bold Moses said, let my people go,
   »if not I'll smite your first born dead«, let my people go.
   Refr.: Go down, Moses, way down in Egypt'sland,
   tell old Pharao: Let my people go.

3. »No more shall they in bondage toil«, let my people go,
   »let them come out with Egypt's spoil«, let my people go.
   Refr.: Go down, Moses, way down in Egypt'sland,
   tell old Pharao: Let my people go.

Verkündigungsimpuls

Huschende Schatten, flackernde Fackeln, gerade entzündet. Allenthalben Geflüster. Dazwischen immer wieder laute Schreie und bitteres Weinen. Hektisches Hantieren mit toten Tieren, das Blut von Lämmern wird vergossen und wieder gesammelt, Menschen und Tiere befinden sich in einer Schicksalsgemeinschaft auf Leben und Tod.

Wir werden imaginäre Augen- und Ohrenzeugen einer Geschichte der Gefahr und des Grauens. Da rückt ein Volk enger zusammen in seinen Häusern. Sie suchen Schutz im Dunkel mit wenigen Vertrauten, die sie kennen. Die Kreatur seufzt und zittert.

Manches kommt uns bekannt vor: Das Gefühl von Bedrohung, die Gegenwart des Todes, das Weinen, das Zusammenrücken. Eine Geschichte wie gemacht für die Passionszeit anno 2020.

Es ist eine Nacht der offenen Fragen, eine Nacht, in der auch der Glaube an Gott an seine Grenzen kommt. Denn Gott selbst überschreitet Grenzen. Manche lässt das erschauern.

Können wir ernsthaft an einen Gott glauben, der die einen grausam richtet und die anderen rettet?

In Zeiten einer umherschleichenden Seuche, in der alle Grenzen von Freund und Feind zerfließen, sind solche Gedanken plötzlich nicht mehr ferne. Aber mal ehrlich: Jeden und jede kann es treffen. Es wäre doch viel zu einfach, ja brutal, die Überlebenden als die Guten und die Infizierten als die Bösen anzuschauen, die Gott straft. Corona als Strafe Gottes …? Das kann und will ich nicht denken.

Ein Satz in der Geschichte allerdings lässt aufhorchen: Ich werde mein Urteil an allen Göttern Ägyptens vollstrecken, denn ich bin der HERR!

Könnte das auch eine Botschaft an uns sein? Möchte Gott in dieser heftigen Zeit unseren Blick auf das Wesentliche lenken? Sol-

len wir die falschen Götter loslassen, damit wir unser Vertrauen wieder auf ihn richten?
Wir geben diesen Gedanken in der Stille Raum.
Gott schweigt nicht. Gott lässt sich hören. In allem Schweren und nicht Verstehbaren dieser Tage ist das eine gute Nachricht. Gott sagt zu seinen Leuten: Das tut. Ihr sollt feiern und essen. Und aufbrechen! Euch erinnern, dass ich für euch gesorgt habe.
Warum hat sich diese dramatische Geschichte über 3000 Jahre in unzählig vielen jüdischen Familien gehalten? Warum hat Jesus sie mit seinen Jüngern gefeiert und uns als Christen zum Weitererzählen mitgegeben?
Ich meine, weil es im Kern – trotz aller Schatten – eine Rettungs- und Befreiungsgeschichte ist. Sie erzählt, wie Israel aus der Knechtschaft geführt wurde. Aus einer Zeit, in der Unterdrückung, Schläge und Tod an der Tagesordnung waren. Eltern und Kinder sollen diese Erfahrung miteinander teilen und sie gemeinsam immer wieder hören. Sie sollen sich sagen:
»Hört, damals in Ägypten war das so. Da standen wir fertig angezogen um den Tisch, bereit zum Aufbruch. Es war gefährlich, lebensgefährlich. Aber Gott war da und hat uns begleitet. Er hat uns herausgeführt aus der Knechtschaft in die Freiheit.«
Wenn ich das höre, wage ich den Blick zu uns: Gott steht auch heute bei uns. An unseren Betten ist er, auf den Intensivstationen, in der Einsamkeit der Wohnungen. Mit seinen Worten sitzt er unter uns am Tisch und spricht zu uns: Hört auf mich, dann werdet ihr leben. Ich bin euer Gott, ich führe euch heraus durch das Dunkel ins Licht.
Ich lade uns ein: Erzählt einander nachher beim Essen und Trinken, was ihr miteinander, mit Gott erlebt habt. Teilt Geschichten vom Essen und Trinken. Vielleicht sind es Geschichten von letzten Mahlzeiten. Von Abschieden. Oder erzählen wir uns biblische Geschichten neu, in denen Jesus mit Leuten gegessen hat. Ihr werdet merken: Das macht Mut. Das verbindet. Nirgendwo werden Brücken so schnell gebaut wie beim gemeinsamen Essen.
Wir tun das heute nur mit wenigen Leuten, vielleicht sogar ganz allein. Und trotzdem ist Gott dabei. Trotzdem ist unser Geist weit für Erinnerungen: »Wisst ihr noch?« Und in der Erinnerung wird unsere Seele frei für das, was kommt. Wir fangen an, uns wie verrückt zu freuen, wenn wir endlich wieder im großen Kreis essen und feiern können.

Wie damals letzten Sommer, als wir in Hildesheim zwischen Dom und Michaeliskirche eine große Tafel aufgebaut haben und von Tisch zu Tisch gegangen sind. Viele Gemeinden waren dabei und haben an ihren Tisch eingeladen. Singend und erzählend, hörend und staunend waren wir beieinander. Und voller Freude über das, was geht, wenn Christen sich versammeln, alle möglichen Menschen dazukommen und alle spüren, dass Gott dabei ist. Ja, Gott ist groß, er wird bei uns sein. Nein, er ist es schon. Auch jetzt, heute Nacht. Amen.

Apostolisches Glaubensbekenntnis:

Lied | *Ich bin das Brot, lade euch ein* (freiTöne 154)

Abendmahlsliturgie

Betrachtung von Brot und Wein(-Traubensaft)

Eine:r: Auf unserem Tisch liegt Brot. Wir brauchen Brot zum Leben. Brot macht satt. Es erinnert uns an Jesus. Er hat gesagt: Ich bin das Brot des Lebens.

Auf unserem Tisch steht Wein-(Traubensaft). Wir genießen ihn. Er schmeckt nach der Freundlichkeit Gottes, der uns und alles geschaffen hat.

Heute erinnern wir uns, wie es damals war.

*Ein:e andere:r: (**Einsetzungsworte I**)*
In der Nacht, als Jesus verraten wurde und mit seinen Jüngern zu Tische saß, nahm er das Brot, dankte und brach es, gab's seinen Jüngern und sprach:
Nehmet hin und esset, das ist mein Leib,
der für euch gegeben wird.

Eine:r: Gemeinsam essen wir das Brot und
sprechen miteinander beim Essen:
Das Brot des Lebens, Christus für dich.

*Ein:e andere:r: (**Einsetzungsworte II**)*
Ebenso nahm er auch den Kelch, dankte, gab ihnen den und sprach: Trinket alle daraus. Das ist mein Blut des neuen Bundes, das für euch und für viele vergossen wird

zur Vergebung der Sünden. Solches tut zu meinem Gedächtnis.

Gemeinsam nehmen wir/nehme ich den Becher und spreche/n (beim Trinken):

Alle: Der Kelch des Heils, Christus für dich.

Es folgt eine Mahlzeit, bei der wir gemeinsam essen und trinken.

Anregung, etwas zu tun

Lieder können angestimmt und Geschichten vom Essen, Teilen oder Angst-Vertreiben erzählt werden. Biblische Mahl-Geschichten können gelesen werden (z. B. 1. Mose 18,1–10, Jesaja 25,6–9 oder Lukas 19,1–10). Auch die Geschichte von der Fußwaschung aus Joh 13 passt gut. Sie ist das Evangelium des Tages.

Dank und Fürbitten

Gott.
Wir sind verbunden.
Als Menschen mit Menschen.
Als Glaubende miteinander.
Als Glaubende und Menschen mit dir.

Wir danken dir –
In Brot und Wein haben wir deine Kraft gespürt.
Du bist uns ganz nah gekommen.
Wir denken an alle, die wir lieben.
Wie gerne würden wir die Ostertage zusammen verbringen.
Wir denken an sie.
Was tun sie gerade.
   Stille.
Wir denken an alle, die in diesen Zeiten noch einsamer sind.
   Stille.
Wir denken an alle Kranken.
Besonders an diejenigen in Krankenhäusern und in Alten- und Pflegeheimen, die keinen Besuch haben können.
   Stille.
Wir denken an alle, die helfen. In Pflegeheimen,
in den Häusern und überhaupt.
Sie setzen ihre Kraft und ihre Gaben ein für andere.
   Stille.

Gott.
Wir sind deine Menschen.
Wir sind miteinander verbunden.
Atmen die Luft deiner Schöpfung.
Beten zu dir in allem, was ist.
Beten zu dir mit den Worten, die uns im Herzen wohnen:

Vaterunser

Lied | *Bewahre uns Gott, behüte uns Gott* (EG 171)

Sendung *(falls zwei da sind oder mehr im Wechsel)*

Eine/r: Geh durch diese Nächte und Tage,
komme, was da wolle.
Ein/e andere/r: Geh gestärkt, satt in der Seele und frei im Geist.
Wenn es Nacht wird, erinnere dich:
Der das Brot des Lebens teilte, geht mit.

Segen

Hände öffnen und laut sprechen:

Gott segne uns und behüte uns.
Gott lasse sein Angesicht leuchten über uns und sei uns gnädig.
Gott erhebe sein Angesicht auf uns und gebe uns Frieden.
Amen.

Oder:

Fenster öffnen. Einatmen. Ausatmen. Spüren, dass Gott da ist. Spüren, dass andere da sind. Genau jetzt. Verbunden. Miteinander. Mit Gott. Im Glauben. Einatmen. Ausatmen. Und leise sprechen:

»Gott sagt: Ich will dich segnen und du sollst ein Segen sein.«

Mehrmals wiederholen und dabei vielleicht lauter werden. Stille. Einatmen. Ausatmen. Fenster schließen.

4.2.3 Karfreitag – Kein Ort ohne ihn

Birgit Mattausch

Evtl. läuten Glocken vor Ort – vielleicht schweigen sie auch schon.

Kerze entzünden

Einstimmung

[Die Glocken läuten und rufen zum Gebet.]
Es ist Karfreitag.
Der dunkelste Tag des Jahres.
Der Tag, an dem Gott stirbt.

Wir sind da. Versammelt. An unterschiedlichen Orten. Zur gleichen Zeit. Im Glauben. Im Angst haben. Im Hoffnung haben.
Wir feiern in Gottes Namen.
Im Namen des Vaters und des Sohnes und des Heiligen Geistes.
Amen.

Gebet zur Einkehr und zur Verbundenheit

(eine:r betet für sich oder alle in der Hausgemeinschaft beten gemeinsam laut)

Gott.
Ich bin hier.
Ich bete zu dir.
Mit anderen, die zu dir beten.
Genau jetzt.
Genau so.
Und ich bringe dir alles, was ist.
Stille
Höre uns.
Wir bitten dich: Sei nah.
Amen.

Evangelium aus Johannes 19,16–30 (Basisbibel)

Jesus wurde abgeführt.
Er trug sein Kreuz selbst aus der Stadt hinaus
zu dem sogenannten Schädelplatz.
Auf Hebräisch heißt der Ort Golgota.

Etwa 1 Minute gemeinsam schweigen mit denen,
die sichtbar und unsichtbar bei dir sind.

Dort wurde Jesus gekreuzigt
und mit ihm noch zwei andere –
auf jeder Seite einer.
Jesus hing in der Mitte.

Schweigen

Pilatus ließ ein Schild am Kreuz anbringen.
Darauf stand:
»Jesus der Nazoräer,
der König der Juden«
Viele lasen das Schild.
Denn der Ort, wo Jesus gekreuzigt wurde,
lag nahe bei der Stadt.
Die Aufschrift war in hebräischer,
lateinischer und griechischer Sprache abgefasst.
Die führenden Priester des jüdischen Volkes
beschweren sich bei Pilatus:
»Schreibe nicht:
›Der König der Juden‹,
sondern:
›Dieser Mann hat behauptet:
Ich bin der König der Juden.‹«
Pilatus erwiderte:
»Was ich geschrieben habe,
das habe ich geschrieben.«

Schweigen

Nachdem die Soldaten Jesus ans Kreuz genagelt hatten,
teilten sie seine Kleider unter sich auf.
Sie waren zu viert
und jeder erhielt einen Teil.
Dazu kam noch das Untergewand.

Das war in einem Stück gewebt
und hatte keine Naht.
Die Soldaten sagten zueinander:
»Das zerschneiden wir nicht!
Wir lassen das Los entscheiden,
wem es gehören soll.«
So ging in Erfüllung,
was in der Heiligen Schrift steht:
»Sie verteilen meine Kleider unter sich
und werfen das Los über mein Gewand.«

Schweigen

Genau das taten die Soldaten.
Nahe bei dem Kreuz,
an dem Jesus hing,
standen seine Mutter und ihre Schwester.
Außerdem waren Maria, die Frau von Klopas,
und Maria aus Magdala dabei.

Schweigen

Jesus sah seine Mutter dort stehen.
Neben ihr stand der Jünger,
den er besonders liebte.
Da sagte Jesus zu seiner Mutter:
»Frau, sieh doch!
Er ist jetzt dein Sohn.«
Dann sagte er zu dem Jünger:
»Sieh doch!
Sie ist jetzt deine Mutter.«
Von dieser Stunde an
nahm der Jünger sie bei sich auf.

Schweigen

Nachdem das geschehen war,
wusste Jesus,
dass jetzt alles vollendet war.
Damit in Erfüllung ging,
was in der Heiligen Schrift stand,
sagte er:
»Ich bin durstig!«
In der Nähe stand ein Gefäß voll Essig.

Die Soldaten tauchten einen Schwamm hinein.
Dann steckten sie ihn auf einen Ysopstängel.
und hielten ihn Jesus an den Mund.
Nachdem Jesus etwas von dem Essig genommen hatte,
sagte er:
»Jetzt ist alles vollendet.«

Schweigen

Er ließ den Kopf sinken
und starb.

Kerze ausblasen

Warten, bis auch kein Rauch mehr zu sehen ist.

Verkündigungsimpuls

(eine:r liest vor)

Er stirbt am Kreuz.
Und im Flur eines Kreiskrankenhauses zwischen vielen.
Stirbt im Lager Moria.[155]
In der Nacht, die jetzt da ist mitten am Tag.
Die sich um die ganze Welt zieht.
Und bis zu unserem Haus gekommen ist.
Bis zu unseren Körpern.
In meinem Herzzittern stirbt er, in meiner Angst.
Mein Herr und mein Gott.

Es wird verteilt, was er hatte:
Kleider, Menschen, Liebe.
Sieh doch. Jetzt ist es so.
Sieh doch. Jetzt ist es vollendet.

Kein Ort mehr, an dem er nicht wäre mit dir.
Kein Tod, keine Schuld, keine Hölle.
Jesus kennt und weiß.
Geht mit dir. Mit deinen Liebsten.
Und was auch kommt in den nächsten Tagen:
Geh du mit ihm.
Wenn auch mit zitterndem Herzen.

---

[155] Zu dieser Zeit gab es ein Feuer im Flüchtlingslager Moria in Griechenland.

Mit Essig und Stille im Mund.
Bist nicht allein.
Sieh doch.
Amen.

Lied | *O Haupt voll Blut und Wunden* (EG 85,1+5-6+9)

9. Wenn ich einmal soll scheiden,
so scheide nicht von mir,
wenn ich den Tod soll leiden,
so tritt du dann herfür;
wenn mir am allerbängsten
wird um das Herze sein,
so reiß mich aus den Ängsten
kraft deiner Angst und Pein.

Etwas tun:

Wenn du möchtest/wenn ihr möchtet: Nimm den Text von »O Haupt voll Blut und Wunden«. Drucke ihn noch einmal extra aus oder schreibe ihn ab, so dass er auf einem einzelnen DinA4-Blatt ist. Für jede:n von euch eins. Umrahme nun mit einem schwarzen Stift die Wörter oder Satzteile, die dir wichtig sind. Schwärze alles andere.

Hänge/hängt die so entstandenen Bilder an eine Stelle in deiner/ eurer Wohnung auf. Stell die ausgelöschte Kerze dazu. Lass/t alles so bis Ostermorgen.[156]

Fürbitten und Vaterunser

Jesus.
Hier sind wir.
Mit Essig und mit Stille im Mund.

Stille

Wir denken an alle, die wir lieben.
Was tun sie gerade?

Stille

Wir denken an alle Kranken und Sterbenden.

---

[156] Diese Idee habe ich übernommen von dem Künstler Austin Kleon, der so etwas mit Zeitungsseiten macht: https://newspaperblackout.com/.

Die in unserer Stadt. Die in Europa. In Krankenhäusern.
In Lagern.

Stille

Wir denken an alle, die helfen, die retten.

Stille

Wir denken an das, was uns und andere bedrückt.
Angst. Schuld. Verzweiflung.
Wir geben es dir, Jesus.
Jetzt.
Du weißt.

Stille

Wir wissen nicht, was kommt, Jesus.
Aber wir beten, wie du es uns gezeigt hast:

Vaterunser

Lied | *Korn, das in die Erde, in den Tod versinkt* (EG 98,1-2)

Segen

Hände öffnen und laut sprechen:
Gott segne uns und behüte uns.
Gott lasse sein Angesicht leuchten über uns und sei uns gnädig.
Gott erhebe sein Angesicht auf uns und gebe uns Frieden.
Amen.

Und/Oder:
Fenster öffnen. Einatmen. Ausatmen.
Sagen: Ich bin nicht allein. Danke.

4.2.4 Misericordias Domini – Hirtensonntag: Einer trägt dich

Elisabeth Rabe-Winnen, Bettina Gilbert

Glocken läuten, Kerze entzünden

Einstimmung

Hirtensonntag.
Der vielleicht bekannteste Psalm beginnt so:
Der Herr ist mein Hirte.

Hirtensonntag.
Christus spricht: Ich bin der gute Hirte.

Hirtensonntag oder auch Misericordias Domini.
Von Schafen und Hirten und auch von der Huld und Güte Gottes.
Gott, gütiger Schäfer.
Christus, guter Hirte.
Und wir – Schafe?

Dazu ein Ausschnitt aus einem Krimi. Glennkill von Leonie Swann. Eine besondere Herde Schafe sucht den Mörder ihres Schäfers George.

> »Er war kein besonders guter Schäfer, sagte Heide, die noch fast ein Lamm war und die nicht vergessen konnte, dass George nach dem Winter ihren stattlichen Lämmerschwanz kupiert hatte.
> Genau! Das war Cloud, das wolligste und prächtigste Schaf, das man sich vorstellen konnte. Er hat unsere Arbeit nicht geschätzt. [...] Er hat sich Pullover von fremden Schafen aus Norwegen schicken lassen – eine Schande. [...]
> Es entstand eine längere Diskussion [...] Moppel the Whale bestand darauf, dass die Güte eines Schäfers sich schließlich an Futtermenge und -qualität erweisen würde und dass es hier nichts aber auch gar nichts gegen George Glenn zu sagen gäbe.
> Schließlich einigte man sich darauf, dass der ein guter Schäfer sei, der niemals den Lämmern die Schwänze kupiert, keinen Schäferhund einstellt, Futter in Hülle und Fülle verabreicht, vor allem Brot und Zucker, aber auch gesunde Sachen, [...] und sich ganz und gar in die Produkte seiner eigenen Herde kleidet [...] Das würde dann sehr schön aussehen, beinahe so, als sei er auch

ein Schaf. Natürlich war allen klar, dass ein solch vollkommnes Wesen auf der ganzen Welt nicht zu finden war. Aber ein schöner Gedanke war es trotzdem. [...]«

Ein schöner Gedanke.
Solch ein vollkommener Hirte auf unserer Welt.
Und Christus spricht: Ich bin's. Ich bin dein guter Hirte.

Eröffnung

(lesen oder eine:r in der Hausgemeinschaft liest vor)

Wir sind versammelt. An unterschiedlichen Orten.
Zur gleichen Zeit. Im Glauben.
Wir feiern Gottesdienst zwei Wochen nach Ostern.
Wir feiern in Gottes Namen.
Im Namen des Vaters und des Sohnes und des Heiligen Geistes.
Amen.

Lied | *Schenk uns Zeit!* (freiTöne 161,1+3)

Gebet zur Einkehr und zur Verbundenheit miteinander an verschiedenen Orten

(eine:r betet für sich oder alle in der Hausgemeinschaft beten gemeinsam laut)

Gott.
Ich bin hier.
Und du bist hier.
Ich bete zu dir.
Und weiß: Ich bin verbunden.
Mit dir.
Mit anderen, die zu dir beten.
Genau jetzt.
Genau so.
Ich bin hier.
Und du bist hier.
Das genügt.
Und ich bringe dir alles, was ist.

Stille

Höre auf unser Gebet.
Amen.

Worte und Töne über den guten Hirten
Eine Lied-Text-Collage aus Psalm 23 mit *Der Herr ist mein getreuer Hirt* (EG 274)

(falls möglich: Aufnahme anhören, sonst lesen)

Sprecherin 1: Ein Psalm Davids. Der Herr ist mein Hirte.
Sprecher 2: Gott versorgt mich mit allem, mit allem, was ich brauche.
S1: Mir wird nichts mangeln.
S2: Nichts. Das hoffe ich.

Liedstrophe:
Der Herr ist mein getreuer Hirt,
hält mich in seiner Hute,
darin mir gar nicht mangeln wird
jemals an einem Gute.
Er weidet mich ohn Unterlass,
da aufwächst das wohlschmeckend Gras
seines heilsamen Wortes.

S1: Er erquicket meine Seele.
S2: Gott hält mich lebendig. In jedem Augenblick.
S1: Er erquicket meine Seele. Er führet mich.

Liedstrophe:
Zum reinen Wasser er mich weist,
das mich erquickt so gute,
das ist sein werter Heilger Geist,
der mich macht wohlgemute;
er führt mich auf rechter Straß
in seim Gebot ohn Unterlass
um seines Namens willen.

S1: Und ob ich schon.
S2: Ja, ich musste schon hindurch.
    Und konnte dem nicht entgehen.
S1: Und ob ich schon wanderte im finsteren Tal.
S2: Das finstere Tal. Wie hab ich das geschafft?
    Wie schaff ich das? Talsohle aus Angst und Ungewissheit.
    Und ich mittendrin.
S1: Und ob ich schon – ich fürchtete kein Unglück.
S2: Wie schaff ich das? Nur so: Mit dir!
S1: Du bist bei mir. Ich fürcht kein Unglück,
    denn du bist bei mir.

Liedstrophe:
Ob ich wanderte im finstern Tal,
fürcht ich doch kein Unglücke
in Leid, Verfolgung und Trübsal,
in dieser Welte Tücke:
denn du bist bei mir stetiglich,
dein Stab und Stecken trösten mich,
auf dein Wort ich mich lasse.

S1: Du bereitest vor mir.
S2: Alles, was ich brauch – Du gibst es mir.
S1: Du bereitest vor mir einen Tisch.
S2: Und ich nehme aus deiner Hand Brot und Leben und Liebe.
S1: Du bereitest vor mir einen Tisch im Angesicht meiner Feinde.
S2: Feinde, sichtbar, unsichtbar. Feinde, nah, fern. Doch du bist da. Bist da. Nicht nur trotzdem. Bist da: Im Angesicht all dessen, was mich ängstigst und anfeindet.

Liedstrophe:
Du b'reitest vor mir einen Tisch
vor mein' Feind' allenthalben,
machst mein Herz unverzaget frisch;
mein Haupt tust du mir salben
mit deinem Geist, der Freuden Öl,
und schenkest voll ein meiner Seel
deiner geistlichen Freuden.

S1: Gutes und Barmherzigkeit.
S2: Misericordias Domini.
S1: Gutes und Barmherzigkeit werden mir folgen.
S2: Immer. Ich hoffe darauf.
S1: Ich werde bleiben im Hause des Herrn.
S2: Immer. Ich hoffe darauf.
S1: Immerdar.

Liedstrophe:
Gutes und viel Barmherzigkeit
folgen mir nach im Leben,
und ich werd bleiben allezeit
im Haus des Herren eben
auf Erd in der christlichen G'mein,
und nach dem Tode werd ich sein
bei Christus, meinem Herren.

Lesung (Epistel): 1. Petrus 2,21b–25 (in Auszügen)

Christus hat für euch gelitten.
Er hat euch ein Beispiel gegeben,
damit ihr ihm in seiner Fußspur nachfolgt.

...

Verkündigungsimpuls

(Text lesen oder eine:r in der Hausgemeinschaft liest vor)

I
Alles ist anders.
Du kennst dich nicht mehr aus.
Und verloren stehst du da.
Die immer gleiche Gassi-Runde gehst du
und siehst die Nasen und die Münder versteckt hinter Masken.

Du kennst dich nicht mehr aus.
Welcher Tag ist heut? Fragt deine Schwiegermutter.
Und die Kinder sagen:
Vor Corona konnten wir noch dies und das.
Du siehst einen Film und darin eine Szene mit Menschenmassen
in einem Stadion und denkst: Das geht doch nicht. Du bist selbst
wie in einem falschen Film: Um die Spielplätze Flatterband und
Abstandshalter vor den Kassen. Und in einer Schlange beschimpft
eine den anderen: »Holen Sie einen Zollstock, das sind sehr wohl
1 Meter 50!«. Und wenn einer hustet, schauen alle ihn mit Anklage an.

Ist das das neue Normal?
Ist diese Welt deine Welt?
Du kennst dich nicht mehr aus.

Und bist verirrt. In Sorge um die Mutter und die Oma, beide allein. In Sorge um Menschen wie du, vom Gleichen betroffen und bedroht.

In Trauer und Angst um Menschen und Zustände in der Welt.

Alles steht Kopf. Bleiben Sie gesund!
Steht unter Mails nun – statt »mit freundlichen Grüßen.«
Krankheit macht verdächtig.
Du kennst dich nicht mehr aus.
Du findest dich nicht mehr zurecht.

Verirrt.
»Ihr wart wie Schafe,
die sich verirrt hatten.«

II
Da ...!
Eine Stimme.
Ach du. Sagt eine Stimme, als du Gassi gehst, in Gedanken und Sorge um die kleinen Kreise und die anderen, um die anderen Verlorenen nah und fern.
Ach du.
Ach du, in der Sorge um die Deinen.
Ach du, in Angst um diese unsere Welt.
Ach! du!

Eine Stimme – die Stimme des Hirten – ruft in dir.
Und dieser Hirte, den du hörst – er überlegt nicht lang.
Der Hirte geht los.
Geht los. Deinetwegen. Und sucht dich. Sieht dich.

Du fühlst dich verloren.
Aber er hat dich nie aus den Augen verloren.
So findet er dich.
Sagt nicht: Wo warst du? Fragt nicht: Was ist?
Ist einfach. Ist bei dir.
Hilft dir.
Ach du!
Egal was ist, sagt er, ich bin da.
Und er bleibt bei dir, damit du dich wieder zurecht findest.
»Jetzt seid ihr zu eurem Hirten und Beschützer zurückgekehrt.«

III
Bilder von Hirten – so in echt und auf Weiden –
kaum gibt es sie noch.
Wir hatten einen Schäfer in dem Dorf, in dem ich aufwuchs.
Bilder von Hirten aber kenne ich mehr von gemalten Bildern.
Wie dies: Das Bild eines Hirten, der das Schaf trägt,
auf den Schultern.

Der Hirte trägt sein Schaf.
Gott trägt dich.
Deine Kraft kommt von ihm.

Oder mehr noch: Du brauchst keine Kraft.
Liegst einfach da. Ermattet und du selbst, auf diesen Schultern.
Lässt dich tragen. Zurück zu dir. Zurück zu ihm.
Durch alles, was ist.

Du bist nicht allein. Sagt die Stimme.
Durch deine schwersten Zeiten habe ich dich getragen.
Gott trägt dich.
Der Hirte trägt sein Schaf.
Mühelos sieht es oft aus auf den Bildern.
Und zugleich voll Kraft. Und Liebe.

Getragen. Auf Liebe.
»Christus hat für euch gelitten.«
Trägt. Aus Liebe.
»Durch Christi Wunden seid ihr geheilt.«

IV
Ostern, vor zwei Wochen, erinnerst du dich?
Die Sonne ging auf nach den stillen schwarzen Tagen.
Mit den Kindern wieder und wieder die Kinderbibel gelesen:
»Mama, warum musste Jesus sterben?
Er hat doch nichts falsch gemacht.«
Abendmahl gefeiert, so anders und tief in diesem Jahr.
Bunte Eier aufgehängt am Birnbaum im Garten.
Und so viel Post im Kasten dieses Jahr.

Beim Spazierengehen Botschaften mit Kreide auf
der Straße gefunden:
Der Herr ist auferstanden!

Ostern, spürst du es jetzt?
Jesus, der sein Kreuz trug.
Jesus, der dein Kreuz trägt.
Er sitzt da, neben dir. Jetzt.
Er nickt und versteht, ohne dass du es sagen musst.
Versteht alles.
Sagt: Ach Du!
Er weiß um das, was dich verwirrt und wo du irrst ohne Leitplanken und in Angst.
Er nickt, vielleicht seufzt er oder summt oder zieht die Gardinen
etwas weiter auf, damit die Sonnenstrahlen auf dich scheinen,

vielleicht geht er in deine Küche und holt ein Stück Brot für Euch beide.
Er ist da, ganz nah bei dir.
Jesus trägt alles mit.

V
»Er hat keine Schuld auf sich geladen
[...]
Er selbst hat unsere Sünde
mit seinem eigenen Leib hinaufgetragen an das Holz.
Dadurch sind wir für die Sünde tot
und können für die Gerechtigkeit leben.«

Und irgendwann steigst du wieder ab von den Schultern,
die dich tragen.
Und deine Kraft ist wieder da.
Und du nimmst die Kraft und gibst sie anderen.
Trägst selbst mit.
Auf Liebe.
»Christus hat für euch gelitten.
Er hat euch ein Beispiel gegeben,
damit ihr ihm in seiner Fußspur nachfolgt.«

Du lächelst hinter der Maske. Man kann es in deinen Augen sehen. Du schreibst einen Brief. Entzündest eine Kerze. Weinst und betest für jemanden. Lachst wieder und trotzdem in dieser deiner Welt. Schniefst und hast keine Angst. Du weißt – auch wenn du dich nicht mehr auskennst, ist da einer, der dich kennt und behütet.

Manchmal wachst du morgens auf und merkst im zweiten Augenblick: Es ist noch immer kein Traum. Leben geht nicht ohne Lasten.
Aber Jesus trägt sie mit. Amen.

Lied (Kanon) | *Du bist mein Zufluchtsort* (freiTöne 50)

Etwas tun

Manchmal brauchst du das: Eine:r trägt dich.
Manchmal tust du das: Du trägst eine:n.

Schau in das Licht der Kerze und erinnere – wo wurdest du getragen, von anderen, von Gott, durch finstere Täler?

Schau in das Licht der Kerze und erinnere – wo hast du getragen, andere, mit Gottes Hilfe, Kraft geliehen anderen?

Gibt es jemanden, dem du danken willst –
weil er dich getragen hat oder trägt?
Gibt es jemanden, an den du denkst – weil er Kraft braucht?

Vielleicht schreibst du eine Karte heute an so jemanden.
Oder du rufst ihn/sie an.
Oder du nimmst diese(n) Menschen mit in dein Gebet hinein.

Fürbitten

Gott.
Wir sind verbunden.
Als Menschen mit Menschen.
Als Glaubende miteinander.
Als Glaubende und Menschen mit Dir.

Wir bringen dir unsere Gedanken,
unser Danken und unser Sorgen.
Heute.

Stille

Wir denken an finstere Täler
auf dieser deiner, auf dieser unserer Welt.
Sei du da.
Tröste.
Trage mit.

Stille

Wir suchen den Weg durch diese Welt.
Nimm uns auf die Schultern,
Wenn wir uns nicht mehr auskennen.

Stille

Wir denken an alle, die sich verirrt haben.
Die Wege suchen.
Die sich suchen.
Oder die dich suchen.
Flüstere ihnen ins Ohr: Ach Du!

Stille

Wir denken an alle, die wir lieben.
Was tun sie gerade?

Stille

Wir denken an alle, die in diesen Zeiten noch einsamer sind.

Stille

Wir denken an alle Kranken.
Und an alle Kranken in Krankenhäusern,
die keinen Besuch haben können.

Stille

Wir denken an alle, die helfen.
Sie setzen sich und ihre Kraft und ihre Gaben ein füreinander.

Stille.

Gott.
Wir sind deine Menschen.
Wir sind miteinander verbunden.
Atmen die Luft deiner Schöpfung.
Beten zu dir in allem, was ist.
Beten zu dir mit den Worten, die uns im Herzen wohnen:

Vaterunser

Sendung (Wochenspruch aus Johannes 10)

Christus spricht: *Ich bin der gute Hirte. Meine Schafe hören meine Stimme, und ich kenne sie und sie folgen mir; und ich gebe ihnen das ewige Leben.*

> Höre! Jesu Stimme in dir.
> Er sagt: Ich bin dein guter Hirte.
> Ich kenne dich.
> Er sagt: Ach du!
> Und er geht mit dir in deine Tage.

Segen

Hände öffnen und laut sprechen:

Gott segne uns und behüte uns.
Gott lasse sein Angesicht leuchten über uns und
sei uns gnädig.
Gott erhebe sein Angesicht auf uns und gebe uns Frieden.
Amen.

Oder

Fenster öffnen. Einatmen. Ausatmen. Spüren, dass du da bist. Spüren, dass andere da sind. Genau jetzt. Genau so. Verbunden. Miteinander. Mit Gott. Im Glauben. Einatmen. Ausatmen. Und leise sprechen »Gott spricht: Und ob du schon wandertest im finsteren Tal – ich bin bei dir.« (oder ein anderes Wort, das gerade Kraft gibt). Mehrmals wiederholen und dabei vielleicht lauter werden. Stille. Einatmen. Ausatmen. Fenster schließen.

Kerze löschen

4.2.5 Jubilate – 3. Sonntag nach Ostern: *Irgendwo sind wir eins*

Birgit Mattausch, Bettina Gilbert

Glocken hören und Kerze entzünden

Einstimmung

(lesen oder eine:r in der Hausgemeinschaft liest vor)

Die Glocken läuten und rufen zum Gebet.
Dieser Sonntag heißt Jubilate.
Jubelsonntag.
Wir freuen uns –
Über das Gute, das schon da ist – sichtbar und unsichtbar.
Und wir sind da. Versammelt. An unterschiedlichen Orten. Mit unseren unterschiedlichen Gefühlen. So, wie wir jetzt eben sind. Aber zur gleichen Zeit. Und mit den gleichen Worten und Liedern.
Wir feiern in Gottes Namen.
Im Namen des Vaters und des Sohnes und des Heiligen Geistes.
Amen.

Lied | *Nun jauchzt dem Herren, alle Welt* (EG 288,1–2+5–7)

(gesungen oder angehört oder vorgelesen)

Gebet zur Einkehr und zur Verbundenheit miteinander an verschiedenen Orten

(eine:r betet für sich oder alle in der Hausgemeinschaft beten gemeinsam laut)

Gott.
Ich bin hier.
Ich bete zu dir.
Mit anderen, die zu dir beten.
Genau jetzt.
Genau so.
Und ich bringe dir alles, was ist.
  Stille
Höre uns.
Sieh uns.
Amen.

Evangelium des Sonntages | Johannes 15,1–8 (Basisbibel):
Jesus, der wahre Weinstock

Verkündigungsimpuls

(Text lesen oder eine:r liest vor)

I.
Irgendwo auf der Welt schaut jetzt einer aufs Meer.
Irgendwo kocht eine Mokka.
Irgendwo zupft jemand ein trockenes Blatt von einer Topfpflanze.

Irgendwo hat eine die erste Wehe.
Irgendwo atmet einer zum letzten Mal ein, zum letzten Mal aus.
Irgendwo wäre jemand so unerträglich
unbedingt gerne an einem anderen Ort.
Irgendwo haben welche den besten Sex ihres Lebens.

Irgendwo unterschreibt eine ein neues Gesetz.
Irgendwo liest einer den neuesten Forschungsbericht.
Irgendwo sagt einer zum ersten Mal *Ich*.
Irgendwo sagt eine zum ersten Mal *Nein*.

II.
Irgendwo sind wir eins.
Sind verbunden – mehr und anders als wir wissen.
Gott ist im Menschsein.
Es gibt etwas in unserem Miteinander, das größer ist als ich.
Größer als du.
Größer auch als wir zusammen.
Es umfasst uns.
Ist in uns und um uns.

Gottes Herrlichkeit leuchtet durch uns hindurch.
Wir sind Äste an einem Baum.
Reben an einem Weinstock.
Lebewesen auf diesem einen Planeten.
Hab keine Angst, wenn du dich fühlst wie ein vertrocknetes Blatt.
Wenn deine Woche wie ohne Frucht war.
Die Herrlichkeit strömt auch zu dir.
Was wir hier tun, wirkt sich dort aus.
Was dort ist, ist zugleich hier.
Eine andere kann, was du nicht kannst.

Und was du weißt, ahnst,
mit unsichtbarer Schrift in die Luft schreibst:
Es ist da. Gelangt dorthin, wo es gebraucht wird.
Vertrau darauf.

Wir sind verbunden miteinander.
Verbunden durch Jesus.
Wir sind schon ganz neu.
Unsichtbar auferstanden.
Wir alle gemeinsam.

III.
Irgendwo schaut eine auf ihr Handy.
Irgendwo schaut einer in den Spiegel.
Irgendwo zieht sich jemand Schutzkleidung an.
Irgendwo setzt sich einer in ein schaukelndes Boot.

Irgendwo betet jemand.
Irgendwo weint jemand.
Irgendwo schneidet jemand den Strunk aus einer Paprika,
jemand schließt eine an ein Beatmungsgerät an,
jemand zieht einen anderen aus dem Wasser.

Irgendwo hört DER EINE alles.
Irgendwo sieht DIE EWIGE das Ganze.
Irgendwo sagt Jesus zu uns:
Ihr seid schon rein.
Ihr bringt schon Frucht.
Amen.[157]

Lied | *Komm, Herr, segne uns* (EG 170,1–4)

---

[157] Inspiriert von Holger Pyka: Irgendjemand gerade – ein Abendgebet auf Youtube: https://www.youtube.com/watch?v=c95CGbwK8Pk und: Olga Tokarczuk: Der liebevolle Erzähler. Vorlesung zur Verleihung des Nobelpreises für Literatur, Zürich 2020.

Etwas tun

Geh durch deine Wohnung, geht durch euer Haus. Sucht einen Gegenstand, der euch mit jemandem an einem anderen Ort verbindet. Gebt diesem Gegenstand für diese Woche einen besonderen Platz. Erzählt einander von den Menschen, den Gegenständen, den Verbindungen. Macht Fotos und schickt sie dem:der anderen.

Fürbitten

Jesus.
Hier sind wir.
Du hast gesagt: Wir sind mit dir verbunden.
Wir sind erlöst.
Wir wollen das glauben.
Hilf uns dabei.

Wir denken an alle, die wir lieben.
Was tun sie gerade?

Stille.

Wir denken an alle, die erschöpft sind –
vom Arbeiten, vom Liebhaben, vom Es-richtig-Machen.

Stille.

Wir denken an die Sterbenden. An die Trauernden.
In Krankenhäusern, in den Lagern, auf dem Meer.
An die, die versuchen, für sie zu sorgen.

Stille.

Und wir denken an die Liebe, das Leuchten.
Die Herrlichkeit schon jetzt.

Stille.

Vaterunser

Lied | *Verbunden*

von Josi Klitz und Til von Dombois (angehört oder vorgelesen)

Refr.: Wir sind verbunden
Auch wenn es niemand sieht
Wir sind verbunden
Ganz gleich was auch geschieht

1 Das Band verleiht uns Kraft
Durchquert das tiefste Meer
Reicht bis in die Ewigkeit
Verborgen hält es uns
Durchdringt als Licht die Nacht
Mit Hoffnung in die Dunkelheit

Wir sind verbunden ....

2 Das Band trägt uns davon
Durch Traurigkeit und Angst
Hilft es mit Geborgenheit
Es ist nicht Raum nicht Zeit
Kein Ende kein Beginn
Vielleicht will es dass du weißt

Wir sind verbunden ...

Segen

Hände öffnen und laut sprechen:

Gott segne uns und behüte uns.
Gott lasse sein Angesicht leuchten über uns und
sei uns gnädig.
Gott erhebe sein Angesicht auf uns und gebe uns Frieden.
Amen.

Und/Oder:

Fenster öffnen. Einatmen. Ausatmen. Sagen:

Ich bin nicht allein. Danke.

Kerze löschen

4.3 Die zweite Staffel: Winter 2020/21

4.3.1 Volkstrauertag: Nicht verloren – Um der Menschen willen

Marianne Gorka

Glocken vor Ort hören – Kerze entzünden

Einstimmung

»Und denn, denn stehste vor Gott, dem Vater, stehste, der allens jeweckt hat; und der fragt dir ins Jesichte: Willem Voigt, wat haste jemacht mit deine Leben? Und da muss ick sagen: Fußmatt, muss ick sagen, die hab ich jeflochten im Jefängnis. Und dann sind se all druff rumjetrampelt, muss ich sagen. Und zum Schluss hast jeröchelt und jewürcht um det bisken Luft ...

Det sachst vor Gott, Mensch. Aber der sacht zu dir: Je weck, sacht er! Ausweisung, sacht er. Dafür hab ick dir det Leben nich jeschenkt! Sacht er. Wo iset? Wat haste mit jemacht? ...«

(Schuster Willem Voigt aus: Der Hauptmann von Köpenick, von Carl Zuckmayer)

Im biblischen Wort klingt das so:

Wir müssen alle offenbar werden vor dem Richterstuhl Christi (2 Korinther 5,10).

Und das hören wir heute am Volkstrauertag. Ein Tag der Erinnerung und Mahnung! Ein Tag, sich seiner Verantwortung klar zu werden.

Hier und anderswo denken wir an die beiden Weltkriege, aber auch an Kriege und Kämpfe, die heute geführt werden. Wir denken an all das Leid, das mit jedem Krieg verbunden ist.

Eröffnung

Volkstrauertag – ein Tag, sich umso mehr Gottes bleibender Gegenwart zu vergewissern. Gott macht Mut, nicht zu verdrängen oder zu verharmlosen. Gott kommt zu uns durch sein klares Wort, durch seine Weisungen und durch seinen friedensstiftenden Heiligen Geist.

In ihm sind wir zusammen. An unterschiedlichen Orten. Zur gleichen Zeit. Einander in Gedanken und Gebet verbunden.

Wir feiern in Gottes Namen. Im Namen des Vaters und des Sohnes und des Heiligen Geistes. Sein Friede sei mit uns allen. Amen.

Lied | *Gott ist gegenwärtig* (EG 165,1+6–8)

Lesung des Evangeliums aus Matthäus 25,31–46

(lesen oder eine:r in der Hausgemeinschaft liest vor)

Verkündigungsimpuls

Die Geschichte ist uralt. Die Geschichte von Noah:
Während Gott das ganze Land durch eine große Flut überschwemmt, weil er sich über die Menschen so ärgert, ist Noah der Einzige, der vor seinen Augen für seine Treue Gnade findet. Darum soll er nach Gottes Anweisungen eine Arche bauen, damit er darin zusammen mit seiner Familie und mit allen Tieren – von jeder Gattung ein Paar – Rettung findet.

Am Ende, nach der Sintflut, steigt Noah tatsächlich trockenen Fußes aus der Arche – gerettet. Und mit ihm die Welt. Auch sie taucht wieder auf. Und Gott gibt ihr seine Garantie: »*Solange die Erde steht, soll nicht aufhören Frost und Hitze, Saat und Ernte, Sommer und Winter, Tag und Nacht*«. Als Zeichen seines Versprechens, setzt er einen Regenbogen an den Himmel.

Die Welt bleibt nicht dem Untergang geweiht – Gott sei Dank! Auch wenn man das zuweilen fürchtet und sich fragt: Hat diese Garantie noch Bestand?

Ich denke, die Erfahrung nach den beiden Weltkriegen und auch das Erleben heute nach manch furchtbarem Ereignis, ist der des Noah vergleichbar: Wieder aufgetaucht. Neuland wird betreten. Das Neuland der Demokratie etwa, dann das Neuland der Vergangenheitsbewältigung und mit ihr das Gedenken und Erinnern.

So wie heute. Am Volkstrauertag.

Für mich als Bläserin im Posaunenchor eigentlich undenkbar, an diesem Tag nicht an irgendeinem Denkmal zu stehen, an dem Menschen der Opfer von Krieg und Gewaltherrschaft gedenken. Meist regnet es noch dazu. Wellige Seiten im Choralbuch bleiben dauerhafte Zeugen, was heute gespielt wurde. Aber kein Bläser, ob jung oder alt, hat Zweifel daran, dass es sinnvoll ist, hier zu stehen. Das Gedenken ist auch mit Dankbarkeit verbunden. Nicht zuletzt dafür, im eigenen Land seit heute nunmehr 75 Jahren Frieden zu haben.

Das Gedenken mahnt zur bleibenden Verantwortung.

Friede und Demokratie zu bewahren ist und bleibt Aufgabe.

Ein Virus, vor dem wir uns im Augenblick am besten durch Abschottung schützen können, macht die Sache nicht einfacher.

Despoten, die auf Gefühlen und Grundrechten von Menschen herumtrampeln, als wären es Fußmatten, erschweren ihrerseits das Bemühen.

Die Sintflut mag ur-lange her sein. Eine Botschaft darin lautet: Gott richtet die Welt. Er lässt das Böse nicht einfach »laufen«. Wie oft seit damals mag es Gott erneut leidgetan haben, dass er uns gemacht hat. Aber das ist nicht alles: Die Geschichte von Noah behält noch eine Bedeutung. Trotz allem hält Gott noch und immer wieder an uns fest. Solange die Erde steht!

Wenn uns etwas aus dieser Geschichte für unseren Volkstrauertag helfen soll, dann das:

Der ehrliche, unverblümte Blick in die Welt und auf ihre Schuld. Einerseits.

Andererseits die Erfahrung und das Vertrauen, dass Gott diese Welt nicht verloren gibt. Um der Menschen willen!

Um *der Menschen* willen, *die doch Gutes tun* und bereit sind, sich für das Überleben von Mensch und Tier auch an die Arbeit zu machen.

Menschen, die mit Verstand und Herz statt Hetze auf die Straßen gehen.

Menschen, die Geflüchteten helfen und Leben retten.

Menschen, die um die Wahrheit ringen, um differenziertes Denken, auch wenn's anstrengend ist.

Menschen, die die Welt in allen Farben des Regenbogens zum Strahlen bringen, statt in schwarz-weiß-Malerei Unheil zu zeichnen.

Menschen wie Noah.
Denn mit ihnen lassen sich Archen bauen.
Getragen von Gottvertrauen.

Friede ist und bleibt unsere Aufgabe.
Wir lassen nicht zu, dass darauf herumgetrampelt wird!
Dafür hat uns Gott das Leben nicht geschenkt.
Wir leben und jeder andere soll auch leben!

In diesem Sinn – und mit Hanns Dieter Hüsch gesagt –
lasst uns »Gottes versammelte Großzügigkeiten werden und
seine Artisten sein«.
Und Handwerker.
Menschen mit Zuversicht, Geduld und Freundlichkeit.

»Lasst uns spielerisch auftreten,
wo andere mit dem Fuß aufstampfen.
Lasst uns Feinde in Freunde verwandeln [...]
Viele sagen
Das sei ihnen unmöglich
Andre sagen
Das entspräche nicht ihrem gesunden Menschenverstand
Es kann auch nicht unserem Verstande entsprechen
Es kann nur der Liebe Gottes entsprungen sein
Und ist ein Geschenk außerhalb unserer Reichweite,
Außerhalb der Geschichte
Öffnen wir unsere Augen und unsere Herzen und
nehmen wir endlich das Geschenk an
Es ist dies unsere einzige Chance Weltfrieden zu machen
und allen Menschen ein Wohlgefallen zu bereiten«.
(*aus: Hanns Dieter Hüsch, Anstoß zum Frieden*)

Amen.

Lied | *Der Friede, den Gott gibt* (EG NSB 618,1–3)

Der Friede, den Gott gibt, rührt nicht nur unsre Herzen. In Anspruch nimmt er uns die Worte und die Taten, verändert uns und zeigt für uns die Richtung an: Sein Friede ist der Weg, auf dem man gehen kann.

Der Friede, den er gibt, will bei uns Brücken schlagen. Er hebt die Grenzen auf, mit denen wir uns schaden. Er bricht die Zäune ab, an denen wir gebaut: Sein Friede ist die Kraft, aus der man lieben kann.

Im Frieden, den du gibst, wolln wir den Glauben leben, in unsrer Alltagswelt das Friedenstiften wagen. Wir bitten um Geduld, um Phantasie und Mut: Dein Friede ist das Maß, nach dem man leben kann.

Etwas tun

Ein mächtiges Zeichen für Frieden und Versöhnung setzt der Volksbund zum Volkstrauertag: Ein Stahlkranz mit 1,50 Metern Durchmesser wird mit 1.000 blauen und roten Blüten bestückt. Vergissmeinnicht und Mohnblumen stehen symbolisch für das Gedenken an die Opfer von Kriegen in Deutschland und Großbritannien sowie den übrigen Commonwealth-Staaten.
Es muss ja nicht Berlin sein. Vielleicht gibt es auch an deinem Ort eine Gelegenheit, Vergissmeinnicht, Mohnblumen oder andere Blüten in Kreuzform auszulegen und so ein Zeichen für Frieden und Versöhnung zu setzen.

Lied | *Lass uns deine Nähe spür'n* (freiTöne 193,1–3)

Fürbitten

Du Gott in Ewigkeit,
danke für deine Treue und für deinen Bund des Friedens mit uns.
Danke für jeden Menschen, der sich unermüdlich für den Frieden einsetzt, im Kleinen wie im Großen.

Gedenke unser, die wir Mühe haben,
das Leid von Kriegen zu ermessen.
Gedenke unser, wenn wir keine Lust haben, Trauer zu verspüren oder dabei sind, die Zusammenhänge zu verdrängen.
Stelle uns so, dass wir nicht ausweichen können.
Öffne uns die Augen für einen ehrlichen Blick:
Unser Volk ist nicht nur ein Volk großer Dichter und Denker.
Mache uns zu Werkzeugen deines Friedens.
Wir legen dir auch unsere ganz persönlichen
Verluste dieses Jahres ans Herz.
Unsere Schuld. – ...

Wo wir als Einzelne oder als Gesellschaft gefehlt haben
als wir Menschen nicht besucht haben oder
nicht besuchen durften – ...
als wir Menschen alleine ließen in ihrem Sterben – ...
als wir Menschen hängen ließen,
statt sie bei uns aufzunehmen – ...
als wir Grenzen zogen, wo wir uns hätten öffnen sollen – ....
als wir die Türen schlossen,
statt sie weit zu öffnen für Kerzen und Gebete – ...
So manches Versagen in dieser Krise.
Und wir legen dir unsere Erleichterung ans Herz.
Unsere Freude.
Denn siehe, wir leben.
Denn siehe, so vielen kann geholfen werden.
Denn siehe, so viele geben ihr Bestes, um anderen beizustehen.
Denn siehe, so viele leisten wertvolle Dienste für
die ganze Gesellschaft.
Denn siehe, so viele nehmen ihre Verantwortung ernst.
So manche Bewahrung in dieser Zeit.
Segne uns und halte weiter fest an deiner Zusage,
diese Welt zu tragen.
Dies bitten wir im Namen deines Sohnes Jesus Christus und
mit seinen Worten beten wir:

Vaterunser

Lied | *Verleih uns Frieden gnädiglich* (freiTöne 190)

Abschluss

Vielleicht ist es jetzt richtig, die Kerze auszublasen. Vielleicht lässt du sie noch brennen.

Segen

Es segne dich Gott, zu allem mächtig und barmherzig.
Der Vater, der Sohn und der Heilige Geist.
Amen.

4.3.2 Ewigkeitssonntag – Sieh doch: Alles neu!

Marianne Gorka, Birgit Mattausch

Glocken vor Ort hören

Eine Kerze entzünden

Einstimmung

Im Frieden unseres Gottes. Amen.

Es ist Ewigkeitssonntag.
In der Gemeinde denken wir an die Verstorbenen dieses Jahres.
Wir nennen ihre Namen.
In meinem Kopf und Herzen sind auch die Namen derer,
die mir schon vor Zeiten verloren gegangen sind und
die mir fehlen.

Von wem hast du womöglich Abschied nehmen müssen in
diesem Jahr?
Vielleicht konntest du nicht einmal dabei sein.
Vielleicht wart ihr nur wenige beim letzten Geleit.

An wen denkst du gerade?
Rufe dir die Namen ins Gedächtnis oder sage sie laut.
Lege sie Gott ans Herz.

Ich denke an N. N. und daran, dass ich sie/ihn gern hatte.
Ich behalte diese Zuneigung in meinem Herzen.

Ich denke an N. N. und daran,
dass sie/er mich gern hatte und mir Gutes tat.
Ich sage ihr/ihm: Danke!

Ich denke an N. N. und an das,
was ich ihr/ihm schuldig geblieben bin.
Ich bitte sie/ihn um Vergebung.

Ich denke an N. N. und an das, was sie/er mir schuldig geblieben ist.
Ich vergebe ihr/ihm.
Ich denke an N. N. und schicke ihr/ihm meine guten Wünsche.

Gott, der HERR, der Mächtige, redet und ruft der Welt zu
vom Aufgang der Sonne bis zu ihrem Niedergang.
Aus Zion bricht an der schöne Glanz Gottes.
Unser Gott kommt und schweiget nicht. (Psalm 50,1–3a)

Eröffnung

In diesem Sinn sind wir versammelt. Um uns zu stärken, an dem, was Gott uns zu sagen hat. Um uns zu wärmen in seinem Glanz und seinem hellen Schein. Um uns zu trösten an seiner Treue vom Aufgang der Sonne bis zu ihrem Niedergang.
Wir sind zusammen. An unterschiedlichen Orten.
Zur gleichen Zeit. Einander in Gedanken und Gebet verbunden.
Wir feiern in Gottes Namen.
Im Namen des Vaters und des Sohnes und des Heiligen Geistes.
Sein Friede sei mit uns allen. Amen.

Bibeltext des Tages | Offenbarung 21,1–7

(lesen oder eine:r in der Hausgemeinschaft liest vor)

Dann sah ich einen neuen Himmel und eine neue Erde.
Denn der erste Himmel und
die erste Erde sind verschwunden.
Und das Meer ist nicht mehr da.
Und ich sah die heilige Stadt: das neue Jerusalem.
Sie kam von Gott aus dem Himmel herab –
für die Hochzeit bereit wie eine Braut,
die sich für ihren Mann geschmückt hat.
Dann hörte ich eine laute Stimme vom Thron her rufen:
»Sieh doch: Gottes Wohnung bei den Menschen!
Er wird bei ihnen wohnen und sie werden seine Völker sein.
Gott selbst wird als ihr Gott bei ihnen sein.
Und er wird jede Träne abwischen von ihren Augen.
Es wird keinen Tod und keine Trauer mehr geben,
kein Klagegeschrei und keinen Schmerz.
Denn was früher war, ist vergangen.«
Der auf dem Thron saß, sagte:
»Sieh doch: Ich mache alles neu!«
Und er fuhr fort:
»Schreib alles auf, denn diese Worte sind zuverlässig und wahr.«

Dann sagte er zu mir:
»Es ist geschehen.
Ich bin das Alpha und das Omega, der Anfang und das Ende.
Wer Durst hat, dem gebe ich umsonst zu trinken.
Ich gebe ihm von der Quelle,
aus der das Wasser des Lebens fließt.
Wer den Sieg erringt, wird das alles als Erbe erhalten.
Ich werde sein Gott sein und er wird mein Kind sein.«

Basisbibel

Lied | *Der Himmel, der ist* (EG 153,1–5)

Verkündigungsimpuls

Alles neu macht der Herbst.
Rückt den Himmel näher.
Lässt die Krähen kreisen.

Legt den Frost über die letzten Spinnweben,
über die trockenen Gräser, das Schlehengestrüpp.
»Erst, wenn die blauen Schlehen einmal gefroren waren,
kann man sie essen,« sagte meine Großmutter.
Der Herbst rüttelt an den Bäumen, und sie lassen ihre Blätter los.
Sie fallen zu Boden, werden Morast.

Alles neu macht der Herbst.
Nimmt und gibt.
Wo die Blätter am Baum waren, ist für eine lange Weile nichts.
Wo wir an warmen Tagen draußen saßen:
jetzt nur letztes Laub auf der Bank und
der Geruch nach nasser Erde.
Und in uns angesammelt dieses Jahr. Sein Glück. Sein Schmerz.
In uns und um uns Erinnerungen. Das erste Mal dies.
Das letzte Mal das. Es kommt nicht zurück.

Alles neu macht der Herbst.
Macht uns nackter und ausgesetzter –
obwohl wir doch Mäntel haben, Wollpullover, Schals und Stiefel.
Alles neu macht der Tod.
Auch für die, die leben.

Und ich gehe auf das Neue zu.
Ob ich will oder nicht.
Kalte Luft um mich. Nebel. Regen.
Und manchmal plötzliches Blau. Eichelhäher.
Andere Gedanken. Anderer Klang.

Und der auf dem Thron sitzt, sagt:
»Sieh doch: Ich mache alles neu!«
Sagt:
»Gott wird jede Träne abwischen von deinen Augen. Es wird keinen Tod und keine Trauer mehr geben, kein Klagegeschrei und keinen Schmerz. Denn was früher war, ist vergangen.«

Alles neu macht Jesus.
Rückt den Himmel näher.
Lässt die Seelen und die Träume fliegen wie Vögel.
Ist durchs Dunkel gegangen.
Durchs Sterben und Schlehengestrüpp. Durch Nebel und Tod.
Deshalb kennt er uns. Weiß es. Weiß alles.
Auch das, was wir niemandem sagen.
Weiß es und bleibt.

Jesus rüttelt an den Gräbern.
Ruft uns und siehe da: Wir leben.
In uns angesammelt dieses Jahr. Sein Glück. Sein Schmerz.
In uns und um uns Erinnerungen. Das erste Mal dies.
Das letzte Mal das. Es kommt nicht zurück.
Aber wir werden neu.
Dies ist nicht das Letzte.
Dies ist nicht das Ende.

Unterm Morast schon ein Wachsen.
Unter den Tränen schon Lachen.
In den kahlen Bäumen,
in den leeren Händen unsichtbar schon, was kommt.
Du musst nicht bleiben, die du bist.
Weil auch Jesus nicht im Grab blieb.
Alles neu macht der Herr.
Sieh doch.
Hinter dieser Welt schon der Himmel.
Amen.

Lied | *Gott spricht uns zu sein schönstes Wort*
(freiTöne 108,1–5)

3. Gott spricht uns zu sein letztes Wort, schenkt uns in ihm die Erlösung. Er lässt seinen Stern am Himmel erstrahlen: Er soll uns führen durch die Nacht.

Etwas tun

Mach mit deinem Handy ein Foto vom Himmel, wie er jetzt ist.
Wenn du dich in den nächsten Tagen daran erinnern musst,
dass das hier nicht das Ende ist, dann schau das Foto an.
Du kannst es auch jemandem schicken und
zum Beispiel einen Satz aus diesem Gottesdienst dazu schreiben, der dir etwas bedeutet.
Oder du postest es auf Instagram, Facebook, Twitter ... mit so einem Satz und dem #Ewigkeitssonntag.

Lied | *Herr, mach uns stark im Mut, der dich bekennt*
(EG 154,1–5)

Fürbitten

Guter Gott, du bist groß. An deinem Herzen ist viel Platz.
Alle haben wir Raum bei dir. Dafür danken wir dir sehr!

Darum bitten wir dich auch: *(mit Worten von Lothar Zenetti)*
Behüte, Herr, die ich dir anbefehle,
die mir verbunden sind und mir verwandt.
Erhalte sie gesund an Leib und Seele
und führe sie mit deiner guten Hand.

Sie alle, die mir ihr Vertrauen schenken
und die mir so viel Gutes schon getan.
In Liebe will ich dankbar an sie denken,
o Herr, nimm dich in Güte ihrer an.

Um manchen Menschen mache ich mir Sorgen
und möcht' ihm helfen, doch ich kann es nicht.
Ich wünschte nur, er wär bei dir geborgen
und fände aus dem Dunkel in dein Licht.

Du ließest mir so viele schon begegnen,
so lang ich lebe, seit ich denken kann.

Ich bitte dich, du wollest alle segnen,
sei mir und ihnen immer zugetan.

Stille.

Ich halte dir auch die Menschen und Beziehungen hin,
die mir nicht gutgetan haben, die nicht gut für mich sind.
Befreie mich davon. Lass sie deine Sorge sein.

Befreie mich von dem, was mich ängstigt, was mich schmerzt.
Ich halte es dir hin.

Ich halte dir diese Welt hin. Unser Leben jetzt. Bitte: Sei da.
Sei uns nahe, Gott, wenn wir mit den Worten Jesu zu dir beten:

Vaterunser

Abschluss

Vielleicht ist es jetzt richtig, die Kerze auszublasen.

Vielleicht lässt du sie noch brennen.

Segen

Es segne dich Gott, zu allem mächtig und barmherzig.
Der Vater, der Sohn und der Heilige Geist.
Amen.

Lied | *Gloria sei dir gesungen* (EG 147,3)

4.3.3 Vierter Advent: Angesehen

Jochen Arnold

Hinführung

Auch im Advent 2020 soll es die Möglichkeit geben, in einer kleinen Hausgemeinde Gottesdienst zu feiern. Wir beten und hören Gottes Wort, wir singen und feiern, dass er uns besucht. Sogar das Abendmahl feiern wir am 4. Advent gemeinsam. Getaufte Christen oder Christinnen dürfen das Sakrament in Zeiten einer Pandemie empfangen und weitergeben. Wer ganz allein zuhause ist, kann einen Freund oder eine Freundin anrufen, um sich gegenseitig die Worte der Einsetzung (grau unterlegt) zuzusprechen. Alternativ bieten wir eine Audio-Datei zum Anhören der Einsetzungsworte an. So erklingt eine Stimme, die uns die Worte Jesu zusagt und uns zum Abendmahl einlädt.

Vorbereitung

Deckt den Tisch. Vielleicht mit einer weißen Tischdecke. Sucht schönes Geschirr. Schneidet ein wenig Brot auf und öffnet eine Flasche Wein oder Traubensaft und stellt für jeden und jede ein Glas oder einen Becher hin.

Glocken vor Ort hören

Eine Kerze/die Kerzen am Adventskranz entzünden

(laut für sich lesen oder eine:r in der Hausgemeinschaft liest vor)

Einstimmung und Eröffnung

Die Glocken läuten und rufen zum Gebet. Jesus sagt: Wo zwei oder drei in meinem Namen versammelt sind, da bin ich mitten unter ihnen. Wir sind versammelt. An unterschiedlichen Orten. Zur gleichen Zeit. Im Glauben.

Freut euch! Gott ist nah.
Jesus steht vor der Tür.
Gottes Geist führt uns zusammen.
Wir feiern in Gottes Namen.
Im Namen des Vaters und des Sohnes und des Heiligen Geistes.
Amen.

Lied | *Tochter Zion, freue dich* (EG 13,1–3)

Gebet

Jesus, du bist König im Himmel.
Von dort kommst du in unsere Welt.
Bitte komm auch in unser Leben.
Wir öffnen dir unser Herz.
Wenn du da bist, Jesus,
dann wohnt Gott bei uns.
Amen.

Evangelium in Leichter Sprache (aus Lukas 1,26–55)

Eines Tages kam der Engel Gabriel nach Nazareth.
Das ist eine Stadt in Galiläa im nördlichen Israel.
Er kam zu Maria. Sie war mit Josef verlobt.
Der Engel sprach:
Sei gegrüßt, du Begnadete! Der Herr ist mit dir!
Da erschrak Maria.
Aber der Engel sagte: Fürchte dich nicht, Maria.
Du hast Gnade bei Gott gefunden. Gott schaut auf dich.
Du wirst schwanger werden. Du wirst einen Sohn bekommen.
Du sollst ihn Jesus nennen.
Jesus wird ein besonderer Mensch sein. Er ist der Sohn Gottes.
Deshalb soll er »Sohn des Höchsten« heißen.
Gott wird ihn zum König machen.
Jesus wird für immer König sein.
Maria sagte zu dem Engel: Wie ist das gemeint?
Wie soll ich ein Kind bekommen?
Ich habe doch noch keinen Mann.
Der Engel antwortete ihr und sagte:
Der Heilige Geist wird dich umgeben.
Die Kraft des Höchsten wird über dich kommen:
Es wird sein wie der Schatten einer Wolke.
Deshalb wird dein Sohn heilig sein.
Man wird ihn Sohn Gottes nennen.
Bei Gott ist alles möglich.
Und Maria sagte: Ja. Gott will es so. Ich bin bereit.
Da ging der Engel weg.[158]

---

[158] Vgl. ähnlich: Anne Gidion/Jochen Arnold/Raute Martinsen (Hrsg.), Leicht gesagt 22, Hannover ²2017, 28.

Lied | *Magnificat* (freiTöne 103)

Evangelium II

Kurz danach machte sich Maria auf den Weg in die Berge.
Sie ging zu Elisabeth.
Elisabeth war mit Maria verwandt.
Auch Elisabeth war schwanger.
Sie war sehr alt und sollte doch noch ein Kind bekommen.
Maria begrüßte Elisabeth.
Elisabeth spürte: Auch Maria wird ein Kind bekommen.
Denn ihr Kind bewegte sich kräftig im Bauch.
Da rief sie laut und begeistert:
Maria! Du bist gesegnet von Gott.
Dein Kind wird ein besonderes Kind sein: der Sohn Gottes.

Lied | *Magnificat* (freiTöne 103)

Evangelium III (Magnificat der Maria)

Da fing Maria an zu singen mit den Worten:
Meine Seele lobt Gott. Denn er ist groß.
Ich denke an Gott und freue mich. Denn er hilft mir.
Ich bin ein kleiner Mensch. Doch der große Gott schaut auf mich.
Alle Menschen werden sagen: Gott hat Maria groß gemacht.
Gott ist heilig. Gott hat Macht.

Alle Menschen können Gott bitten. Ihnen ist er nahe.
Gott hat Kraft. Eingebildete Menschen müssen Angst haben.
Gott stürzt die Mächtigen vom Thron.
Und die Kleinen wird er groß machen.
Gott beschenkt die Hungrigen.
Die Reichen schickt er mit leeren Händen fort.
Gott kümmert sich um sein Volk Israel.
Er hat es vor langer Zeit Abraham versprochen.

Lied | *Mit dir, Maria, singen wir* (freiTöne 94,1–2+4)

Mit dir, Maria, singen wir von Gottes Heil in unsrer Zeit.
Uns trägt die Hoffnung, die du trugst,
es kommt der Tag, der uns befreit.

Verkündigungsimpuls I

Nein, Maria hatte kein Date.
Sie kannte den unbekannten Boten weder aus
sozialen Netzwerken noch persönlich.
Er kam einfach so vorbei. Schneite eben mal rein.
Und dann brachte er ihr eine Nachricht,
die ihr Leben kräftig durchgemischt hat.
»Du hast Gnade bei Gott gefunden,
du wirst einen Sohn bekommen«, sagt der Engel.
Ein großes Wort ist das: Gnade.
Man könnte auch sagen: Nähe.
Es schaut jemand zu mir her, schaut nach mir.
Ich spüre: Jemand ist für mich da.

Ein Engel zu Besuch. Welch ein Wagnis, so etwas zu erzählen.
Aber manchmal wünsche ich mir das.
Ich hätte so viele Fragen.
Ich würde so gerne mehr wissen über die Welt.
Warum manchmal unsere Wünsche und
Gebete »unerhört« bleiben ...

Wie war das bei Abraham und Sara?
In hohem Alter hatten sie ihr Leben noch einmal
komplett umgekrempelt.
Sie sind – würden wir heute sagen – ausgewandert.
Aus Ur in Chaldäa, dem heutigen Irak, ins ferne Kanaan.
Das ist im heutigen Palästina bzw. Israel.
Abraham hatte eine Stimme gehört,
einen Befehl und ein Versprechen von Gott.
Geh, mach dich auf. Ich will bei dir sein.
Ich will dich zum großen Volk machen.
Du sollst ein Segen sein für viele Menschen.

Das haben sie dann auch miteinander erlebt.
Abraham und Sara, ihre Verwandten und
ihre Mägde und Knechte.
Sie wurden reich an Gütern, besaßen große Schafherden.
Sie sind miteinander alt geworden,
haben manches Abenteuer durchgestanden.
Für viele andere Menschen waren sie Freund und Freundin,
Licht und Segen. Vorbild im Glauben.
Ein Wunsch ist für sie allerdings offen geblieben.

Gemeinsame Kinder haben sie nicht bekommen.
Das war ihr letzter Wunsch.
Sie hatten ihn aufgegeben.

Hatte er es sich anders überlegt?
Hier beginnt unsere Geschichte.

Alttestamentlicher Text 1. Mose 18 (Hoffnung für ALLE)
Gott zu Besuch

Verkündigungsimpuls II

Wie bei Maria kommt Gott unangemeldet.
Es ist Mittagszeit – Siesta ...
Vielleicht waren Sara und Abraham schon weggeschlummert.
Doch dann, ja dann kommen sie einfach so vorbei.
Gleich zu dritt.
Wer sie sind und warum gerade drei? Das bleibt offen.
Gott selbst ist es, der da kommt, sagt die Bibel.
Gott selbst in Gestalt von Menschen.

Abraham ist auf einmal hellwach.
Er spürt, jetzt passiert etwas.
Er lädt die drei Männer ein.
Und sie lassen sich einladen.
Sie bleiben zum Essen und Trinken.
Sara und Abraham fahren alles auf, was sie bieten können.
Es kann ihnen nicht schnell genug gehen.
Gastfreundschaft ist etwas Wunderbares.
Ich verstehe das so:
Wer Fremde in sein Haus lässt und bewirtet,
der darf damit rechnen, dass Gott bei ihm einkehrt.

Was verbindet die Geschichte von Maria mit
der von Sara (und Abraham)?
Klar, es geht um das Kinderkriegen und auch darum,
was Gott damit zu tun hat.
Maria war schrecklich jung
und Sara viel zu alt, um Kinder zu bekommen.
In beiden Fällen, sagt die Bibel,
geschieht ein biologisches Wunder.
Wir müssen das nicht erklären.
Die Botschaft lautet:

Gott tut große Dinge.
Gott kann auch heute Dinge tun,
die Menschen für unmöglich halten.

In beiden Fällen schaut Gott Menschen an,
wendet sich besonders den Frauen zu.
Sie hatten damals wenig zu bestimmen.
Aber Gott möchte mit ihnen Geschichte schreiben.
Mit der blutjungen, unschuldigen Maria.
Und der alten, vielleicht noch immer bildschönen Sara.
Sie hatte sich damit abgefunden,
dass das Thema Kinder »durch« ist.
Deshalb fängt sie an zu lachen.
Maria dagegen fürchtet sich.
Ein uneheliches Kind war damals eine Schande.

Zwei große Frauen der Bibel.
Was verbindet sie?
Ihre Emotion! Maria erschrickt und lässt sich vom Engel sagen:
Fürchte dich nicht.
Darauf willigt sie ein,
wahrscheinlich immer noch mit Herzklopfen.

Sara lacht und versteckt sich.
Ein ungläubiges Lachen.
Das Ganze ist ihr peinlich.
Und Gott sieht das.
Und hält sein Versprechen.
Gegenüber der zweifelnden Sara und der glaubenden Maria.

Übers Jahr sollst du einen Sohn haben.
Beide Frauen erfahren:
Gott redet nicht nur, er handelt auch.
Sie spüren es am und im eigenen Leib.

Eine Wendung kommt in beiden Geschichten vor:
Abraham sagt: »Habe ich Gnade vor deinen Augen gefunden,
dann geh nicht vorbei«.
Er formuliert das als Bitte.
Und Maria hört diese Worte aus dem Mund des
Engels als Zuspruch:
Du hast Gnade gefunden in den Augen Gottes.

Ja! Das ist für mich Advent. Gottes Gnade kommt in mein Leben.

Wie ein Kind, das im Mutterleib entsteht.
Geplant oder nicht geplant.
Ich lasse mir von ihm sagen:
Du bist angesehen.
Von mir.
Bei mir.

Ich bete:
Komm, du ewige Liebe.
Mein Herz ist offen.
Amen.

Lied | *Du bist ein Gott, der mich anschaut* (freiTöne 1,1-3)

Fürbitten

Gott. Wir sind verbunden.
Als Menschen mit Menschen.
Als Glaubende miteinander.
Als Glaubende und Menschen mit dir.
Wir bringen dir unsere Gedanken,
unser Danken und unser Sorgen.
Heute.

Stille.
Wir denken an alle, die wir lieben. Was tun sie gerade?

Stille.
Wir denken an alle, die in diesen Zeiten noch einsamer sind.

Stille.
Wir denken an alle Kranken.
Und an alle Kranken in Krankenhäusern,
die keinen Besuch haben können.

Stille.
Wir denken an alle, die helfen.
Sie setzen sich und ihre Kraft und ihre Gaben ein füreinander.

Stille.
Schauender Gott!
Wir sind deine Menschen. Wir sind miteinander verbunden.
Atmen die Luft deiner Schöpfung.
Beten zu dir in allem, was ist.
Höre uns.

Abendmahl

Lied | *Komm, sag es allen weiter* (EG 225,1–3)

Abendmahlsgebet

Wir preisen dich, Gott.
Du besuchst Menschen und isst mit ihnen.
Du hast dich zu Sara und Abraham an den Tisch gesetzt.
Und wir dürfen an deinen Tisch kommen.
Du hast Sara und Maria einen Sohn versprochen
und hast Wort gehalten.
Wir danken dir, dass du uns ansiehst,
und singen dein Lob:

Lied | *Heilig, heilig, heilig* (freiTöne 159)

Gebet

Ja, du bist heilig, großer Gott.
Wir feiern gemeinsam dein Versprechen.
Dass du kommen willst und uns besuchst.
So warten wir auf deinen Sohn Jesus.

Und bitten dich:
Lass deinen Geist auf diese Gaben kommen.
Mache sie heilig.
Dann ist Jesus schon jetzt bei uns.
In Brot und Wein (Saft)
soll er in unserer Mitte sein.
Amen.

Einsetzungsworte[159]

Beim letzten Abendmahl mit seinen Freunden nahm
Jesus das Brot.
Er dankte Gott dafür.
Er brach das Brot und gab es ihnen.
Dazu sagte er:
Nehmt und esst alle davon:
Das ist mein Leib, der für euch hingegeben wird.

---

[159] Einsetzungsworte in leicht veränderter Fassung in »Leichter Sprache«, 2020 hörbar in der Downloadversion.

Genauso nahm er nach dem Essen den Becher.
Er dankte Gott.
Und er gab ihn seinen Freunden.
Dazu sagte er:
Nehmt und trinkt alle daraus:
Das ist der Kelch des neuen Bundes.
Ich gebe mein Leben für euch,
zur Vergebung der Sünden.
Tut das immer wieder.
Erinnert euch an mich.

Jesus hat uns gesagt, wie wir beten können.
Deshalb breiten wir unsere Arme aus und beten:

Vaterunser

Lied | *Christus, Antlitz Gottes* (freiTöne 151, Str. A)

Jesus Christus ist für uns Mensch geworden.
Er hat mit vielen Menschen gegessen und getrunken.
Niemand hat er weggeschickt.
Er ist gestorben und auferstanden. Er kommt in Herrlichkeit.

Schmeckt und seht, wie freundlich Gott ist.

Wir teilen die Gaben aus mit den Spendeworten:
Nimm und iss vom Brot des Lebens.
Nimm und trink vom Kelch des Heils.

Gebet nach dem Abendmahl (vgl. EG 336)

Danket dem Herrn,
denn er ist sehr freundlich.
Seine Güt' und Wahrheit
währet ewiglich.

Lied | *Seht, die gute Zeit ist nah* (EG 18,1–2)

Segen

Gott segne dich und behüte dich.
Gott lasse leuchten sein Angesicht über dir und sei dir gnädig.
Gott erhebe sein Angesicht auf dich und gebe dir Frieden.
Kerze löschen

4.3.4 Erster Weihnachtstag: Weihnachtsmenschen

Dorothea Wöller

Glocken läuten – Kerze anzünden

Einstimmung

(laut für sich lesen oder eine:r aus der Hausgemeinschaft liest vor)

Die Glocken läuten und rufen zum Gebet.
An diesem Weihnachtsmorgen – wachst Du auf.
Wie war deine Heilige Nacht?
Spürst du ihn?
Ist ER schon bei dir angekommen?

Jesus sagt:
Wo zwei oder drei in meinem Namen versammelt sind,
da bin ich mitten unter ihnen.
Ist ER schon angekommen bei dir?

Wir sind versammelt.
An verschiedenen Orten.
Zur gleichen Zeit.
Im Glauben.
Wir feiern seine Geburt.
Wir feiern in seinem Namen.
Im Namen des Vaters und des Sohnes und des Heiligen Geistes.
Amen.

Lied | *Herbei, o ihr Gläub'gen* (EG 45,1–4)

Gebet

(laut für sich lesen oder eine:r aus der Hausgemeinschaft liest vor)

Weihnachtstag.
Weihnachtsmorgen.
Gott.
Du bist in unserer Welt.
Klein und zart.
Mächtig und stark.

Ich bin hier.
Und du bist hier.
Und ich weiß: Ich bin verbunden.
Mit dir.
Mit anderen, die zu dir beten.
Genau jetzt.
Genau so.
Ich bin hier.
Und du bist hier.
Das genügt.
Und ich bringe dir alles, was ist.
Stille.
Höre auf mein Gebet.
Amen.

Bibeltext des Tages: Jesaja 52,7–10

(laut für sich lesen oder eine:r aus der Hausgemeinschaft liest vor)

Verkündigungsimpuls

(laut für sich lesen oder eine:r aus der Hausgemeinschaft liest vor)

Hörst du die Freudenboten?
Heute morgen?
Am Weihnachtstag.
Und: Wie war es gestern, am Heiligen Abend?
Hast du die Nachricht des Freudenboten gehört?
Ist sie auch bei dir angekommen?

In diesem Jahr – das so anders ist.
Auch an Weihnachten.
Viel stiller.
Vielleicht sogar so still,
dass der Freudenbote gar nicht bis zu dir durchdringen kann.
Die Nachricht des Freudenboten,
die in unsere Städte und Dörfer,
in unsere Häuser und Herzen dringen will:
Dein Gott ist König! Er hat sein Volk getröstet,
ist nach Zion zurückgekehrt.
Euch ist heute der Heiland geboren,
welcher ist Christus,
in der Stadt Davids.

Die Nachricht der Freudenboten –
die Nachricht der Engel,
sie kommt.
Sie kommt auch in diesem Jahr.
In diesem Jahr,
in dem wir sie so sehr brauchen.
Damals in Jerusalem,
und heute da, wo du gerade bist.
Die Glocken der Kirche – kannst du sie in der Ferne hören?
Sie verkünden die frohe Botschaft,
so wie der Freudenbote,
der gen Zion eilt.
Die Botschaft vom Kommen Gottes –
sie kommt auf schönen, auf friedlichen Sohlen.
Sie kommt auf den unabgelaufenen Sohlen eines Babys.
Anders als erwartet.
Klein und zart.

Und doch mächtig und stark.
Gott ist gekommen.
Heute Nacht.
Gott hat sein Volk erlöst.
Und jetzt rufen es die Wächter mit lauter Stimme.
So laut, dass es bis zu dir schallt.
Sie jubeln und freuen sich.
Gott ist König!
Gott tröstet.
Gott erlöst.
Gott lässt uns hoffen.
Auf Trost.
Auf bessere Zeiten.
Auf Frieden.
Auf Erlösung.
Und du darfst dich freuen.
Mitjubeln.
Versuch es mal.
Es muss nicht laut sein,
vielleicht ist es ein kleines Ziehen im Herzen.
Das wächst. Bis du die Freude nicht mehr bei dir behalten kannst,
sie laut ausrufen musst.
In die Einsamkeit.
In das Chaos der Gefühle an diesem Fest.

An diesem Tag.
Gott kommt nach Hause. In seine Stadt.
In unsere Welt.
Nach Hause zu dir. In dein Herzenskämmerlein.
Vielleicht sind andere zu dir nach Hause gekommen,
oder du zu ihnen.
Vielleicht geht das alles grad nicht.
Ich wünsche dir,
dass du den Freudenboten lauschst.
Und seine Botschaft zu dir lässt.
In dein Herz. In dein Leben.
Gerade heute.
In diesem Jahr.
Amen.

Lied | *Fröhlich soll mein Herze springen* (EG 36,1–2+12)

Etwas tun

Such in deiner Wohnung, in deinem Haus nach einem schönen Blatt Papier. Wenn du es gefunden hast, kannst du Sterne ausschneiden. Oder Engel. Wonach dir grade ist. Schreib eine Freudenbotschaft drauf. Einen guten Wunsch. Eine Hoffnung.

Blas jetzt deine Kerze aus. Zieh deinen Mantel an, den Schal und die Schuhe auch und öffne deine Haustür. Nimm deine Freudenbotschaften mit. Und trage die Weihnachtsfreude zu deinen Nachbarn. Zu deinen Freunden. Zu Fremden. Zu denen, die dir auf dem Weg begegnen. Wenn du nicht an der Haustür klingeln magst, dann steck sie doch einfach in den Briefkasten. Oder halte einen kleinen Plausch über den Gartenzaun. Trag die Freudenbotschaft raus in die Welt. An diesem Weihnachtstag. Und wer weiß – vielleicht kommt spätestens jetzt die Freudenbotschaft auch in deinem Herzen an. Lass es springen und singen. Und erlebe diesen Weihnachtsmorgen mit allen Sinnen. Atme die frische Luft tief ein und aus und wenn du bereit bist, wenn du deine Freudenbotschaft verteilt hast, dann geh wieder heim. Geh wieder in dein Haus, deine Wohnung, dein Zimmer. Zieh deinen Mantel aus oder lass ihn noch ein wenig an, so wie eine wärmende Decke.

Zünde deine Kerze wieder an.

Lied | *Go gently, go lightly* (freiTöne 194)

Deutsche Übersetzung:
Geht achtsam, geht heiter vom Geiste getragen,
und nehmt nicht mehr mit euch als das, was ihr braucht:
Vertraut Gottes Güte, verteilt Gottes Liebe,
gegründet in Jesus, wohin er auch führt.

Geht, singt nun und bringt nun die Gaben des Geistes
Und sucht voller Hoffnung, was wahr ist und gut;
Im Leben, im Lieben, was immer begegnet:
Gott schütze und segne euch, was ihr auch tut.

Fürbitten

Gott.
Du bist in unsere Welt gekommen.
Diese frohe Nachricht feiern wir heute.
Wir sind verbunden.
Als Menschen mit Menschen.
Als Glaubende miteinander.
Als Glaubende und Menschen mit dir.
Als deine Freudenboten.

Wir bringen dir unsere Gedanken,
unser Danken und unser Sorgen.
Heute.
Am Weihnachtstag.

Stille.

Wir denken an alle, die wir lieben.
Was tun sie gerade?

Stille.

Wir denken an alle, die in diesen Zeiten noch einsamer sind.
Die die Freudenbotschaft heute nicht hören können.

Stille.

Wir denken an alle Kranken.
Und an alle Kranken in den Krankenhäusern und jene, die sich um sie kümmern.

Stille.

Wir denken an alle, die helfen.
Die heute arbeiten müssen.
Sie setzen sich und ihre Kraft und ihre Gaben ein füreinander.

Stille.

Gott.
Wir sind deine Weihnachtsmenschen.
Wir sind miteinander verbunden.
Atmen die Luft deiner Schöpfung.
Beten zu dir in allem, was ist.
Beten zu dir mit den Worten, die uns im Herzen wohnen:

Vaterunser

Sendung und Segensbitte

Geh achtsam, geh heiter,
vertrau Gottes Güte, verteil Gottes Liebe.
Verteil die Freudenbotschaft.
Gottes Segen geht mit dir.

Hände öffnen und laut sprechen:
Gott, segne mich/uns und behüte uns/mich.
Gott, lasse dein Angesicht leuchten über uns/mir und
sei uns/mir gnädig.
Gott, erhebe dein Angesicht auf uns/mich und
gebe uns/mir Frieden.
Amen.

Oder: *Fenster öffnen. Einatmen. Ausatmen. Spüren, dass du da bist. Spüren, dass andere da sind. Genau jetzt. Genau so. Verbunden. Miteinander. Mit Gott. Im Glauben. Einatmen. Ausatmen. Und leise sprechen* »Gott spricht: Ich will Dich segnen und Du sollst ein Segen sein.« *Mehrmals wiederholen und dabei vielleicht lauter werden. Stille. Einatmen. Ausatmen. Fenster schließen.*

Frohe und gesegnete Weihnachten!

Kerze löschen

4.3.5 Zweiter Weihnachtstag – »... träumt und liebt«

Christine Behler, Andreas Hülsemann

Einstimmung und Eröffnung

Kerze entzünden

Musik zu Beginn (angehört)

»Contemplation«[160]

Psalm 126

(eine:r in der Hausgemeinschaft liest)

Wenn Gott die Gefangenen Zions erlösen wird,
so werden wir sein wie die Träumenden.
Dann wird unser Mund voll Lachens
und unsre Zunge voll Rühmens sein.
Da wird man sagen unter den Völkern:
Gott hat Großes an ihnen getan!
Gott hat Großes an uns getan;
des sind wir fröhlich.

So steht es in Psalm 126. Und das feiern wir heute, am zweiten Weihnachtsfeiertag: Gott hat Großes an uns getan. In der heiligen Nacht von Bethlehem. Ein überwältigendes Geschehen. Wie in einem Traum erlebt von Maria, von den Hirten auf dem Feld und den Königen aus dem Morgenland. Diese Stunde ist allen gewidmet, die ihren Träumen trauen, wie auch Josef es tat. Räumlich vielleicht getrennt, doch in weihnachtlicher Freude verbunden, feiern wir im Namen des menschgewordenen Gottes.

Im Namen des Vaters, des Sohnes und des Heiligen Geistes.
Amen.

---

[160] https://www.intern-e.evlka.de/toro/resource/html#/drive/folder/a3506290-e49f-4f30-b267-ac8fc6f36489.

Gebet

(eine:r in der Hausgemeinschaft betet, oder alle beten gemeinsam)

Hier bin ich, guter Gott, mit meiner Hoffnung,
mit meinen Träumen und meinen Sorgen.
Hier sind wir, versammelt als deine Gemeinde;
staunend, hörend, betend und
singend vom weihnachtlichen Wunder.
Sei auch du jetzt bei mir und mitten unter uns.
Der Glanz der Krippe legt sich auch auf diesen Moment.
Verbinde uns. Lass unsere Herzen fröhlich springen.
Amen.

Lied | *Fröhlich soll mein Herze springen* (EG 36,1–2+12)

Hinführung zum Bibeltext des Tages

(eine:r in der Hausgemeinschaft liest)

Im Evangelium für den heutigen zweiten Weihnachtsfeiertag führt uns der Evangelist Matthäus noch einmal zurück in die Zeit vor der Geburt Jesu. Wir begegnen Josef, der die Schwangerschaft Marias zunächst nicht akzeptieren kann, denn eins ist klar: Er ist nicht der Kindsvater.

Bibeltext des Tages aus dem Matthäusevangelium 1,18–25
(Basisbibel-Übersetzung)

(eine:r in der Hausgemeinschaft liest)

Verkündigungsimpuls

(eine:r in der Hausgemeinschaft liest)

Sind Sie, bist du schon mal einem Menschen begegnet, der wegen eines Traumes in der Nacht sein Leben geändert hat?
Josef, der seltsam schweigsame Vater des neugeborenen Königs war so einer. Er hatte erfahren, dass seine Verlobte Maria schwanger war, obwohl er sie noch nicht berührt hatte.
Bevor er sich lange einen Reim darauf machte, beschloss er, Maria zu verlassen. Ohne Aufsehen. Er wollte Maria nicht Angriffen böser Leute aussetzen. Doch bei ihr zu bleiben, das kam für Josef auch nicht in Frage.
Oder?

Was sollte aus der jungen Frau mit dem gewölbten Bauch denn werden? Würde die Familie zu Hause sie wieder aufnehmen?

Das Grübeln über diese Fragen wird Josef aufgewühlt haben. Ein ermüdendes Gefühlschaos und ratloses Kreisen der Gedanken, den ganzen Tag bis in den Abend. Mit schweren Augenlidern und Gedanken schlief er ein.

In der Nacht kam ein Engel ihm nahe. Seine Worte, ganz klar zu vernehmen: »Habe keine Bedenken, Josef, nimm Maria als deine Frau an. Sie trägt ein Kind unter ihrem Herzen, das der heilige Geist in sie gelegt hat. So soll es sein. Sie wird der Welt ein Kind schenken, das ein Volk und viele Seelen retten wird.«

Josef machte seine Augen wieder auf und beschloss an diesem Morgen, seinem Leben eine Wende zu geben. Er nahm Maria als seine Frau an, schenkte ihr still seine Treue. Diesen Engel ohne Namen hatte Gott zum Boten gemacht.

Josef entschied sich, Maria nicht zu berühren, bis das Kind geboren sein würde.

Wir, die wir Josefs Traumgeschichte hören, haben den Heiligen Abend und die Nacht von Bethlehem schon gefeiert, uns vielleicht bei wenigen Graden Celsius auf den Weg zu einer Christvesper unter freiem Himmel gemacht. Geschenke liegen geöffnet unterm Baum, und vielleicht sinnen wir nach, was in diesem Jahr anders gewesen ist als in denen davor.

Da bekommt dieser Mann Josef besondere Aufmerksamkeit. Er, der dritte im Bunde am Rande der Heiligen Familie, wird geehrt. Er, vom dem wir kein Wort kennen, wird zu einem begabten Träumer gekürt. Der steht auf am Morgen und ändert seine weitreichenden Vorhaben.

Der Bote hat gesprochen, und Josef zögert nicht. Aus Liebe zu Maria und, weil er einem Engel traut. Und weil er vielleicht sogar ahnt, dass sein Schritt für die Welt eine Bedeutung haben wird.

Er ist dabei nicht auf seinen Vorteil bedacht, hat schließlich Arbeit und Scherereien, trägt schweres Gepäck und ehrt mit aller gebotenen Rücksicht die teure Fracht für die ganze Welt.

Unsere Welt braucht Rechner und Realisten, Analytiker und Idealisten. Unsere Welt braucht auch Träumer. Einen wie Josef, der sich dem Schlaf hingibt und einer Engelsstimme in der Nacht glaubt.

So wird Josef, der in Krippendarstellungen oftmals als der verdatterte Alte gezeigt wird, zum Träumer der Stunde. Er geht ab jetzt mit durch unsere Zeit.

Er träumt und liebt.
Er gewinnt, weil er sich nicht zum Gewinner macht.
Josef lässt dem Kind und der Mutter den Vortritt, weil der Engel ihm vielleicht eingeflüstert hat:
Auch du wirst durch dieses Kind ein reiches Leben haben.

Lied | *Hört der Engel helle Lieder*
(Instrumental-Interpretation zu EG 54)

Mit Saxophon und Piano

Fürbitten

(eine:r in der Hausgemeinschaft betet, oder alle beten gemeinsam)

Guter Gott, danke für alle Menschen, die mit ihren Träumen diese Welt und unser Leben erhellt haben.
Wir bitten dich:
Sei du bei denen, die vom Leben enttäuscht das Träumen aufgegeben haben. Schenke Kraft, Weisheit und Inspiration allen, die für diese Welt und für unser Miteinander Verantwortung tragen.
Wir bitten für die zahllosen Menschen, deren Rechte missachtet und deren Seelen geschunden werden.
Wir bitten dich für uns:
Mache du uns stark, dort zu helfen, wo wir es vermögen.
Lass den Glanz von Weihnachten hineinstrahlen in unseren Alltag, in unser ganzes Leben.
Wir beten mit Worten, die Jesus selbst uns beigebracht hat:

Vaterunser

Lied | *Stern über Bethlehem* (EG NSB 544,1–4)

Segen

(eine:r in der Hausgemeinschaft liest)

Gott schütze dich bei Tag und in der Nacht.
Er begleite dich in deinen Träumen.
Gott segne dich und schenke dir Frieden.
Amen.

Kerze löschen

4.4 Die dritte Staffel: Passion und Reformation 2021

4.4.1 Laetare – 4. Sonntag in der Passionszeit: Welche Farbe hat dein Glaube?

Marianne Gorka

Auf die Glocken hören und die Kerze anzünden

Lied | *Lobet den Herren, alle, die ihn ehren* (EG 447,1–2+6–7)

Sagen

Jetzt sind wir da.
Wir sind müde. Wir sind wach.
Uns fällt das Leben grade leicht und es fällt uns schwer.
Wir wissen viel und wir wissen nichts.
Sind beieinander und an verschiedenen Orten.
Und alle sind wir Menschen, die Gott brauchen.

Im Namen des Vaters und des Sohnes und des Heiligen Geistes.
Amen.

Beten

(ein:r betet)

Hier sind wir/Hier bin ich, barmherziger Gott,
mit vielen verbunden in deinem Haus,
wo alle willkommen sind, wo alles wohnt –
aber Haus, »Home« ist nicht mehr nur »sweet« in diesen Zeiten,
wenn der Esstisch gleichzeitig Schule ist und Büro;
wenn Händler ihre Häuser nicht öffnen dürfen,
Boten umso mehr nach Hause schleppen und liefern müssen;
wenn Künstler ihre Theater und Bühnen vermissen,
und das Publikum fehlt, das Raunen und Hüsteln im Saal,
das Flanieren in der Pause;
wenn Bläser und Sängerinnen nicht im vollen Chor
musizieren dürfen, vor ausverkauftem Haus …

Da wohnt ein Sehnen tief in uns!
Herr, erbarme dich.

Es gibt so vieles, das uns umtreibt:
Übervolle Intensivstationen, nicht gerettetes Leben,
schaukelnde Boote auf offenem Meer, nicht gerettetes Leben,
Extremwetter, Artensterben, bedrohte Ökosysteme –
nicht gerettetes Leben.
Dürfen wir trotzdem bleiben? Unser Zelt aufschlagen,
unsere Hütte bauen und Heimat finden in dir?
Da wohnt ein Sehnen tief in uns!
Herr, erbarme dich.

Lieber einen Tag nah bei dir
als Tausende weit von dir weg,
lieber einen bei dir, als Tausende weit weg ...
Da wohnt ein Sehnen tief in uns!
Herr, erbarme dich.

Sich zusprechen

»Siehe«, spricht Gott beim Blick über Jerusalem:
»Siehe, ich breite aus bei ihr den Frieden wie einen Strom!«
Darüber freut sich alle Welt und jubelt hoffend:

Beten mit Worten von Psalm 84

(wenn mehrere da sind, gern im Wechsel der Stimmen)

I: Wie lieb sind mir deine Wohnungen, Herr Zebaoth.
    Meine Seele sehnt sich danach und wünscht sich nur:
    Ich möchte so gerne beim Herrn sein,
    in den Höfen, die seinen Tempel umgeben.
II: Mit Leib und Seele schreie ich nach dir,
    nach dem Gott meines Lebens.
I: Sogar der Sperling hat ein Zuhause gefunden
    und die Schwalbe ein Nest für ihre Jungen.
    So ist es auch bei deinen Altären, Herr Zebaoth,
    mein König und mein Gott:
II: Glücklich sind, die in deinem Haus wohnen
    und dich dort für immer preisen!
    Halleluja (Refrain aus freiTöne 95) – einstimmig

I:	Glücklich sind die Menschen,
	die einen sicheren Platz bei dir finden.
	Sie gehen schon in Gedanken
	auf Pilgerreise zu deinem Haus.
II:	Müssen sie durch ein dürres Tal,
	stellen sie sich eine Quelle vor Augen.
	Segensreich füllt der erste Regen den Teich.
I:	So wandern sie dahin mit wachsender Kraft,
	bis ihnen Gott auf dem Zion erscheint.
	Halleluja – zweistimmig
II:	Herr, Gott Zebaoth, höre meine sehnsuchtsvolle Bitte!
	Hab ein offenes Ohr, Gott Jakobs!
I:	Bewahre den König, Gott, er ist unser Schild!
	Begegne ihm freundlich, du hast ihn gesalbt!
II:	Einen Tag in deinen Höfen zu verbringen
	ist besser als tausend, die ich selbst erwählt habe.
	Halleluja – dreistimmig
I:	Im Haus meines Gottes auf der Schwelle zu stehen
	ist besser, als in den Zelten der Frevler zu sitzen.
II:	Ja, Gott, der Herr, ist Sonne und Schild.
	Gnade und Würde verleiht uns der Herr.
	Er verwehrt keinem das Glück,
	der ein vorbildliches Leben führt.
Alle:	Glücklich sind die Menschen, Herr Zebaoth,
	die sich ganz auf dich verlassen.
	Halleluja – vierstimmig

Gott, ich bin/wir sind hier – du bist hier. Mehr braucht es nicht.
In Glauben und Gebet bin ich/sind wir mit dir verbunden.
In Glauben, Gedanken und
Gebet bin ich/sind wir mit so vielen verbunden, die ich kenne.
Mancher fehlt mir gerade jetzt besonders.
Sei du bei uns allen. Lass uns deine Nähe spüren.
Amen.

Lesung aus Johannes 12,20–24 (Basisbibel-Übersetzung):
Das Weizenkorn in der Erde

Lied | *Wir glauben, Gott ist in der Welt* (freiTöne 137)

Verkündigungsimpuls

(eine:r liest vor)

Welche Farbe hat dein Glaube?
Für Julian muss der Glaube unbedingt blau sein,
hell und weit wie der Himmel.
Hanna sieht ihren Glauben in Rot,
wegen der Liebe und Gott ist doch die Liebe.
Für mich ist der Glaube gelb, sonnengelb. Wie die Sonne und
die Sonnenblumen, strahlend, wärmend, glänzend.
Welche Farbe hat dein Glaube?
In der Kirche kennen wir die verschiedenen liturgischen Farben. Mit ihnen gehen wir durchs Kirchenjahr. Weiß steht für die Anwesenheit Gottes, für die großen christlichen Feiertage Weihnachten und Ostern. Im Sommer, wenn alles wächst und reift, dann »grünt« es auch in den Kirchen! Und wenn die Kirche »Rot sieht«, dann sprüht sie über vom Heiligen Geist: An Pfingsten oder am Reformationstag legt die Kirche Rouge auf, die Farbe der Energie und der Kraft. Schwarz gibt es nur an einem Tag – Karfreitag.
Und noch eine Farbe kommt – wenn überhaupt – bei uns nur ein einziges Mal vor: Rosa.

Rosa ist die Farbe dieses Sonntags – Laetare: »Freue dich!« Nach Bibelworten dieses Tages so genannt: »Freudensonntag« oder auch »Rosensonntag« und »Brotsonntag«.
Heute also ist der Glaube rosa.

Ob die Menschenmenge in Jerusalem auch die rosarote Brille aufhatte oder nicht doch eher Rot sah, weil Jesus in der Stadt war, weiß man kaum zu unterscheiden.
Er kam zum Passahfest wie Tausende andere auch. Doch war es sofort anders:
Großer Einzug. Grüne Zweige. Rote Wangen vor Eifer und Freude. Alle wollten ihn sehn.
Ganz Clevere versuchten, über die Jünger an ihn ranzukommen. Wollten einen Nachweis seiner göttlichen Vollmacht. Suchten wohl nach Zeichen und Wundern.
Stattdessen gab es Brot und harte Nuss zu knacken. Denn Jesus spricht in Bildern:

»Das Weizenkorn muss in die Erde fallen und sterben, sonst bleibt es allein. Wenn es aber stirbt, bringt es viel Frucht.« Seltsam ...

Welche Farbe hat der Glaube?
Weizenkörner sind braun, hellbraun oder gold-gelb, wie man's nimmt. Aber rosa?
Auch die rosa Brille dürfte hier von den Augen fallen, wenn einer sich so in Rätseln ausdrückt. Statt eifrig roter Wangen steigt die Wut ins Gesicht.
Aber doch: Heute trägt der Glaube rosa. Pretty in Pink. Freut euch! Freut euch mit Jerusalem, die Stadt in der auch Jesus das Passahfest feiern will. Freut euch an den Rosen, solange sie blühen. Freut euch am Brot, das euch nährt und rosa Wangen macht, wie man so sagt.
Alles kommt in diesem Moment zusammen.
Alles kommt in dieser Farbe zusammen.
Wenn das Weizenkorn erstirbt und Frucht bringt.
Wenn aus Körnern ein Brot wird; aus vereinzelten Menschen eine starke Gemeinschaft, die Frucht bringt und Leben und Liebe.
Wenn Gott in das Leben der Menschen kommt, wenn sich Weiß als die Farbe Gottes unter das Rot, das Blut der Menschen mischt, wird es hell, rosa.

Darum ist dies die Farbe des Sonntags. In der Mitte der Passionszeit mischt sich ein erster Oster-Funken in die Wut, den Eifer und die Sorge der Gläubigen hinein, ja auch in ihre Einsichten, ihre Tief- und Abgründe, ihre Trauer, ihre Verluste und in ihre Kraft.

Gott weiß, was es bedeutet, Mensch zu sein – in allen Farben des Lebens. Er weiß, was es heißt, im sonnengelben Stroh zu liegen, von grünen Zweigen empfangen zu werden, aber auch in glühende Gesichter zu schauen, die Rot sehen, ihre blauen Lippen schreien und klagen zu hören; Gott weiß, wie es ist, wenn dir schwarz vor Augen wird. Gott weiß, dass er sterben muss, damit wir leben und glauben können.
So macht er unser Leben hell.
Von Blutrot, ins himmelblau gefärbte Lila zum blassgöttlichen Rosa.
Bis auch wir eines Tages ganz im Glanz der Sonne aufgehen und unsere Westen endgültig weiß sind.

Welche Farbe hat dein Glaube?
Es ist nicht selbstverständlich, so etwas Inneres, ja fast Intimes wie den Glauben mit so äußerlichen Merkmalen auszudrücken. Aber in alle unsere Farben mischt sich der Glanz, der von Eden aufbricht, Morgenglanz der Ewigkeit. Und wir mittendrin.
Rot vor Zorn zuweilen, voller Eifer und Energie, aber die Liebe Gottes im Herzen.
Zitternd oft mit blauen Lippen vor Angst, aber den Himmel über uns.
Grün voller Hoffnung, weil so fest verwurzelt auf blühendem Grund.
In allen unseren Farben schon »pretty in Pink« – unser Leben durchzogen von Gottes Glanz.
Freue dich! Freut euch alle! Denn ein sterbendes Weizenkorn bringt viel Frucht in all unsere Farben des Glaubens.

Lied | *Wir stehen im Morgen* (freiTöne 95,1–2+5)

1. Wir stehen im Morgen. Aus Gott ein Schein durchblitzt alle Gräber. Es bricht ein Stein. Erstanden ist Christus. Ein Tanz setzt ein.
Refrain: Halleluja, Halleluja, Halleluja, es bricht ein Stein. (2×)
5. Am Ende durchziehn wir, von Angst befreit, die düstere Pforte, zum Tanz bereit. Du selbst gibst uns, Christus, das Festgeleit.
Refrain

Etwas tun *(ein Impuls von Birgit Mattausch)*

Ich finde: Rosa macht gute Laune.
Achte heute deshalb auf alles, was rosa ist. Mach Fotos davon.
Du kannst jetzt schon durch deine Wohnung gehen und
danach suchen. Oder später bei einem Spaziergang.
Fotografiere so viel wie möglich Rosafarbenes.
Wenn es in den nächsten Tagen mal schwer wird,
schau in deine Handyfotos. Und erinnere dich daran:
Das weiße Osterlicht leuchtet schon im Rosa zu dir hinüber.

Beten

(eine:r betet oder die Fürbitten werden auf mehrere Personen verteilt)

Guter Gott,
in allen Farben schillert das Leben und in allen Farben bist du:
Im Morgenrot der Sonne bist du,
wie im Tiefschwarz mancher Nacht.
Im Regenbogen hast du ein Zeichen gesetzt,
dass du uns niemals verlässt.
Dafür danken wir dir sehr und
klammern uns betend an diesen Bund.

Für alle, denen das Leben gerade bunt und leicht ist:
Kinder und Verliebte, Glückliche und Erfolgreiche.
 ... stiller Nachhall ...
Sei und bleibe ihnen gnädig zugewandt im Osterfunken
des Glaubens.

Für alle, denen das Leben gerade grau und schwer ist:
Einsame und Kranke, Sterbende,
Menschen am Rand ihrer Kraft,
ohne Perspektive, ohne sicheren Halt.
 ... stiller Nachhall ...
Sei und bleibe ihnen gnädig zugewandt im Osterfunken
der Hoffnung.

Für uns selbst,
manchmal mit rosa-roter Brille,
manchmal im schwarz-weiß-Denken verhaftet.
 ... stiller Nachhall ...
Sei und bleibe uns gnädig zugewandt im Osterfunken
der Liebe.

Für alle Bläserinnen und Bläser die sich danach sehnen,
wieder im »Flächengold« der Instrumente zu stehen,
wenn sie spielen: Dir, Gott zum Lob.
Für alle, die durch ihre Musik, ihre Kunst, ihre Arbeit so viel Farbe
ins Leben bringen und uns fehlen, weil sie (womöglich) noch immer nicht auftreten, noch immer nicht öffnen dürfen.
 ... stiller Nachhall ...
Sei und bleibe uns und ihnen zugewandt im Osterfunken
der Auferstehung.

Guter Gott, wir bitten dich:
Lege uns immergrüne Hoffnung ins Gemüt,
Sonnenschein in unser Herz,
Liebe in unsere Gedanken und Taten
und deines Himmels Blau in unsere Augen.

Mit der ganzen Farbpalette des Glaubens in uns,
beten wir gemeinsam als deine Kinder zu dir:

Vaterunser

Lied | *Verleih uns Frieden* (EG 421)

Segen

Hände öffnen, Handflächen nach oben,
Sagen:
Gott, segne uns/mich.
Gott, behüte uns/mich.
Lasse dein Angesicht leuchten über uns/mir.
Sei uns/mir gnädig.
Erhebe dein Angesicht auf uns/mich.
Und gib uns/mir Frieden.
Amen.

Und/oder:

Fenster öffnen.
Einatmen. Ausatmen.
Sagen:
»Einmal sich alles geschehen lassen und wissen:
was geschieht, ist gut.«
Ich bin da und du bist da, Gott.
Danke.
Amen.

Nachspiel | *Dies ist der Tag, den der Herr gemacht*

4.4.2 Gründonnerstag mit Abendmahl – »Zu Gast sein«

Marianne Gorka, Birgit Mattausch

Hinführung

Der folgende Gottesdienst ist wie alle »Gottesdienste Zeitgleich« für eine kleine Hausgemeinde oder für allein Feiernde gedacht, kann aber auch als Inspiration für einen Gemeindegottesdienst verwendet werden.

Noch ist die Pandemie sehr präsent. Viele Menschen können sich nicht vorstellen, einen »normalen« oder »analogen« Gottesdienst zu besuchen. Daher laden wir ein, auch das Abendmahl zuhause zu feiern. In Notzeiten dürfen getaufte Christinnen und Christen es einsetzen bzw. sich gegenseitig Brot und Wein weitergeben.

Vorbereitung

Bereite/bereitet den Tisch vor. Eine schlichte Tischdecke und ein Kreuz, etwas geschnittenes Brot und einige Becher bzw. Einzelkelche mit Traubensaft oder Wein.

Auf die Glocken hören

Kerze anzünden

Sagen

Jetzt sind wir da.
Wir sind müde. Wir sind wach.
Uns fällt das Leben grade leicht und es fällt uns schwer.
Wir wissen viel und wir wissen nichts.
Sind beieinander und an verschiedenen Orten.
Und alle sind wir Menschen, die Gott brauchen.

Im Namen des Vaters und des Sohnes und des Heiligen Geistes. Amen.

Vorlesen

Gründonnerstag.
Gast sein einmal.
Nicht immer selbst seine Wünsche bewirten mit kärglicher Kost.
Nicht immer feindlich nach allem fassen,
einmal sich alles geschehen lassen und wissen:
was geschieht, ist gut.

Rainer Maria Rilke

Beten

(eine:r betet)

Gott, ich bin/wir sind hier – du bist hier. Mehr braucht es nicht.
In Glauben und Gebet bin ich/sind wir mit dir verbunden.
In Glauben, Gedanken und
Gebet bin ich mit so vielen verbunden, die ich kenne.
Mancher fehlt mir gerade jetzt besonders.
Sei du bei uns allen. Lass uns deine Nähe spüren.
Amen.

Lied | *Mein schönste Zier und Kleinod* (EG 473,1–4)

Lesung I aus Matthäus 26 (Basisbibel-Übersetzung)

Es war der erste Tag vom Fest der ungesäuerten Brote.
Da kamen die Jünger zu Jesus und fragten: »Wo sollen wir das Passa-
mahl für dich vorbereiten?« Jesus antwortete: »Geht in die Stadt zu
einem Mann, den ich euch nenne. Richtet ihm aus: ›Der Lehrer lässt
dir sagen: Die Zeit, die Gott für mich bestimmt hat, ist da. Ich will bei
dir das Passamahl feiern – zusammen mit meinen Jüngern.‹«
Die Jünger machten alles so, wie Jesus es ihnen aufgetragen hatte.
Und sie bereiteten das Passamahl vor.

Etwas tun I

Deck/t den Tisch. Es muss nicht perfekt sein. Aber vielleicht nimmst du das ein bisschen bessere Geschirr. Das Lieblingsglas. Weil du es wert bist. Eventuell sind ja da hinten im Küchenschrank noch schöne, nur ein wenig angeknitterte Servietten. Stell die Kerze dazu. Das, was du/ihr essen magst/mögt. Vielleicht alles Grüne, was sich so im Kühlschrank findet.

Was du/ihr auf jeden Fall brauch(s)t: ein Stück Brot und ein Schluck Wein oder Saft (notfalls geht auch Wasser).

Lesung II aus Matthäus 26 (Basisbibel-Übersetzung)

(eine:r liest vor)

Als es Abend geworden war,
ließ sich Jesus mit den zwölf Jüngern zum Essen nieder.
Während sie aßen, sagte er zu ihnen: »Amen, das sage ich euch:
Einer von euch wird mich verraten.«
Die Jünger waren tief betroffen.
Jeder Einzelne von ihnen fragte Jesus: »Doch nicht etwa ich, Herr?«
Jesus antwortete: »Der sein Brot mit mir in die Schale taucht, der
wird mich verraten. Der Menschensohn muss sterben. So ist es in
der Heiligen Schrift angekündigt. Aber wehe dem Menschen, der
den Menschensohn verrät. Er wäre besser nie geboren worden!«
Da sagte Judas, der ihn verraten wollte, zu Jesus:
»Doch nicht etwa ich, Rabbi?«
Jesus antwortete: »Du sagst es!«

Lied | *Ich steh vor dir mit leeren Händen, Herr* (EG 382,1–2)

Verkündigungsimpuls

(eine:r liest vor)

Einen Platz am Tisch haben. Versorgt werden.
Weil du es wert bist:
Gast sein einmal.
Sogar Judas, der Abgründige, hat seinen Platz am Tisch.
Und behält ihn.
Vielleicht heißt das:
Auch mein Abgründiges darf heute Abend am Tisch sein.
Das, was mich trennt von den anderen.
Was ich an mir selbst nicht verstehe.
Ich habe ein Geheimnis. Eine Wunde.
Trage einen Abgrund an Bedürftigkeit in mir.
Nach Leben. Nach Gnade.
Das geht nicht einfach weg.
Auch Judas geht ja nicht einfach weg.
Das Wissen ist da, mit am Tisch: etwas Böses,
das Böseste wird passieren – mit Judas, mit Jesus, mit der Welt.

Und: Jesus ist da.
Und wahrscheinlich ist es deshalb möglich:

Dass wir alle bleiben.
Weil er uns am Tisch zusammenhält.
Weil wir es wert sind.
Trotz allem.
Wegen allem.
Jesus lässt uns Gast sein ... einmal ... wieder einmal ... und wieder.

Und plötzlich. Für einen Moment lassen wir es uns gefallen.
Wir hören auf zu kämpfen.
Müssen nichts mehr fassen.
Nur einfach geschehen lassen.
Wir tun nichts mehr, weil wir ohnehin nichts mehr tun können.
Alles wird getan an diesem Tisch.
Was geschieht, ist gut.
Wir essen Brot und wir essen Liebe.
Wir trinken Wein und wir trinken Gnade.
Lassen geschehen.
Lassen es uns gefallen ... einmal ... wieder einmal ... und wieder.
Alles Wichtige ist jetzt.

Lesung III aus Matthäus 26 (Basisbibel-Übersetzung)

(eine:r liest vor)

Beim Essen nahm Jesus ein Brot.
Er lobte Gott und dankte ihm dafür.
Dann brach er das Brot in Stücke und gab es seinen Jüngern.
Er sagte: »Nehmt und esst! Das ist mein Leib.«
Dann nahm er den Becher.
Er dankte Gott, gab ihn seinen Jüngern und sagte: »Trinkt alle daraus! Das ist mein Blut. Es steht für den Bund, den Gott mit den Menschen schließt. Mein Blut wird für die vielen vergossen werden zur Vergebung ihrer Sünden. Das sage ich euch: Ich werde von jetzt ab keinen Wein mehr trinken – bis zu dem Tag, an dem ich mit euch von Neuem davon trinken werde. Das wird geschehen, wenn mein Vater sein Reich vollendet hat.«

Lied | *Ich steh vor dir mit leeren Händen, Herr* (EG 382,3)

Etwas tun II: Abendmahl feiern

(eine:r liest vor)

In Erinnerung an diesen Abend und an Jesu Worte
feiern wir miteinander das Abendmahl.
Gast sein einmal – auch am eigenen Tisch.
Gottes Gast sein und sich von ihm bewirten lassen
mit Brot und Liebe.
Die Herzen weit und offen für alle, die mit uns hier sitzen oder an die wir jetzt auch über die Ferne und über die Zeiten hinweg denken.

Beten

(eine:r betet)

Komm, Jesus, sei du unser Gast.
Sieh, was wir bringen, wer wir sind.
Sei du unser Gast und segne uns.
Mache müde Hände wieder stark,
weiche Knie wieder fest.
Erhalte uns an deinem Leben.
Stärke unsere Hoffnung.
Sei du unser Gast und mach uns zu deinen Gästen.
Wir beten, wie du es uns gezeigt hast:

Vaterunser

(alle, die da sind, gemeinsam)

*Zu dem Brot, das bereit liegt, spricht jemand jetzt die **Einsetzungsworte** (oder diese werden per Audio-Datei zugesprochen):*

In der Nacht, als Jesus verraten wurde und mit seinen Jüngern zu Tische saß, nahm er das Brot, dankte und brach es, gab's seinen Jüngern und sprach: Nehmet hin und esset, das ist mein Leib, der für euch gegeben wird.«

Gemeinsam essen wir das Brot und sprechen einander zu:
Christi Leib, für dich/für euch gegeben.

Jemand liest weiter:
Ebenso nahm er auch den Kelch, dankte,
gab ihnen den und sprach:

Trinket alle daraus. Das ist mein Blut des neuen Bundes, das für euch und für viele vergossen wird zur Vergebung der Sünden. Solches tut zu meinem Gedächtnis.

Gemeinsam trinken wir – jeder aus seinem Becher.
Wir sprechen einander zu:
Christi Blut, für dich/für euch vergossen.

Segenswort zum Abschluss

Zu nehmen vom Brot des Lebens und zu trinken vom Kelch des Heils, das stärke und bewahre uns/dich/mich im Glauben zum ewigen Leben im Frieden unseres Gottes. Amen.

Danken und Fürbitte halten

(eine:r betet)

Unser Abendgebet steige auf zu dir, Herr, und
es neige sich zu uns herab dein Erbarmen.
Dein ist der Tag und dein ist die Nacht.
Hab Dank, Gott, für deine Nähe.
Hab Dank für Leben und Heil.
Hab Dank für deine Kraft in Brot und Wein.

Bleibe bei uns mit deiner Gnade und Güte,
mit deinem heiligen Wort und Sakrament,
mit deinem Trost und Segen.
Bleibe bei uns,
wenn Trübsal und Angst über uns kommen,
die Nacht des Zweifels und der Anfechtung.

Bleibe bei/Bleibe bei uns, wenn …

(für die Menschen oder Situationen, an die du gerade besonders denkst,
die Gottes Nähe gerade besonders brauchen)

Bleibe bei uns und allen deinen Kindern.
Jetzt und in alle Ewigkeit.
Amen.

Lied | *Go gently, Go Lightly* (freiTöne 194)

Segen

Hände öffnen, Handflächen nach oben,
Sagen:
Gott, segne uns/mich.
Gott, behüte uns/mich.
Lasse dein Angesicht leuchten über uns/mir.
Sei uns/mir gnädig.
Erhebe dein Angesicht auf uns/mich.
Und gib uns/mir Frieden.
Amen.

Und/oder:
Fenster öffnen.
Einatmen. Ausatmen.
Sagen:
»*einmal sich alles geschehen lassen und wissen:*
was geschieht, ist gut.«
Ich bin da und du bist da, Gott.
Danke.
Amen.

Jetzt ist Zeit für das vorbereitete Abendessen. Brot und Wein oder Saft sind bestimmt auch noch übrig. Gesegnete Mahlzeit!

4.4.3 Abendgebet am Küchentisch[161]: Brot des Lebens

Susanne Paetzold

Hinführung

Ihr könnt an diesem Gründonnerstag-Abend gleichzeitig mit anderen Abendmahl feiern und euch im Geiste mit anderen Menschen verbunden wissen. Wir sind sicher: Jesus findet einen Weg, uns zu verbinden und uns nahe zu sein – in Brot und Wein oder Saft, in Wort und Liebe. Es ist wichtig, dass wir diese Worte zugesprochen bekommen und die Zusage der Verheißung hören.

Anleitung zur Vorbereitung

Alles, was es braucht:
Teller oder Brettchen, Messer und Gabel, Gläser.
Alles, was euch gut schmeckt:
Brot, Traubensaft, Käse und andere Leckereien.
Alles, was den Tisch schön macht:
Servietten, Tischdecke oder Blumen.
Für die Liturgie: Kerze und Bibel.

Klang zu Beginn (Glocke/Klangspiel)

Wir zünden eine Kerze an.
Kerze anzünden

---

[161] Diese Liturgie entstand bereits 2020 und wurde 2021 aktualisiert. Folgender Vorspann leitete das Angebot auf der Website des Michaelisklosters 2021 ein: »In der Passions- und Osterzeit haben wir auch in diesem Jahr eine Ausnahmesituation: Eine leibliche Gemeinschaft in der Feier des Gottesdienstes und des Abendmahls ist uns oft nicht möglich. Das ist ein tiefer Schmerz für uns alle. In dieser geistlichen Notsituation sind viele kreative Ideen entstanden, wie Gottesdienst und Andacht gleichwohl gefeiert werden können. In der Karwoche und zu Ostern, ganz besonders am Gründonnerstag, ist auch eine Abendmahlsfeier in der Gemeinschaft einer zusammenlebenden Familie oder Hausgemeinschaft möglich.« (Fortsetzung vgl. S. 248, Kap. 4.1.2)

Kerzenwort (Votum)

Jesus spricht: »Wo zwei oder drei versammelt sind in meinem Namen, da bin ich mitten unter ihnen.« (Matthäus 18,20)
An diesem Abend feiern wir Gott in unserer Mitte. Amen.

Wir hören voneinander

Erzähle, wenn du magst ...
... deine Eindrücke vom Aufstehen bis zum Schlafengehen.
... was dich ärgert, nervt und sorgt.
... wofür du von Herzen dankbar bist.

Lied | *Das wünsch ich sehr* (EG NSB 608)

Wir beten und essen gemeinsam

Tischgebet

Lieber Gott,
wir sitzen zusammen am Tisch.
Das ist schön.
Wir denken an die Menschen,
die nicht an unserem Tisch sitzen können.
Danke für deine Gaben. Amen.

Guten Appetit!

Wir hören auf Gottes Wort

Eine besondere Nacht für Israel
Heimlich musste alles gehen und schnell.
Es blieb keine Zeit für große Vorbereitungen.
Es gab zu Essen was da war: Ein Lamm wurde geschlachtet und am Feuer gebraten, bittere Kräuter und ungesäuerte Brote. Sie kamen zusammen in ihren Häusern mit ihren Nachbarn in dieser Nacht. Sie machten sich gemeinsam auf den Weg. Voller Hoffnung.
Gott würde sie beschützen. Das wussten sie.
Das war eine besondere Nacht für Israel, damals in Ägypten.

Wir erinnern uns

Jesus kam mit seinen Jüngern nach Jerusalem zum großen Fest.
Alles war vorbereitet.
Mit dem Sederabend begann auch das letzte Passahfest,
das Jesus feierte.
Jesus saß am Tisch mit seinen Jüngern in Jerusalem.
Der Tisch war gedeckt, wie einst in dieser einen Nacht.
Doch an diesem Abend bekommen der Segensbecher und
das Brot mit Jesus eine weitere, neue Bedeutung!
Aus dem Brot des Aufbruchs wird das Brot des Lebens!

Wir singen

Lied | *Du bist heilig, du bringst Heil* (freiTöne 153)

Wir beten

Vaterunser

Wir feiern (mit Einsetzungsworten)

Jesus saß mit seinen Jüngern am Tisch. Sie redeten.
Und Jesus redete: »Einer von euch wird mich verraten –
einer, der hier mit mir isst.«
Es wurde still beim Essen.
Viele Gedanken gingen den Jüngern durch den Kopf.
Jesus nahm das Brot, lobte Gott und dankte ihm dafür.
Dann brach er das Brot in Stücke und gab es seinen Jüngern.
Er sagte:
»Nehmt und esst! Das ist mein Leib, der für euch gegeben wird.
Solches tut zu meinem Gedächtnis.«

Dann nahm Jesus den Becher. Er sprach ein Dankgebet und gab ihn seinen Jüngern.
Er sagte: »Nehmt und trinkt alle daraus! Das ist mein Blut. Es steht für den Bund, den Gott mit den Menschen schließt. Mein Blut wird für die vielen vergossen werden zur Vergebung ihrer Schuld. Solches tut, sooft ihr's trinkt, zu meinem Gedächtnis.«
In Erinnerung an diesen Abend und an Jesu Worte brechen wir das Brot miteinander an unserem Tisch und geben es weiter mit den Worten:
Brot des Lebens: für dich.

– Brotbrechen –

In Erinnerung an diesen Abend und an Jesu Worte teilen wir den Saft miteinander an unserem Tisch und geben ihn weiter mit den Worten:
Kelche des Heils: für dich.

– Austeilung der Becher –

Wir danken und beten

Gott, du stärkst uns.
Wir schmecken und sehen, wie freundlich du bist.
Wir danken dir für das Brot des Lebens und
den Kelch des Heils.
Du kommst zu uns. Du bleibst bei uns.
Du gehst mit uns unsere Wege.
Amen.

Und essen und erzählen weiter ...

Segen

Es segne uns Gott, der Barmherzige und
Allmächtige, Vater, Sohn und Heiliger Geist.

Lied | *Der Mond ist aufgegangen* (EG 482,1+7)

Kerze löschen
Gute Nacht!

4.4.4 Reformationsfest: Lichte Burg – Selige Kinder

Bettina Gilbert, Andreas Hülsemann,
mit einem Impuls von *Christine Behler*

Glockengeläut hören und Kerze entzünden

Vorbereitung

Ein Blatt Papier und einen Stift bereitlegen.

Einstimmung

(eine:r in der Hausgemeinschaft liest)

Reformationstag – »Hier stehen wir!«
Mehr Aufgaben als Lösungen, wenn wir um uns schauen.

Zwischen Reformation und Restaurierung.
Aus eigener Kraft allein ist das nicht zu schaffen.

Wo sich bergen, wie sich schützen?

Mit Gottes Wort, unserem Grund.
Mit Jesus Christus, unserem Bruder.
Mit dem Heiligen Geist,
der uns verbindet und aufrichtet.

So lasst uns teilen, was uns trägt,
sehen, was unser Leben erhellt,
Gemeinschaft erleben
und feiern im Namen des dreieinigen Gottes,
des Vaters, des Sohnes und des Heiligen Geistes.

Lied | *Ein lichte Burg ist unser Gott*

1. Ein lichte Burg ist unser Gott,
   ein Zelt aus Glanz und Worten.
   Kleidet dich ein, nimmt dir die Not,
   deckt dich an dunklen Orten.
   Du bist an der Quell'.
   In dir wird's ganz still,
   wie Wasser trinkst du
   das Wort immerzu.
   All Lärm kann draußen warten.

2. Ein lichter Himmel ist dein Kleid,
   Gebet beginnt tief drinnen.
   Die Mauern werden weich und weit,
   was hart war, lässt es rinnen.
   Anfangs schuf Gott das Licht.
   Daraus er jetzt spricht.
   Was auch kommen kann,
   allein Gott bricht den Bann.
   Kleidet dich aus von innen.
3. Und wenn die Welt vergiftet wär,
   wenn Hass uns wollt verschlingen:
   Das Wort der Freiheit gibt Gewähr,
   wird weiter aus uns klingen.
   Spricht vom ersten Schein,
   von Liebe, Menschsein,
   Geschwisterlichkeit
   selbst in dem größten Streit
   und lässt uns davon singen.

nach EG 362: Ein feste Burg ist unser Gott;
Melodie: Martin Luther, Text: Anneke Ihlenfeldt

Beten

(eine:r in der Hausgemeinschaft betet)

Kleine Schritte im Alltag,
Entscheidungen für die Zukunft unserer bedrohten Welt.
Wie gestalten wir, was zu tun ist?
Wie finden wir Lösungen, die vor dir bestehen?
Wie finden wir dich, guter Gott,
im Kleinen wie im Großen?

Guter Gott, du Quelle und Ziel des Lebens,
erbarme dich unser.

Vertraute Wege im Alltag müssen wir verlassen.
Neues will wachsen.
Wie geht's weiter mit meinen und mit unseren Plänen?
Wie kann ich richtig leben?
Wie glaube ich dir?

Guter Gott, du Quelle und Ziel des Lebens,
erbarme dich unser.

Wir Christinnen und Christen sind mit vielen Schwestern und
Brüdern eine weltweite Glaubensgemeinschaft.
Wo finden wir gute Baustoffe für deine Kirche?
Uns zum Segen, Dir zur Ehre?

Guter Gott, du Quelle und Ziel des Lebens,
erbarme dich unser.

– Stille –
Mit allem, was ich bin,
komme ich zu dir:
mit Wünschen, mit den Sorgen
und mit meiner Freude.
Ich komme zu dir:
mit festem Schritt,
auf engen Wegen,
schwankend, hoffend, bittend.

Sei du jetzt bei mir,
um mich,
über mir,
in mir.
Amen

Stille

Hinführung zur Lesung am Reformationstag

(eine:r in der Hausgemeinschaft liest)

Wie gut, wenn da jemand weiß, wie's geht,
wenn jemand sagen kann, wie du und ich,
wie wir richtig leben und lieben, wie wir zufrieden,
glücklich, ja sogar selig werden können.

Zu Jesu Zeit wollten die Menschen dies wissen,
ganz so wie wir heute.
Die kleinen und großen menschlichen Fragen sind gleich.
Und nicht nur dies: Die Antworten der Bibel, Jesu Worte,
die wir als seine Bergpredigt kennen,
reichen von damals bis heute.

Im fünften Kapitel des Matthäus-Evangeliums heißt es:

Evangelium aus Matthäus 5,1–10: Die Seligpreisungen

(eine:r in der Hausgemeinschaft liest)

Lied | *Schau hin*

(gesungen oder angehört oder vorgelesen)

Schau hin und du siehst viel mehr als gedacht.
Was für ein Wunder! Was für ein Wunder!
Du staunst und du lachst, du staunst und du lachst,
was Gott für uns macht.

Text: Nico Szameitat, Musik: Bettina Gilbert

Gedanken zu Matthäus 5,1–10 – Seligpreisungen der Bergpredigt

(eine:r in der Hausgemeinschaft liest)

Manchmal sind Worte wie schillernde Edelsteine oder wie Gold.
Sie nisten sich ein und schimmern lange nach.
Sie wiegen schwer und kommen zuweilen ganz leicht daher.
Sie erzeugen ein leises Summen, das Herz stimmt ein.
Du wirst das schaffen.
Deine Sorgen werden verfliegen.

Gott sucht dich, bis er dich findet.

Ich erinnere mich an Worte, die mich selig gemacht haben.
Ich krame sie hervor und halte sie ins Licht.
Einige davon haben Jahre überdauert,
in denen ich älter geworden bin.
Sie sind jung geblieben.
Sätze ohne Fragezeichen, Sätze ohne »du sollst«.

Manchmal weiß ich nicht mehr, wer sie gesagt hat.
Aber manchmal sehe ich sogar noch den Mund vor mir,
der sich öffnete für diese Worte.
Manchmal die Augen, die es gut mit mir meinen,
seit ich auf der Welt bin. Oder seit ein paar Wochen,
in denen sich etwas verwandelt hat.

Von Jesus wurden viele Worte über das Land verstreut.
Einige gingen umher wie Lauffeuer.
Von Mund zu Mund, von Seele zu Seele.
Einige Worte von Jesus scheinen wie
aus der Höhe herabgestiegen.

Einmal wurden welche an rissfesten Seilen hinabgesenkt.
Vom Berg aus.
Jede und jeder konnte sich was nehmen davon.
Für die eigenen vier Wände
oder das Leben im Dorf mit den ganzen Menscheleien.

Ihr seid meine seligen Kinder.
Ich kämpfe für euch mit, wenn ihr sucht, was gerecht ist für alle.
Ich ehre eure Verletzlichkeit.
Ich wache über euch, wenn ihr traurig seid.
Ich segne euch in eurer Arbeit für Frieden.

Manchmal geht mir auf halber Strecke die Puste aus.
Ich will etwas anders machen als bisher.
Wo hat sich die Gehhilfe versteckt?
Und dann finde ich einen vergilbten knittrigen Zettel,
auf dem steht:
Selig, die arm sind vor Gott,
denn ihnen gehört das Himmelreich.

Meine hungrige, strauchelnde Seele legt die Worte an
einen sicheren Platz. Oder hat wer anders das gemacht?

Selig bist du, mein Kind.
Selig seid ihr, meine Kinder.
Amen.

(Christine Behler)

Etwas tun I

Nimm das bereitgelegte Blatt Papier.
Wo hast du Gottes Segen gesehen, erfahren,
gespürt in deinem Leben?
Schreibe die drei wichtigsten Erfahrungen »unsichtbar« nur
mit deinem Finger auf dein Blatt.
Dazu kannst du dir die folgende Musik anhören.

(Instrumentalmusik »Wir haben Gottes Spuren festgestellt«)
Wenn du dein Blatt fertig beschrieben hast, kommt das Lied:

Lied | *Wir haben Gottes Spuren festgestellt* (EG Württ. 656,1–3)

1. Wir haben Gottes Spuren festgestellt,
   auf unsern Menschenstraßen,
   Liebe und Wärme in der kalten Welt,
   Hoffnung, die wir fast vergaßen.
   Refrain:
   Zeichen und Wunder sahen wir gescheh'n,
   in längst vergangnen Tagen,
   Gott wird auch unsre Wege geh'n,
   uns durch das Leben tragen.

Etwas tun II

Nimm dir noch einmal dein Blatt mit deinen unsichtbaren Segens-Erfahrungen.

Schreibe mit deinem Stift darunter: Count Your Blessings. Oder deutsch: Zähle deine Segnungen. Gib deinem Blatt nachher einen besonderen Platz in deiner Wohnung – am besten in der Nähe der Wohnungstür.

Beten

(eine:r in der Hausgemeinschaft betet, oder alle beten gemeinsam)

Wir sind viele. Gerufen von einer Stimme,
die weit ins Land hallt.
Wir sind dein Echo, wenn wir singen und suchen,
niederknien zum Beten und aufrecht weitersagen,
was wir von dir vernommen haben.
Du nimmst Gesagtes und Ungesagtes auf von uns und
wandelst es in Segen.
Wir müssen nicht werden, wir sind schon.
Angestrahlt von fernem Glanz.
Mit Würzkraft versehen, die aus Tiefen gehoben wird.
Licht in der Welt. Salz der Erde.
Wir sind es schon.
Wir sind viele.

Und so beten wir mit den Worten,
die du in unser Herz gelegt hast:

Vaterunser

Segen

(Hände öffnen und laut sprechen:)

Gott segne uns und behüte uns.
Gott lasse das Angesicht leuchten über uns und sei uns gnädig.
Gott erhebe das Angesicht auf uns und gebe uns Frieden.
Amen.

Liedcollage | *Lobe den Herren / Mercy is Falling*
(EG 316,4 und freiTöne 76)

Kerze löschen

5. (Gem)Einsam singen? – Offenes Singen online und hybrid

Jan Meyer

5.1 Der Hintergrund: Offenes Singen (analog)

»Wer kommt, singt mit« – so lautet das Motto des offenen Singens an der Gospelkirche Hannover seit vielen Jahren. Zweimal im Monat treffen sich knapp 100 Sänger:innen, um gemeinsam Spirituals, Gospels und christliche Popularmusik zu singen. Das Angebot ist niedrigschwellig und für alle offen, egal ob Singanfänger:in oder Vollprofi.

GC Voices – Offenes Gospelsingen
Du bist das erste Mal hier? Herzlich willkommen!

Wir möchten dir mit diesem Handzettel ein wenig Orientierung geben, sodass du dich bei uns wohl fühlst.

Die hohen Frauenstimmen (Sopran) sitzen bei uns rechts, die tiefen Frauenstimmen (Alt) links. Die Männerstimmen meistens in der Mitte. Du weißt nicht, in welcher Stimmlage du singst? Dann probier' es einfach aus!

Unser Ablauf:
I 19.30 Uhr:	Wir wärmen Körper, Geist und Stimme auf
II ca. 19.50 Uhr:	Wir singen Gospels und mehr
III ca. 20.45 Uhr:	Ihr seid dran und wählt die Songs aus, die wir in den letzten Minuten singen
IV 20.58 Uhr:	Wir schließen das Singen mit dem Segenslied »Stay with me« (Joachim Dierks)

Beim Hauptteil singen wir bekannte und neue Lieder aus dem Gospelliederbuch. Manches singen wir mehrstimmig, vieles einstimmig. Altbekannte Lieder singen wir, ohne daran viel zu feilen. An ausgewählten Stücken trainieren wir musikalische Ausdrucksmöglichkeiten: Phrasierung, Rhythmik, Sound, Sprache & Musik, …

Sing mit, hör zu, sitz, steh, … fühl dich wohl bei uns – und komm gerne wieder: jeden 1. und 3. Mittwoch außerhalb der Ferien!

Wenn du Fragen oder Anregungen hast, so sprich uns nach dem Singen gerne an!

Handzettel Offenes Singen

Gegliedert ist das offene Singen in vier Blöcke: Warming up, Sing- und Übeblock, Wunschliederblock und Segenslied zum Abschluss. Beginn und Ende werden durch zwei Lieder gesetzt: Am Anfang steht »Come let us sing« von Tore Aas, dem Gründer und Leiter des Oslo Gospel Choirs, einem der bekanntesten und renommiertesten Gospelchöre Europas. Wir richten uns gemeinsam aus, grooven uns ein, kommen an, geben Raum für das Gebet. Der Gospel ist in der Gospelszene bekannt und auch für neue Sänger:innen schnell zu erlernen. Gleichzeitig ist er anschlussfähig für erstes mehrstimmiges Singen, auch nicht geübte Menschen können in die Mehrstimmigkeit einstimmen. Am Ende singen wir den Gospelsong »Stay with me, oh Lord« (Joachim Dierks). Dem von der Geschichte der Emmaus-Jünger inspirierten Abendgebet (Lk 24,13–35) folgt ein Segenszuspruch, der das offene Singen beschließt.

»Wer kommt ...«

Beim offenen Singen nehmen Menschen teil, die das erste Mal singen, sich ausprobieren, ihre Stimme kennenlernen möchten. Gleichzeitig kommen Menschen, die stimmgeübt sind, in anderen Chören (der Gemeinde oder außerhalb) singen und darüber hinaus zwanglos zum Singen zusammenkommen möchten. Es sind Menschen, die der Kirche nahestehen und Menschen, die kirchlich nicht sozialisiert sind.

Es sind Menschen, die sich selbst als gläubig bezeichnen würden und Menschen, die erst durch das Singen (auch reflexiv) wieder mit der biblischen Botschaft und dem christlichen Glauben in Kontakt kommen.

Es sind Menschen, die regelmäßig die Gottesdienste der Gospelkirche besuchen und Menschen, die noch nie den Gottesdienst der Gospelkirche gefeiert haben.[162]

Damit ist das offene Singen auch ein Türöffner für unsere Gemeinde: Menschen lernen sie durch das offene Singen kennen, besuchen die Gottesdienste, steigen in einen regulären Chor ein oder engagieren sich bestenfalls sogar ehrenamtlich.

---

[162] Im Rahmen einer empirischen Studie wurden die Teilnehmenden des 9. Internationalen Gospelkirchentags in Karlsruhe befragt: Was motiviert Menschen, in einem Gospelchor zu singen? Wer sind die Teilnehmenden, welche Chancen und Herausforderungen stellen sich dadurch für die Kirche? (Jan Meyer: *Kirche beGeistert erleben – Eine Studie zu Wirkung und Potential des Internationalen Gospelkirchentages, Hannover 2019*).

»... singt mit«

Dabei ist das offene Singen ein Wechselspiel aus spirituellem sowie musik-/religionspädagogischem Angebot. Stimmphysiologische Ausdrucksmöglichkeiten werden trainiert, Inhalte der Lieder erkundet, Wissen rund um die Gospelmusik vermittelt. Gleichzeitig bietet das Singen Raum für das Gebet: Welche Lieder sind Gebete, welche Lieder kann ich als Gebet mitsingen und -beten? Welche Lieder singen und welche Botschaften sprechen wir uns zu? In welchen Liedern spricht Gott zu uns, hören wir Gottes Stimme?

Die Lieder sind dabei auch immer auf das Kirchenjahr bezogen – und so singen wir am Mittwoch Lieder, die am Sonntag dann mehrstimmig im Gottesdienst erklingen. Das offene Singen bereitet damit auch den Gottesdienst vor: Die Menschen wissen, was am Sonntag gesungen wird – und die Basis des Sonntagsgottesdienstes bildet eine Gruppe, die diese Lieder schon stimmsicher mitsingen kann.

5.2 Und dann? Corona und das digitale offene Singen

Corona traf alle Veranstaltungen, in denen gesungen wurde, hart. Schnell wurde klar: Eine für die Gospelkirche Hannover so zentrale Veranstaltung wie das offene Singen braucht eine Alternative. Nachdem in den regulären Chören der Gospelkirche schon eine Woche nach Eintreten des ersten Lockdowns Erfahrungen mit digitalen Proben gesammelt wurden, fand das offene Singen am 19. Mai 2020, also zwei Monate nach Eintreten der Einschränkungen, dann das erste Mal über Zoom statt. Ca. 50 Menschen haben sich vor ihren Computern versammelt, die Texte wurden dabei eingeblendet.

Der Ablauf blieb ähnlich: Es gab einen Block zum Ankommen und Stimme aufwärmen (15 Minuten), einen Singblock (25 Minuten), einen Wunschliederblock (15 Minuten) und ein Segenslied zum Schluss. Dabei wurde das Singen auf eine Stunde verkürzt, nach dem Segenslied blieb der Zoomraum aber für Gespräche offen.

Einzig: Es war zunächst ein einstimmiges Singen. Über die Lautsprecher der Teilnehmenden waren nur das Klavier und die

Stimme des Chorleiters zu hören, aufgrund der Latenz[163] mussten alle Sänger:innen ihr Mikrofon stummgeschaltet lassen. Gospel ist aber gerade vom mehrstimmigen Gesang geprägt, sodass diesem Umstand schnell Rechnung getragen wurde: Nach einer Zeit mit einer Loopstation[164] fand das Singen mit zwei weiteren Sänger:innen statt, die für einen chorischen Sound sorgten. So konnten die Sänger:innen mehr Chorgefühl zuhause wahrnehmen und gleichzeitig *ihre* Stimme einüben und mitsingen.

Von Singtermin zu Singtermin wurden es immer mehr Menschen, es gab Proben mit ca. 120 Sänger:innen, komplett neue Zielgruppen wurden dabei (durch Social Media verstäkt) gewonnen, Menschen aus Frankreich, Großbritannien, der Schweiz und sogar aus Tansania nahmen zeitweise am Singen teil. Gleichzeitig erreichten wir mit dem digitalen Format einige ehemalige Sänger:innen nicht (mehr), weil die technische Ausstattung (Laptop/PC/Smartphone/Tablet) nicht vorhanden war, die Internetverbindung nicht ausreichte oder man das Singen mit anderen Menschen zusammen in einem Raum vermisste.

5.3 Chancen und Grenzen – Oder: Was beim digitalen Singen zu beachten ist

Singen lebt vom Körper, Singen ist Resonanz, Singen ist Erleben von Gemeinschaft. All das ist zu bedenken, wenn ein analoges Format in den digitalen Raum verlagert wird.

Didaktisch bedeutet dies, dass viel mehr Antizipation auf Seiten der Chorleitenden verlangt ist. Einige exemplarische Schlaglichter: Die Sänger:innen sitzen vor ihrem PC oftmals in einer Haltung, die dem Singen nicht zuträglich ist. Dem ist beim Warming-Up schon vorzubeugen. »Ich sehe was, was wir nicht hör'n«: Dadurch, dass Gesicht und Schultern in Videokonferenzen in der Regel deutlich zu sehen sind, kann genau darauf beim Singen Be-

---

[163] Latenz: Verzögerung bzw. Zeitverschiebung des Signals zwischen Sender:in (Sänger:in 1) und Empfänger:in (Sänger:in 2). Die Zeitverschiebung ist stark abhängig von der Internetverbindung sowie den Geräten der Anwender:innen und kann sogar einige Sekunden einnehmen.

[164] Eine Loopstation ist ein technisches Hilfsmittel, mit dem mehrere Tonspuren in Echtzeit aufgezeichnet und in Endlosschleife wiedergegeben werden können, sodass eine einzelne Person einen Choreffekt erzielen kann.

zug genommen werden (Schulter lockerlassen, Mundstellung bei bestimmten Vokalen, Mimik und Gestik beim Singen etc.).

Sänger:innen singen gegebenenfalls in einer Mietwohnung oder die Familie ist im Nachbarzimmer anwesend, was dazu führt, dass die Stimme nicht voll ausgesungen wird. Auch darauf ist hinzuweisen und dem ist mit passenden Übungen vorzubeugen. Mögliche stimmphysiologische Schwierigkeiten müssen vorher ausgelotet werden, Übungen gut vorbereitet und vorgesungen werden, um die Stimme bestmöglich zu unterstützen.

Das digitale Singen bietet gleichzeitig aber auch Raum, die Stimme ungehemmt auszuprobieren: bei Einsingübungen, beim Improvisieren oder in einem Solo.[165]

Neben dem Singen an sich ist der Raum für Begegnungen in der Corona-Zeit genauso wichtig gewesen. Schon während des Einsingens wurden die Sänger:innen auch immer als Gemeinschaft, die digital versammelt ist und gemeinsam – wenn auch nicht hörbar – singt, angesprochen. Dies wurde beispielsweise mit Fragen begleitet, zu denen man per Handzeichen antwortete (»Wer ist heute das erste Mal hier?«, »Wer kommt aus Hannover?«, »Wer kommt aus dem Süden Deutschlands, wer aus dem Norden, ...?«). Die Sänger:innen hatten die Möglichkeit, während des gesamten Singens die Chatfunktion zu nutzen und kommentierten dadurch auch Lieder, Texte, den Abend. Damit konnten sie auch bewusst Einfluss auf die Gestaltung des Abends nehmen (z. B. beim Wunschliederblock).

Nach dem offiziellen Abschluss (Segenslied) blieb der Zoomraum immer noch geöffnet. Es schlossen sich Gespräche unter Sänger:innen an, die sich analog noch nie begegnet sind: Über das Singen, den Alltag, den Glauben – auch seelsorgerischen Anliegen wurde Raum gegeben.

Das digitale Singen war kein Sender:innen-Empfänger:innen-Modell, es sollte echte Begegnungsräume schaffen, musikalisch, menschlich, geistlich. Es entwickelten sich dann schnell auch analoge Begegnungen: Menschen verabredeten sich untereinan-

---

[165] Viele Sänger:innen erzählten mir, dass sie sich durch das offene Singen das erste Mal trauten, zuhause (von Mitbewohner:innen, der Familie, den Nachbarn gehört) zu singen und zu üben: ein schöner Nebeneffekt, der hoffentlich erhalten bleibt. Analog zum digitalen Gottesdienst (das Wohnzimmer wird zum Raum, in dem Gottesdienst gefeiert wird) wird hier das Wohn-/Arbeits-/... zimmer zum Raum für Gebet, Musik, Gesang.

der, lernten einander kennen, besuchten analoge Veranstaltungen und Workshops gemeinsam.

Immer wieder gab es kleine Besonderheiten beim digitalen offenen Singen: mal war eine ganze Band arbeitend und begleitend dabei, mal ein ganzer Chor. Zu den Höhepunkten zählt sicher das Hörbarmachen des Chores: Im Rahmen einer Digitalprobe haben sich die Sänger:innen mit dem Handy selbst aufgenommen – alle Einzelaufnahmen wurden nachträglich zusammengemischt und auf einmal war der digitale Chor auch akustisch das erste Mal als Chor wahrnehmbar: Was für ein Klang![166]

5.4 Was bleibt: hybrides Singen

Die Sehnsucht der Menschen ist auch zweieinhalb Jahre nach der Pandemie noch ungebrochen groß, analog gemeinsam zu singen. Das digitale Singen konnte in den harten Lockdowns vieles, was nicht möglich war, auffangen – auch und gerade die gemeinschaftlichen Dimensionen. Gleichzeitig gibt es eben doch einen entscheidenden Nachteil beim Singen: Man hört sich nicht als Chor.

Deshalb war schnell klar, dass das Singen als ausschließlich digitale Variante nicht fortgesetzt wird. Als das Singen wieder analog möglich war, wurde es auch analog wieder angeboten, aber – und das ist die Neuerung – in der hybriden Variante. Menschen konnten zum Singen in die Kirche kommen oder sich digital zuschalten. Die Sänger:innen in der Kirche wurden mit Mikrofonen verstärkt, sodass sie bei Zoom zu hören waren. Auch über zwei Jahre nach Beginn der Corona-Pandemie schalten sich immer noch 40–70 Menschen digital zu. Wichtig ist dabei, dass die Menschen bei Zoom und im analogen Raum gleichermaßen in das Singen eingebunden werden. Dies ist dadurch gewährleistet, dass auch die Teilnehmenden bei Zoom in der Kirche zu sehen und zu hören sind. Zu Beginn des Abends schalten alle das Mikrofon ein und die Teilnehmenden bei Zoom und in der Kirche begrüßen sich, zum Ende verabschieden sich alle. Der Zoomraum bleibt nach dem Singen noch eine Weile offen – sowohl in

---

[166] Der extra für dieses Projekt komponierte Song »Osterfunkin« ist bei YouTube veröffentlicht: https://www.youtube.com/watch?v=YK9FsraX30U. bzw. http://www.gospelreferent.de → Downloads.

der Kirche wie auch bei Zoom sind Menschen aus der Gemeinde für ein Gespräch nach der Probe ansprechbar.

So werden wir das Singen in der hybriden Variante auch zukünftig bei gutem Zulauf weiter anbieten, denn Menschen können sich von überall (selbst aus dem Urlaub) zuschalten und beim offenen Singen mitsingen. Außerdem kann man als neue:r Teilnehmer:in durch das digitale Format mit etwas Abstand erstmal schauen, was das offene Singen überhaupt ist, bis man sich dann auf in die Gemeinde macht und analog teilnimmt. Wir wollen dieses Format nicht mehr missen.

6. Großes Fest – Konkrete Aktionen

6.1 Jesus kommt nach Sievershausen – Ein Krippenspielfilm

Hanna Dallmeier

Das Krippenspiel ist »Volkstheater« zu Weihnachten[167]. Im Winter 2020 aber gilt: Kein Volk, kein Theater. Keine Kirche für Kinder und Familien zu diesem so wichtigen Fest christlicher Sozialisation? Eine Lösung für das Krippenspieldilemma sind »Krippenspielfilme«[168]. Denn einerseits kommen Filmaufnahmen in kleinsten Gruppen den Kontaktbeschränkungen entgegen. Andererseits kann der Film auf dem heimischen Sofa angesehen wie auch der getrennt feiernden Verwandtschaft zugänglich gemacht werden.

a) Beschreibung

Die kirchlichen Empfehlungen im Winter 2020 sahen vor, dass die Arbeit mit Kindern und Jugendlichen weiterzuführen sei. Das Krippenspiel in der dörflichen St. Martinsgemeinde Sievershausen (bei Hannover) sollte also stattfinden. Der Kirchenvorstand beschloss daher, einen professionellen Filmemacher und einen Tontechniker zu engagieren. Inhaltlich und organisatorisch lag die Arbeit bei der Ortspastorin und einer wachsenden Zahl Ehrenamtlicher. Drehbuch und Kulissen, Kostüme und Requisiten, Drehorte und Rolleneinstudierung: Das ganze Dorf ist involviert – so kam der Titel »Jesus kommt nach Sievershausen« zustande.

---

[167] Uwe Hausy (2021), 10 ff., stellt dies in seinem Abriss der Geschichte des Krippenspiels dar (vgl. Anm. 169).
[168] Eine Sammlung von im Raum der Ev.-luth. Landeskirche Hannovers entstandenen Krippenspielfilmen findet sich unter: https://www.landeskirche-hannovers.de/evlka-de/presse-und-medien/nachrichten/2020/12/2020-12-18_2. Hier zeigt sich die große Vielfalt und Kreativität vom inklusiven Krippenspiel bis zum Krippenspiel mit Kinderchor.

b) Ziele und Entscheidungen

- Das Vertraute stärken: schauspielende Kinder, klassischer Inhalt, bekannte Weihnachtslieder. Das Drehbuch schreiben zwei Ehrenamtliche aus dem Kinderkirchenteam.
- Die »heile Welt« als Gegenentwurf zum Unheil der Pandemie: Auf »Corona« gibt es nur einen dezenten Hinweis.
- Stärkung der Dorfgemeinschaft: Orte im Dorf werden zu Drehorten, inkl. des Festsaals des örtlichen Hotels, wo sonst Feiern aller Art begangen werden. Die zentrale Krippenszene spielt im Altarraum der Kirche. Ein Ortsschild zeigt: Hier ist »Bethlehem-Sievershausen«.
- Einbinden aller, »wie in den Jahren zuvor«: »Engelschor« mit Kinder-Soli, ebenso die Konfirmandinnen und Konfirmanden (Rollen, Kulissenbau).
- Als »Erzählerin« führt der Verkündigungsengel durch den Film: Er kann »überall mit hinfliegen«, beobachtet z. B. »von oben« (Drohneneinsatz) Marias und Josefs Weg nach Bethlehem, und spricht großteils aus dem Off (vorher aufgezeichnet).
- Der liturgische Rahmen wird von der Pastorin gestaltet mit Begrüßung, Gebet und Segen.

c) Praktische Umsetzung und Technik

Das Engagieren professioneller Filmleute sichert die Qualität und folgt zugleich einem diakonischen Interesse: Die Gemeinde unterstützt Kulturschaffende.

Zeitplanung: Schnitt und Ton benötigen drei Wochen, daher finden die Ton- (Chor, Erzählerin) und Filmaufnahmen an zwei Wochenenden im November statt. Davor wird einstudiert, Kulissen und Kostüme werden erstellt.

Die Organisation der Ehrenamtlichen erfolgt im Schneeballsystem: Die schauspielenden Kinder sind in drei Gruppen aufgeteilt (Josef, Maria und Wirte; Hirten; Könige), die von je einem Erwachsenenteam begleitet werden (Organisation, Einstudierung und Kostüme/Kulissen).

Technische Durchführung: Drehbuch, Proben, Aufnahmen und der Aufbau der Sets sind so geplant, dass die Menschen möglichst wenig Kontakt haben. Für die Aufnahmen des Engelschors wird im Gemeindehaus ein Tonstudio aufgebaut, die Stimmen einzeln aufgenommen und zusammengemischt (Playback bei den Filmaufnahmen). Gefilmt wird mit Handkamera und Angel für den Ton, und mit Drohne. Die zeitliche Planung orientiert sich an den Lichtverhältnissen (Nachtszenen). Ein minutiöser Plan mit allen Kamera-Einstellungen wird erstellt – im Vollzug gibt es dann Abweichungen. Trotzdem ist der Plan hilfreich, auch im Nachgang für das Schneiden der durcheinander aufgenommenen Szenen.

d) Veröffentlichung und Öffentlichkeitsarbeit

Rechtliche Fragen sind zu klären (Liedrechte, Bildrechte – schriftliche Zustimmung aller Eltern, Veröffentlichung der Klarnamen der Kinder).

Über youtube wird der Film auf der Internetseite der Gemeinde veröffentlicht, der Link mit Hilfe eines dynamischen QR-Codes frühzeitig kommuniziert. Die Mitwirkenden nutzen ihre privaten Social-Media-Kontakte. Der Film erhält allein in den ersten drei Tagen über 3.000 Aufrufe bei einer Einwohnerzahl Sievershausens von ca. 2.500, insgesamt sind es über 7.000 Aufrufe.

e) Textbeispiel: Intro und erste Szenen

Vorspann

Kirche von außen, gefilmt mit Drohne
Glockengeläut
Musikimprovisation zu *Maria durch ein' Dornwald ging*

KIRCHE (Altarraum, Adventskranz)

Szene 1: **Liturgischer Rahmen/Begrüßung**
Pastorin zündet Kerzen am Adventskranz an:

»Advent, Advent, ein Lichtlein brennt: erst eins, dann zwei, dann drei, dann vier, dann steht das Christkind vor der Tür!«
Willkommen zu unserem Kindergottesdienst mit Krippenspiel hier in der Sievershäuser St. Martinskirche! Dieses Jahr kommt Jesus nicht nur in die Welt. Jesus kommt auch nach Sievershausen. Und ganz viele Kinder und Erwachsene haben dabei mitgemacht.
Aber seht nur! Da oben, da ist ja schon der Engel ...
(dabei umdrehen)

KIRCHE (Kanzel)

Szene 2
Die Erzählerin als Engel Gabriel, auf der Kanzel

Engel: Hallo *(winkt in die Kamera)*, ich bin der Engel Gabriel, und ich muss euch etwas erzählen. Ich kann es noch gar nicht glauben, dass es nun so weit ist.
Gott hat beschlossen, seinen Sohn als Retter der Menschen zu schicken. Denn die Menschen leben in Unfrieden und Streit. Und sie sehnen sich so sehr nach Frieden. Der Retter soll in einem kleinen Ort in Israel geboren werden. In Bethlehem.
Uns Engeln gab Gott eine Aufgabe: Wir sollen die Geburt des Heilands verkünden. Gott aber wird einen Stern über Bethlehem aufsteigen lassen. Alle sollen ihn sehen.
Ich mache mich jetzt auf den Weg nach Bethlehem, damit ich nichts verpasse.
Los, kommt mit! *(Handbewegung)*

Szene 3 (Feldmark nördlich von Sievershausen)
Maria und Josef unterwegs in der Feldmark, Maria sitzt auf einem Pferd, das Josef führt.
Kamera: Drohne, Dorf und Kirche im Hintergrund, Pferdehufgeklapper

Engel Gabriel (aus dem Off): Schaut mal da hinten, das sind Maria und Josef. Bald neun Monate ist es her, dass ich Maria schon einmal getroffen habe. Damals habe ich ihr erzählt, dass sie Gottes Sohn zur Welt bringen wird. Na, die hat sich vielleicht erschrocken. Maria und Josef sind auf dem Weg von Nazareth nach Bethlehem, in die Heimat von Josef.
Sologesang aus dem Off: »Maria durch ein' Dornwald ging«, 1. Str.

f) Fazit: Eine Horizonterweiterung

Der Krippenspielfilm mit seinen partizipativen Möglichkeiten wird zum Medium religiöser Bildung für Kinder wie Erwachsene. Eine der Drehbuchautorinnen sagte: »Jetzt habe ich endlich die ganze Geschichte verstanden!«

Als Gemeindeprojekt dient der Krippenspielfilm der Mitgliederbindung sowie der seelsorglichen Begleitung weit über die Dorfgemeinschaft hinaus. Missionarisch hat er dabei eine deutlich größere Reichweite als das analoge Krippenspiel.

Mit dem Filmprojekt eignet sich die Gemeinde technisches Know-How an und erschließt sich neue Medien der Verkündigung und der Gemeindearbeit.[169]

Der Krippenspielfilm in Gänze
https://www.youtube.com/watch?v=mGFKi-CW-tQ

---

[169] Weiterführende Literatur: Uwe Hausy, Krippenspiel – Geschichte und Ausblick, in: Treue Weggefährten. Krippenspiele, hg. v. Uwe Hausy. Materialbücher des Zentrums Verkündigung der Evangelischen Kirche in Hessen und Nassau 136, 7–18.

6.2 Nichts als Hirten – Ein Kirchenkreis-Krippenspiel

Sabine Preuschoff, Ann-Marie Reimann, Valentin Winnen

a) Beschreibung

»Nichts als Hirten« wurde bereits im Sommer 2020 aus der Taufe gehoben. Niemand konnte zu dieser Zeit absehen, wie die Coronalage zu Weihnachten sein würde. Deshalb wurde überlegt, welchen digitalen Content man für die Homepages der Kirchengemeinden im Kirchenkreis – quasi als Dienstleistung des Kirchenkreises für die Kirchengemeinde – produzieren könnte.

Damit sich möglichst viele Gemeinden des Kirchenkreises wiederfinden konnten, wurden die Rollen v. a. mit Hauptamtlichen im öffentlichen Verkündigungsdienst (sic! »Nichts als Hirten«) besetzt. Überdies konnten mit Regionalbischöfin und Landesbischof zwei medienwirksame Zugpferde gewonnen werden.

Mit der inhaltlichen Ausrichtung und Gestaltung sollten neben Kindern v. a. auch (junge) Erwachsene erreicht werden. Entsprechend zielte die ästhetische Gestaltung auf jüngere, technisch affine Milieus.

Insofern die Corona-Pandemie die alles bestimmende Wirklichkeit dieser Zeit gewesen ist, bildete sie die thematische Grundlinie. Ein humorvoller/ironischer Umgang mit der Pandemie sollte bewirken, sich wenigstens zu Weihnachten über die Pandemielage zu erheben – im Sinne eines befreienden Osterlachens am Hl. Abend: »Fürchte dich nicht!«

b) Technisches

Für die technische Umsetzung bedeutete die Pandemielage, dass – einhergehend mit einer Vielzahl von Drehterminen – jede Person einzeln aufzunehmen war. Eine zusätzliche Herausforderung waren die verschiedenen Drehorte: Stadtpark, Kirchen, Feldwege u. s. w.

Die Videokonferenz-Kachel-Ästhetik, in der »Nichts als Hirten« erscheinen sollte, bedeutete eine vertiefte Einarbeitung in Schnittprogramme wie »Davinci Resolve« und »Canva«. Denn die technische Umsetzung sollte mit Blick auf Hard- u. Software sowie personell mit Bordmitteln des Kirchenkreises gestemmt werden.

c) Öffentlichkeitswirksamkeit

Im Verlauf der Pandemie wurde bald auch medial die Frage nach der Relevanz von Kirche gestellt. So rückte besonders der Umgang von Kirche mit dem Weihnachtsfest ins öffentliche Interesse. Entsprechend interessierten sich – natürlich auch wegen der Prominenz von Regionalbischöfin und Landesbischof – neben lokalen und regionalen Medien auch überregionale Medien (Focus) für dieses Projekt und berichteten wertschätzend hinsichtlich kirchlicher Innovationskräfte.

Neben den klassischen Printmedien wurde die Aktion über Homepage und Newsletter des Kirchenkreises beworben. Ebenso über die Social-Media-Kanäle der Gemeinden bzw. deren Mitarbeitenden.

Dazu kam ein Teasertext für Gemeindebriefe und Homepages der Gemeinden.

Der Film war dann ab dem 24.12.20 abrufbar und wurde über verschiedene Kanäle etwa 3.200 Mal aufgerufen.

d) Textbeispiel – Intro & erste Szene

Zu Beginn fährt die Kamera »im Zeitraffer« in eine Kirche hinein, so als würde man zu Weihnachten eine Kirche besuchen.

Drinnen wartet die Moderatorin, die die gegenwärtige Situation (JETZTZEIT) vor Augen führt.

Moderatorin: Weihnachten in Coronazeiten. Dies Jahr kein Krippenspiel ... Abstandsregeln, Masken. Ihr wisst schon ... Schade, jammerschade.

Krippenspiel in diesem Jahr völlig unmöglich. Oder doch nicht? Manchmal geschehen ja doch Zeichen und Wunder ... und besonders in diesem Jahr wünsche ich mir ein Wunder ...

JETZTZEIT wird verlassen, es scheint als würde sich die Welt des Traums/der Gedanken der Moderatorin auftun.

Engelchor mit dem Lied: *Alle Jahre wieder*

Erste Szene: Suche nach der Herberge

Erzähler (liest aus Bibel):
»Es begab sich aber zu der Zeit ...«
(Bibel sichtbar ablegen) ... da begab sich die Geschichte, die wir heute erzählen. Es ist die Geschichte von Maria und ihrem Josef.
Maria war schwanger.
Und trotzdem musste sie sich zusammen mit ihrem Mann auf eine lange Reise machen. Denn der Kaiser hatte folgendes verlautbart:

Legat des Kaisers: Verehrtes Volk! Kaiser Augustus hat in seiner Weisheit beschlossen und geboten, dass alle Welt geschätzt werde. Jeder Mann und jede Frau und jedes Kind im ganzen Land soll gezählt werden. Dazu gehe jeder am 25. Dezember in seinen Heimatort. Und lasse sich in die Steuerliste eintragen. Natürlich unter Einhaltung sämtlicher Hygienebestimmungen: Abstände einhalten. Hände waschen. Alltagsmasken. Ihr wisst schon.
Und ja, eine Volkszählung ist unter den gegebenen Umständen aufwändig, ja ... Aber sie ist nun mal nötig. Und: Wer sich weigert, wird schon sehen, was er davon hat. (Pause)

Engelchor: [Lied] *Herbei, o ihr Gläubigen*

Erzähler: (guckt etwas irritiert, Räuspern) ... Naja ... Und weil der Kaiser es befohlen hatte, machte sich auch Josef auf in seine Heimatstadt. Nach Bethlehem. Damit er sich zählen ließe. Zusammen mit Maria, die mit Josef eine Hausgemeinschaft bildete. Und Maria war schwanger.

Maria: Ist es noch weit?
Josef: Nicht mehr sehr.
Erzähler: Die Beiden gingen. lange. Als sie in Bethlehem ankamen, war es schon dunkel. Es war eine kalte Nacht.
Maria: Ich friere.
Josef: Es ist ja auch kalt.
Maria: Ach wirklich?
Josef: Und du bist schwanger.
Maria: Tatsächlich.
(Genuschelt) Vielleicht ganz gut, dass du im Moment nicht mit in den Kreißsaal darfst.

e) Resonanzen

Viele – auch kirchenferne Menschen – lobten, dass Kirche sich kreativ, modern und mutig gezeigt habe. Natürlich gab es auch kritische Stimmen – z. B. hinsichtlich der »flapsigen« Sprache. Mehrheitlich fiel die Resonanz aber positiv aus: Gemeindeglieder freuten sich über »ihre Hauptamtlichen« als Hirte, Engel oder Maria sowie den Landesbischof als Verkündigungsengel.

Nicht zu unterschätzen war überdies die Binnenwirkung des Projekts: In einer Zeit der Vereinzelung diente das Krippenspiel als Gemeinschafts-Projekt eines großen Teils der Hauptamtlichen sowie leitender Ehrenamtlicher als Stärkung und Vergewisserung – wertgeschätzt durch die Mitwirkung von Landesbischof und Regionalbischöfin.

Die Notwendigkeit der technischen Auseinandersetzung sorgte für einen Schub in diesem Bereich, von dem auch in Zukunft zu profitieren sein wird.

Das mediale Echo sorgte für eine besondere Wahrnehmung des Kirchenkreises und der Kirchengemeinden in einer für Kirche »neuralgischen« Zeit.

Das Kirchenkreiskrippenspiel in Gänze:
https://www.youtube.com/watch?v=EnUz9Lvbubw&t=694s

7. Ich brauche Segen – www.segen.jetzt

Simone Enthöfer, mit einem Beitrag von *Tina Willms*

Eine Idee und ihre Bedeutung

Am Anfang war ... nicht irgendein Wort, keine tiefgreifende theologische Erkenntnis, keine gereiften Überlegungen, was jetzt die Gemeinde braucht, wie Gottesdienstgeschehen sich verändern kann und muss, sondern ganz schlicht ein Gefühl, eine große Leere, eine Ohnmacht und eine ernüchternde Selbsterkenntnis von Bedürftigkeit.

»Du hast ja wenigstens deinen Glauben.« Diese Worte eines Freundes am Telefon hallten in mir nach, damals im Frühjahr 2020, im ersten Corona-Lockdown. Wir hatten uns unterhalten über dieses beängstigende Gefühl, eine Pandemie zu erleben. Ein kleiner Virus, den wir uns zunächst mit den üblichen Verdrängungsmechanismen einer westlichen Fortschrittsgesellschaft erfolgreich mit Bedauern für weit entfernt Betroffene vom Leib zu halten glaubten. Diesmal hatte es allerdings nicht funktioniert, denn inzwischen bedrohte Corona die ganze Menschheit. Das war mehr als ein mulmiges Gefühl, die unerforschte Krankheit Covid-19, die im Lockdown fehlenden Sozialkontakte, die nicht absehbaren sozialen, psychischen, physischen und ökonomischen Folgen ...

»Du hast ja wenigstens deinen Glauben.« Ja, das hätte ich vor 2020 auch immer gedacht, habe ich auch so gesagt und gepredigt. Die Gedanken in meinem Kopf predigten es mir gebetsmühlenartig: »Gewiss ist Gott bei mir.« Aber eine andere Stimme wurde auch von Tag zu Tag lauter und die sagte: »Ja, gewiss ist Gott da, aber wo genau, wo spüre ich ihn?« Ich gehöre nicht zu der großen Anzahl Menschen meiner Generation, für die Glaube und Kirche zwei ganz unterschiedliche Dinge sind. Für mich gehört beides eng zusammen, denn Kirche ist seit meiner Jugend ein Zufluchtsort, besonders in Krisensituationen.

Im Frühjahr 2020 aber habe ich sie vermisst. Wo ist eigentlich meine Kirche, meine zweite Familie, meine geistliche Heimat, wenn sich niemand versammeln darf? Die Kirchengebäude waren verschlossen. Viele Gemeinden hatten sich gute Dinge einfallen lassen, haben überlegt, wie sie trotz geschlossener Türen Gottesdienste feiern konnten, Kontakte aufrecht erhalten. Aber ich war nicht erreichbar, und das lag nicht an den anderen, sondern an mir, an meiner Ängstlichkeit, an meinem Ohnmachtsgefühl, an meiner Bequemlichkeit. Also stellte ich mir die Frage: Was brauche ich jetzt zum Leben und Überleben? Welche Facette meines Glaubens gibt mir in all den zweifelnden Fragen noch Mut, Hoffnung, Kraft? »Fehlt dir der Gottesdienst?«, fragte mich eine muslimische Freundin. »Ja, natürlich,« war meine spontane Antwort, aber bei längerem Nachdenken habe ich mich gefragt, warum eigentlich und was mir am meisten fehlt. Vielleicht hätte ich mich vor Corona nie getraut, so eine Frage zu stellen und so etwas zentral Wichtiges wie den Gottesdienst zu hinterfragen. Warum fehlt mir der Gottesdienst? Was genau, bzw. was am meisten? Meine Bedürfnisse wechseln sicher und ich erinnere mich an Zeiten, in denen mir die Predigt oder das gemeinsame Singen das Wichtigste war. Diese Zeiten wird es vielleicht auch wieder geben. Es gibt bei der Beantwortung der Frage, was vermisst du am meisten, wenn es keinen analogen Gottesdienst gibt, kein richtig oder falsch. In der Situation, in der ich war, konnte ich nur ganz persönlich sagen: Am meisten fehlen mir die Gemeinschaft und der Segen. Im Laufe der Pandemie habe ich es dann immer stärker gespürt: Ich brauche Gottes Kraft, ich brauche Segen.

7.2 Was ist Segen auf Alltagswegen?

Wenn ich Segen definiere, dann ist auch das keine theologische Richtigkeit, sondern eine persönliche Glaubensaussage. In der Bibel lese ich: »Ich will dich segnen und du sollst ein Segen sein« (Genesis 12,2). Das sagt Gott dem Abraham zu. Abraham ist gleichzeitig Gesegneter und Segnender.
Auch wir sind gleichzeitig Gesegnete und Segnende. Wenn wir segnen, ist das ein Dreiecks-Akt zwischen mindestens zwei Menschen und Gott.

Wenn ich einen Segen empfange, ist es für mich das Geheimnis eines guten Wunschwortes eines anderen Menschen, an mich gerichtet, mit dem gleichzeitigen Vertrauen auf Gott, es in meinem Leben gut sein oder gut werden zu lassen. Wenn Gott sagt: »Ich will dich segnen und du sollst ein Segen sein«, ist das gleichzeitig Verheißung und Auftrag. Segen will weitergegeben werden, er verbraucht sich nicht, er wird nicht weniger.

Segen ist keine Magie, denn Gott ist kein Wunscherfüllungs-Automat. Segen aber ist eine nicht immer erklärbare, doch durchaus erlebbare lebensspendende Kraft. Etwas, so erlebe ich es besonders in der Pandemie-Zeit, was ich dringend brauche. Und das nicht nur einmal in der Woche, am Ende eines Sonntagmorgengottesdienstes, sondern immer und immer wieder. In Situationen, in denen die Angst, der Stress, die Sorge oder auch das Glück am größten sind, zu jeder Tages- und Nachtzeit. Segen ist für mich nicht nur ein Teil eines Gottesdienstes, er ist auch für sich allein Gottesdienst. Das Kleinste und gleichzeitig Größte, womit Gott mir im Augenblick dienen kann. Ein Gottesdienst im Mini-Format, eine kleine Begegnung mit dem Zuspruch, der Gegenwart und Zuwendung, der lebensspendenden Kraft Gottes. Die Sehnsucht nach Segen hat in mir die Idee vom bedingungslosen Segen auf Alltagswegen geweckt, für jeden Menschen, der ihn haben möchte.

So wie Jesus einst dorthin ging, wo sich viele unterschiedliche Menschen draußen auf ihren Alltagswegen tummelten, Menschen am Straßenrand, Fischer und Zöllner bei ihrer Arbeit, die Frau am Jakobsbrunnen. Wie er ihnen da, wo sie gerade unterwegs waren, eine stärkende Botschaft mitgab, in Zweierbegegnungen oder in großen Mengen. Wie er unter freiem Himmel, z. B. in der Bergpredigt, seinen Segen zusprach und dabei besonders solche nicht vergaß, die ganz offensichtlich oder in ihrem Inneren ganz heimlich und versteckt ihre Päckchen und Pakete zu tragen hatten. Sein »Selig sind, die Leid tragen, denn sie sollen getröstet werden«, gilt doch auch heute noch.

Ich träumte von solchem Segen auf Alltagswegen, der nicht nur da geschieht, wo man hingeht, um Gott zu treffen, sondern da, wo Gott hingeht, um mich zu treffen. Da, wo ich unterwegs bin: in Bäckereien, Apotheken und Geschäften, an Haltestellen und in Parks, bei Friseuren und Ärzten, in Restaurants, vor Agenturen für Arbeit, bei Behörden, an Kirchengebäuden und Bahnhöfen, an Kitas und Schulen, an Altenheimen und Krankenhäusern, an Fahrradgaragen, Ladestationen und Tankstellen.

7.3 Die Idee der digitalen Segenstankstellen

Man müsste über einen QR-Code auf Aufklebern an den unterschiedlichsten Orten zu den unterschiedlichsten Zeiten ein Segenswort zugesprochen bekommen. Diese kleine Idee hat Gott größer und größer werden lassen.
»Vielleicht finde ich eine Gemeinde, die das auf ihrem Gemeindegebiet ausprobieren möchte oder vielleicht sogar ein ganzer Kirchenkreis.« So fing ich an, von dieser Idee zu erzählen.
Es hat ein wenig Mut gekostet, diese Vision mit anderen zu teilen. Und die Reaktionen waren sehr unterschiedlich. Von desinteressiertem »Ja, wenn du meinst, mach mal ...«, bis hin zu kritischen Anmerkungen wie: »Nein, einen Segen kann man nicht digital zusprechen. Das muss in direktem Kontakt mit Hand auflegen geschehen.« Meine Rückfrage, ob wir dann auch bei Fernseh- oder Radiogottesdiensten oder auf Großveranstaltungen wie Kirchentagen den Segen weglassen sollten, wo ich die Person, die mich segnet, manchmal aus der Ferne kaum erkennen kann, blieb unbeantwortet.
Ich habe versucht, zu beschreiben und laut zu träumen und zur Verdeutlichung ein kleines Erklärvideo zu meiner Vision erstellt. Ich traf Menschen, deren Interesse ich geweckt hatte, die sich begeisterten und in ihren Netzwerken Menschen ansprachen, die sich anstecken ließen. Nach einigen Wochen entstand eine ca. zehnköpfige Initiativgruppe von Männern und Frauen aus evangelischen und katholischen Landeskirchen, aus Freikirchen, Werken und Verbänden, die das Projekt weiterentwickelten. Ich erwähne das hier, weil es sich vielleicht banal anhören mag, aber eine tiefe theologische Erfahrung war. Mitten in Pandemiezeiten treffen sich in Zoom-Kacheln völlig fremde Menschen und erleben in der gemeinsamen Projektentwicklung ein ökumenisch-geschwisterliches Miteinander. Ähnlich wie in Epheser 4 beschrieben, erlebten wir eine wohltuende Einheit im Geist und die Vielfalt der Gaben. In dieser Gemeinschaft gewann die kleine Idee Gestalt eines immer größer werdenden Projektes.
Das war für mich eine Schlüsselerfahrung, dass Visionen nur durch das Teilen mit anderen geerdet werden können.

Wir trugen unsere unterschiedlichen Bilder dieser Vision zusammen und versuchten, daraus ein gemeinsames Bild zu gestalten. Wir brachten unsere unterschiedlichen Vernetzungen mit ein. Jede:r von uns brachte andere Kompetenzen und Gaben mit (theologisch, technisch, sprachlich, seelsorglich, gestalterisch ...) und kannte wen, der:die uns zum Teil auch professionell unterstützen konnte. Wir hinterfragten ohne Tabu all unsere Ideen und Gedanken. Zum Erden von Visionen gehört auch das kritische Aussortieren und Verwerfen, auch von guten Ideen, die aber ein Projekt schnell ausfransen lassen.

Wir machten uns klar:
- unsere gedachte Zielgruppe sind die 40–70-jährigen Menschen,
- der Segen muss barrierefrei erreichbar sein,
- niemand muss sich erklären oder rechtfertigen, wann, wo, warum und in welcher Situation sich jemand einen Segen abholt,
- niemand muss sich irgendwo registrieren, man darf anonym bleiben,
- niemand bindet sich durch den Scan an irgendetwas,
- niemand muss Glaubensvoraussetzungen mitbringen,
- niemand wird gefragt, ob sie:er zu einer Kirche oder Religionsgemeinschaft gehört,
- niemand soll durch den Segen belehrt oder bepredigt werden,
- niemandem wird die Mitgliedschaft in einer unserer Kirchen und Gemeinschaften angeboten,
- wir machen hier bewusst keine Seelsorgeangebote,
- wir verlinken nicht zu Gemeinden und Kirchen,
- die Sprache muss einfach sein,
- keine Musik und keine Bilder sollen von den Worten ablenken,
- es sollen biblische und frei formulierte Segensworte vorkommen,
- die Sprechstimmen sollen nach dem Zufallsprinzip männlich und weiblich sein,
- die Aufkleber sollen alle gleich gestaltet sein, schlicht, aber auffällig,
- wir wollen die »Segenstankstellen« nachhaltig produzieren, keine Abfallprodukte erzeugen – hat man die Aufkleber verklebt, bleibt als Träger eine Postkarte mit dem gleichen Ausdruck übrig und kann behalten oder verschickt werden,

– es soll bewusst als eine Aktion der Kirche benannt werden, in ökumenischer Vielfalt ohne Eigeninteresse oder Werbung wollen wir gemeinsam als Kirche Jesu Christi etwas, was uns gut tut, an möglichst viele Menschen weitergeben, in der Hoffnung, dass der Segen dort ankommt und wirkt, wo er gebraucht wird.

7.4 Das Zwischenergebnis

»Ich brauche Segen« steht auf kleinen goldenen Aufklebern auf vielen Alltagswegen im ganzen Bundesgebiet und inzwischen auch in Österreich und der Schweiz. Der aufgedruckte QR-Code kann eingescannt werden und mit Hilfe eines Smartphones wird dann ein Segenswort eingeblendet, das mit einem Klick auch zugesprochen wird. Für gehörlose Menschen gibt es auch die Möglichkeit eines gebärdeten Segens als Video.
Nicht mehr und nicht weniger.
Wer es ausprobiert, bekommt einfach ein Segenswort geschenkt, ein kleiner, hoffentlich wohltuender, stärkender Augenblick zwischen Gott und Mensch.
Es ist eine Aktion der Kirche, aber bunt ökumenisch verbindend. Katholische und evangelische Landeskirchen, freie Kirchen und Gemeinden, christliche Werke, Verbände und Organisationen, caritative und diakonische Werke und Einrichtungen haben sich als Unterstützer angeschlossen.
Als Kirche Jesu Christi sind wir gemeinsam unterwegs und möchten etwas weitergeben, was uns selbst immer wieder neu Lebenskraft schenkt.
Überwiegend positive Rückmeldungen haben uns erreicht, viele Menschen, die sich bedanken, die sagen, dass ihnen die Segensworte gut tun. Es gibt aber nach wie vor auch kritische Rückmeldungen, zum Design, zur technischen Umsetzung, zum Inhalt der biblischen oder frei formulierten Sprüche. Was wir gelernt haben, ist, jede Rückmeldung sehr ernst zu nehmen. Die Danksagungen machen uns demütig und halten uns vor Augen, dass wir zwar Segensmöglichkeiten schaffen konnten, es aber außerhalb unserer Macht steht, was ein Segen wo und in welcher Situation bewirkt.
Für die kritischen Rückmeldungen waren und sind wir ebenso dankbar, weil wir erfahren haben, dass *Segen Jetzt* kein Alleingän-

ger-Projekt ist; es lebt und entwickelt sich weiter durch die Mitwirkung und das Mitdenken vieler. Ein schönes Beispiel ist, dass wir zunächst mit nur zehn unterschiedlichen Sprüchen gestartet waren, sehr schnell erhielten wir die Rückmeldung, dass man sich nach noch mehr unterschiedlichen Sprüchen sehne. Wir nahmen das als Idee auf, in einer digitalen Schreibwerkstatt, zu der wir breit eingeladen hatten, unter Anleitung von Profis, das Formulieren von eigenen Segensworten zu üben. Einige Teilnehmende stellten uns ihre Worte zur Verfügung, die nun ebenfalls mit aufgenommen wurden. Inzwischen sind es um die vierzig unterschiedlichen Worte und das Projekt wächst und entwickelt sich weiter.

Am Anfang war es meine eigene Bedürftigkeit. Denn »Ich brauche Segen« ist ein Bekenntnis. Vielleicht hat uns diese Pandemie auch Mut-Räume für ungeschminkte Wahrheiten geöffnet. Menschliche Allmachtsfantasien sind kleiner geworden und es tut gut zu spüren, dass Bedürftigkeit kein seltenes Defizit ist, sondern ein Teil meines normalen Menschseins. Durch die Segensworte spricht Gott mir Kraft, Mut, Trost, Hoffnung, Bestätigung zu. Mir, die ich ja wenigstens meinen Glauben habe, und gewiss auch allen anderen, die es nutzen mögen. Ganz gleich, ob jemand an Gott glaubt oder nicht, denn er glaubt an uns.[170]

7.5 Exemplarische Segenstexte aus dem Projekt

Gott berühre dich zärtlich,
er streichle deine Seele,
umhülle dich sanft mit seiner Liebe
und küsse die Hoffnung in dir wach.

Wohin du auch unterwegs bist,
Gott lässt dich nicht im Stich,
er behüte und beschütze dich!

---

[170] Hier gibt es aktuelle Informationen zur Kampagne und die Möglichkeit, über die Marburger Medien Karten, Aufkleber, Plakate und Türschilder zu beziehen: https://www.shop.marburger-medien.de/medien-fuer-jede-gelegenheit/zu-christlichen-festtagen/weihnachten/frohe-weihnachten-ich-brauche-segen-lz050.html.

Es segne dich Gott,
der Vater, der dich erschaffen hat,
der Sohn, der dich liebt,
die Heilige Geistkraft, die dich lebendig macht.

Gott gebe dir Flausen in den Kopf,
Schmetterlinge in den Bauch
und Liebe in dein Herz.

(geschrieben von Doris Wild,
doris.wild@elkb.de)

Gott segne dich!
Mit Fragen und Antworten.
Durch Hoffnung und Ohnmacht.
In Angst und Sehnsucht.
Halte dich der, der da ist.

(Idee von einem Mitglied der Netzgemeinde da_zwischen,
überarbeitet von Torsten Pappert)

G:tt führe dich an Orte,
an denen du auftanken
und zur Ruhe kommen kannst
und beschütze dich auf deinem Weg dorthin.

(geschrieben von Andrea Stowasser,
andrea_stowasser@gmx.de)

Jesus Christus spricht: Kommt zu mir, ihr alle,
die ihr euch abmüht und belastet seid!
Ich will euch Ruhe schenken.

(Matthäus 11,28, BasB)

Gott behüte dein Gehen und
Kommen von heute an bis in alle Zukunft.

(Psalm 121,8, BasB)

Jesus Christus sagt:
Du brauchst nicht mehr als meine Gnade.
Denn meine Kraft ist in den Schwachen mächtig.

(2. Korinther 12,9)

7.6 Lauter Segen

Tina Willms

Gezeichnet von der Liebe

Dass dein Leben
gezeichnet sei
von der Liebe
wünsche ich dir.

Sie spüre dich auf,
wenn du dich selber verlierst.
Sie streiche glatt,
was unruhig ist in dir.

Sie umgarne dich,
wenn du nichts mehr erwartest
und überrasche dich,
wenn du alles zu kennen meinst.

Wenn du ausgekühlt bist,
wärme sie dir beides,
Körper und Seele,
und trage dich am Ende
behutsam nach Haus.[171]

Lichtwort

Ich wünsche dir,
dass dir hin und wieder
ein Engel begegnet.

Er spricht
in deine Angst
in deine Dunkelheit
in deine Einsamkeit.

---

[171] Tina Willms, Willkommen und gesegnet. Inspirationen zur Jahreslosung und den Monatssprüchen 2022, Neukirchen 2021, 80.

Er spricht
in dein Warten
in dein Verzagen
in deine Sehnsucht.
Er umarmt dich
und sagt dir
sein Lichtwort zu:
Fürchte dich nicht![172]

Menschlich

Ich wünsche dir Mut,
fehlbar zu sein,
unvollkommen und makelhaft.

Mit verletzlicher Haut,
anrührbarem Herzen,
Augen, die weinen können,
und einer Seele,
die Schaden nehmen kann.

Ich wünsche dir den Mut,
ein menschlicher Mensch
zu sein.[173]

---

[172] Tina Willms, Zwischen Stern und Stall. Ein Begleiter durch die Advents- und Weihnachtszeit. Andachten, Gedichte und Gebete, Neukirchen ²2015, 75.
[173] Tina Willms, Zwischen Abschied und Anfang. Ein Begleiter durch die Passions- und Osterzeit. Andachten, Gedichte und Gebete, Neukirchen, ³2021, 22.

8. Klassische Gottesdienste 2.0

8.1 Da fällt das Licht hinein – ZDF-Fernsehgottesdienst zum Ewigkeitssonntag 2021

Marianne Gorka, Ralf Meister

Hinführung

Dieser Gottesdienst wurde als ZDF-Fernsehgottesdienst konzipiert, am Ewigkeitssonntag 2021 gefeiert und übertragen aus der St. Michaeliskirche in Hildesheim. Die Predigt hielt Landesbischof Ralf Meister. Zusammen mit seiner Referentin, Silvia Mustert, der Kirchenmusikdirektorin Angelika Rau-Ĉulo und dem Senderbeauftragten für ZDF-Gottesdienste im Gemeinschaftswerk der Evangelischen Publizistik, Stephan Fritz, ist der Gesamtentwurf entstanden. Die Liturgie leitete Marianne Gorka. Im Gottesdienst wirkten zudem zwei junge Lektor:innen mit sowie in der musikalischen Gestaltung Sänger:innen aus der Kantorei St. Michael, der Mädchenkantorei am Hildesheimer Dom (Leitung: Domkantor Michael Ĉulo) und Bläserinnen und Bläser aus dem Posaunenchor St. Michael (Leitung: Ronald Schrötke).

Fernsehgottesdienste gehören zu den ältesten Sendungen im deutschen Fernsehen und werden regelmäßig von rund 800.000 Zuschauern verfolgt, sowohl die evangelischen und katholischen also auch (einmal pro Jahr) orthodoxen Gottesdienstübertragungen im ZDF. Die Übertragungen werden von den Kirchen gestaltet und verantwortet. Die Kosten für die Übertragung und die rundfunkrechtliche Verantwortung trägt der Sender als Teil seines öffentlich-rechtlichen Auftrags und auf Grundlage des ZDF-Staatsvertrags, der den Kirchen angemessene Sendezeiten gewährt. Seit 1979 strahlt das ZDF regelmäßig Gottesdienste am

Sonntagmorgen aus, anfangs vierzehntägig, seit 1986 wöchentlich.[174]

In der Zeit der Corona-Pandemie haben sich die Zuschauerzahlen teils sogar auf 1,24 bis 1,43 Millionen gesteigert.[175] Die Gottesdienstübertragungen bieten eine leicht zugängliche Alternative zum sonntäglichen Kirchen-Besuch.[176]

Eröffnung und Begrüßung

L1 (*Marianne Gorka*): Im Namen Gottes, von Ewigkeit zu Ewigkeit mächtig über Leben und Tod. Im Namen Jesu Christi, der die Wahrheit des Lebens kennt und Licht ist auf unseren Wegen. Im Namen des Heiligen Geistes der Trauer in Freude verwandelt und Leben schenkt.
Willkommen zum Gottesdienst hier in der St. Michaeliskirche in Hildesheim. Wir feiern Corona-konform unter 3G+.

L2 (*Ralf Meister*): Es ist der letzte Sonntag im Kirchenjahr. Ewigkeitssonntag sagen wir und denken dabei an unsere Verstorbenen aus dem zurückliegenden Jahr.
Wir erinnern uns an sie und zünden für jeden von ihnen eine Kerze an. Wir denken an die Menschen, die sie waren und was sie für uns bedeutet haben.

L1: Beim Anblick der Kerzen spüre ich, wie aus dem allgemeinen Wissen, dass wir alle sterben müssen, plötzlich eine ganz persönliche Erfahrung geworden ist. Mit jedem Tod bricht etwas ab und das schmerzt. Und einmal wird auch mein Lebensweg auf dieser Erde enden. Vielleicht brennt dann auch für mich hier eine Kerze.

L2: Hinter diesen Kerzen sehe ich auf den Christus hier in St. Michaelis. Er hat ein schmerzverzerrtes Gesicht, ist selbst eine gebrochene Figur. Gleichzeitig sehen wir seine weit

---

[174] Quelle: www.zdf.fernsehgottesdienste.de/hintergrund. Abgerufen am 10.01.2023.
[175] Quelle: https://www.katholisch.de/artikel/25013-fernsehgottesdienste-verzeichnen-steigende-zuschauerzahlen. Abgerufen am 10.01.2023.
[176] Das komplette Textbuch des Fernsehgottesdienstes vom 19. November 2021 ist zum Herunterladen unter www.zdf.fernsehgottesdienste.de und www.rundfunk.evangelisch.de erhältlich, vgl. https://rundfunk.evangelisch.de/kirche-im-tv/zdf-gottesdienst/gottesdienst-zdf-21-november-2021-hildesheim-11455. Und auch nachschauen kann man ihn: https://www.zdf.de/gesellschaft/gottesdienste/evangelischer-gottesdienst-462.html: Das Video ist dort verfügbar bis 21.11.2026.

ausgebreiteten Arme, als wolle er uns in Empfang nehmen: »Komm her zu mir ...«. Umfangen, aufgenommen werden, auch im Schmerz. Das wünsche ich mir. Es wächst Kraft daraus, das Leben und das Sterben neu zu sehen.

Gemeinsames Lied | *Er weckt mich alle Morgen* (EG 452,1–2)

Thematische Weiterführung

L2: Ewigkeitssonntag. Ein Tag, der uns erinnert, dass im Leben nicht immer alles geklärt und zu Ende gebracht werden kann. Manchmal müssen wir Abschied nehmen, obwohl vieles noch ungesagt geblieben ist. Müssen damit zurechtkommen, dass einiges unvollkommen bleibt, vielleicht sogar unversöhnlich und womöglich nicht wieder gutzumachen ist. Wir hatten doch noch so viel vor.
Ich wollte dir doch eigentlich noch sagen, was Du mir bedeutest. Menschsein heißt: mit Abbrüchen und Unvollkommenheiten zu leben. Das ist nicht erst mit dem Tode so. Es gibt manch andere unwiderrufliche Abbrüche und Abschiede, Dinge, mit denen wir leben müssen, auch wenn es schwerfällt.

L1: Ewigkeitssonntag in der Michaeliskirche. Ein wunderschöner, perfekter Bau: Mathematisch durchkomponiert, harmonisch Stein auf Stein gesetzt.
Ein Sinnbild für das himmlische Jerusalem. Nichts Unharmonisches ist hier. Außer: dieses Kreuz. Als es 2008 hier aufgestellt wurde, war es zunächst heftig umstritten.
Sein Anblick wirkt wie ein Bruch in der Perfektion dieser Kirche. Aber gerade das finde ich gut. Gerade, weil es so aussieht, wie es aussieht, zeigt mir dieses Kreuz, dass ich auch mit meinen Brüchen hierherkommen kann.
Der im Leid gebrochene Christus hat ausgebreitete, einladende Arme.

L2: Manches bleibt im Leben unvollendet, ungeheilt. Da sind Risse, die bleiben. Das ist manchmal schwer auszuhalten. Vor diesem Kreuz aber kann ich mit all dem sein und darauf hoffen, dass vom Licht Jesu Unvollendetes, Rissiges umfangen wird.

Lied | *Er weckt mich alle Morgen* (EG 452,5)

Psalm 90

S1: Herr, du bist unsre Zuflucht für und für.
Ehe denn die Berge wurden und die Erde und
die Welt geschaffen wurden, bist du, Gott,
von Ewigkeit zu Ewigkeit.
Der du die Menschen lässest sterben
und sprichst: Kommt wieder, Menschenkinder!

S2: Denn tausend Jahre sind vor dir wie der Tag,
der gestern vergangen ist,
und wie eine Nachtwache.
Du lässest sie dahinfahren wie einen Strom,
sie sind wie ein Schlaf,
wie ein Gras, das am Morgen noch sprosst,
das am Morgen blüht und sprosst
und des Abends welkt und verdorrt.

S1: Lehre uns bedenken, dass wir sterben müssen,
auf dass wir klug werden.
Herr, kehre dich doch endlich wieder zu uns und
sei deinen Knechten gnädig!

Kyriegebet

L 1: Unser Gott, barmherzig und liebevoll bist du.
Darum legen wir dir all unsere Lieben ans Herz,
was wir in diesem Jahr verloren haben:
Die Menschen, von denen wir uns auf immer
verabschieden mussten.
Die Lebensträume, die nicht mehr wahr werden können.
Auch die Versäumnisse, die nie wieder gutzumachen sind.
Lass uns begreifen, welche Zeit wir zum Leben haben, wie
kostbar sie ist und wie schnell vertan – mach uns klug, dass
wir unsere Zeit mit Umsicht gestalten. Erbarme dich unser:

Kyrie-Gesang freiTöne 57

Gloria

L1: Gott, ewiger und barmherziger,
du hast dir unser Leben an dein Herz genommen, was wir gerne verborgen gehalten hätten: Du hast es dir vorgenommen und willst nicht lange zornig mit uns sein.
Jeden Tag neu schenkst du uns die ganze Fülle deiner Güte.
Darüber wollen wir uns freuen und jubeln alle Tage unseres Lebens:

Gloria – Gesang[177]

Tagesgebet

Gott, Schöpfer des Himmels und der Erden,
unsere Welt ist zerbrechlich und vergeht so leicht.
Dein Reich aber besteht für immer und ewig.
Unsere Träume sind groß und zerplatzen so leicht.
Aber die Hoffnung auf dich besteht für immer und ewig.
Wenn uns Trauer überwältigt, sende du uns Trost.
Wenn wir enttäuscht worden sind,
lass uns neue Zuversicht finden.
Wenn uns Todesgedanken quälen,
entzünde in uns neu das Licht des Lebens.
Erfülle uns heute früh mit deiner Gnade und
fördere dein Werk unter uns allen.
Amen.

Improvisation über Leonard Cohen *Anthem*

Betrachtungen

L1: Die Melodie, die eben angeklungen ist,
stammt aus einem Lied von Leonard Cohen.
»Anthem«, heißt es. »Lobgesang«.
Ein Loblied auf das Unperfekte.
Ich mag besonders den Refrain:
Forget your perfect offering.
There is a crack, a crack in everything.
That's how the light gets in.

---

[177] Text und Musik: Kathi Stimmer-Salzeder, Musik und Wort Aschau.

»Vergiss deine perfekte Erscheinung –
es gibt einen Riss in allem.
Aber genau da scheint das Licht durch.«
Ich liebe dieses Lied von Leonard Cohen, das hier anklingt. Allein schon seine warme tiefe Stimme, sie geht mir ins Herz. Aber dann auch die Erfahrung von der er da singt, in einem einfachen, klaren Bild, das berührt mich tief: »Es ist ein Riss in allem«.

L2: Gerade im letzten Jahr haben viele erlebt, dass sich das Leben nicht immer nach unseren Plänen richtet. Paare wollten groß heiraten, aber am Ende konnten nicht einmal alle von den engsten Angehörigen dabei sein. »Mir ist ein ganzes Jahr meiner wertvollen Jugend flöten gegangen, weil durch Corona alles verboten war«, sagt ein junger Bläser, der sein Abitur gemacht hat. Dabei klingt er ernsthaft verzweifelt: »Das hole ich doch nie wieder ein.«

L1: Eine Frau bedauert, dass sie in der Coronazeit ihre Schwiegermutter trotz aller Einschränkungen nicht mehr besucht hat. »Wir wollten sie schützen, doch ehe wir uns wiedersehen konnten, ist sie gestorben. Mit der versäumten Zeit muss ich nun leben«.

Alttestamentliche Lesung Jesaja 65,17–19.23–25

S2: Aus dem Buch des Propheten Jesaja:
Denn siehe, ich will einen neuen Himmel und eine neue Erde schaffen, dass man der vorigen nicht mehr gedenken und sie nicht mehr zu Herzen nehmen wird.

S1: Freuet euch und seid fröhlich immerdar über das, was ich schaffe. Denn siehe, ich erschaffe Jerusalem zur Wonne und sein Volk zur Freude, und ich will fröhlich sein über Jerusalem und mich freuen über mein Volk.
Man soll in ihm nicht mehr hören die Stimme des Weinens noch die Stimme des Klagens.

S2: Sie sollen nicht umsonst arbeiten und keine Kinder für einen frühen Tod zeugen; denn sie sind das Geschlecht der Gesegneten des Herrn, und ihre Nachkommen sind bei ihnen.

S1: Und es soll geschehen: Ehe sie rufen, will ich antworten; wenn sie noch reden, will ich hören. Wolf und Lamm sollen beieinander weiden; der Löwe wird Stroh fressen wie das Rind, aber die Schlange muss Erde fressen. Man wird weder Bosheit noch Schaden tun auf meinem ganzen heiligen Berge, spricht der Herr.

Musikbeitrag | *I was glad when they said unto me* (nach Psalm 122)[178]

Predigt (Ralf Meister)

Gnade sei mit Euch und Friede von Gott unserm Vater und unserm Herrn Jesus Christus. Amen.

»Was früher war, wird nicht mehr gedacht werden.« So, liebe Gemeinde, begrüßte uns der Abschnitt aus dem Buch des Propheten Jesaja. Ach, wie wäre das schön: Nicht mehr dran denken! Wie wäre das schön, wenn wir all das, was uns schmerzt, alle Trauer und Tränen des zu Ende gehenden Jahres vergessen könnten! Wie wäre das schön, wenn wir uns Weh und Ach nicht mehr zu Herzen nehmen und es nicht mehr so schmerzhaft erinnern müssten?

Nach dem Tod meines Vaters vor einigen Wochen bin ich, so wie es vermutlich viele Angehörige tun, noch einmal still durch die Räume seines Lebens, meines Elternhauses, gegangen: die Kinderwege durch den großen Garten, die Herbstblätter wehten über die verlassenen Beete und zugewachsenen Pfade.

Das Arbeitszimmer mit dem schweren, schwarzen Stuhl und alten Rechnungen mit handschriftlichen Notizen auf dem Schreibtisch. Ein kleiner Trecker aus Blech und Lastwagenmodelle auf der Fensterbank. Erinnerungen an seine Herkunft und seine spätere Arbeit. Mein Blick ging hinaus zu den großen Buchen im Wald, deren schwere Äste sich über den Gartenzaun neigten. Mehr als sechzig Jahre hatte mein Vater sie dort wachsen sehen. Bilder, Gerüche, ja sogar das Rauschen der Kiefern im Wald versammelten sich um mich, und führten mich in eine zu Ende gegangene Welt.

Doch will ich das alles vergessen? Soll dieses »Früher« nicht mehr gedacht werden? Niemals! Niemals! Wir Menschen, die

---

[178] Text: Ivor Bryant, Musik: Douglas Coombes, Stuttgart 2008.

Freunde oder Verwandte zu Grabe getragen haben, wollen sie doch wenigstens erinnern. Wir möchten doch leben in der Verbundenheit mit den »selig Befreiten«.

Doch das Wort vom Vergessen ist nicht Gottes erstes Wort in der Lesung aus dem Jesajabuch. Es ist das zweite. Das erste Wort ist ein Wort von einer neuen Geschichte. »*Denn seht*«, so heißt es dort »*ich schaffe einen neuen Himmel und eine neue Erde.*« So sehr wir aus Erinnerungen leben, so schwingt unser Leben doch ständig im Wechselspiel zwischen dem Vergangenen und dem »Sehen des Neuen«. Wir pendeln zwischen Gestern und Morgen, dem Vergangenen und dem erhofften Neuen. Kein Mensch kann sein Leben mit einem ständigen Blick zurück leben. Wir leben mit dem Gesicht nach vorn. Doch diese Geschichte vom Neuen, über die Gott spricht, ist keine Erzählung, die das Vergangene ignoriert. Sie kennt den Schmerz. Gott weiß um all unsere Verluste, die wir im Leben erlitten haben. Er stand mit uns an den Krankenbetten. Er sah uns an den Gräbern weinen. Er wachte über uns an einsamen Abenden zu Hause.

Der Christus in dieser Kirche, in einer so wundervollen Architektur, unter einem so farbenprächtigen Deckengemälde, dieser Christus empfängt uns mit seinem zerfurchten Gesicht und seinen rostigen Armen. Das ist das sichtbare Zeichen Gottes: Ich kenne die Risse in deinem Leben. Ich sehe deine Tränen! Ich habe sie selbst geweint. Es bleibt für uns schwer vorstellbar: Als dieser hilflose Mensch, Jesus Christus, mit einem Schrei am Kreuz stirbt, da geschieht ein Riss.

»Jesus schrie laut und verschied. Und der Vorhang im Tempel zerriss in zwei Stücke von oben an bis unten aus.« So heißt es im Markusevangelium. (Mk 15,38) Und plötzlich erkennen Menschen, wer er ist: Gottes Sohn. Durch den Riss im Vorhang eröffnet sich der Blick in eine neue Welt. Gleichzeitig schaue ich noch auf unsere Welt: Dieses Jahr hat uns Menschen genommen und die Pandemie hat uns riesige Fragen hinterlassen. Was haben wir verloren und versäumt? Wie werden wir leben? In einer fortwährenden Angst um unsere Gesundheit? In Ignoranz gegenüber den Schwachen? Die Pandemie spannt unsere Gesellschaft zwischen Gemeinwohl und Egoismus bis an die Grenzen. Risse ohne Ende.

Wenn Gott vom Neuen spricht, ist das so eindeutig und umfassend, weil er es mit dem Tiefsten und Traurigsten aufnehmen muss, was uns geschehen kann: Unserer Sterblichkeit. Ich habe in meinem Leben, in 60 Jahren, noch nie eine so intensive Sorge um das begrenzte Leben erlebt wie jetzt. Aber es stimmt doch und wir wissen es alle: Wir sind Vorübergehende, Abschiednehmende, Gäste auf Zeit. Wer auf die größte Kränkung unseres Daseins antworten will, der muss uns eine erhabene Geschichte schenken. Weniger hilft nicht. Und dieser Riss im Vorhang, der sich »von oben bis unten« zog, öffnet eine radikal neue Perspektive. Er öffnet einen Blick, der bis zu diesem Moment verschlossen war. Es ist der Blick in eine Welt, in der alles gut ist. Kein Schmerz, kein Klagen mehr.

Es werden »blühende Landschaften« gemalt. Die Hoffnung auf einen umfassenden Frieden wird geweckt. Ein langes, erfülltes Leben wird verheißen. Immerwährende Freude; mehr geht nicht! Was werden hier für unglaubliche Sehnsuchtsräume geöffnet. Sehnsuchtsräume, die hoffen lassen. Die aktuellen Krisen zeigen uns ja, dass wir neu und anders über die Zukunft unserer Welt nachdenken müssen. Und vielleicht braucht es dafür jetzt nicht nur kluge politische Strategien, sondern auch eine neue andere Vision, wie wir miteinander und mit der Schöpfung leben können?

Die Bilder Jesajas versprechen so viel, damit wir uns mit weniger nicht zufriedengeben. Was wird uns täglich nicht alles versprochen?

Verheißungen eines »Himmels auf Erden« mit der ewigen Gesundheit, dem schnellen Reichtum, dem perfekten Aussehen. Die Geschichte vom Vorhang zerreißt diese billigen Verheißungen. So präzise, wie die Bilder der Zerstörung sind, müssen die Visionen des kommenden Lebens sein. Weniger taugt nicht. Jesajas Vision ist keine Vertröstung, kein »Das wird schon wieder«, »Zeit heilt alle Wunden«. Es sind Worte und Bilder, die durch Jahrhunderte gewirkt haben. Maßstäbe einer Welt, wie Gott sie sich denkt. Da wird nicht alles wieder gut.

Wolf bleibt Wolf, Lamm bleibt Lamm. »Tierische Kräfte« wie Wut, Gewalt, Unterlegenheitsgefühl, Trauer und Ohnmacht wird es weiterhin geben. Und doch: Sie sollen friedlich beieinander liegen. Wir leben aus der Hoffnung, nicht aus der Verzweiflung!

Die Ansage Jesajas ist aktuell. Sie ist persönlich zu nehmen, aber sie hängt nicht von mir ab. Das ist beruhigend. Denn wir brauchen Mut, um in die Zukunft zu gehen, auch wenn es keine Garantie dafür gibt, dass am Ende alles gut ausgeht.

Und so brechen wir auf, an diesem Ewigkeitssonntag. Mit dem hellen Blick voraus. So wie es ein Dichter einmal schreibt: »Lass uns ein Stück noch miteinander gehen/durch manchen Kreis mit seinen Jahreszeiten./Und lass uns vorwärts in die Weite sehen,/ wo alle Horizonte offen stehn/und sich im Osterlicht die Berge Gottes breiten.« Amen.

Chormusik | Friedrich Kiel (1821–1885): *Wie lieblich sind deine Wohnungen* (Psalm 84,2–3)

Fürbitten

L1: Miteinander und füreinander lasst uns beten.
Gott,
wir bringen dir Risse unseres Lebens:
Hoffnungen, die zerstört wurden, Bemühen,
das vergeblich war, Träume, die sich nicht erfüllten.

S1: Gott,
wir bringen dir die Schuld, die wir mit uns tragen.
Wir bringen dir unsere blinden Flecken: Wo wir weggesehen haben, statt zu helfen. Wo wir Menschen und ihre Würde missachten. Wo wir Abstand nehmen, statt einfach da zu sein.

S2: Gott,
wir bringen vor dich unsere Verstorbenen.
In der Stille denken wir an sie:
…
Schenke uns die Gewissheit, dass sie in dir geborgen sind.

L1: Lass uns vorwärts in die Weite sehen – gerade an den Grenzen unseres Lebens. Hilf uns Frieden zu finden – auch mit dem, was offengeblieben ist. Schenk uns Mut und die Kraft zur Versöhnung.
Gemeinsam beten wir zu dir:

Vaterunser

Lied | *Wir glauben: Gott ist in der Welt* (freiTöne 137,1)

Abendmahl

Hinführung

L1: Wir feiern Abendmahl.
Christus lädt uns ein.
Er ist unser Trost im Leben und im Sterben.
Er gibt uns Wegzehrung im Dunkeln.
Er gibt uns Halt in Trauer.
Unsere Grenzen sind keine Grenzen für ihn.

Lied | *Wir glauben: Gott ist in der Welt* (freiTöne 137,2–3)

Präfation

L1: Wir loben dich, unser Gott.
Du kamst zu uns in Jesus Christus.
Du hast deine Geschichte mit unserer verwoben.
Der Geschmack deiner Ewigkeit
in Brot und Wein auf unseren Zungen.
Dein Glanz schon auf unseren Gesichtern.
Unser Fragen, unser Sehnen, unser vergebliches Mühen,
gehalten von dir im Jetzt und in Ewigkeit.
Das loben und bekennen wir, heiliger Gott.

Lied | *Wir glauben: Gott ist in der Welt* (freiTöne 137,4–5)

Abendmahlsgebet

L1: Sende deinen Heiligen Geist, dass wir uns erinnern.
Erinnern an Jesus Christus.
Er berührte die Zweifler, fing auf, die versagten,
er heilte Kranke und gab Hungrigen zu essen.
So liebte und lehrte, so litt und starb er.
Als Auferstandener geht er uns voran.

Lied | *Wir glauben: Gott ist in der Welt* (freiTöne 137,6)

Einsetzungsworte

Unser Herr Jesus Christus, in der Nacht, da er verraten ward …

Austeilung des Abendmahls

Alles ist bereit.
Kommt, seht und schmeckt, wie freundlich Gott ist.

Dankgebet

Herr Jesus Christus,
du hast dich gegeben
an uns:
Wegrandgefährten,
die nach Orientierung suchen.
Tränenreiche,
die sich nach tröstenden Worten sehnen.
Engherzige,
die die Weite vermissen.

Danke,
dass wir schmecken durften
erdennah
dein himmlisches Heil.
Amen.

Lied | *Gloria sei dir gesungen* (EG 535)

Verabschiedung und Segen

L2: Ich wünsche Ihnen einen gesegneten Sonntag.
Der Herr segne dich und behüte dich.
Der Herr lasse sein Angesicht leuchten über dir und
sei dir gnädig.
Der Herr erhebe sein Angesicht auf dich und
gebe dir Frieden.
Amen.

Nachspiel (Orgel, Bläser) | Sigfrid Karg-Elert (1877–1933), *Postludio festivo*

8.2 Diakonische Einsätze mit Bläserandachten

8.2.1 Bläserandacht zu Pfingsten

Marianne Gorka, Moritz Schilling

Posaunenchorliteratur

Posaunenchoralbuch (PCB)
Vorspiele für Bläser (VfB)
Bläserheft für Kirchentage V (KiTa V)

Vorspiel VfB 134

Begrüßung

durch Chorleiter:in oder Bläser:in

Lied | *Komm, o komm, du Geist des Lebens*
(EG 134,1+3+7; PCB 134, Intonation und Strophen)

Psalm (oder Gebet) Psalm 118,24–29

Musik | *Da berühren sich Himmel und Erde*
(KiTa V,60–61 oder 61)

Meditation

Als wir klein waren, meine beiden Brüder und ich, haben meine Eltern den Urlaub mit uns regelmäßig in Zorge im Harz verbracht. Als Kind kam es mir so vor, als könne man im Harz nichts als wandern, wandern und noch mal wandern. In jedem Urlaub haben wir eine Wandermedaille errungen. Und ich erinnere mich noch gut daran, dass mein Vater fast jedes Mal unterwegs stehen blieb, tief Luft holte, laut ausatmete und sagte: »Kinder, bleibt mal stehen! Ihr müsst diese Luft mal einatmen. Ist die nicht herrlich!« Ich habe das damals nicht richtig verstanden. Zum Atmen extra stehen zu bleiben, hielt ich für überflüssig. Schließlich tat ich doch die ganze Zeit nichts anderes. Und vor allem wenn es bergauf ging, konnte ich mindestens ebenso laut schnaufen wie er. Ich hatte eher den Verdacht, er wollte mit dieser Methode davon ablenken, dass die angebliche Abkürzung in echt gar keine gewesen war.

Viele Jahre später, beim Wandern durch die Heide, da kam mir wieder diese Erinnerung in den Sinn. Ich sog den Frühling in mich ein, nahm den Atem von Wald und Boden in mich auf und ließ mich davon durchströmen. Am liebsten wäre ich stehengeblieben. Ich schaute zum Himmel: Wie wohltuend Atmen sein kann! Atmen braucht nicht nur der Körper. Atmen hilft auch der Seele, vor allem, wenn mir Sorgen oder Angst die Brust zuschnüren. Tief durchatmen, laut seufzen, das tut gut, wenigstens für den Moment.

Sie können es auch jetzt gern mal versuchen. Tief einatmen – laut und genüsslich ausatmen.

Atem ist eine belebende Kraft. Atem ist Leben, ist Seele, ist Geist. Im Hebräischen gibt es für dies alles übrigens nur ein einziges Wort: *ruach* heißt es und es meint Atem, Seele, Leben, Geist, Heiliger Geist, von Gott gegeben.

Nachdem Jesus in den Himmel gefahren war, bekamen es seine Jünger anfangs mit der Angst zu tun. Sie haben sich hinter verschlossenen Türen verkrochen.

Aber gleichzeitig spürten sie auch seinen Geist um sich herum. Eine belebende Kraft in sich. Als habe er ihnen den Atem des Himmels, Gottes Lebensatem eingehaucht.

Das ist das Phänomen von Pfingsten: Gottes Geist ist in uns – wie eine belebende Kraft.

Ich finde, es lohnt sich, dafür immer mal einen Moment innezuhalten und dieses Wort in sich wirken zu lassen: Ruach – Leben, Atem, Geist, Heiliger Geist, der mich durchströmt und belebt.

Tief einatmen und sich davon durchströmen lassen. Das tut gut. Wie der Atem. So sei Gottes Geist mit Ihnen. Amen.

Lied | *O komm du Geist, der Wahrheit* (EG 136,1+4+7)
(PCB 243, Intonation und Strophen)

Gebet und Vaterunser

Segen

Gott segne uns und behüte uns. Gott lasse leuchten sein Angesicht und sei uns gnädig. Gott erhebe sein Angesicht auf uns und gebe uns seinen Frieden.
Amen.

Nachspiel PCB 331[179]

8.2.2 Bläserandacht zum Advent

Christian Fuchs, Marianne Gorka

Posaunenchorliteratur:

Bläserklänge, Neue Wochenlieder (Begleitheft für Bläser)

Vorspiel | *Macht hoch die Tür* (EG 1, Bläserklänge, 6)

Begrüßung

durch Chorleiter:in oder Bläser:in

Lied | *Macht hoch die Tür*
(EG 1 bzw. Bläserklänge, 6f Begleitsatz, Helmut Lammel)

Psalm 24 (oder Gebet)

---

[179] Es ist möglich, alle Teile (Texte und Musik) kreativ durch Alternativen oder Ergänzungen zu verändern. Die Musikteile sind zum Teil auch als »Playalong« auf der Homepage des Posaunenwerks herunterzuladen. https://www.michaeliskloster.de/posaunenwerk/Posaunenwerk-aktuell.

Musik | *Es kommt die Zeit* (Neue Wochenlieder 8, Vorspiel (Michael Junker)

Meditation

Sie heißen Eileen, Fred und Lenny und gehören, wie rund 25 andere zum Chor Young@Heart in Northampton (US-Bundesstaat Massachusetts). Es ist ein Chor für Menschen zwischen 70 und 100 Jahren und sie performen Rock- und Pop-Songs unter anderem von James Brown oder den Rolling Stones. Die BBC hat 2008 einen Dokumentarfilm über diesen außergewöhnlichen Chor gedreht. Der Chorleiter Bob Cilman ist da in den 50ern – ein junger Hüpfer gegen all seine »Oldies«. Wie z. B. Eileen: 93 Jahre alt. Sie tritt auf die Bühne und singt ihr Solo von »Should I stay or Should I go« (Soll ich gehen oder soll ich bleiben?) ... Oder der 75-jährige an Wirbelsäulenstenose leidende Stan Goldman. Zusammen mit der 83-jährigen Dora wird er ein Duett vortragen: »I feel good« – Ich fühl mich gut! Dumm nur, dass Stan sich den Text nicht richtig merken kann und damit den ganzen Chor zum Wahnsinn treibt. Bis zum Auftritt wird sich daran nichts ändern. Stan wird den Song immer an derselben Stelle verhauen – aber was soll`s: »I feel good!«

Diese Damen und Herren waren schon lange auf der Welt bevor die allseits bekannten »Kultsongs« die sie jetzt singen, überhaupt geschrieben wurden. Sie haben in Kriegen gekämpft, persönliche Krisen hinter sich, sind von Alter und Krankheit deutlich gezeichnet. Es ist eine tief rührende und zuweilen hoch amüsante Mischung beachtlicher musikalischer Qualität und körperlicher Gebrechlichkeit der Sänger, die den Popsongs ganz neue inhaltliche Aspekte und Tiefgang geben. Und dabei strahlen alle eine ansteckende Lebensfreude aus.

Selbst Fred Knittle. Er erlitt vor acht Jahren einen Herzinfarkt. Im Chor singen kann er eigentlich nicht mehr, denn um richtig Atmen zu können, braucht er einen Sauerstoffapparat. Aber für einen Auftritt bei diesem Konzert in seiner Heimatstadt kehrt er doch noch einmal zurück und singt das Lied »Fix You« von der Gruppe Coldplay. Während er singt, hört man das regelmäßig schnaufende »Tff tff« von seinem Beatmungsgerät:

»Wenn du dein Bestes gibst, aber nicht erfolgreich bist [...]. Wenn du dich müde fühlst, aber nicht schlafen kannst, wenn's immer nur zurück geht. Wenn die Tränen dein Gesicht herunter rinnen, wenn du etwas verlierst, das du nicht ersetzen kannst, wenn du jemanden liebst, aber es zu Ende geht [...]. Lichter werden dich nach Hause führen und deine müden Knochen anfeuern, und ich werde alles daran setzen, dich zu heilen.«

Ich kannte dieses Lied von Coldplay gut. Aber ich hatte es noch nie so tief empfunden wie in dem Moment, als Fred Nittle es sang. Auf einmal war jede Zeile eigene, gesättigte Lebenserfahrung. Echt und unaufdringlich: Wenn du dein Bestes gibst, aber nicht erfolgreich bist [...] Wenn du dich müde fühlst, aber nicht schlafen kannst [...] Wenn die Tränen dein Gesicht herunter rinnen.

Wie oft geht einem selber das so! Aber Fred singt und ich höre: Lichter werden dich nach Hause führen und deine müden Knochen anfeuern. Und ich werde versuchen, dich zu heilen.

Das ist wie Advent! Das ist genau der Zuspruch dieser Zeit: Mache dich auf, werde licht; denn dein Licht kommt, und die Herrlichkeit des Herrn geht auf über dir! (Jesaja 60,1)

Gottes Licht wird dir leuchten, dich nach Hause führen. Gott wird dich heilen.

Heilung ist hier gemeint, wie es das englische »Fix You« nahelegt. Da steckt unser »fixieren« drin: Ich werde dich festmachen! Dich verankern in mir. Nichts und niemand kann dir schaden und dir diesen Halt nehmen.

Auch wenn mit Gottes Erscheinen in der Welt nicht alles geheilt ist, was wir der Welt an Wunden schlagen. Aber wir sind heil – fest und gefestigt in ihm.

Das macht uns sicher! Also, mache dich auf, sei getrost, werde licht; denn dein Licht kommt, und die Herrlichkeit des Herrn geht auf über dir! Lichter werden dich nach Hause führen und dir Herz und Glieder erwärmen. Gott wird dich heilen!

Lied | *Es kommt die Zeit, Str. 1–4*
(vgl. Neue Wochenlieder 8,1–4, Satz Michael Junker)

Gebet

Guter Gott, du rufst uns zu: »Seht, die gute Zeit ist nah!«
(vgl. EG 18).
Du kommst, um Frieden zu stiften – unter uns und
in der ganzen Welt.
Wir bitten dich:
Komm zu uns, wenn wir im Streit leben.
Sei nah und gib uns die Kraft zum ersten Schritt,
einander die Hand zu reichen und uns zu versöhnen.
Komm zu uns, wenn wir an uns selbst verzweifeln.
Sei nah und hilf uns, uns so anzunehmen, wie wir sind.
Komm zu uns in unseren Familien, in unserer Einrichtung,
in unseren Gemeinden,
überall dorthin, wo wir zusammen leben und arbeiten.
Sei nah und lass uns gerecht und geduldig, ehrlich und
freundlich miteinander umgehen.
Komm und hilf, dass diese Zeit – unsere Zeit –
eine gute Zeit wird,
erleuchte unser Herz und
unser Leben mit dem adventlichen Licht deiner Liebe.
Schenke uns deinen Frieden. Sei mit uns mit deinem Segen.
Auch, wenn wir weiter zu dir beten, als deine Kinder:

Vaterunser

Segen

Der Herr, unser Gott, der sich all seiner Möglichkeiten entäußert,
niedrig und gering wird, ein Kind auf Erden, und
der doch der Schöpfer aller Dinge ist,
der möge dir nah sein und dich halten in der Gewissheit:
Jesus kommt. Alles wird gut!
Sein Friede sei mit dir.
Amen.

Nachspiel | Johann Sebastian Bach: *Sicut locutus est*
(Bläserklänge, 168–169)

Verzeichnis der Beitragenden in alphabetischer Reihenfolge

Hon. Prof. Dr. *Jochen Arnold* ist A-Kirchenmusiker und Pastor. Er leitet das Michaeliskloster Hildesheim der Ev.-lutherischen Landeskirche Hannovers und die Liturgische Konferenz der EKD. Er lehrt Systematische, Praktische Theologie und Musik an den Universitäten Leipzig und Hildesheim und ist Herausgeber dieser Buchreihe.

Christine Behler ist Pastorin der Landeskirche Hannovers und Beauftragte für die Lektorenarbeit im Spengel Hannover, d. h. verantwortlich für Aus- und Weiterbildung. Außerdem pastorale Mitarbeit im Kirchenkreis Burgdorf.

Theresa Brückner ist Pfarrerin für Kirche im digitalen Raum im Kirchenkreis Tempelhof-Schöneberg, Berlin. Auf Instagram: @theresaliebt.

Hanna Dallmeier ist Pastorin der Landeskirche Hannovers, theologische Referentin für Kindergottesdienst im Michaeliskloster Hildesheim und Vorstandsmitglied im Gesamtverband für Kindergottesdienst in der EKD.

Prof. Dr. *Alexander Deeg* lehrt Praktische Theologie an der Theologischen Fakultät der Universität Leipzig, leitet das Liturgiewissenschaftliche Institut der VELKD und ist Vorsitzender des Liturgischen Ausschusses dieser Kirche.

Simone Enthöfer ist Pfarrerin und Kirchenrätin in der Abteilung Theologie und Ökumene der Evangelischen Kirche im Rheinland. Sie ist Dezernentin im Fachbereich Missionale Kirche.

Christian Fuchs ist studierter Trompeter und Landesposaunenwart in der Landeskirche Hannovers. Nach langjähriger Tätigkeit im Bezirk Hannover lebt und arbeitet er jetzt im Bezirk Osnabrück.

Bettina Gilbert, geb. 1962, A-Kirchenmusikerin mit Zusatzqualifikationen im Bereich Popularmusik und Meditativer Tanz, ist Kirchenmusikdirektorin im Team des Michaelisklosters Hildesheim.

Schwerpunkte: Seminare für Aus-, Fort und Weiterbildung im Bereich Popularmusik, Kinderchor und Tanz.

Marianne Gorka ist Landespastorin für die Posaunenchorarbeit der Ev.-luth. Landeskirche Hannovers und Referentin im Arbeitsbereich Gottesdienst und Kirchenmusik am Michaeliskloster Hildesheim sowie Mitglied der Landessynode und der EKD-Synode.

Michael Greßler ist Pfarrer in Leislau, Camburg und etlichen kleinen Dörfern (Sachsen-Anhalt). Inzwischen ist der Pfarrbereich auf 18 Kirchgemeinden mit 20 Predigtstellen in 34 Orten angewachsen. Greßler war von 1992 bis 2005 und 2008 bis 2010 Assistent, dann Lehrbeauftragter an der Universität Erfurt.

Dr. *Emilia Handke* leitete als Pastorin das Werk »Kirche im Dialog« in Hamburg (www.kircheimdialog.de). Seit 2023 ist sie Direktorin des Predigerseminars der Nordkirche und Lehrbeauftragte der Universität Hamburg.

Michael Held ist Pastor der Landeskirche Hannovers und arbeitet als theologischer Referent im Michaeliskloster Hildesheim. Ehrenamtlich ist er in seinem Wohnort Nordstemmen im 3|17-Team für alternative Gottesdienste und in einer Band tätig.

Lars Hillebold, ist ev. Pfarrer, Coach und Leiter des Referats Gottesdienst & Theologie der Ev. Kirche von Kurhessen-Waldeck, Vorsitzender der dortigen Liturgischen Kammer sowie Mitglied im Vorstand der Liturgischen Konferenz (EKD).

Andreas Hülsemann ist als Pastor und Popularmusiker Referent am Michaeliskloster Hildesheim mit Arbeitsschwerpunkt Liturgie, Musik und Klang in neuen Gottesdiensten. Er ist verantwortlich für das Netzwerk Popularmusik (net.p).

Hanna Jacobs ist Pastorin der ev.-luth. Landeskirche Hannovers und leitet den Kirchlichen Dienst der Diakonie Himmelsthür in Hildesheim. Auf Instagram: @hannagelb.

PD Dr. *Julia Koll* ist theologische Referentin im EKD-Projektbüro Ev. Gesangbuch und lehrt Praktische Theologie an der Universität Göttingen. Sie ist Mitglied im Vorstand der Liturgischen Konferenz der EKD und Gottesdienstberaterin der Landeskirche Hannovers.

Andrea Kuhla ist Gemeindepädagogin und Pfarrerin der EKBO im Kirchenkreis Tempelhof-Schöneberg, Berlin. Auf Instagram: @segens_sachen.

Birgit Mattausch ist Pastorin und Autorin, Referentin für Experimentelle Homiletik in der Landeskirche Hannovers am Literaturhaus St. Jakobi Hildesheim. Auf Instagram: @frauauge.

Dr. *Kerstin Menzel* ist Pfarrerin der EKBO und Assistentin am Institut für Praktische Theologie der Universität Leipzig sowie wiss. Mitarbeiterin in der DFG-Forschungsgruppe »Sakralraumtransformation«. Sie arbeitet an einer Habilitation zur Öffentlichkeit des Gottesdienstes.

Ralf Meister ist evangelischer Theologe. Nach Stationen in Kiel, Lübeck und als Generalsuperintendent in Berlin ist er seit 2011 Landesbischof der Landeskirche Hannovers und seit 2018 leitender Bischof der Vereinigten Ev. Lutherischen Kirche in Deutschland (VELKD).

Jan Meyer ist studierter Kirchenmusiker, Musik- und Religionspädagoge. Als Kantor wirkt er an der Gospelkirche Hannover und als theologischer Referent ist er zuständig für Gospel-, Jazz- und Popchorarbeit in der Ev.-luth. Landeskirche Hannovers.

Marco Müller ist nach Jahren in der Vikarsausbildung und im ländlichen Pfarramt seit 2021 Pastor der Landeskirche Hannovers in der Lister Johannes- und Matthäusgemeinde Hannover.

Ruth Nakatenus ist evangelische Pfarrerin der badischen Landeskirche und Mitinitiatorin der Zoomgottesdienste in der Friedensgemeinde Pforzheim.

Steffen Paar war Gemeindepastor in Sülfeld/Holstein und ist seit März 2023 Propst im Kirchenkreis Rantzau-Münsterdorf.

Susanne Paetzold ist Diakonin und Kirchenpädagogin. Sie arbeitet als Referentin im Michaeliskloster Hildesheim und in der EKD-Kommission »Plan für den Kindergottesdienst«. Sie verantwortet die Kinderkathedrale und erfahrungsorientierte Gottesdienste drinnen und draußen.

Esther Philipps ist Pfarrerin und Klinikseelsorgerin in der badischen Landeskirche, Gottesdienstberaterin und Predigtcoach. Sie ist Mitinitiatorin der Zoomgottesdienste in Pforzheim.

Sabine Preuschoff ist Pastorin der Ev.–lutherischen Landeskirche Hannovers und Superintendentin im Kirchenkreis Burgdorf.

Elisabeth Rabe-Winnen ist Pastorin der Landeskirche Hannovers, Referentin im Arbeitsbereich Gottesdienst und Kirchenmusik im Michaeliskloster Hildesheim, Gottesdienstberaterin, Predigtcoach, Autorin und Sprecherin von Andachten im Rundfunk.

Ann-Marie Reimann ist Diakonin und Kreisjugendwartin im Kirchenkreis Burgdorf.

Benjamin Simon-Hinkelmann ist Pastor und Pressesprecher der Landeskirche Hannovers. Zudem ist er stellvertretender Leiter der Evangelischen Medienarbeit (EMA) der Landeskirche. Zu seinem Arbeitsbereich gehört auch die Social-Media-Arbeit.

Moritz Schilling ist studierter Trompeter und Kapellmeister. Er ist Landesposaunenwart der Landeskirche Hannovers im Bezirk Hildesheim und zudem Mitglied im Musikausschuss des Evangelischen Posaunendienstes in Deutschland (EPiD).

Tina Willms studierte Theologie in Bethel und Heidelberg. Nach Tätigkeit in Krankenhaus und Kirchengemeinde arbeitet sie als freie Autorin und Dozentin. Die weit bekannte Publizistin erhielt 2003 den ökumenischen Predigtpreis.

Valentin Winnen ist Gemeindepastor in Burgdorf und Schulpastor in Hildesheim, Redakteur des BRU, Magazin für den Religionsunterricht an Berufsbildenden Schulen, sowie Lehrbeauftragter an der HSVN Hannover.

Dorothea Wöller ist Pastorin der Landeskirche Hannovers an der Jakobi-Kirchengemeinde Hannover-Kirchrode und Gemeindeberaterin.